HÜNERMANN

Der Pfarrer der Welt

WILHELM HÜNERMANN

Der Pfarrer der Welt

Das Leben Johannes XXIII.

TYROLIA-VERLAG · INNSBRUCK - WIEN

23. – 25. Tausend

CIP-Titelaufnahme der Deutschen Bibliothek

Hünermann, Wilhelm:
Der Pfarrer der Welt : das Leben Johannes XXIII. / Wilhelm Hünermann –
23. – 25. Tsd. – Innsbruck ; Wien : Tyrolia-Verl., 1989
ISBN 3-7022-1204-3

1989
Alle Rechte bei der Verlagsanstalt Tyrolia Gesellschaft m.b.H.,
Innsbruck, Exlgasse 20
Satz, Druck und Buchbinderarbeit in der Verlagsanstalt Tyrolia
Gesellschaft m.b.H., Innsbruck

INHALTSVERZEICHNIS

AUFSTIEG ZUM ALTAR

In Gottes Wartesaal *13*
Spitzbübereien *20*
Die erste Beichte · *33*
An Gottes Tisch *42*
Lateinisches Martyrium *50*
Ein Brief in tausend Fetzen *60*
Irdisches und himmlisches Zeugnis *76*
Die Stadt auf dem Berge *85*
Don Abbondio *94*
Nur ein Groschenheft *101*
„Mit Gott spielt man nicht" *112*
Gehorsam und Friede! *126*
Mit Schnurrbart und Gamaschen *136*
Totengeläut und Freudenglocken *144*

DIPLOMAT UND GOTTESHIRT

Der Schatten seines Bischofs *157*
Der Wächter unter dem Kreuz *169*
Bubenkönig und Bettler *181*
Durch Paradies und Hölle *195*
Wie ein Vogel im Dornbusch *206*
An der Schwelle das Kreuz *214*
Die Fischer vom Bosporus *223*
Am Sterbebett eines Volkes *230*

Die Waffen des Nuntius *243*
Das heilige Experiment *258*
Das rote Birett *271*
Liebe ohne Grenzen *279*
„Addio, Venezia!" *289*

DER PAPST DER GÜTE

„Ich bin Josef, euer Bruder" *303*
Das Weihnachtsfest des Papstes *320*
Die Hoffnung der Welt *334*
Vor Straßenkehrern und Königen *343*
Mutter und Lehrmeisterin *354*
Friede auf Erden! *363*
Ite missa est *371*
Benutzte Literatur *384*

VORWORT

Es regnete in Strömen, und dennoch riß der Zug der Pilger, die zum Geburtszimmer Johannes' XXIII. hinanstiegen, nicht ab; denn das bergamaskische Dorf Sotto il Monte ist längst zu einem der beliebtesten Wallfahrtsorte geworden. „Il papa buono – der gute Papst", wie ihn die Italiener nennen, lebt im Herzen des christlichen Volkes, das ihn mit inniger Kindlichkeit liebt und versteht, wie es sich von ihm geliebt und verstanden fühlt.

Drunten im Hof drängen sich die Pilger um eine Bronzestatue des verstorbenen Papstes. In den wenigen Jahren, seit es hier seinen Platz hat, ist das Standbild stark gedunkelt, aber die Hand, über die viele Tausende mit unvorstellbarer Zärtlichkeit streicheln, glänzt wie pures Gold.

Mit aufgespanntem Regenschirm stand vor seinem Gutshof, der Colombera, der Bauer Zaverio Roncalli, des Papstes ältester Bruder, und schaute sichtlich bewegt dem Pilgerstrom zu. Ich nahm die Gelegenheit gern wahr, mit ihm noch einmal, wie tags zuvor schon, zu sprechen, und war überrascht, mit welcher Freundlichkeit er jede gewünschte Auskunft gab. Leider blieb die Begegnung nicht lange ungestört; einige Pilger wurden aufmerksam, gesellten sich dazu, und im Nu waren wir von einer mächtigen Schar umringt. Alle schüttelten dem alten Mann die Hand und umarmten ihn.

Ein ruhigeres Gespräch konnte ich mit einer Nichte des Papstes in deren höchst bescheidener Wohnung in Mailand führen.

Man hat viel um das „Geheimnis Roncalli" gerätselt, doch eigentlich gibt es dies Geheimnis nicht. Johannes XXIII. hat durchaus nichts Geheimnisvolles, er war nichts als der ganz in Christus wurzelnde Priester, der mit der Güte seines Herzens die ganze Welt umfaßte. Wenn man sein Geistliches Tagebuch liest und seinen Lebensweg verfolgt, begegnet man immer wieder seinen Lieblingsheiligen, und es ist seltsam, wie sehr sie sein innerstes Wesen mitgestaltet haben.

Er hatte die Schlichtheit des heiligen Josef, die Sanftmut des Bischofs Franz von Sales, den Frohsinn des flämischen Jesuiten Johannes Berchmans, den Humor des Bubenapostels Filippus Neri, die Reinheit des Prinzen Aloysius Gonzaga und die gleiche Liebe zur Armut wie Franz von Assisi. Darüber hinaus aber leuchtete aus all seinem Tun, aus jedem Wort, aus seiner ganzen Persönlichkeit das Antlitz Christi, dessen Frohbotschaft er nicht nur verkündete, sondern lebte.

Es fehlte nicht an Menschen, die seine Eigenart nicht verstanden, die ihn zuweilen sogar heftig kritisierten, niemand aber blieb unberührt von der Größe seines Leidens und Sterbens. Mit jener stillen Heiterkeit, die sein ganzes Leben kennzeichnete, hieß er den Bruder Tod willkommen, nach dem schweren Martyrium seiner Krankheit schied er dahin in Frieden mit Gott und den Menschen.

Er war unser Lehrmeister im Leben wie im Sterben. Auf kaum einen anderen trifft jenes Wort mehr zu, das die Kirche am Karfreitag vom Gekreuzigten singt: „Oboediens factus – Er ward gehorsam bis in den Tod, ja bis zum Tod am Kreuze." Will man unbedingt von einem „Mysterium Roncalli" sprechen, dann enthüllt es sich uns am leichtesten in seinem bischöflichen Wahlspruch, den er sich schon in früher Jugend zu eigen machte und sein ganzes Leben lang getreu befolgte: „Oboedientia et Pax! – Gehorsam und Friede!"

Nach seinem Tod galten ihm, wie wohl keinem seiner Vorgänger, die ehrenden Nachrufe der ganzen Welt. Vielleicht aber ist keiner so erschütternd, so herzbewegend wie der Brief eines protestantischen Mädchens, das kurz nach seinem Hinscheiden schrieb:

„Ich frage mich oft, ob die nichtkatholischen Kinder auch einen Schutzengel haben. Sollte ich keinen haben, so möchte ich so gern, daß mir Papst Johannes den seinen überließe, der ja nun ohne Amt ist. Ich fühle, wie sehr ich ihn brauche, zumal meine Mutter starb, als ich kaum zwei Monate alt war. Wohl habe ich jetzt eine zweite Mutter, die gut zu mir ist, aber wenn Papst Johannes mir seinen Schutzengel schickte, welch eine große, große Freude wäre das für mich! Ich würde einen lieben Bruder haben und wäre nicht mehr so allein. Wer weiß? Vielleicht schickt er ihn mir wirklich."

Dürfen wir uns alle mit unseren Sorgen und Nöten nicht der kindlichen Bitte anschließen? Folgen wir der goldenen Spur seines Lebens, das dieses Buch in aller Schlichtheit und Einfachheit beschreibt, und bitten wir, er möge uns allen seinen Engel schicken, auf daß er uns auf jenem Weg weiterführt, den er uns vorangegangen ist, er, der große Liebende, der demütig Schlichte, der nichts anderes sein wollte als der gute Hirt, der Pfarrer der Welt.

Essen, am Weihnachtsfest 1966

Der Verfasser

AUFSTIEG ZUM ALTAR

IN GOTTES WARTESAAL

Es war der Festtag der heiligen Katharina, der 25. November 1881. Die Herbstsonne hob ihr goldenes Haupt über die Gipfel der Bergamasker Alpen und lugte hinab in die Isola d'Adda, das stille Land zwischen den silberklaren Flüssen Adda und Brembo, aus dem der Morgengruß zum Lobpreis der heiligen Jungfrau und Märtyrerin emporhallte. Mit dröhnendem Baß verkündete San Giovanni, die tausendjährige Kirche des Weilers Sotto il Monte, den glorreichen Tag; darein jubelte das helle Stimmchen vom nahe gelegenen Franziskanerkloster und suchte wie an jedem Morgen des strengen Wüstenpredigers mächtiges Rufen in seraphischer Fröhlichkeit zu übertönen.

In all das Klingen mischte sich, als eben die Sonne das rote Schindeldach des drei Jahrhunderte alten Bauernhauses der Roncalli mit goldenem Glanz überströmte, der erste Schrei des Neugeborenen, und der Mutter Marianna erschien der klägliche Laut weit herrlicher als das Jubilieren der Glocken.

„Endlich ein Bub!" rief der Bauer Giovanni Battista Roncalli voll Vaterstolz und nahm das Kind behutsam in seine starken Hände. „Nach drei Mädchen endlich ein Sohn! Ich danke dir, Marianna!"

„Und wenn's wieder ein Mädchen gewesen wäre?" lächelte die Frau, „wäre es darum minder Gottes Gnadengeschenk?"

„So war's nicht gemeint. Aber ein Bub ist ein Bub. Das ist etwas anderes. Ich habe einen Sohn." Dankbar hob der Bauer den Blick zu dem Bild der Mutter Anna, dem einzigen Schmuck der Kammer. Dann eilte er, glühend vor Freude, die Holzstiege hinab, um auch den übrigen Familienangehörigen die Frohbotschaft zu verkünden, den drei Mädchen, Caterina, Teresa und

Ancilla, die auf dem gepflasterten Hof spielten, dem Großvater Angelo, der das Vieh im Stall fütterte, dem Großonkel Zaverio, der bei den Fässern im Weinkeller hantierte.

Großvater Angelo stieß die Gabel ins Heu und streckte dem Sohn die verschaffte Hand hin.

„Freut mich für dich und uns alle!" sagte er mit seiner tiefen Stimme. „Gott segne deinen Sohn! Wie steht's um deine Frau?"

„Es ging alles gut und glücklich, dem Himmel sei Dank!" versicherte der siebenundzwanzigjährige Vater strahlend.

Onkel Zaverio, von allen als Junggeselle „zio Barba" genannt, legte den Heber hin, mit dem er den neuen Wein prüfte, klopfte gegen das Faß und sagte:

„Steckt ein guter Jahrgang in den Dauben. Gott gebe, daß dein Sohn ebenso gut gerät wie heuer der Wein. Er soll gleich getauft werden."

„Der Wein?" schmunzelte der Neffe.

„Dein Sohn natürlich. Er soll keinen Tag aufs ewige Leben warten. Ich bringe ihn gleich zur Kirche."

„So schnell geht das nicht, zio Barba!" lachte der Bauer. „Vorerst ist die Hebamme mit ihm vollauf beschäftigt. Aber was versteht so ein alter Junggeselle schon von Säuglingen?"

„Ich weiß nur, daß er getauft werden muß, und zwar sobald als möglich." Gemeinsam stiegen die beiden ans Tageslicht. „Das gibt heute noch ein böses Wetter", sagte der Alte und spähte zu dem schmalen Stück Himmel auf, das die gekalkten Mauern des engen Hofes freigaben.

„Aber die Sonne strahlt."

„Und die Wolken, die dort oben aufziehen, siehst du nicht, und wie die Mücken tanzen, siehst du nicht? Ich sage dir, ehe eine Stunde vorüber ist, haben wir das herrlichste Gewitter."

Der Alte hatte recht. Bald schon wandelte sich das himmlische Blau in düsteres Schwarz, die ersten Tropfen fielen, und wenig später prasselte der Regen wütend gegen das winzige Fenster der Kammer, in der Frau Marianna ihren Neugeborenen in den Armen hielt.

„Zünd ein Licht an, Nachbarin!" bat sie die Hebamme. „Dort in der Lade liegt eine geweihte Kerze."

Der Schein des bescheidenen Lichtes spielte über die rauhe Balkendecke, über die getünchten Wände, über das runzelige Gesichtlein des neuen Weltenbürgers; umso heller aber flammten die Blitze, die mit dröhnendem Getöse niederzuckten.

„Ist das ein Wetter!" seufzte die Hebamme. „Man könnte meinen, es wollte die ganze Welt zusammenschlagen. Jetzt beginnt es auch noch zu hageln. Hörst du, wie die Schloßen aufs Dach hämmern?"

„Nimm einen Zweig vom Palmsonntagwedel! Er steckt dort hinter dem Bild der heiligen Mutter Anna. Nimm ihn und verbrenn ihn an der Kerze!"

Der Duft des glimmenden Olivenzweigleins erfüllte die Stube, als Onkel Zaverio, in seinen Sonntagsstaat gekleidet, hereinstürmte.

„Das Kind muß getauft werden", rief er aufgeregt, „und zwar sofort. Man weiß nicht, was bei so einem Wetter geschehen kann. Ich bring's gleich zur Kirche."

„Närrischer Kerl!" murrte die Wehmutter. „Soll sich das Kind den Tod holen?"

„Den Tod nicht, aber das Leben!" knurrte der Alte, und ohne auf den Widerspruch zu achten, nahm er das Kind, hüllte es in eine rauhe Decke und stapfte die Stiege hinunter, als eben vom Turm des Täufers auf dem Monte Canto die Wetterglocke zu dröhnen begann.

Nur ein paar Schritte waren es zu der kleinen Kirche, die den Dienst statt der altersschwachen auf dem Berg versah. Hastig stieß Onkel Zaverio die Tür auf, beugte sein Knie vor dem Sanktissimum und eilte in die Sakristei. Aber da war niemand zu sehen.

Erst eine ganze Weile später traf, vor Nässe triefend, der Küster ein, der die Sturmglocke geläutet hatte, und sah den alten Bauer betroffen an.

„Hab meinen Großneffen hier", sagte Zaverio. „Er muß sofort getauft werden. Schnell, hol den Pfarrer!"

Der Sakristan schüttelte Regen und Hagel aus dem Gewand, wischte mit einem großen roten Taschentuch über sein Gesicht und brummte:

„Don Rebuzzini ist vor kurzem zu einem Schwerkranken ins Nachbardorf Bercio gerufen worden. Das ärgste Wetter wird er dort wohl abwarten. Kann lange dauern, bis er kommt. Geh nur heim mit dem Kind und komm, wenn der Pfarrer zurück ist!"

„Ich warte hier", erklärte zio Barba und setzte sich mit seinem Bündel in eine Kirchenbank.

„Mach, was du willst!" knurrte der Küster. „Ich geh heim und zieh mich um." Zaverio Roncalli zog seinen Rosenkranz hervor und begann zu beten. Das Unwetter tobte ums Gotteshaus, schmetterte die Türen auf und zu. Die Fenster bebten im Getöse des Donners, flammten im Feuer der Blitze.

Als der Alte den ersten Rosenkranz, den der Freuden Mariens, beendet hatte, trat sein Bruder Angelo, der Großvater des Neugeborenen, herzu und sagte:

„Marianna macht sich Sorgen um das Kind. Komm mit ihm heim!"

„Erst wenn es getauft ist!" versetzte zio Barba in seiner energischen Art, die keinen Widerspruch duldete, und begann den Rosenkranz der fünf großen Schmerzen.

„Es ist zugig in der Kirche. Der Kleine kann sich erkälten", wandte der Großvater ein.

„Er ist warm genug verpackt! – Und gebenedeit ist die Frucht deines Leibes."

„Er könnte die Mutter brauchen. Ich meine, vielleicht müßte man die Windeln wechseln."

„Dann würde er schreien. Er schreit aber nicht. – Der für uns im Garten Blut geschwitzt hat."

Angelo Roncalli gab auf. Auch er zog nun den Rosenkranz aus der Tasche, und gemeinsam wandelten sie auf dem Pfad der Perlen vom Ölberg nach Golgatha. Aber immer noch tobte das Wetter, und der Pfarrer ließ auf sich warten.

Der Großvater stand auf, zupfte noch einmal die grobe Decke zurecht und sagte:

„Ich geh heim, sonst ängstigt sich Marianna noch mehr."

„Ja, geh nur! Was hier zu tun ist, kann ich allein." Onkel Zaverio begann den Rosenkranz der göttlichen Glorie, fügte noch die Lauretanische Litanei hinzu, die er auswendig wußte, und schließlich das Salve Regina. Ebenso geduldig wie er, wartete das winzige Menschlein in seinen Armen. Es streckte nur sein Näslein hervor und gab nicht den mindesten Laut.

Endlich öffnete sich das Kirchentor. Don Francesco Rebuzzini eilte durchs Schiff, barg den Kelch, den er trug, in den Tabernakel und schaute sich verwundert nach Zaverio Roncalli um.

„Ich komme zur Kindstaufe, Don Francesco", erklärte er.

„Battistas Sohn! Warte schon drei Rosenkränze lang."

Der Pfarrer war ein gutmütiger und freundlicher Herr, aber daß er jetzt noch taufen sollte, begriff er nicht.

„Du siehst, wie es mir ergangen ist", sagte er. „Bin bis auf die Knochen durchnäßt. Der Chorrock, die Soutane, alles zum Auswringen. Man hat mir zwar in Bercio einen Regenschirm mitgegeben, aber wie soll man den aufhalten bei dem Sturm? Komm morgen wieder, zio Barba!"

„Ziehen Sie sich um, aber dann kommen Sie und taufen meinen Großneffen! Ich geh nicht heim, bevor der Kleine ein Gotteskind ist."

„Alter Dickschädel!" knurrte der Pfarrer. „Na, dann in Gottes Namen! Hab' noch einen Talar in der Sakristei und ein Chorhemd auch."

Inzwischen schlurfte auch der Küster, der Don Rebuzzini hatte kommen sehen, herzu und trug das nötige Gerät zum Taufbrunnen, gleich hinter dem Portal.

„Steck die Kerzen vor dem Hauptaltar an!" forderte Zaverio. „Das gehört sich so. Und wenn der Bub getauft ist, läute die Angelusglocke!"

„Eigentlich brauchen wir zwei Paten", erinnerte der Pfarrer. „Vielleicht kann der Sakristan?"

„Der soll läuten. Was hier zu tun ist, schaff' ich allein. Oder glauben Sie etwa, mein Glaube sei zu schwach, um ihn auch für zwei zu bekennen?"

„Der Himmel bewahre mich! Du hast einen Glauben, der Berge versetzt und einen völlig durchnäßten Priester an den Taufbrunnen zwingt. Wie soll das Kind heißen?"

„Angelo Giuseppe."

„Also Engel und Josef! Nicht schlecht! Da hat er die ganze himmlische Heerschar und den Pflegevater unseres Herrn zu Schutzpatronen. Außerdem natürlich die heilige Jungfrau und Märtyrerin Katharina, da heute ihr Fest ist. Sie möge ihm die fünf Tugenden schenken, die ihr besonders zu eigen waren. In der Goldenen Legende stehen sie verzeichnet, nämlich Weisheit, Beredsamkeit, Standhaftigkeit, Reinheit und Würde."

Der Großonkel machte ein seltsames Gesicht.

„Standhaftigkeit und Reinheit, ja, Signore parroco! Weisheit auch, wenigstens die des Herzens, wenn auch nicht die des Kopfes. Aber Beredsamkeit braucht ein Bauer nicht, und Würden wird er auch wohl nicht viele ernten."

„Würde, nicht Würden, zio Barba! Würde soll jeder Christenmensch haben, auch ein Bauer. Das andere wollen wir getrost dem lieben Gott überlassen. Aber gehen wir nun zum Taufbrunnen!"

Unter Krachen und Blitzen wurde der kleine Angelo Giuseppe getauft. Der Wind löschte die Altarkerzen aus, aber das Tauflicht brannte hell, von Zaverios starker Bauernfaust sicher geschützt. Vom kleinen Turm der Pfarrkirche sang die Glocke in das Getöse der Lüfte.

Der Täufling, der so lange geduldig geschwiegen hatte, ließ einen Schrei hören, als das Wasser seine Stirn netzte. Ob das nun Widerspruch oder Zustimmung bedeutete, war nicht so leicht zu erkennen. Das mußte sich später erweisen.

Nach der feierlichen Handlung trug Ohm Zaverio sein Patenkind zum hochberühmten, festlich geschmückten Gnadenbild der Gottesmutter und empfahl es fromm ihrer himmlischen Güte. Dann klaubte er eine dicke Kerze aus der Tasche und zündete sie an, und diesmal suchte der Sturm vergebens, sie auszublasen.

Als der Pate mit seinem Täufling das Gotteshaus verließ, verstummte der garstige Geselle mit einem letzten wilden Fauchen. Das Gewölk am Himmel stob auseinander, die Sonne schob die letzten dunklen Fetzen zur Seite und schaute vergnügt auf das liebliche Bild.

Zaverio Roncalli stapfte behutsam die hölzerne Treppe empor und legte das Gotteskind in die Arme seiner Mutter.

„Da hast du deinen Engel wieder", sagte er mit seiner rauhen Stimme. „Nun verdient er wirklich seinen Namen."

„Ich habe mich so um ihn gesorgt", seufzte Marianna und zeichnete dem Kleinen ein Kreuzlein auf die Stirn. Zaverio aber antwortete fast mit den gleichen Worten, mit denen der zwölfjährige Jesus voll leisen Vorwurfs seine geängstigte Mutter fragte:

„Warum hast du dich gesorgt? Wußtest du nicht, daß er im Haus seines Vaters sein mußte? – Behüte also dein Kind! Aber meines ist es auch; denn ich trug es zum Bad des neuen Lebens. Ich werde auch künftig meine Hand über den Bub halten. In meiner Kammer soll er wohnen und schlafen."

Die Mutter lächelte schwach.

„Fürs erste ist er bei mir besser aufgehoben. Später soll geschehen, was du für recht hältst."

Nach alter Sitte geschah in den Bergamasker Bauernhäusern

alles nach dem Willen des ältesten Familienmitgliedes, und bei den Roncalli war das eben Onkel Zaverio, der Junggeselle zio Barba.

Derweilen trug Pfarrer Rebuzzini die Taufe in das Buch der Gottesbürger ein. Sorgsam spitzte er einen neuen Gänsekiel zu, tauchte ihn ins Tintenfaß und schrieb:

„Am 25. November 1881 habe ich, Francesco Rebuzzini, Pfarrer der hiesigen Kirche zum heiligen Johannes dem Täufer, das heute geborene Kind der Eheleute Giovanni Battista Roncalli und Marianna Mazzola aus dieser Pfarrei getauft. Ihm wurde der Name Angelo Giuseppe gegeben. Taufpate war Zaverio Roncalli, Sohn des Giovanni Battista. Dies gibt zum Zeugnis:

Priester Francesco Rebuzzini, Pfarrer."

Nachdenklich zog er mit dem Lineal einen Strich darunter. Wie hätte der gute Seelsorger ahnen können, wie vieles da in späteren Jahren nachzutragen war!

SPITZBÜBEREIEN

In seiner Wiege neben dem Bett der Mutter verschlief Angelo die kalten Wintermonate. Seinen Schlummer störte weder der Sturm, der ums Haus heulte, noch der Regen, der gegen das Fenster prasselte. Tat er die Augen auf, folgte sein Blick dem Flackern des Öllämpchens, das die Kammer an den langen Winterabenden nur mühsam erhellte. Geduldig wartete er, bis jemand Zeit fand, sich um ihn zu kümmern.

Mit seinen Händchen tastete er nach den Gesichtern, die sich über ihn beugten, und lernte sie allmählich zu unterscheiden. Das mit den stacheligen Borsten gehörte Onkel Zaverio, der mächtige Bart dem Großvater, der breite, dichte Schnurrbart dem Vater. Am liebsten aber war es dem Büblein, wenn es über der Mutter schwarzes, straff gescheiteltes Haar fahren konnte.

Natürlich besuchten ihn auch die Schwesterchen in seiner Einsamkeit, Teresa und Ancilla, die kleinen Plappermäulchen, und immer wieder Caterina, mit ihren fünf Jahren das älteste der Roncallikinder. Ihr hatte die vielbeschäftigte Mutter die besondere Sorge für das Brüderchen übertragen, sie wiegte und sang es in den Schlaf, lachte und schwatzte und tanzte mit ihm im Zimmer herum.

Als endlich der Frühling kam, trug sie ihn in die Sonne, bettete ihn auf die Wiese hinter dem Haus und pflückte ihm Blumen. Wie lustig war das, wenn Angelino ins helle Licht blinzelte oder ungeschickt nach einem Falter haschte, der sich ihm auf die Nase setzte!

Im Sommer brachte ihn Caterina an ein schattiges Plätzchen im Garten. Da hörte er aus dem nahen Stall das Muhen der Kuh, das Meckern der Ziege, und Pippo, der Hund, sprang bellend um ihn herum, stupste ihm seine schwarze Nase ins Gesicht, weil er so gern mit ihm gespielt hätte; aber Angelino hatte genug zu tun, mit seinen Händen die Fliegen fortzujagen, die jeden Tag zudringlicher wurden.

Als die Äpfel reiften, lallte er zum Entzücken der Schwestern die ersten Worte, Babbo und Mamma, Pipo, Ina, Illa und Esa. Die Mädchennamen waren aber auch so schwer auszusprechen. Auf allen vieren machte er die ersten Gehversuche, und als der zweite Winter kam, trippelte er schon ganz munter an Caterinas Schürze, sah ihr zu, wie sie die Betten machte, die Stuben fegte oder den mit Schwefel getränkten, festgewickelten Strohwisch am Glimmen hielt, mit dem man die Ausgaben für Zündhölzer sparte.

Ach ja, im Haus Roncalli hielt man die Centesimi zusammen. Sie waren arme Pächter, „Mezzadri", die die Hälfte des Ertrages ihrer wenigen Äcker und des kleinen Weinberges ihrem Gutsherrn, dem Grafen Ottavio Morlani, abzuliefern hatten. Der kleine Angelo aber spürte nicht das mindeste von solcher Dürftigkeit. Ihm gefiel die Welt, in der er aufwuchs.

Seine Rolle als Nesthäkchen war bald ausgespielt; denn mit dem Frühjahr rückte sein Brüderchen Zaverio an, und Angelino mußte die Wiege an ihn abtreten. Zio Barba nahm ihn nun in seine Kammer, wo er am Fußende seines Bettes in einem Weidenkorb schlief. Er gehörte jetzt fast schon zu den Großen.

Ein halbes Jahr später widerfuhr der Familie ein großes Leid. An einem rauhen Herbsttag mußte sich Caterina mit schwerer Lungenentzündung hinlegen. Zwei Wochen später trug man sie auf den Friedhof. Angelo, den der Großonkel auf dem Arm trug, warf ein paar Blumen auf den weißen Sarg, aber er verstand nicht viel von dem seltsamen Geschehen, wußte nicht, warum die Mutter und die Schwesterchen weinten, warum die Männer so traurige Gesichter machten, warum der Pfarrer so lange Gebete sprach und schließlich mit Wasser spritzte und ein paar Schollen Erde in die Grube fallen ließ. Er konnte es einfach nicht fassen, warum die geliebte Schwester nicht mehr da war, warum er vergebens in Haus und Hof nach ihr suchte und ihren Namen rief.

An manchen Abenden, wenn er in seinem Körbchen lag, grübelte er darüber nach. „Wo ist Ina?" fragte er den Großonkel, der beim Licht einer Kerze in seinem Bett lag und halblaut aus einem großen Buch las.

„Sie ist beim lieben Gott", antwortete der Alte.

„In der Kirche?"

„Im Himmel!"
„Wo ist der Himmel, zio Barba?"
„Über den Sternen."
„Ich will auch in den Himmel, mit Ina spielen."
„Da hast noch viele Jahre Zeit, Angelino. Schlaf jetzt!"
„Ich kann nicht schlafen! Ina soll kommen und singen."
„Sie singt im Himmel mit den Engeln vor Gottes Angesicht."
Der Alte vertiefte sich wieder in sein Buch, die Betrachtungen des spanischen Jesuiten Luigi Da Ponte über die Geheimnisse des heiligen Glaubens, aber weit kam er nicht.
„Wie sieht er aus, zio Barba?" fragte der Kleine.
„Wer?"
„Der liebe Gott."
„Er ist aller Menschen guter Vater."
„Sieht er wie der Vater aus? Hat er so dunkle große Augen wie mein babbo?"
„So ungefähr!"
„Und so starke Hände?"
„Gewiß!"
„Und einen schwarzen Schnurrbart wie mein babbo?"
„Auch Gott ist dein Vater. Er liebt dich, wie dich kein Mensch lieben kann."
„Dann will ich ihn auch liebhaben. So lieb wie meinen babbo."
„Noch viel lieber, Angelino!"
„Noch lieber geht nicht, zio Barba." Angelo seufzte, gähnte, dann fielen ihm die Augen zu.

Längst schon stand er auf festen Beinen, als der liebe Gott neuen Segen schickte und die kleine Maria Elisa in der Wiege lag. Zaverio bekam jetzt den Weidenkorb, während zio Barba für seinen Liebling einen Strohsack beschaffte.

Angelo ging nun in sein viertes Lebensjahr. Bis in den letzten Winkel kannte er seine kleine Welt, das Haus mit Stuben und

Kammern, Stall und Scheune. Sogar die steinerne Treppe wagte er sich hinab zum Weinkeller, in dem Onkel Zaverio so oft schaffte. Es war auch im heißesten Sommer dort unten wunderbar kühl.

Der Tagesablauf war immer der gleiche. Wenn in aller Frühe, im Sommer um fünf, die Angelusglocke vom nahen Kirchlein läutete, die Hähne krähten und das Hühnervolk im Stall rebellisch wurde, erwachte das Haus. Das Vieh wurde versorgt, die Mädchen warfen dem Federvolk seine Körner hin. Schließlich läutete abermals die Glocke, Vater, Mutter, Großvater und Großonkel machten sich zum Kirchgang fertig.

„Geht ihr zum lieben Gott?" fragte Angelino die Mutter.

„Ja, mein Kind. Wir gehen zur Kirche, es ist Gottes Haus."

„Aber Onkel Barba sagt, er wohnt im Himmel über den Sternen."

„Gott ist überall, im Himmel und auf Erden."

„Überall? Auch in unserem Haus?"

„Gewiß, mein Kind! Sogar mitten in deinem Herzen wohnt Gott."

Unwillkürlich preßte Angelino die Hand auf seine Brust.

„In meinem Herzen? Und wie lange bleibt er darin?"

„Solange du nicht etwas sehr Böses tust."

„Dann will ich nie etwas Böses tun, Mamma!" Marianna schloß ihren Ältesten in die Arme.

Dem Kirchgang folgte das Frühstück, Milch und Polenta, ein steifer Maisbrei, in fingerdicke Streifen geschnitten. Nie gab es Brot im Haus Roncalli.

Den letzten Bissen im Mund, zogen die Männer zur Arbeit aufs Feld oder in den Weinberg. Die ältesten Schwestern trieben Kuh und Ziege auf die Weide, und Angelino trabte, einen kleinen Stecken in der Hand, hinterdrein.

Wenn um elf Uhr die Angelusglocke läutete, stellte die Mutter den Suppentopf aufs Feuer, und das erschien Angelino stets so wichtig, daß er auf seinen bloßen Füßen eiligst in die Küche tappte, dem überaus interessanten Geschäft zuzusehen.

„Hast du aber große Töpfe!" rief er staunend aus, worauf die Bäuerin lachend erwiderte:

„Ja, mein Junge! Gott liebt die großen Töpfe und die vollen Wiegen."

„Dann muß er uns ja mächtig liebhaben", stellte Angelo zufrieden fest.

Zum Mittagessen gab es stets eine dicke „Minestrone", eine Gemüsesuppe, Polenta und Käse. Fleisch kam nur an den höchsten Feiertagen auf den Tisch, an den Sonntagen ein Scheibchen Salami als Zugabe. Dem kleinen Angelino lief bei dem herrlichen Duft das Wasser im Mund zusammen.

Kehrten die Männer am Abend von der Arbeit heim, stellte die Mutter einen großen Topf mit ungeschälten Kartoffeln auf den Tisch. Nach der letzten Mahlzeit betete die ganze Familie den Rosenkranz, dann setzte sich Ohm Zaverio die Brille auf die Nase und las eine Geschichte aus der Heiligenlegende vor. Wenn Angelino auch noch nicht viel verstand, so dünkte ihn all das doch sehr feierlich. Mit keinem Wort durfte man die Andacht stören, alle waren so still und ernst wie in der Kirche; dem Bub ging die Ahnung auf, daß auch ihre Hütte ein Gotteshaus war, und oft fragte er die Mutter, ob der himmlische Vater noch in seinem Herzen wohne.

„Solange du nicht etwas sehr Böses tust", wiederholte Frau Marianna.

„Etwas Böses, nie!" versicherte Angelino. Das Böse, das den lieben Gott aus dem Herzen vertrieb, erschien ihm wie eine schreckliche, finstere Macht, vor der man sich sorglich hüten mußte.

Aber auch der Vierjährige hatte Versuchungen, die gar nicht leicht zu überwinden waren. Ehrlich gesagt, er war ein kleines

Leckermaul, und das muß der Teufel wohl auch gewußt haben.

Eines Morgens brachte die Mutter in aller Frühe ein Körbchen mit getrockneten Feigen ins Haus, versteckte es unter dem Bett und ging zur heiligen Messe. Angelino, dessen flinken Augen selten etwas entging, schlich sich, von Neugierde geplagt, ins elterliche Schlafzimmer und brauchte nicht lange zu suchen, bis er die kostbaren Früchte entdeckte.

Ich weiß nicht, ob sein Schutzengel vergaß, ihn am Ärmel zu zupfen, jedenfalls zog der Bub das Körbchen hervor und begann sich mit den Feigen vollzustopfen. Da schmeckte die eine noch besser als die andere, und ehe er es sich versah, war das Körbchen fast leer. Mit dickem Bäuchlein stahl er sich davon.

Der Mutter kam es sonderbar vor, daß ihr Angelino nicht wie an jedem Morgen, wenn sie aus der Kirche kam, jubelnd entgegenstürmte. Als sie ihn schließlich in einem Winkel entdeckte, sagte er kaum ein Wort und wich ihrem Blick aus. „Was hast du angestellt?" fragte die Bäuerin.

„Nichts, gar nichts!" versicherte Angelino. „Mir ist nur nicht ganz gut."

Bald darauf entdeckte die Mutter den Diebstahl. Sofort rief sie ihren Ältesten.

„Wer hat die Feigen gegessen, die ich heute morgen gebracht habe?" fragte sie streng.

„Ich nicht!" stammelte der Bub, über und über errötend. „Vielleicht war's die Katze."

„Die Katze kenne ich. Sie heißt Angeli."

„Ich hab' schreckliche Leibschmerzen", seufzte der kleine Feigendieb. „Ich glaub', ich muß sterben."

„Und woher die Schmerzen kommen, weißt du nicht?"

„Ich muß einmal ganz schnell fort." Diesmal war's nicht einmal gelogen.

Als ihn die Mutter am Abend zu Bett brachte, bekannte er tief beschämt sein Vergehen.

„Es war nicht die Katze, Mamma. Ich hab's selbst getan."

„Das weiß ich längst; denn nicht die Katze, sondern du hattest die Leibschmerzen. Es war sehr häßlich, was du getan hast. Du hast gestohlen und gelogen." Angelino ließ den Kopf hängen.

„Wohnt der liebe Gott jetzt nicht mehr in meinem Herzen?" preßte er zwischen den Lippen hervor.

„Du hast ihn beleidigt, aber er wird dir vergeben, wenn es dir leid tut, und bei dir bleiben. Es tut dir doch leid?"

„Ja, Mamma, sehr leid."

„Wegen der Leibschmerzen?"

„Nein, weil ich Gott beleidigt habe. Und du, Mamma, bist du mir noch böse?"

„Nein, mein Kind! Ich war nur sehr traurig und dein Schutzengel war es auch."

„Vergibst du mir auch, so wie der liebe Gott?"

„Natürlich. Ich hab' dich doch lieb."

Das Büblein richtete sich auf, schlang die Arme ganz fest um den Hals der Mutter und flüsterte ihr mit heißem Atem zu:

„Ich dich auch, Mamma! So etwas tu ich nie mehr wieder. Um mich sollst du nie mehr traurig sein."

Beim Abendgebet bat er Gott, seinen Schutzengel und alle Heiligen, die er kannte, herzinnig um Verzeihung und versprach, nie mehr in seinem Leben etwas Böses zu tun.

Es war ihm bitter ernst mit seinem Vorsatz, aber bald sollte er erfahren, daß der Versucher nicht schläft und einem kleinen Jungen sogar bis ins Heiligtum folgen kann.

Fünf Jahre zählte er, als die kleine Assunta geboren ward. Diesmal nahm man ihn mit zur Taufe. Don Francesco Rebuzzini ließ ihn das kleinste Ministrantenröckel und ein schneeweißes Chorhemd anziehen und gab ihm die Taufkerze in die Hand. Strahlend vor Freude, versah Angelino sein heiliges Amt, und als ihn der Pfarrer nach der feierlichen Handlung fragte, ob er nicht Meßdiener werden wolle, sagte er mit tausend Freuden zu.

Vorerst durfte er freilich nur bei der Andacht dienen, in der Prozession mitziehen, ein Licht tragen oder die Schelle schwingen, und heftig beneidete er die größeren Jungen, die schon das Rauchfaß schwenken durften.

Am Fest der Sieben Schmerzen Mariens hatte er wieder einmal bei der Andacht gedient. Der sakramentale Segen war vorüber, und die Ministranten legten ihre Röckel ab. Diesmal schienen es einige der größeren Buben sehr eilig zu haben, sie warfen ihre roten Talare samt den Chorhemden einfach in einen Winkel und stürmten ins Freie.

„Geh, hol sie zurück!" gebot der Küster Angelino. „Sie sollen ihre Sachen ordentlich aufhängen. Ich bin nicht ihr Kammerdiener."

Der Kleine lief denn auch hinter den anderen her, raffte das rote Röckel, das er noch nicht abgelegt hatte, mit beiden Händen hoch und rief aus Leibeskräften:

„Peppo, Luigi, Pietro, ihr sollt zurückkommen und eure Röckel aufhängen." Aber die drei hörten nicht und rannten über Gräben und Wiesen schnurstracks in des alten Matteo Kürbisfeld. Als Angelo atemlos anlangte, hatte jeder von ihnen eine der kolossalen Früchte in den Armen.

„Aber das dürft ihr doch nicht", keuchte der Fünfjährige entsetzt. „Das ist doch Diebstahl."

„Hört euch das Küken an!" spottete der vierschrötige Luigi. „Der Dreikäsehoch hält uns eine Predigt."

„Der alte Matteo hat die besten Kürbisse weit und breit", versicherte der rothaarige Peppo mit den vielen Sommersprossen. „Sie schmecken prima zur Polenta."

„Aber es ist doch – gestohlen!" würgte Angelino hervor.

„Ach was!" lachte Pietro. „Hier sind doch tausend Kürbisse, vielleicht sogar eine ganze Million. Der alte Matteo merkt es gar nicht, wenn drei oder vier fehlen. Meinst du, er zählt sie jeden Abend?"

„Es sind wirklich viele Kürbisse, aber bis eine Million kann ich nicht zählen, nur bis zehn."

„Nimm doch auch einen!" Pietro wollte ihm eine der Riesenfrüchte in die Arme drücken, aber Angelo schüttelte den Kopf und hielt die Hände auf dem Rücken. „Na, so nimm schon! Und dann schwirr ab und halt' den Mund!"

„Dafür hat der doch keinen Schneid", höhnte Luigi. „Der macht sich vor Angst die Hosen voll."

„Angelino ist ein Feigling!" grölte Peppo.

„Feigling! Feigling!" brüllten die anderen mit. Angelo schoß das Blut in den Kopf. „Ich bin kein Feigling!" schrie er wütend. „Ihr sollt sehen, daß ich kein Feigling bin!" Ohne sich zu besinnen, nahm er den Kürbis, der zu seinen Füßen lag, umspannte ihn mit den Armen und keuchte hinter den anderen her.

Vor der Sakristei legte er seine schwere Last ab, zog Röckel und Chorhemd aus und machte sich mit dem gestohlenen Kürbis auf den Heimweg.

Im Haus Roncalli hatte man sich gerade zum Abendessen an den Tisch gesetzt, als Angelo hereinkeuchte.

„Ein Kürbis, ein Kürbis!" krähte der kleine Zaverio vergnügt.

„Kürbis, Kürbis!" jauchzte die zweijährige Elisa und klatschte in die Hände. Die Eltern und die größeren Schwestern schauten Angelo verwundert an. Großvater murmelte etwas vor sich hin, was niemand verstand.

Onkel Zaverio aber, das Oberhaupt der Familie, legte die Gabel hin, blickte den Großneffen eindringlich an und fragte:

„Woher hast du den Kürbis, Angelino?" Vor des Alten ernsten, forschenden Augen wagte der Bub keine Lüge und stammelte:

„Vom Feld des alten Matteo. Da sind schrecklich viele Kürbisse. Die anderen haben auch welche genommen."

„Die anderen? Wer?"

„Die anderen Ministranten, Peppo, Luigi, Pietro."

„Hat euch der Besitzer die Kürbisse gegeben?"

„Nein, wir haben sie heimlich genommen." Angelo wich furchtsam bis an die Wand zurück. „Die Jungen haben gesagt, ich wäre ein Feigling, wenn ich nicht auch einen nähme."

„Ein Feigling?" antwortete der Alte mit unheimlicher Stimme. „Ein Dieb bist du. Du weißt doch, daß du gestohlen hast. Oder nicht?"

„Ja, zio Barba!" stotterte Angelo, bleich wie die Wand.

„Du bringst sofort den Kürbis zum Bauer Matteo und bittest ihn um Entschuldigung. Verstanden?"

„Ja, zio!"

Das war ein borniger Weg für den Kleinen. Die Last erschien ihm jetzt doppelt schwer, vor Angst und Mühe lief ihm der Schweiß von der Stirn.

Der alte Matteo kam gerade aus dem Stall, als er den Kürbis vor ihm niederlegte.

„Was soll das?" fragte der Mann verständnislos.

„Onkel Barba sagt, ich soll den Kürbis zurückbringen. Ich habe ihn von Eurem Feld ge... nommen. Und ich soll sagen, daß es mir leid tut, und Euch um Verzeihung bitten."

Ehe der Mann ein Wort erwidern konnte, lief der Bub auf seinen bloßen Füßen davon.

„Ich will keinen Dieb in meinem Zimmer", erklärte Onkel Zaverio, als sich Angelo in seiner Kammer niederlegen wollte. „Nimm deinen Strohsack und trag ihn in die Scheune! Da kannst du schlafen."

„Ja, zio Barba!" Ohne Widerspruch nahm er seinen Strohsack auf die Schultern und keuchte damit in den Hof hinunter.

„Was soll das?" fragte die Mutter, die eben dazu kam.

„Ich muß in der Scheune schlafen. Zio Barba duldet in seiner Kammer keinen – keinen – Dieb."

„Und er hat recht!" nickte Frau Marianna, von der Angelo vergebens Hilfe erwartete.

„Aber in der Scheune sind Ratten!"

„Sie werden dich nicht auffressen. Tu, was der Onkel dich heißt! Ich hätte nie geglaubt, daß mein Sohn so etwas tun kann."

„Es war ja nur, weil mich die anderen Feigling nannten", verteidigte sich der Kleine schwach.

„Den Spott hättest du ertragen können. Deshalb brauchtest du nicht gleich zum Dieb zu werden." Ergeben schleppte Angelo den Strohsack in die Scheune, doch vermochte er aus Angst vor den Ratten kein Auge zu schließen. Auch quälte ihn sein Gewissen, und selbst das Abendgebet gab ihm keinen Frieden.

Eine halbe Stunde mochte er so gelegen haben, als sich die Tür öffnete und Onkel Zaverio mit einer Laterne eintrat.

„Komm jetzt wieder nach oben!" sagte er, warf sich den Strohsack über die Schulter und stapfte dem zitternden Jungen voran.

„Verzeihst du mir, zio?" stammelte das Bürschlein, als sie in die Kammer traten.

„Was fragst du mich? Frag den lieben Gott, ob er dir verzeiht. Das allein ist wichtig."

„Es tut mir schrecklich leid, und ich will so etwas ganz, ganz bestimmt nicht wieder tun."

„Das hoffe ich, Angelo. Sonst kannst du sehen, wo du bleibst. Die Roncalli dulden keinen Dieb unter ihrem Dach. Und nun leg dich hin und schlaf!"

Am anderen Tag saß Angelo in der Küche und schaukelte sein jüngstes Schwesterchen Assunta in der Wiege, als plötzlich die Tür aufging und der alte Matteo eintrat. Der Bub starrte ihn erschrocken an, aber der Mann kramte aus einem Sack zwei riesige Kürbisse, legte sie auf den Tisch und sagte:

„Kannst du deinem Onkel etwas ausrichten?"

„Ja, Herr!"

„So sag ihm, der alte Matteo sei hiergewesen und habe die Kürbisse gebracht."

„Ja, Herr!"
„Und noch was, sag ihm, er sei ein galantuomo, ein Ehrenmann. Kannst du das behalten?"
„Ja, Herr?"
„Was du bist, weißt du wohl."
„Ja, ein – ein Dieb!"
„Ein dummer Junge bist du, der sich von anderen verführen läßt. Hoffentlich war es das einzige Mal."
„Ja, Herr! Habt Ihr mir verziehen?"
„Brächte ich euch sonst die Kürbisse?" Der Bauer nickte dem Kleinen zu und ging aus der Tür.

Als Angelo dem Onkel ausrichtete, was er zu sagen hatte, antwortete der:

„Die Roncalli sind zwar arm, aber ich kenne keinen, der kein Ehrenmann wäre. Ich hoffe, du wirst auch einer."

„Sicher, Onkel Barba!"

„Nun gut! Machen wir einen Strich unter die Geschichte. Wir sprechen nicht mehr davon."

Angelino atmete hörbar auf. Es war ihm, als wäre ihm ein schwerer Stein vom Herzen gefallen.

Groß war der Jubel der Kinder, als es am folgenden Tag zur Polenta Kürbismus gab. Nur Angelino verzichtete auf die köstliche Zuspeise, obschon ihm das Wasser im Mund zusammenlief. Das war die Strafe, die er sich selbst auferlegte.

Frau Marianna sah ihren Mann bedeutungsvoll an. Aber der sagte kein Wort. Auch der Großonkel tat, als merke er nichts.

DIE ERSTE BEICHTE

An einem goldenen Herbsttag stapfte Angelo die Stiege zum Pfarrhaus hinan, pochte an die Tür und überreichte Jungfer Caterina, der Wirtschafterin, einen Korb mit Äpfeln.

„Es sind die schönsten aus unserem Garten", erklärte er stolz. „Ich hab' sie selbst für den Herrn Pfarrer gepflückt und für Euch auch, Jungfer Caterina; denn heute ist ja Euer Namenstag, und ich wünsche Euch viel Glück und Gottes Segen."

„Und dein Geburtstag ist heute, Angelino", lachte die Köchin. „Weiß noch genau, was für ein schreckliches Wetter damals war. Ich mußte dem Herrn Pfarrer einen Glühwein machen, als er von deiner Taufe nach Hause kam, aber einen tüchtigen Schnupfen hat er sich doch geholt. Wie alt bist du nun, mein Kleiner?"

„Genau sechs Jahre alt. Bin schon beim Meister Donizetti in der Schule."

„Und du lernst fleißig?"

„Natürlich. Ich will doch bald lesen können. Darf ich selbst dem Herrn Pfarrer die Äpfel geben?"

„Gewiß! Komm nur mit!"

Don Francesco Rebuzzini schaute vergnügt von seinem Buch auf, als der kleine Barfüßer in die Studierstube trat. Der Bub sagte noch einmal sein Sprüchlein, fügte die Grüße der Eltern hinzu und versicherte, es sei ihnen eine große Ehre, wenn der Herr Pfarrer die Äpfel nicht verschmähen wolle.

„Wirklich wundervolle Äpfel!" schmunzelte der Priester. „Wie aus dem Paradies."

„Nein, Hochwürden, nicht aus dem Paradies! Sie sind aus unserem Garten bei der Colombera, dem neuen Haus, in das wir vor kurzem eingezogen sind."

„Ja, ja ich weiß! Euer altes Haus wurde euch zu eng bei den vielen Kindern. Da hat euch Graf Morlani das Nachbarhaus, die Colombera, überlassen. Nun habt ihr wohl Platz genug."

„Ja, mächtig viel Platz! Da können noch viele Kinder kommen. Und vom Küchenfenster aus kann ich geradewegs auf den Kirchplatz schauen."

Nachdenklich nahm Don Rebuzzini einen der goldroten Äpfel in die Hand. „Man sollte gar nicht glauben, wieviel Leid und Jammer durch solch eine schöne Frucht in die Welt gekommen ist!"

„Ich weiß, Hochwürden!" nickte Angelo eifrig. „Sie denken an Eva und die Schlange. Aber in unserem Garten stehen keine Sündenbäume. Unsere Apfelbäume sind alle gut katholisch. Schlangen gibt es bei uns auch nicht. Sie können die Äpfel ruhig essen."

Don Francesco lachte herzlich. „Ich glaub' dir's, Bub. In der Colombera ist alles gut katholisch, die Menschen, die Bäume und das Rindvieh sicher auch."

„Natürlich! Alle unsere Kühe und Kälber haben fromme, christliche Namen, die Lisa, die Rosa, die Beata, alle, und im Stall haben wir einen Wedel vom Palmsonntag und ein Weihwasserbecken auch. Der heilige Wendelinus steht darüber und sorgt dafür, daß die Kühe und Kälber nicht krank werden."

„Dann ist ja alles in Ordnung."

„Wir haben jetzt viel mehr Rindvieh als früher, und einen Esel haben wir auch, der heißt Peppo und ist ein geduldiges Tier. Sogar ein Pferd haben wir jetzt. Emma heißt es, und ich darf manchmal darauf reiten, wenn der Vater es auf den Acker führt."

„Ist es die Möglichkeit! Nun gut, sag deinen Eltern, der Pfarrer danke für die schönen Früchte! Ich kann sie gut gebrauchen. Wir haben ein paar Kranke im Dorf, denen sie gut schmecken werden."

„Sie sind aber für Sie und Jungfer Caterina bestimmt."

„Keine Angst! Ein paar werden wir sicher selber essen. Aber denk daran, was wir den Armen und Kranken tun, das tun wir unserem Herrn und Heiland."

„Das sagt die Mutter auch. Kommt oft ein armer Landstreicher an unsere Tür und bittet um einen Bissen. Stets nimmt die Mutter ihn freundlich auf und setzt ihn zwischen uns Kindern an den Tisch. Zuerst schöpft sie dann ihm den Teller voll aus dem großen Topf; denn sie sagt, er ist unseres lieben Herrgotts armer Bruder. Immer sagt sie das, da mag einer noch so zerlumpt daherkommen."

„So ist's recht! Da wird die Mutter zufrieden sein, wenn ich die Äpfel den Armen und Kranken schenke."

„Oh, wir haben noch Äpfel genug", versicherte Angelo. „Ich bring gern auch den Kranken einen Korb voll, der alten Veronica mit ihrer Gicht, dem lahmen Pietro und der blinden Jungfer Anastasia."

„Das ist schön, Angelo! Behüte dich Gott, mein Lieber!"

„Ich wollte eigentlich noch etwas fragen, Hochwürden", erwiderte der Junge zögernd. Dabei ließ er den Blick über die hohen Regale gehn, die einen großen Teil der Stubenwände bedeckten. „Haben Sie die Bücher alle gelesen?"

„Gewiß, Angelo! Die meisten mehr als einmal."

„Ein wenig kann ich auch lesen. Behalten Sie alles im Kopf, was Sie lesen?"

„Früher konnte ich es, aber jetzt bin ich alt und vergesse manches."

„Wenn ich richtig lesen kann, behalte ich alles", behauptete der Kleine. Mit dem Finger fuhr er über einige der Buchrücken. „Die sind aber staubig."

„Ja, leider! Meine Caterina ist eben auch schon alt und hat so viel im Haushalt zu tun."

„Soll ich sie Ihnen abstauben?"

„Würdest du das gern tun?"
„Mit tausend Freuden! Ja, sehr gern."
„Aber daheim braucht man dich doch auch?"
„Jetzt nach der Ernte ist nicht mehr viel Arbeit. Die Mutter erlaubt mir gewiß, daß ich Ihnen helfe."
„Na, dann nur zu! Du kannst kommen, sooft du willst."
„Dann komme ich jeden Tag!" rief Angelo strahlend. „Gewiß leihen Sie mir dann auch einmal ein Buch, wenn ich erst richtig lesen kann."
„Möchtest du das denn gern?"
„O ja, gern! Ich muß doch viel lesen, weil ich . . ."
„Nun, warum?"
„Weil ich Pfarrer werden will!" brachte der Junge errötend hervor.
„Pfarrer willst du werden?"
„Ja, genau wie Sie."
Angelo hatte sich auf den Boden gekauert und blickte zu dem greisen Priester auf. „Von Zeit zu Zeit kommen die Patres von Boccanello auf unseren Hof, die Franziskaner, wissen Sie? Die mit den braunen Kutten und dem weißen Strick. Die bitten um milde Gaben für ihr Kloster, und die Mutter führt sie in die Küche und gibt ihnen Maismehl und Eier und manchmal auch einen Krug Wein. Neulich hat mich einer von ihnen gefragt, ob ich Pater werden möchte."
„Und was hast du geantwortet?"
„Ich möchte werden wie Don Francesco."
Der Priester sah das Bürschlein betroffen an. „Pfarrer möchtest du werden? Warum?"
„Ach, Don Francesco, ich sitze oft am Küchenfenster und schaue auf den Kirchplatz. Da sehe ich, wie die Leute kommen, den Hut vor Ihnen ziehen, und manche küssen Ihnen die Hand. Und Sie sind zu allen gut und freundlich. Sie sind wie ein Hirt, um den sich die Schafe drängen."

„Du möchtest also Priester werden, damit dir die Leute die Hand küssen?"

„Nein, nein, Sie verstehen mich nicht!" widersprach Angelo aufgeregt. „Ich möchte nur so gut zu allen Leuten sein wie Sie. Und ich möchte Gott dienen, weil ich ihn liebhabe."

„Das kannst du in jedem Stand, auch als Bauer. Deine Eltern und zio Barba tun das auch."

„Gewiß! Aber ich denk' mir, ein Pfarrer kann dem lieben Gott tausendmal mehr dienen als jeder andere. Ist das nicht so?"

„Aber als Pfarrer verdienst du nicht viel. Und schau dir nur einmal meinen schwarzen Talar an! Möchtest du gern in so einem düsteren Gewand herumlaufen?"

„Das ist sicher unbequem, besonders wenn man auf die Bäume klettern will."

„Und der steife Kragen!" bohrte der Pfarrer weiter. „Sieh ihn dir an, wie hart und eng er ist! Im Sommer bekommt man darin kaum Luft, zumal er hinten und nicht vorne zugemacht wird."

„Denk halt, man gewöhnt sich daran!"

„Heiraten kannst du dann auch nicht und wirst keine Familie haben. Wirst immer einsam sein."

Angelo schaute den Priester vorwurfsvoll an. „Das sagen Sie? Haben Sie nicht neulich in der Predigt gesagt, ein Pfarrer ist der Vater der ganzen Gemeinde, und alle Gläubigen sind seine Familie? Und einsam können Sie doch auch nicht sein. So viele Leute kommen zu Ihnen, und schließlich . . ."

„Und?"

„Ein Priester kann nicht einsam sein. Er ist immer beim lieben Gott."

Bewegt legte der Pfarrer seine Hand auf des Knaben dunkles Haar. „Ich glaube, der liebe Gott hat dich sehr lieb", sagte er. „Vielleicht will er sogar, daß du einmal Priester wirst. Aber bis dahin ist noch viel Zeit. Wolltest du sonst noch etwas von mir?"

Angelo gab sich einen Ruck.

„Ich wollte Sie fragen, ob ich bald zur ersten heiligen Kommunion gehen darf."

„Wie alt bist du?"

„Genau heute bin ich sechs geworden."

„Natürlich! Heute ist ja das Fest der heiligen Katharina. Ich gratuliere!"

„Ich weiß schon alles über die heilige Kommunion."

„So, was denn?"

„Alles! Fragen Sie nur!" Eingehend examinierte ihn der Priester, aber auch auf die schwierigsten Fragen wußte Angelo die Antwort.

„Woher weißt du das alles?" fragte Don Rebuzzini verwundert.

„Von der Mutter und von Onkel Barba."

„Da hast du gute Lehrmeister."

„Einiges weiß ich auch aus Ihren Predigten. Soll ich Ihnen sagen, worüber Sie am letzten Sonntag gesprochen haben?"

„Nur zu!"

„Wie der Heiland das Töchterlein des Jairus auferweckt hat." Ohne Zögern wiederholte Angelo Wort für Wort die Predigt, die der Pfarrer wie immer in der vertrauten Bergamasker Mundart gehalten hatte, und ahmte selbst die Gesten getreulich nach. Nicht einmal das „quinquili und quinquila", mit dem er die Flötenspieler im Trauerhaus nachgemacht hatte, vergaß er.

„Alle Wetter, du hast gut aufgepaßt!" staunte der Pfarrer. „Aber eines muß ich noch wissen, mein Kleiner. Warum möchtest du schon so früh den Heiland empfangen?"

„Weil er mich liebt und weil ich ihn liebe!"

„Das ist eine gute Antwort." Der Pfarrer war aufgesprungen und durchschritt schweigend die Stube, während ihm der Bub voller Erwartung mit den Augen folgte. Schließlich blieb er vor Angelo stehen und sagte:

„Es ist zwar nicht üblich, Kinder in so frühem Alter zum Tisch des Herrn zuzulassen, aber ich glaube, bei dir muß ich eine Ausnahme machen. Schließlich hat ja unser Herr gesagt: ‚Lasset die Kinder zu mir kommen und wehret es ihnen nicht!'"

„Denn ihrer ist das Himmelreich!" ergänzte Angelo.

„Vorher müßtest du aber noch beichten. Weißt du, was das ist?"

„Gewiß! Ich muß Ihnen all meine Sünden sagen", seufzte der Bub. „Es sind sicher viele. Aber Onkel Barba wird mir helfen. Er weiß alles, was ich getan habe."

„Gut, so sollst du vor Weihnachten beichten. Zur ersten heiligen Kommunion gehst du dann am vierten Fastensonntag."

Voll seliger Freude verließ der Bub das Pfarrhaus. Daheim verkündete er Onkel Zaverio als erstem die glückliche Botschaft.

„Nun, dann müssen wir uns gut vorbereiten", sagte zio Barba bedächtig.

„Und beichten muß ich! All meine Sünden muß ich sagen!" rief Angelo. „Hilf mir doch, zio Barba!"

Zaverio Roncalli legte die Pfeife weg.

„Nun, mein Junge, das ist kein Grund, um Hilfe zu schreien. Da muß man nur sorgsam und fromm ans Werk gehn."

Jeden Abend gab der Alte dem Großneffen nun Unterricht. Vom Verlorenen Sohn sprach er, vom Elend der Sünden und von der Güte des Vaters, der den in stinkenden Lumpen Heimgekehrten in seine Arme schloß und ihm verzieh, was er ihm angetan hatte. So machte er dem atemlos Lauschenden klar, was alles zum würdigen Empfang des Bußsakramentes gehört: die Erkenntnis der Sünden und ihrer Bosheit, aufrichtige Reue, der gute Vorsatz, das Bekenntnis zu Füßen des barmherzigen Vaters, die Genugtuung am Ende. Der Bub nahm jedes Wort in sein Herz auf.

Darüber verging der Herbst. Der Winter kam mit Sturm und

Regen, in manchen Nächten heulte und toste es um die Fensterläden, so daß Angelo kaum schlafen konnte. Umso mehr dachte er über den großen Tag nach, an dem er wie der Verlorene Sohn vor seinem himmlischen Vater niederknien würde.

Das Schwierigste war die Gewissenserforschung. Onkel Zaverio ging mit ihm die Zehn Gebote Gottes und die fünf der heiligen Kirche durch.

„Hast du schon einmal die täglichen Gebete ausgelassen?"

„Nein, nie!"

„Aber hast du nicht immer gut gebetet, nicht andächtig, meine ich?"

„Ja, oft, sehr oft! Vor allem beim Tischgebet laufen mir die Gedanken fort, weil ich Hunger habe, und beim Rosenkranz auch."

„So halt sie nächstens fest! Der liebe Gott will kein Geplapper und die heilige Madonna auch nicht." So ging's weiter die steinernen Tafeln hinab, und mit wachsender Beschämung stellte Angelo fest, welch großer Sünder er war. Wenigstens kam ihm das so vor.

Als die Mutter eines Abends nach ihm schaute, fand sie ihn seufzend und stöhnend auf seinem Strohsack.

„Hast du Bauchschmerzen?" fragte sie erschrocken. „Oder tut dir der Kopf weh?"

„Nein, Mutter!" keuchte der Bub. „Es ist das Herz. Da liegt ein ganzer Berg Sünden drauf."

„Wir sind alle arme Sünder", antwortete die Frau. „Aber Gott ist gut und barmherzig. Wenn wir ehrlich bekennen und bereuen, vergibt er uns gern. Das Wichtigste ist, daß dir deine Sünden leid tun."

„Ja, sehr leid, Mamma! Onkel Barba sagt, wer eine läßliche Sünde tut, schlägt dem Heiland auf die Dornenkrone, und wer eine schwere tut, stößt ihm die Lanze ins Herz. Aber ich glaube, schwere Sünden habe ich nicht."

„Gewiß nicht! Du hast den Heiland doch lieb."

„Ja, sehr lieb!"

„Dann ist's gut. Wer den Heiland aufrichtig liebt, kann keine schwere Sünde tun. Und nun schlaf in Gottes Frieden!" Die Bäurin zeichnete ihrem Sohn ein Kreuz auf die Stirn und ging aus der Kammer.

Am Heiligen Abend stapfte Angelo zur Kirche der Muttergottes hinüber, kniete vor dem Hochaltar nieder und flehte um Erleuchtung und Kraft. Noch einmal rief er sich alles ins Gedächtnis, was er begangen hatte, erweckte Reue und Vorsatz, kniete sich eine halbe Stunde später auf das Armesünderbänkchen in des Pfarrers Beichtstuhl und bekannte zerknirscht all seine kleinen Missetaten. Nichts vergaß er, auch nicht die Feigen, die er der Mutter gestohlen hatte, und die böse Geschichte mit dem Kürbis.

Dem Pfarrer ward es ganz eigen ums Herz. So viel Unschuld und solch tiefe Reue! Da hörte wohl der ganze Himmel mit Wohlgefallen zu. So gab Don Rebuzzini nur eine fromme Ermahnung, ohne zu schelten und zu drohen, wie es Angelo eigentlich erwartet hatte, legte ihm eine leichte Buße auf und sprach ihn los von aller Schuld und Sünde.

Vor dem Gnadenbild der heiligen Jungfrau warf sich der Bub auf die Knie nieder, verrichtete andächtig das Bußgebet und bat sie herzinnig, ihn künftig vor jedem Fehltritt zu bewahren. Wie im Traum kehrte er heim.

„Hat's gut gegangen?" fragte Onkel Zaverio.

„Ja, zio Barba! Ich habe alles gesagt und nichts vergessen. Der Pfarrer hat gar nicht geschimpft und die Buße war viel zu leicht. Was sind schon drei Vaterunser und Ave gegen all meine Sünden?"

„Du hast recht, sie sind gar nichts! Aber schau her!" Der Alte zog ein Buch aus seinem Betstuhl hervor, blätterte, bis er das Bild fand, das er suchte. Es zeigte den Heiland am Kreuz, aus der

Seitenwunde strömte wie ein Springquell das kostbare Blut. Darunter schwebte ein Engel, der es in einem goldenen Kelch auffing.

„Schau her, Angelino! Das ist es, was unsere Sünden tilgt, das Blut unseres Erlösers. In ihm ist alles Heil der Welt, all unsere Hoffnung und Zuversicht. Sein Blut hat deine Seele rein gemacht. Ich habe eine ganz besondere Andacht zum kostbaren Blut unseres Herrn, und ich wollte, auch du würdest es stets aus ganzem Herzen verehren. Es gibt nichts, was besser trösten kann."

„Ja, Onkel Barba!" In Angelos tiefblauen Augen stand ein absonderlicher Glanz.

„So wollen wir gemeinsam die Litanei vom kostbaren Blut beten!" Die beiden knieten nieder, und inbrünstig wiederholte der Bub auf jede Anrufung das „Erbarme dich unser!" Diesmal stahl sich kein irdischer Gedanke in das heilige Flehen.

AN GOTTES TISCH

Auf den Fensterbänken lag der Schnee, und so bitter kalt war es, daß selbst das Feuer im Ofen kaum die Eisblumen an den Scheiben aufzutauen vermochte. Dennoch hockten die Buben von Sotto il Monte brav und aufmerksam wie nie in den Bänken, denn heute war ein besonderer Tag; der Schulinspektor aus Bergamo war gekommen, um dem Unterricht beizuwohnen.

Meister Donizetti schwitzte trotz der Kälte vor Angst, weil die Antworten seiner Schüler viel zu wünschen übrigließen. Die meisten verstanden nur ihre Bergamasker Mundart und konnten kaum ein Wort Italienisch. Auch mit dem Lesen und Schreiben haperte es sehr, so daß der hohe Besucher recht unzufrieden dreinschaute. Schließlich übernahm er selbst den Unterricht und fragte, ob wohl eines der Kinder ein Gedicht auswendig wisse.

Die Buben senkten verlegen ihre braunen und schwarzen Schöpfe. Meister Donizetti stand wie auf glühenden Kohlen, bis endlich ein kleiner Bub den Finger hob und losschmetterte:

„Quanto è soave al cor
il nome tuo, Maria.
Ogni dolcezza mia
da quel Tuo Nome vien.
Che bella idea d'amore
da quel tuo nome appresi,
che bei desiri accesi
mi vien destando in sen. – –

Wie klingt mir im Herzen so süß,
Dein heiliger Name, Maria.
Ein seliges Paradies
Ist mir dein Name, Maria!
Der Liebe innigstes Wort
Hat mich deinen Namen gelehrt.
O töne immerfort
Im Herzen, von Liebe verzehrt!"

„Ein schönes Lied und gut vorgetragen!" lobte der hohe Herr. „Wie heißt du, mein Sohn?"

„Angelo Roncalli!"

„Gut, Angelo! Wirklich gut! – Aber nun hört mal zu, ihr Buben! Ich stelle euch eine Aufgabe und will sehen, ob ihr denken könnt. Was ist schwerer, ein Zentner Eisen oder ein Zentner Heu?"

Die Jungen zermarterten sich die Köpfe über das schwierige Problem und schwiegen.

„Nun, was ist schwerer? Sag du's!" Der Inspektor deutete auf den rothaarigen Peppo, der schon in die dritte Klasse ging.

„Ein Zentner Eisen!"

„Und was meinst du?" Diesmal war die Frage an Battistèl, den neunjährigen Sohn des Hufschmieds Ripamonti, gerichtet.

„Ein Zentner Eisen! Lassen Sie sich einen Zentner Eisen und einen Zentner Heu auf den Fuß fallen, dann merken Sie es." Die Antwort klang so überzeugend, daß die ganze Bande zustimmte und im Chor rief: „Ein Zentner Eisen."

„Und was sagst du?" fragte der Schulinspektor den kleinen Angelo.

„Sie haben das gleiche Gewicht. Ein Zentner ist ein Zentner!"

„Na, wenigstens einer, der die richtige Antwort weiß!" nickte der Beamte. „Der Kleine beschämt euch alle, ihr Dummköpfe!"

Der Lehrer atmete erleichtert auf und warf dem kleinen Roncalli einen dankbaren Blick zu. Die gescholtenen Buben aber fielen nach Schulschluß wütend über Angelo her.

„Deinetwegen hat er uns Dummköpfe genannt", schrie Luigi, und dann hagelte es von allen Seiten Püffe und Schläge auf den Sechsjährigen, der sich vergebens mit seiner Schiefertafel zu verteidigen suchte. Nur der gutmütige Battistèl kam ihm zu Hilfe und trieb die Horde mit seinen starken Fäusten auseinander.

„Ich dank' dir, Battistèl!" keuchte Angelo.

„Ach was!" lachte der Schmiedesohn. „Du bist zwar schlauer als ich, aber dafür bin ich kräftiger. Komm nur mit, ich bring' dich nach Hause!"

Ziemlich zerschunden langte Angelo daheim an. Seine Nase blutete, ein Jackenärmel war zerrissen und die Schiefertafel zerbrochen.

„Die anderen haben mich verhauen", erklärte er schluchzend der Mutter, die eben die Polenta kochte.

„Vielleicht warst du selbst schuld", meinte die Bäurin und wischte ihm mit der Schürze das Blut vom Gesicht. „Und nun hör auf zu weinen! Wirst schon lernen müssen, einen Puff zu ertragen." Nein, wehleidig war Frau Marianna nicht, sie wußte, wie derb einen das Leben zuweilen anfaßt. Hilfesuchend blickte der Bub zu seinem Vater auf, aber der sagte lachend:

„Wehr dich halt das nächstemal besser! Ein Roncalli ist nicht zimperlich."

„Meine ich auch!" stimmte der Großvater zu. Zio Zaverio aber nahm das Bürschlein nach dem Essen mit in seine Kammer und ließ sich den Sachverhalt erklären.

„Du warst also unschuldig an der Schlägerei?" fragte er. „Nun, dann ist's gut. Denk an den Heiland, der so viel Schlimmeres geduldig ertrug!"

„Soll ich mich denn nicht wehren?"

„Freilich, freilich, mein Junge! Halte dir die Bande vom Leib, wenn du kannst! Aber tu's nie im Zorn! Mir ist es lieber, du kommst mit einer blutenden Nase heim als mit einem schlechten Gewissen. Denk daran, daß der Heiland vor deiner Tür steht! Na, und hock dich hin! Ich will dir etwas sagen."

„Ja, zio Barba?" Erwartungsvoll setzte sich Angelo auf den Schemel zu Füßen des Onkels.

„Ich werde in der kommenden Woche nach Rom pilgern."

„Nach Rom?" stammelte der Bub fassungslos vor Staunen.

„Ja, nach Rom. Du weißt, daß unser Heiliger Vater, Papst Leo XIII., vor kurzem sein goldenes Priesterjubiläum gefeiert hat. Don Francesco hat es in der Kirche verkündet. Nun ziehen aus aller Welt Pilgerzüge nach Rom, um dem Jubilar Glück und Gottes Segen zu wünschen und für ihn zu beten. Auch von Bergamo aus geht ein Pilgerzug, und ich habe mich entschlossen, daran teilzunehmen."

„Nimmst du mich mit – mit nach Rom?" fuhr Angelo begeistert auf. „Ich möchte so gern den Heiligen Vater sehen."

Der Großonkel lächelte. „Das geht leider nicht. Du mußt doch in die Schule, und für den Papst kannst du auch hier beten. Denk daran, wieviel er von seinen Feinden zu erdulden hat. Viel mehr als du von deinen Schulkameraden."

„Prügeln sie ihn auch?"

„Das nicht gerade! Aber der Undank seiner Kinder tut seinem Herzen viel weher."

„Ich will gern für ihn beten", nickte Angelo. „Aber nach Rom darf ich nicht?"

„Wer weiß, vielleicht kommst du später auch einmal dorthin", tröstete der Alte.

„Dann sag dem Heiligen Vater wenigstens, daß ich ihn liebhabe!"

So sehr nahmen des Onkels Romreise und die Erwartung des bevorstehenden Gnadentages den kleinen Angelo gefangen, daß er im Unterricht oft unaufmerksam war und manche Antwort schuldig blieb, sehr zur Verwunderung des Lehrers Donizetti, der ihn für seinen begabtesten Schüler hielt.

„Du träumst mal wieder, Angelo", sagte er unzufrieden, als sich der Bub hoffnungslos im Einmaleins verhedderte. „Wo bist du nur mit deinen Gedanken?" Angelo senkte den Kopf und antwortete nichts.

„Gehst du heute nachmittag mit uns rodeln?" fragte ihn nach Schulschluß sein Vetter und Banknachbar Giovanni Mazzola.

„Nein, Giannino, heute geht's nicht. Nach dem Essen pilgern wir zur Madonna dei Campi, die Mutter und ich."

„Rodeln ist schöner als pilgern", murrte der Vetter. „Pilgern kannst du immer noch, aber so schönen Schnee wie heute haben wir nicht alle Tage."

„Ob in Rom jetzt auch Schnee liegt?" fragte Angelo.

„In Rom? Weiß ich das? Was hast du nur immer mit Rom?"

„Onkel Barba ist doch da. Er macht eine Wallfahrt zum Heiligen Vater. Und weil er mich nicht mitgenommen hat, will ich wenigstens zur Madonna dei Campi pilgern."

„Du bist fad!" brummte Giovanni. „Ganz anders als früher bist du. Selbst in der Schule träumst du, und wenn ich dir vorsage, hörst du mich nicht. Was ist nur los mit dir?"

„Gar nichts ist los!" Angelo rannte davon.

Nicht einmal Pippo, der Hund, war mit ihm zufrieden, weil er so selten mit ihm im Hof herumtollte. Da half alles Jaulen und Betteln nichts.

Es war bitter kalt, die Tramontana fegte eisig von den Hügeln, als Angelo mit seiner Mutter die Wallfahrt antrat. Schweigend stapften sie nebeneinander durch den hohen Schnee und unterbrachen die Stille nur, wenn sie gemeinsam den Rosenkranz beteten. Lang war der Weg, und der Bub zitterte vor Kälte. Als er aber in das Heiligtum eintrat und sein Knie vor dem Gnadenbild beugte, war alle Mühe vergessen.

Voll tiefer Freude hob er den Blick zur himmlischen Mutter und bat sie inständig, ihm zu helfen, dem göttlichen Sohn den Weg in sein Herz zu bereiten, und mit innigem Wohlgefallen blickte die Sternengekrönte zu ihrem Kind hernieder.

Nichts als Liebe und Vertrauen brannte in seinem Herzen, und es bedurfte der vielen Votivtafeln nicht, um ihn zu überzeugen, in wie mannigfacher Not Maria ihren Kindern geholfen hatte. Er wußte, daß sie den leisesten Gebetshauch vernimmt. Auch für den Heiligen Vater flehte er und bat die heilige Jungfrau, sie möge ihm beistehen in all seiner Not und seinen großen Sorgen.

Zu Beginn der Fastenzeit kehrte der Onkel von seiner Romfahrt zurück. Gar nicht genug konnte er dem Großneffen von der Ewigen Stadt berichten, vom Sankt-Peters-Dom und all den vielen großen Kirchen, die er besucht, von der Audienz, bei der der Papst zu den Pilgern gesprochen und allen seinen Segen gegeben hatte, nicht nur den Anwesenden, sondern auch ihren Familien daheim.

„Da hat er auch dich gesegnet, Angelino", fügte Onkel Zaverio hinzu.

„Und hast du ihm gesagt, daß ich ihn liebhabe?" fragte der Junge erregt.

„Ach, mein Kind, ich stand mitten im Gedränge, aber ich habe ‚Evviva' geschrien, so laut ich nur konnte, auch in deinem Namen, Angelino, und das hat der Heilige Vater ganz bestimmt gehört; denn ich war ihm ganz nahe, als er in den Petersdom getragen wurde."

„Wie sah er aus?"

„Wie eine leuchtende Flamme in seinem weißen Gewand, und sein Antlitz, schmal, ernst und doch voller Güte, war hell wie ein Licht. Ich werde es niemals vergessen, wie er mich ansah. Ich mußte mich einfach hinknien; so hat es mich überwältigt, daß ich den Nachfolger des heiligen Petrus Auge in Auge sah."

Nie zuvor hatte Angelo den Oheim so begeistert und feierlich reden hören. Er konnte plötzlich nicht weiter fragen. Mit leiser Stimme stammelte er:

„Wenn ich doch auch einmal den Papst sehen könnte!"

„Du würdest es nie vergessen", nickte der Alte. „Aber denk daran, daß bald Gott selbst zu dir kommt! Das ist noch viel größer."

„Ja, das ist noch größer!" besann sich der Bub.

Viel zu langsam vergingen seiner frommen Ungeduld die ersten Fastenwochen und doch auch wieder zu schnell für seinen Eifer, sich gut vorzubereiten. Neben der Mutter und dem Pfarrer, den er fast täglich aufsuchte, war sein bester Helfer Onkel Zaverio. In seiner schlichten Art, seiner tiefen Gläubigkeit und Gottesliebe formte er das Herz seines Großneffen; auch die Worte, die ihm die Mutter vor dem Schlafengehen zuflüsterte, vergaß Angelo nie. Sie gingen in seiner Seele auf wie eine goldene, wundersame Saat.

Endlich kam der ersehnte Tag, der Sonntag Laetare. Mit seinen

Eltern und Geschwistern, dem Großvater und Onkel Barba schritt Angelo zur nahen Kirche, von deren bescheidenem Turm die Glocke läutete.

Für die Gemeinde war es ein Sonntag wie alle anderen, für Angelo aber brachte er die Erfüllung seiner tiefsten Sehnsucht und seines glühendsten Verlangens.

Über die Freude predigte Don Rebuzzini, der statt des violetten ein rosafarbenes Meßgewand trug, über die Freude des wahren Christenmenschen, der sich geborgen fühlt in Gottes Güte, über das Glück einer Seele, die der Herr heimsucht mit seiner höchsten Gnade und Liebe.

Mit keiner Silbe erwähnte er das Kind, in dessen Herz der Heiland heute zum erstenmal einkehren würde, und doch war es Angelo, als sei jedes Wort für ihn gesprochen, für ihn ganz allein.

Endlich sprangen die Tabernakeltüren auf, der Priester hob aus dem goldenen Kelch den Leib des Herrn. Mit den anderen, mit seinen Eltern und Verwandten trat Angelo herzu. Er trug sein Sonntagsgewand, aber keine Schleife am Ärmel, kein Sträußlein am Rockaufschlag, keine Kerze deutete auf den großen Augenblick hin, der sich ihm nahte. Hie und da schaute jemand verwundert auf, als ein so kleines Kind unter den Kommunikanten war, das war alles. Äußere Feierlichkeiten gab es nicht, dem Knaben aber war es, als spränge der ganze Himmel vor ihm auf.

Was er in Glück und Liebe stammelte, weiß Gott allein. In dieser Stunde schenkte er sich mit Leib und Seele dem göttlichen Gast bis zum letzten Tag seines Lebens.

Nach der Nachmittagsandacht ließ ihn der Pfarrer in die Sakristei holen und gab ihm seinen Segen.

„Vergiß diesen Tag nie, Angelo!" sagte er bewegt. „Und wenn du dich seiner erinnerst, gedenke auch des Priesters, der dir den Leib des Herrn reichte!" Eindringlich mahnte er ihn, für die Kirche und den Papst in all seiner Bedrängnis zu beten. „Ich möchte dich in das Gebetsapostolat aufnehmen", sagte er zum Schluß.

„Was ist das?" fragte Angelo.

„Eine Vereinigung frommer Christen, die mit dem göttlichen Herzen Jesu zum himmlischen Vater flehen. Sie opfern täglich ihre Gebete, Arbeiten und Leiden auf, um Sühne zu leisten für all den Undank und all die Frevel, die Gott und seiner Kirche von so vielen Menschen angetan werden. Sie sind die Boten der göttlichen Liebe. Willst auch du solch ein Gottesbote sein, Angelo?"

„Ja, gern, mit großer Freude!" rief der Erstkommunikant.

„Ich bin sicher, daß du ein frommes und eifriges Mitglied dieser Vereinigung wirst. Denke daran, daß der Kinder Gebet durch die Wolken geht und daß du stets dem Heiland sagen kannst, was du von ihm begehrst! Sei sicher, er wird dich hören!"

Ein knappes Jahr später empfing der Siebenjährige in der Pfarrkirche zu Carvico das Sakrament der heiligen Firmung. Bischof Gaetano Camillo Guindani salbte seine Stirn mit dem Chrisam des Heiles und gab ihm den Ritterschlag der jungen Gottesstreiter.

LATEINISCHES MARTYRIUM

Meister Donizetti saß an der Orgel in der Marienkirche und ließ, ganz in sich selbst versunken, die Pfeifen jubilieren, während Angelo den Blasebalg betätigte.

„Jetzt brauchen wir viel Wind", rief er seinem achtjährigen Helfer zu und zog eine Menge Register. „Wir spielen das Alleluja von Händel."

„Ist recht!" Aus Leibeskräften stemmte sich der Bub auf die Tretbälge und sorgte dafür, daß dem Werk die Luft nicht ausging.

„Das war ein schweres Ding", keuchte er, als Donizetti endlich den Orgelkasten schloß. „Aber fein haben Sie gespielt, mir gefällt's, wenn Sie so viele Register ziehen. Der liebe Gott müßte ja taub sein, wenn er das nicht hören sollte."

„Er hört auch den leisesten Ton, und ich hoffe, er sagt zu den Engeln und Heiligen: ‚Hört ihr's, wie fein die beiden in Sotto musizieren?'"

„Ach, ich mach' ja nur Wind."

„Ohne Luft gibt die Orgel keinen Ton von sich. So hast auch du dein Verdienst am himmlischen Konzert."

„Ich wollte, ich könnte auch Orgel spielen", seufzte Angelo. „So wie Sie mit Händen und Füßen."

„Willst du am Ende Schulmeister und Organist werden? O Bub, dann hast du ein hartes Tagwerk und schmales Brot."

„Das tät' mich nicht schrecken. Daheim schaffen wir vom frühen Morgen bis in die späte Nacht, und Brot gibt es bei uns keines. Nur alle Tage Polenta."

„Komm, gehen wir heim! Der Sakristan möchte abschließen, er rasselt schon mit dem Schlüsselbund." Andächtig beugten die beiden ihr Knie und verließen das Gotteshaus.

„Könntest mir bei der Krämerin gerade noch ein Päckchen Tabak holen", bat der Lehrer. „Von dem billigen, weißt du? Sag nur, daß es für mich ist; den Betrag soll die Krämerin aufschreiben. Ich komm' dann schon vorbei und zahle."

„Ich weiß, Krüllschnitt im blauen Papier! Den hol' ich immer für Onkel Barba. Kostet fünfzig Centesimi. Sie haben nicht zufällig so viel bei sich?"

„Hab' meinen Geldbeutel leider nicht dabei, und nun trab los!"

Die Krämerin Rosa Bonanomi zog ein saures Gesicht, als Angelo seinen Auftrag ausrichtete.

„Geld hast du keines?" fragte sie.

„No, Signora! Wir sind leider mal wieder blank, aber am Ersten zahlen wir bestimmt. Ich bitte recht schön, daß Ihr mir den Tabak gebt."

„Na ja, weil du's bist! Aber das nächste Mal muß der Schulmeister zahlen, sonst kann er die Pfeife kalt rauchen."

„Ist halt ein elendes Geschäft, Schule halten", erklärte der Bub. „Und das Musizieren bringt auch nicht viel ein, hat der Lehrer gesagt."

„Wenn der Donizetti meinem Peppo wenigstens bessere Noten schreiben wollte, dann käme es mir auf ein Päckchen Tabak hie und da nicht an. Aber immer läßt er meinen Bub in der hintersten Bank sitzen bei den Strohdummen. Du sitzt wohl ganz vorne in der ersten Reihe und bringst gewiß nur gute Noten heim?"

„Immer auch nicht, Signora. Im Rechnen ist Peppo besser als ich, nur im Italienischen hapert es bei ihm."

„Wozu braucht er Italienisch?" knurrte die Frau. „In Sotto spricht alle Welt bergamaskisch, sogar der Pfarrer von der Kanzel, und ein Gelehrter braucht mein Peppo nicht zu werden. Er soll einmal meinen Laden übernehmen und Seife, Tabak und Petroleum verkaufen. Dazu braucht er kein Italienisch. Na, nun lauf los und richte dem Schulmeister aus, was ich gesagt habe!"

„Das hast du fein gemacht", lobte der Lehrer, als ihm Angelo das blaue Päckchen überreichte. Eilig stopfte er sich die Tonpfeife und schmauchte vergnügt vor sich hin.

„Wenn Sie dem Peppo bessere Noten geben, bekommen Sie von der Krämerin ab und zu ein Päckchen umsonst", bestellte Angelo.

„Das wäre ein feiner Handel!" knurrte Donizetti. „Soll der Peppo halt nicht so viele Fehler machen, dann kriegt er auch bessere Zensuren. Bestechen laß ich mich nicht. Da rauche ich lieber kalt." Wütend blies der Schulmeister ein paar graue Wolken in die Luft. „Bei mir bekommt jeder, was er verdient, nicht mehr und nicht weniger."

„Meinten Sie das wirklich ernst mit dem Lehrerwerden?" fragte der Bub.

„Das Zeug dazu hättest du schon. Du hast einen klugen Kopf, auch wenn deine Noten nicht immer die besten sind. Du träumst zuviel in der Schule."

„Hab' immer so viel zu denken", gestand der Junge treuherzig. „Immer laufen mir die Gedanken fort, und ich kann sie nicht festhalten."

„Woran mußt du denn denken?"

„Einmal will die Kuh nicht kalben, einmal ist die Mutter krank oder eines von den Geschwistern, und seit wir das neue Brüderchen haben, den kleinen Alfredo, muß ich halt an ihn denken. Aber ich will jetzt besser aufpassen im Unterricht."

„Du könntest leicht der Beste sein in der ganzen Schule. Verstand genug hast du zum Studieren. Brauchst ja nicht unbedingt Schulmeister zu werden. Vielleicht wirst du einmal Arzt oder Viehdoktor."

„Tiere habe ich gern", nickte Angelo. „Aber eigentlich möchte ich kein Viehdoktor werden und auch kein Schulmeister."

„Was also?"

„Pfarrer möchte ich werden!" platzte der Kleine heraus. „Hab' schon mit Don Francesco darüber gesprochen."

„Und mit dem Vater hast du auch schon gesprochen? Was wird er dazu sagen?"

Angelo kratzte sich verlegen den braunen Schopf. „Das weiß ich nicht. Er will, daß ich Bauer werde, weil ich der Älteste bin. Helfe ihm schon jetzt auf dem Feld und im Stall. Aber der Pfarrer will mit ihm reden, das hat er mir versprochen."

Dem Schulmeister war bei dem wichtigen Gespräch die Pfeife

ausgegangen. Er stopfte sie aufs neue und marschierte paffend im Zimmer auf und ab.

„Ja, mein Bub", sagte er endlich. „Schön wär's, wenn du dein Ziel erreichtest. Aber du müßtest studieren, eine höhere Schule besuchen und später ins Seminar gehen. Das alles kostet Geld, viel Geld. Hast du das bedacht?"

„Wenn der liebe Gott will, daß ich Priester werde, wird er schon für alles sorgen", antwortete Angelo zuversichtlich. „Ich weiß, daß wir nicht reich sind. Aber nicht wahr, Signore, der liebe Gott ist doch reich, und da meine ich, es kommt ihm auf die notwendigen Lire nicht an. Er kann doch alles, was er will."

„Gewiß, mein Sohn! Gott ist reich und allmächtig. Wenn er dich wirklich berufen hat, wird er dir den Weg schon auftun."

Am folgenden Sonntag machte Don Rebuzzini seinen versprochenen Besuch in der Colombera.

„Ich wollte mit dir über deinen Sohn reden, den Angelo", sagte er, als Battista Roncalli höflich nach dem Grund seines Besuches fragte.

„Hat der Schlingel etwas angestellt?"

„Nein, Battista, er ist mein bravster und eifrigster Ministrant, hat einen klugen Kopf und vor allem ein gutes, frommes Herz."

„Das höre ich gern."

„Du solltest ihn studieren lassen."

„Sagten Sie studieren?"

„Ja, Meister Donizetti meint das auch."

„Wozu soll er studieren? Er wird doch einmal Bauer wie wir alle. Soll er mit dem Rindvieh lateinisch reden?"

„Mit dem Rindvieh nicht, aber mit dem Herrgott."

„Der versteht, soviel ich weiß, alle Sprachen der Welt. Es ist wohl genug, wenn die geistlichen Herrn und die Mönche mit ihm lateinisch reden."

„Es ist deines Sohnes sehnlichster Wunsch, Priester zu werden." Battista starrte den Pfarrer mit offenem Mund an.
„Was sagen Sie da? Angelo will geistlich werden?"
„Gewiß! Und ich bin sicher, daß er sich dazu berufen fühlt."
„Wie soll das ein Dreikäsehoch wissen?"
„Er spürt's im Herzen. Du bist doch ein braver, kernkatholischer Mann, Battista. Wäre es dir wirklich so unlieb, wenn einer deiner Buben einmal am Altar stände?"
„Nein nicht! Aber gerade der Älteste? Hab' immer gehofft, er würde mir mit den Jahren kräftig zur Seite stehn. Auch ist es mir unmöglich, die Kosten für das Studium aufzubringen. Bin nur ein armer mezzadro."
„Meinst du nicht, Gott würde dir helfen, wenn er deinen Angelo zu seinem Dienst beruft?" Roncalli zögerte mit der Antwort. Dann sagte er:
„Wir Bauern sind daran gewöhnt, alles zuvor gründlich zu überdenken und zu berechnen. Von heute auf morgen fassen wir keinen Entschluß, und mir scheint, dies ist eine Sache, die überdacht sein will."
„Du sagst also nicht nein?"
„Weder ja noch nein."
„Auf jeden Fall würde ich dir raten, Angelo bald mit dem Lateinstudium beginnen zu lassen. Später wird man dann weitersehen."
„Und wer soll ihn unterrichten?"
Don Rebuzzini seufzte. „Ich würde es gern selber tun, aber ich bin zu alt und im Lateinischen nicht mehr so ganz sattelfest. Denke, mein Mitbruder in Carvico, Don Pietro Bolis, ist der rechte Mann dazu. Will bei nächster Gelegenheit einmal mit ihm reden."
„Vielleicht ist es das beste so", nickte der Bauer. „Hab' zeitlebens eine große Hochachtung vor gebildeten Leuten gehabt, und schließlich kann ein bißchen Latein niemandem schaden.

Später sieht man dann wohl, was daraus wird. Sprechen Sie also in Gottes Namen mit Don Bolis!"

Angelo war kaum neun Jahre alt, als er zum erstenmal nach Carvico stiefelte, um mit dem Unterricht zu beginnen. Don Bolis war ein rechtschaffener Mann, der alles, was er unternahm, gründlich tat.

„Also gut, Angelo", erklärte er, „ich will dir das Lateinische beibringen. Aber das eine sage ich dir, eine Spielerei ist das nicht. Ich erwarte, daß du mit Eifer bei der Sache bist und gewissenhaft lernst. Ich möchte meine Zeit nicht verschwenden."

Sehr ermutigend klang das nicht, aber der Bub gelobte treuherzig, er wolle sein Bestes tun. So begann man denn gleich mit der Arbeit. Angelo setzte sich an den Küchentisch mit dem Rücken zum Kamin, in dem ein mächtiges Holzfeuer prasselte, und deklamierte alle nur möglichen Fälle von „mensa". Sogar der Vokativus blieb nicht vergessen, obschon es Angelo dunkel war, wie er jemals ein Möbelstück mit „o Tisch" anreden solle.

Die Köchin rasselte derweil mit den Töpfen, und des Pfarrers alter Vater saß, ganze Wolkengebirge aus seiner Pfeife qualmend, dabei.

Besonders schwierig schien die Sache nicht zu sein. Die A-Deklination jedenfalls war ganz leicht, aber bald wurde das Studium tückischer, und da Don Pietro seinen Schüler geradezu im Sturmschritt durch sämtliche Deklinationen und Konjugationen hetzte, rauchte dem Neunjährigen oft der Schädel. Schoß er in seiner Verwirrung einen Bock, machte der Pfarrer ein Gesicht, als hätte er auf Pfeffer gebissen, und der alte Bolis stieß ganze Vulkanwolken aus seinem Kocher, obwohl er kein Wort lateinisch verstand.

Also zwischen zwei feuerspeienden Bergen sitzend, dem grollenden und dem qualmenden, das Herdfeuer im Rücken, machte Angelo ein rechtes Martyrium durch. Oft ward ihm davon so dumm im Kopf, daß er sich selbst bei den leichtesten Formeln verhaspelte, die er sonst im Schlaf hätte hersagen können.

Armer Angelo! Dann ging nicht nur ein Donnerwetter von Scheltworten auf ihn nieder, da schlug es auch ein; der gestrenge Lehrmeister sparte nicht mit kräftigen Ohrfeigen, und wenn der angehende Lateiner allzu sehr daneben haute, schickte ihn Don Bolis vor die Hoftür, wo er sich auf die Steinstufe niederknien und eine halbe Stunde über seine Dummheit nachdenken mußte, wenn es auch noch so kalt war.

An manchen Tagen kam er recht niedergeschlagen heim, doch wagte er es nicht, den Eltern seinen Kummer zu klagen; er wußte, daß er in dieser Sache keinen Beistand finden würde. Im Schlaf aber wälzte er sich manchmal so stöhnend herum, daß ihn sein Bruder Zaverio, mit dem er jetzt die Kammer teilte, ganz erschrocken weckte und fragte, was er denn habe.

„Ach, das verflixte Latein!" seufzte Angelo. „Das lern' ich nie, und Don Bolis ist gar so streng."

„So gib's doch auf!" riet ihm der Bruder.

„Hab' auch schon daran gedacht", ächzte Angelo.

Ja, und dem Großonkel schüttete er sein Herz aus.

„Nimm's nicht so schwer!" tröstete ihn der Alte. „Don Bolis wird schon ein Einsehen haben, wenn er erkennt, daß du dir Mühe gibst."

„Ich geb' mir ja Mühe!" rief Angelo verzweifelt. „Aber manchmal bin ich so vernagelt, daß ich alles falsch mache. Don Bolis hat gar keine Geduld mit mir. Am liebsten möchte ich gar nicht mehr hingehen."

„Du willst das Studium aufgeben?" fragte der Alte stirnrunzelnd.

„Nein, nein!" schrie Angelo. „Ich will doch Priester werden."

„Soll ich einmal mit Don Bolis sprechen?"

„Nein, zio Barba! Er darf nicht wissen, daß ich mich beschwert habe, das will ich nicht."

„Nun, dann mußt du eben durchhalten. Du sagst, dein Lehrer habe keine Geduld mit dir, aber mir scheint, du hast zuwenig Geduld mit dir selbst. Bist doch ein Bauernsohn und weißt, wieviel Geduld ein Bauer mit seinem Acker und seinem Weinberg haben muß. Was wäre, wenn er bei jedem Hagelschauer, bei jedem Rückschlag die Flinte ins Korn werfen würde? Da könnte er gleich aufhören, ein Bauer zu sein. Aber nein, er fängt wieder von neuem an, pflügt, sät, düngt und pflanzt, auch wenn ein böser Herbst einmal Scheuer und Fässer leer ließ. Da beiß halt auch du die Zähne zusammen, wenn's einmal daneben geht! Bist doch ein Roncalli, und das sind Leute, die sich nicht entmutigen lassen. Nie, Angelino!"

„Will's halt wieder versuchen!" gelobte der Bub.

Nun, es ging, wie es ging, mal gut, mal schlecht. Tag für Tag wanderte Angelo nach Carvico, schanzte sich die lateinische Grammatik und die Vokabeln in den Kopf, und schließlich erklärte sein Lehrmeister, man könne nun mit der Lektüre beginnen.

Angelo atmete erleichtert auf, kam aber vom Regen in die Traufe. Die lateinischen Bandwürmer, die Cäsar in seinen Gallischen Krieg geschrieben hatte, erschienen dem Jungen oft wie Schlangen, die ihn zu erdrücken drohten. Oft kam er darüber jämmerlich ins Schwitzen, und des Pfarrers Laune wurde durchaus nicht besser.

Nach Ablauf eines Jahres jedoch erklärte er seinem Schüler, er habe ihm nun genug beigebracht. Sei es, daß er die Lust zu weiterem Unterricht verloren hatte, sei es, daß er selbst mit seinem Latein am Ende war, er versicherte seinem Schüler, er könne nun die Aufnahmsprüfung für die dritte Klasse im bischöflichen Gymnasium in Celana bestehen.

Der Abschied von seinem Lehrmeister fiel Angelo nicht eben schwer, doch blieb er ihm für seine Hilfe sein Leben lang dankbar. Wider alle Erwartung bestand er die Aufnahmsprüfung in Celana.

„Du hast zwar noch große Lücken", erklärte ihm der Rektor Monsignore Benedetti, „aber wir wollen es mit dir versuchen. Du wirst allerdings sehr fleißig sein müssen, das Versäumte nachzuholen."

Onkel Zaverio mußte seinem Neffen Battista gründlich zureden, bis er die Erlaubnis zum Besuch des bischöflichen Gymnasiums gab. Vor allem schreckte der Bauer vor den Kosten zurück. Aber da fand die Mutter die notwendige Hilfe. Eines Tages machte sie mit ihrem Sohn den weiten Weg zum Pfarrhaus in San Gregorio, wo ihre Tante Don Martinelli als Haushälterin diente.

Der Pfarrer war ein leutseliger Herr. Durch viele Fragen überzeugte er sich von des Knaben ernstem Willen und erbot sich gern, das Schulgeld für ihn zu entrichten.

„Ich hoffe aber, daß du mir keine Schande machst, Angelo", fügte er mit ernster Miene hinzu.

„Nie, Herr Pfarrer!" versicherte der Junge.

Unterwegs sprachen die beiden noch bei der ihnen verwandten Familie Colombi in Cà de Rizzi, einem Ortsteil der Gemeinde Pontida, vor.

Die Verwandten erklärten sich gern bereit, den Neffen in ihr Haus aufzunehmen, damit der Schulweg nicht gar so weit sei.

„Ich weiß nicht, wie ich euch danken soll", sagte Mutter Roncalli erleichtert. „Ich hoffe, Angelo macht euch nicht zuviel Mühe. An den Wochenenden kommt er dann nach Sotto heim."

„Er wird uns schon nicht die Haare vom Kopf fressen", lachte Onkel Pietro.

„Auf das bißchen Mehrarbeit kommt es uns nicht an", nickte die Bäuerin.

„Für den Bub sorge ich", erbot sich die Base Nini, ein fröhliches, stets vergnügtes Mädchen.

So war für alles gesorgt, das Studium in Celana konnte beginnen.

EIN BRIEF IN TAUSEND FETZEN

Jeden Morgen machte sich Angelo in aller Frühe auf den Weg zur Schule. Die Tante in Cà di Rizzi steckte ihm eine Scheibe Polenta in den Ranzen, und oft schmuggelte die gutmütige Base Nini ein Stück Salami hinzu.

Schweren Herzens trat der kaum Zehnjährige seinen drei Kilometer langen Marsch an, der auf steilen Pfaden nach Celana emporführte. Am Ausgang von Pontida gesellte sich zu ihm ein lustiges, stets zu Streichen aufgelegtes Bürschlein, Pietro, ein Sohn des Hüttendirektors Donizetti. Obschon er um ein Jahr älter war, ging er erst in die Quinta, während der kleine Roncalli schon die Bänke der Quarta drückte.

„Wir haben daheim einen Lehrer, der heißt auch Donizetti", sagte Angelo lebhaft. „Ist das vielleicht ein Verwandter von dir?"

„Nicht daß ich wüßte! Ich glaube kaum, daß wir in der Familie einen Schulmeister haben. Donizetti gibt es in dieser Gegend massenhaft; aus Bergamo stammt sogar ein berühmter Komponist, so eine Art Musiker, weißt du? Der hieß auch so, Gaetano Donizetti. Soll eine Menge Opern und so was Ähnliches geschrieben haben."

„Ja, ich weiß! Der Lehrer daheim hat mir von ihm erzählt. Magst du auch Musik?"

„Leider muß ich Klavierstunden nehmen, aber viel Lust habe ich nicht dazu. Du glaubst nicht, wie langweilig die ewigen Fingerübungen sind."

„Ihr habt ein Klavier zu Hause?" staunte Angelo.

„Ja, einen Flügel. Du mußt mich einmal besuchen, dann zeige ich dir das Ungetüm. Am besten zerhacken wir es zu Brennholz."

Nachdenklich stapfte Angelo neben seinem Begleiter her. Das war also ein Herrensohn, hatte alles, was er brauchte, sogar ein Klavier, und wußte nichts damit anzufangen. Heimlich musterte er den feinen Anzug, die eleganten Schuhe und verglich damit seinen Rock aus blauem Barchent und seine groben Treter.

„Putzt du deine Schuhe selbst?" platzte er heraus.

„Dafür haben wir ein Dienstmädchen. Wie kommst du nur darauf?"

„Ich putze sie immer selbst, aber so blank wie deine kriege ich sie nicht."

„Und warum trägst du sie nicht an den Füßen, sondern an den Riemen über der Schulter?"

„Um die Sohlen zu schonen. Vor der Schule ziehe ich sie an."

„Man muß doch auch die Schuster etwas verdienen lassen. Seid ihr denn so arm?"

„Jedenfalls geben wir kein unnützes Geld aus", erwiderte Angelo knapp. Pietro pfiff vor sich hin, dann sagte er verlegen:

„Ich wollte dich nicht kränken. Mir ist das ganz egal, ob ihr arm oder reich seid. Du bist ein feiner Kerl, und ich hoffe, wir werden Freunde."

„Das hoffe ich auch, Pierino!"

Eine Weile trotteten sie nebeneinander her, bis sie hinter sich Hufgetrappel hörten.

„Wir haben Glück!" rief der kleine Donizetti vergnügt. „Da kommt der Doktor aus Pontida. Der nimmt uns ein Stück mit."

Wirklich hielt der Arzt die Kutsche an, ließ die beiden aufsteigen, und in gelindem Zuckeltrab ging's mit einer Pferdestärke voran.

„Na, was macht denn mein altes Celana?" fragte der Doktor freundlich. „Hab' selbst vor vielen Jahren dort die Schulbank gedrückt. Ist der alte Cato noch da? So nannten wir unseren Lateinprofessor. Immer nahm er eine Prise Schnupftabak, wenn einer von uns einen gar zu groben Bock schoß."

„Ja, der olle Cato ist noch da", feixte Pietro. „Und schnupfen tut er auch noch und bekleckert sich die Weste mit dem Tabak."

„Und wie geht's dir mit dem alten Cato?" wandte sich der Doktor an den schweigenden Angelo.

„Nicht eben zum besten!" bekannte der. „Ich glaube, ich vergesse in Celana noch alles, was ich bei Don Bolis in Carvico gelernt habe." Der Arzt, dem die bedrückte Miene des Quartaners nicht entging, erkundigte sich, wo denn die Hauptschwierigkeiten lägen.

„Es ist alles so neu und ungewohnt", seufzte Angelo. „Auch haben wir viele Fächer, mit denen ich mich vorher noch nie beschäftigt hatte, Geographie, Geschichte, Naturlehre. Ich komme einfach nicht mit."

„Na, nur Mut! Wird schon werden. Laß dich nicht unterkriegen!"

Das war leicht gesagt, als aber Angelo den letzten Steig hinanstapfte und das schlanke Glockentürmchen des Kollegs vor ihm auftauchte, ward ihm das Herz schwer.

„Jetzt geht das Martyrium wieder los!" stieß er mit tiefem Seufzer hervor.

„Mach dir nichts draus! Es geht alles vorüber!" tröstete ihn sein Kamerad.

Als letzter trat Angelo ins Klassenzimmer, von den um mehrere Jahre älteren Schülern mit dem üblichen Hallo empfangen. „Da kommt der Polentafresser!" grölte die Bande. „Das Bauernküken aus Sotto! – Hast du schon ausgemistet heute morgen? Mir steigt ein Stallduft in die Nase."

„Laßt mich in Frieden!" brummte der Kleine und verkroch sich in die viel zu große Bank. Alles um ihn her schien ihm schrecklich und beängstigend, die tobende Horde der Mitschüler, die riesige schwarze Tafel an der Wand, der Globus, die ausgestopften Tiere auf ihren Postamenten. Welche Nöte würde der Tag wohl bringen?

Der alte Cato schlurfte herein, ließ den Gallischen Krieg aufschlagen und forderte den Klassenprimus auf zu übersetzen. Natürlich schnurrte der sein Pensum einwandfrei herunter. Beim zweiten aber ging's schon recht holprig, so daß der Professor dringend einer Prise bedurfte. Dann kam die Reihe an Angelo. Der hatte das Kapitel so gut wie möglich vorbereitet, wand sich auch einigermaßen durch die endlosen Phrasen, geriet aber schließlich ins Stammeln, und als der Lehrer nach seiner Schnupftabakdose fingerte, war es völlig um ihn geschehen. Die Buchstaben tanzten vor seinen Augen, und mit einem Mal saß er hoffnungslos fest.

Der Professor nahm eine mächtige Prise, nieste so fürchterlich, daß Angelo die Posaunen des Jüngsten Tages zu hören glaubte.

„Miserabel, Schüler Roncalli!" dröhnte es hinterher. „Welcher Esel hat dich nur in die Quarta aufgenommen?"

„Der Rektor Monsignore Benedetti", antwortete Angelo unter dem tosenden Gelächter der Klasse.

„Ich verbitte mir derartige Unverschämtheiten", donnerte der Professor und griff erneut in die Tabaksdose. „Nicht zu glauben, was so ein Bauernlümmel sich herausnimmt. Wärest du doch bei deinen Schweinen und Ziegen geblieben! Setz dich, Schüler Roncalli!"

In der zweiten Stunde hatten die Jungen Mathematik. Der Professor war ein freundlicher Herr und liebte es, seine Schüler durch einen Scherz zum Lachen zu bringen. Auch an diesem Morgen trat er wohlgelaunt ins Klassenzimmer, begann aber plötzlich mit verdächtiger Miene zu schnuppern und sagte:

„Es riecht hier ganz scheußlich nach Schnupftabak. Natürlich, das ganze Pult ist voll von dem elenden Zeug. Wer hat das dahingestreut?"

„Der alte Cato!" wieherte die Klasse.

„Ihr solltet euren Professoren keine Spitznamen geben", wetterte der Mathematiker, der ganz genau wußte, aus wessen Dose der Tabak stammte. „Da müssen eure Leistungen im Latein ja wieder miserabel gewesen sein. Wer war denn der Versager?"

„Angelo Roncalli!" dröhnte es durch die Klasse.

„So, so, der Roncalli! Na, dann wollen wir einmal sehen, ob du endlich die Bruchrechnung beherrschst. Geh an die Tafel, Roncalli!"

Es war ein rechtes Ungetüm von Aufgabe, das der arme Junge niederschreiben mußte. Da gab es Additionen, Subtraktionen, Multiplikationen, Divisionen, im ganzen eine Rechnung, der Angelo hilflos gegenüberstand. Obschon es ziemlich kalt war, begann er zu schwitzen, schrieb und schrieb, daß die Kreide kreischte, doch blieb es ihm völlig dunkel, was er mit all den Nennern und Zählern anfangen sollte. Es war wie verhext. Immer multiplizierte und dividierte er falsch. Das Endergebnis war erschütternd.

„Kompletter Wahnsinn!" rief der Professor unter dem schadenfrohen Gelächter der Quarta. „Reif für das Irrenhaus! Wo hast du rechnen gelernt?"

„In der Elementarschule daheim", stammelte Angelo beschämt. „Aber Bruchrechnungen haben wir dort nicht gehabt."

„In seinem Bauerndorf haben sie nur mit Äpfeln und Brötchen gerechnet", krähte der vierzehnjährige Ernesto.

„Quatsch!" schrie Idore, sein Banknachbar. „Brötchen gibt es in dem Kuhnest nicht. Die fressen nur Polenta da unten."

Der Zehnjährige wußte nicht, wohin er schauen sollte vor lauter Scham.

„Spart euren Spott!" rief der Professor, dem der arme Junge nun doch leid tat. „Schließlich kann er nichts dafür, daß er ohne die genügende Vorbildung in die Quarta kam. Ihr habt's gerade nötig, euch über euren kleinen Kameraden lustig zu machen, ihr langen Lauselümmel, ihr! Setz dich, Roncalli! Ich will euch die Geheimnisse der Bruchrechnung noch einmal erklären."

In den nun folgenden Geographie- und Geschichtsstunden erging es Angelo auch nicht viel besser, zumal ihm diese Fächer völlig neu waren. Erst als schließlich der Religionslehrer, der einzige Priester unter den Professoren, eintrat, atmete er erleichtert auf. Seinen Katechismus konnte er am Schnürchen, und als ihn Don Agostino verschiedentlich lobte, wurde er rot vor Freude.

Über die Tugend des Glaubens dozierte der Professor an diesem Morgen und stellte als warnendes Exempel den ungläubigen Thomas hin.

„Ihr kennt alle das Altargemälde in unserer Kollegkirche", sagte er. „Was stellt es dar? Nun, Angelo?"

„Die Himmelfahrt Mariens."

„Ganz recht! Und unten seht ihr die Apostel und unter ihnen auch den heiligen Thomas. Woran erkennt ihr ihn?"

„An seiner Brille!" kam das Echo aus der Klasse.

„Gewiß! Der Apostel, der schon an der Auferstehung des Herrn gezweifelt hatte, wollte es auch diesmal ganz genau wissen. Aber er blickt nicht zum Himmel, sondern auf die Erde, wo es bestimmt nichts zu entdecken gab. Aber da ist auf dem Gemälde ein Tisch, um den sich die Apostel gruppieren, und darauf liegt etwas ganz Eigentümliches. Wer hat das beobachtet?"

Diesmal flog einzig Angelos Finger in die Höhe.

„Ein Gürtel, Herr Professor!" rief er eifrig.

„Jawohl! Und was mag der bedeuten? Weißt du auch das, Angelo?"

„Er glitt der Muttergottes vom Fuß, fiel dem heiligen Thomas auf die Nase und rutschte auf den Tisch. Maria wollte dem Apostel ein Zeichen geben, daß sie wirklich in den Himmel auffuhr."

„Das hast du ganz famos beobachtet, Angelo", lobte der Religionslehrer. „Wie dem heiligen Thomas ergeht es auch heute noch vielen Leuten, die sich für überaus gescheit halten, alles ganz genau wissen wollen und doch immer in ihren Zweifeln steckenbleiben, weil sie auf die Erde starren, statt zum Himmel aufzublicken, von dem einzig die Erleuchtung durch Gottes Gnade kommen kann."

Noch einmal meldete sich Angelo.

„Die Geschichte steht in der Legenda Aurea, der Goldenen Legende von Jakobus de Voragine".

„Du kennst die Goldene Legende?" fragte der Professor erstaunt.

„Der Pfarrer daheim hat sie mir geliehen. Ich lese oft darin."

„Ausgezeichnet, Angelo, ganz ausgezeichnet! Die Legenda Aurea hat im Mittelalter ganzen Generationen von Malern als Fundgrube gedient, so auch dem Meister unseres herrlichen Altarbildes. Natürlich braucht man nicht alle die frommen Geschichtlein zu glauben, die Voragine erzählt. Warum nicht, Angelo?"

„Die Legenda Aurea ist nicht die Bibel."

„Eine treffliche Antwort! Ganz gut, Angelo Roncalli."

So fand der Morgen doch noch einen versöhnlichen Abschluß, auf dem Heimweg aber fielen Angelo wieder all die Fächer ein, in denen er jämmerlich versagt hatte, und bei Tisch zeigte er nur wenig Appetit, obwohl es etwas ganz Besonderes gab.

„So iß doch, Bub!" drängte die Tante. „Oder magst du keinen Hasenbraten?"

„Er ist sicher sehr gut, aber ich hab' keinen Hunger."

„Ein Junge in deinem Alter ist immer hungrig!" erklärte Vetter Fernando, ein Bauernbursch von etwa zwanzig Jahren. „Denk dir nur, der Hase ist mir heute morgen unters Karrenrad geraten."

„Unters Karrenrad?" wunderte sich Angelo. „Das muß aber ein ungeschickter Hase gewesen sein."

„Er hat wohl von einem dicken Kohlkopf geträumt", lachte der Vetter.

„Gab's was in der Schule?" fragte die Base Nini.

„In der Religionsstunde ging's ganz gut, aber sonst...!" Angelo schloß mit einem schweren Seufzer, er war betrübt.

„Ja, ja, das Studium!" kicherte Onkel Pietro. „Das ist allemal ein schwer Ding."

„Angelo arbeitet genug", sagte die Bäurin. „Laßt ihn jetzt in Frieden!"

Gleich nach Tisch suchte der Bub seine Kammer auf und hockte sich hinter seine Bücher und Hefte. Aber es fiel ihm schwer, sich zu sammeln. Immer mußte er an daheim denken. Noch vier endlos lange Tage, dann erst kam das Wochenende, das er stets in Sotto verbrachte. Wie mochte es stehen in der Colombera? An die jüngeren Geschwister mußte er denken, vor allem an den kleinen Giovanni, der eben seine ersten Worte zu stammeln begann.

Ach was! Fort mit den Gedanken! Hinein in den Gallischen Krieg! Mit zähem Eifer ackerte er sich durch die komplizierten Perioden, wiederholte am Ende alles noch einmal und hoffte inbrünstig, daß der alte Cato am anderen Morgen zufrieden sein und seine Tabaksdose nicht herausziehen werde. Dennoch ward es ihm immer klarer, daß er in der falschen Klasse saß. Nie würde er die Lücken auffüllen können.

Es ging, wie es ging, einmal gut, einmal schlecht, öfter aber schlecht als gut.

Seinem Freund Pierino Donizetti schüttete er oft sein Herz aus, und auch Don Martinelli in San Gregorio klagte er sein Leid. In dem gemütlichen Pfarrhaus bekam er sein Mittagessen, wenn auch am Nachmittag noch Unterricht war.

„Laß den Kopf nicht hängen!" ermahnte ihn der Priester. „Vielleicht bin ich auch selbst daran schuld, daß es nicht recht gehen will. Schließlich war ich es, der euren Rektor überredet hat, dich in die Quarta aufzunehmen. In der Quinta hättest du gewiß besser Schritt halten können."

„Aber ich bin nun einmal in der Quarta!" seufzte Angelo.

„Wird schon werden! Die Hauptsache ist, daß du ein anständiger und ehrlicher Junge bist und mir in deinem Betragen keine Schande machst."

Mit etwas mehr Mut kehrte der Bub ins Kolleg zurück. Als er den großen Schulhof betrat, geschah etwas Seltsames. Der vierzehnjährige Ernesto und der gleichaltrige Idore, zwei der ärgsten Taugenichtse aus dem Internat, die ihn sonst stets gehänselt hatten, zeigten sich diesmal merkwürdig freundlich. Sie zogen ihn in einen Winkel unter den Bogengängen, die den Hof umsäumten.

„Du kannst dir ein paar Centesimi verdienen, Angelo", sagte Ernesto. „In Pontida gibt es doch einen Tabakladen, nicht wahr?"

„Ja, natürlich! Gleich bei der Kirche!" nickte der Zehnjährige.

„Dann paß auf!" fuhr Idore fort. „Hier hast du eine Lira und zehn Centesimi. Für die Lira kaufst du uns Zigaretten, die Centesimi bekommst du als Botenlohn."

Angelo starrte seine Kameraden verblüfft an.

„Wollt ihr etwa rauchen?"

„Was denn sonst! Wir geben dir auch einen Glimmstengel ab."

„Aber das ist doch verboten. Nein, das mach ich nicht."

„Du weigerst dich?" schrie ihn Idore an und ballte die Faust.

„Ach, laß das Küken doch!" grunzte Ernesto. „Wir werden schon einen anderen finden. Aber das sollst du uns büßen, du Unschuldsengel, das wirst du schon sehn. Schwirr ab! Und wehe, wenn du uns verrätst!"

Beklommen kehrte Angelo zu den anderen zurück. Es fand sich aber wirklich ein Externer, der die Zigaretten besorgte, die beiden Übeltäter aber wurden beim Rauchen erwischt, und es gab eine strenge Untersuchung. Der Rektor Monsignore Benedetti kam selbst in die Klasse, stellte die jungen Sünder zur Rede und fragte in strengem Ton, wer die Zigaretten besorgt habe.

„Angelo Roncalli!" erwiderte Ernesto mit einem hämischen Blick auf den kleinen Kameraden.

„Ja, Angelo Roncalli!" bestätigte Idore.

„Gibst du das zu?" fragte der Rektor den also Beschuldigten.

„Es ist nicht wahr!" schrie Angelo. „Ich habe nichts mit der Sache zu tun."

„Er hat uns sogar gesagt, wo er sie gekauft hat!" behauptete Ernesto. „In Pontida in einem Laden gleich bei der Kirche."

„Ist dort ein Tabakladen?" forschte der Rektor.

„Ja, ja ..." stammelte Angelo.

„Damit ist deine Schuld bewiesen, Schüler Roncalli", stellte Monsignore Benedetti fest. „Woher sollten die Jungen, die nicht aus dem Internat herauskommen, wissen, wo in Pontida ein Tabakladen ist? Schämst du dich denn nicht? In deinen schulischen Leistungen bist du schlecht, aber daß du auch einen schlechten Charakter hast, erfahre ich heute zum erstenmal. Du hast dich nicht nur schwer gegen die Schulordnung vergangen, du hast auch gelogen, weil du zu feige bist, die Wahrheit zu gestehen. Keine Widerrede mehr! Ich habe keine Lust, deine Lügen anzuhören. Das Weitere wird sich finden."

Mit zornigen Schritten verließ er die Klasse, während Angelo wie vernichtet in seine Bank zurücksank.

Am anderen Tag übergab ihm der Rektor einen verschlossenen Brief, den er Don Martinelli aushändigen solle. Angelo konnte sich denken, was darin stand.

Verzweifelt stapfte er durch den Winterschnee auf San Gregorio zu. Was nur sollte der gute Pfarrer denken, wenn er ihm den Brief gab?

„Aber es ist doch nicht wahr, was darin steht!" stöhnte der Bub. „Es ist doch eine ganz gemeine Verleumdung! Und ich soll jetzt dafür büßen! Don Martinelli wird die Geschichte wohl glauben, weil sie der Rektor schreibt. Das ist doch Unrecht!"

Keuchend stampfte er vorwärts, ratlos, was er zu tun habe.

„Ich geb' den Brief nicht ab!" knirschte er vor sich hin. „Nein nein, nein! Das kann ich dem Pfarrer nicht antun." Entschlossen griff er in die Tasche, zog das Schreiben heraus, zögerte noch einen Augenblick und riß es in tausend Fetzen. Die Papierstücklein flatterten in den Schnee. Morgen würde nichts mehr von ihnen zu sehen sein. Die Sache war erledigt.

Nein, erledigt war sie keinesfalls. Als Angelo wenige Tage später nichtsahnend ins Pfarrhaus von San Gregorio trat, nahm ihn Don Martinelli beim Ohr, zog ihn in seine Studierstube und sagte:

„Wo ist der Brief, den dir der Rektor für mich mitgegeben hatte?"

Verstört blickte der Bub auf.

„Ich hab' ihn zerrissen", bekannte er schluckend.

„Zerrissen? Das hast du gewagt?" Des Priesters Stimme klang unheimlich leise, und das war weit schlimmer, als wenn er ihn angedonnert hätte. „Du hast also nicht nur Zigaretten ins Internat geschmuggelt und so die Hausordnung schwer verletzt, du hast auch noch gelogen und schließlich einen wichtigen Brief, den du abzuliefern hattest, unterschlagen."

„Es waren aber doch lauter Verleumdungen, die in dem Brief standen", fuhr Angelo verzweifelt auf.

„Du nennst deinen Rektor einen Verleumder?"

„Nicht den Rektor! Aber die Jungen, die mich beschuldigt haben. Ich habe mit den Zigaretten nichts zu tun."

„Auf jeden Fall hast du einen Brief unterschlagen, und darum kann ich dir auch jetzt nicht glauben, was du sagst." Des Priesters Stimme zitterte vor Empörung. „Bis jetzt habe ich dich zwar für einen schwachen Schüler, aber doch für einen anständigen Jungen gehalten. Jetzt ist es auch damit vorbei. Ich habe mich schwer in dir getäuscht. Geh jetzt in die Küche und laß dir zu essen geben! Mir ist der Appetit vergangen."

Das alles war für Angelo viel schlimmer, als wenn ihm der Pfarrer eine Tracht Prügel gegeben hätte. Von der Suppe, die ihm die Tante auftrug, nahm er kaum einen Löffel.

„Kann mir denken, warum du keinen Appetit hast", seufzte

die Köchin. „Don Martinelli hat sich die Geschichte sehr zu Herzen genommen."

„Aber ich bin doch völlig unschuldig", schluchzte der Bub.

„Auf jeden Fall hättest du den Brief abliefern müssen. Jetzt ist alles nur noch viel schlimmer."

Wie zerschmettert verließ Angelo das Pfarrhaus. Am anderen Morgen klagte er Pietro Donizetti sein Herzeleid.

„Laß nur, Angelo!" tröstete ihn der Freund. „Der Ernesto und der Idore sind die übelsten Burschen im ganzen Internat. Ich weiß, daß sie dir nur einen Streich gespielt haben. Aber ich werde die Geschichte schon aufklären."

„Wenigstens du glaubst mir!" atmete Angelo auf.

Der kleine Donizetti hatte ein helles Köpfchen. Er stellte zunächst einmal fest, von welcher Marke die geschmuggelten Zigaretten waren, und fragte dann im Tabakladen bei der Kirche nach.

„Schwarze Eule? Führen wir nicht!" sagte der Verkäufer.

„Und wo bekomme ich die?" fragte Pierino.

„Versuch's einmal im Laden bei der Post!"

Der kleine Detektiv ging schnurstracks zur Konkurrenz. „Schwarze Eule? Natürlich, die haben wir." Die Händlerin schob ihm ein Päckchen über die Theke zu. „Du gehst wohl aufs Kolleg nach Celana? Dieser Tage hat schon so ein Bürschlein wie du ein Päckchen gekauft. Ihr wollt sie doch nicht etwa selber rauchen?"

„Nein, nein! Der Angelo Roncalli aus Cà di Rizzi, der neulich die Zigaretten holte, raucht sie ja auch nicht selbst."

„Angelo Roncalli, sagst du? Denn kenn ich doch, aber der hat hier noch nie was gekauft. Der neulich hier war, das war so ein langaufgeschossenes, dünnes Kerlchen. Ja, natürlich, Paolo war's, der Junge vom Dorfschneider."

„Das wollte ich nur wissen!" nickte Pierino und wandte sich zur Tür.

„Ja, und die Schwarzen Eulen?"

„Die rauchen Sie nur selber!" Der kleine Donizetti warf die Tür hinter sich zu.

„Was ist das doch heute für eine Jugend!" Die Händlerin schüttelte den Kopf und legte das Päckchen ins Regal zurück. „Eine alte Frau zum Narren halten! So was, so was! Man sollte es nicht für möglich halten."

Am andern Tag nahm sich Pierino den Schneidersohn eindringlich vor, sagte ihm sein Vergehen auf den Kopf zu und forderte ihn auf, dem Rektor unverzüglich seine Schuld zu bekennen. Andernfalls würde er ihn anzeigen.

Paolo bekam es mit der Angst zu tun, und da er ein Selbstbekenntnis für besser hielt als eine Anzeige, gestand er dem Schulleiter seine Schuld. Natürlich ging er nicht straflos aus. Angelo aber hatte an diesem Tag wieder einmal einen Brief ins Pfarrhaus von San Gregorio zu tragen, den er nun mit gutem Gewissen ablieferte.

„Du ahnst nicht, wie sehr mich das tröstet", sagte der Priester, als er die Zeilen überflogen hatte. „Nun kann ich doch wieder an dich glauben. Dennoch war es unrecht von dir, den ersten Brief zu zerreißen. Du hast doch Vertrauen zu mir, oder nicht?"

„Natürlich, Herr Pfarrer. Ich wollte Ihnen doch nur einen Kummer ersparen."

„Und hast mir einen noch schwereren zugefügt. In Zukunft tu so etwas nie mehr wieder! Aber nun komm! Gehen wir in die Küche. Deine Tante wartet schon mit dem Essen."

Diesmal schmeckte es Angelo so gut wie seit langem nicht mehr.

„Das werde ich dir nie vergessen, Pierino!" sagte er, als er am späten Nachmittag mit dem kleinen Donizetti heimkehrte.

„Ach was, das war doch selbstverständlich", lachte der Gefährte. „Wir sind doch Freunde. Und schließlich hat mir das Detektivspielen Spaß gemacht."

Die Weihnachtsferien gingen vorüber, Januar und Februar kamen mit klirrendem Frost. In der Schule ging es dem kleinen Roncalli immer noch übel genug, aber stets tröstete er sich mit dem Gedanken, daß auch die längste Woche einmal ein Ende nimmt und daß er dann für zwei Tage heimkehren durfte.

Eines Samstags machte er sich wieder einmal, seinen Ranzen mit schmutziger Wäsche gefüllt, vergnügt auf den Heimweg. So sehr freute er sich auf das Wiedersehen mit Eltern und Geschwistern, daß er kaum über die seltsame Stimmung nachdachte, die in Cà di Rizzi herrschte. Zu seiner Verwunderung hatte er seinen Vetter Fernando in den letzten Tagen nicht gesehen und vergebens hatte er sich gefragt, warum die Tante so verweinte Augen hatte und selbst die muntere Base Nini so einsilbig war.

Das alles aber war vergessen über die Vorfreude auf daheim. Lustig vor sich hinpfeifend, langte er in der Colombera an. Wie groß aber war sein Staunen, als ihm die Mutter erklärte, er solle künftig nicht mehr bei den Verwandten in Cà di Rizzi wohnen, er müsse jetzt täglich von daheim aus nach Celana wandern.

„Aber warum denn, Mamma?" fragte Angelo verblüfft. „Ich fühle mich recht wohl dort. Die Tante sorgt gut für mich. Ob du's glaubst oder nicht, wir hatten erst vor ein paar Tagen wieder Hasenbraten. Mein Vetter sagte, er habe den Hasen halb erfroren auf einem Feldweg gefunden."

„Hasenbraten ja!" seufzte Frau Marianna. „Aber du gehst nicht mehr hin und damit genug! Stell keine weiteren Fragen!"

„Das ist bei dem Wetter ein verflixt weiter Weg", seufzte der Junge. „Sieben Kilometer hin und sieben Kilometer her. Macht zusammen vierzehn. Aber laß nur, Mutter! Ich nehm' das gern in Kauf, wenn ich nur täglich herkommen kann."

Es war eine rechte Schinderei für den kleinen Angelo. Obwohl der Winterfrost allmählich nachließ, war der Weg über die Berge doch höchst anstrengend, meist kam er am Abend todmüde in der Colombera an und schlief vor Müdigkeit über seinen Büchern ein.

„Ich wohne nicht mehr in Cà di Rizzi", teilte er seinem Freund Pietro Donizetti mit.

„Ja, ja, ich weiß!" nickte der Gefährte. „Mach dir nichts daraus! Dein Vetter tut mir ja schrecklich leid, aber ein Monat geht schnell vorbei, und niemand in Pontida wird ihn wegen der dummen Sache schief ansehen."

„Wovon redest du eigentlich?" Angelo starrte den Freund mit großen Augen an.

„Na, du weißt doch, weshalb du nicht mehr in Cà di Rizzi wohnen darfst. Oder etwa nicht?"

„Mutter hat mir nichts gesagt. Aber du scheinst es zu wissen. Also heraus mit der Sprache! Was ist mit Fernando?"

Pierino biß sich auf die Zunge und hätte gern alles zurückgenommen, aber Angelo drängte so lange, bis er alles erfuhr. Man hatte den Vetter bei Wilddieberei erwischt und ihn für einen Monat ins Gefängnis von Ponte Pietro gesperrt.

„Daher also die Hasen!" stammelte Angelo erbleichend. „Armer Fernando! Er war immer so ein lustiger Bursch. Ich hatte ihn gern."

„Ach, er ist doch kein Verbrecher!" tröstete Pietro. „Was liegt schon an den paar Hasen, die er geschossen hat! Übrigens weiß im Kolleg niemand von der Geschichte. Und von mir erfährt keiner was. Nimm meine Hand darauf!"

„Ich danke dir, Pierino!" schluckte der Quartaner.

Zum Glück waren die Osterferien nicht mehr fern. Der Märzwind fegte den Schnee davon, die ersten Schwalben kehrten zurück und bezogen im Gebälk der Colombera ihre alten Nester. Stets hatte Angelo ihre Rückkehr mit Sehnsucht erwartet, diesmal aber vermochte er sich kaum zu freuen. Zu groß war die Angst vor dem Zeugnis, das er heimbringen würde.

Als er am ersten Ferientag seine Noten vorzeigte, schüttelte der Vater den Kopf und ging verdrießlich aus der Stube.

„Schau dir das an!" sagte er zu Marianna. „Das ist Angelos Zeugnis."

„Ich versteh nicht viel davon", versetzte die Bäurin. „Erkläre es mir!"

„Nun, es gibt in den italienischen Schulen Zensuren von eins bis zehn. Die volle Zehn ist die beste, die schlechteste ist die Eins oder gar die Null. Und nun schau dir das an!"

„In Betragen hat er eine Neun!" nickte die Frau. „In Religion eine Sieben. Das ist doch nicht übel, scheint mir. Neun und sieben sind nahe an zehn."

„Lies nur weiter!"

„Italienisch fünf! Geographie und Geschichte vier! Rechnen drei! Lateinisch ... eins. Das ist wohl nicht gut?"

„Miserabel ist's", brummte der Bauer. „Und schau, was da zum Schluß steht! – ‚Die Versetzung zu Herbst erscheint aussichtslos'"

„Es ist halt zuviel für den Buben!" seufzte die Mutter. „Jeden Tag der weite Weg hin und her durch jedes Wetter. Vor Müdigkeit kann er am Abend kaum essen, und oft genug fand ich ihn über seinen Büchern eingeschlafen."

Der Bauer faltete das Papier zusammen.

„Machen wir der Geschichte ein Ende", sagte er. „Angelo geht nicht mehr nach Celana zurück. Er wird ein Bauer wie wir alle."

Frau Marianna zuckte die Achsel. „Wir sollten mit dem Pfarrer darüber reden, und dann müssen wir abwarten, was Onkel Barba dazu sagt."

„Diesmal laß ich mich nicht umstimmen!" erwiderte Battista Roncalli entschlossen.

IRDISCHES UND HIMMLISCHES ZEUGNIS

Umständlich kramte Don Rebuzzini seine Brille aus der Tasche, hauchte auf die Gläser und wischte sie sorgfältig.

„So, Angelo, nun zeig mir einmal dein glorioses Zeugnis!" sagte er lächelnd und schob sich die Brille auf die Nase.

„Glorios ist es wirklich nicht, Don Francesco", seufzte der Bub und reichte ihm zögernd das Papier.

Schweigend überflog der Pfarrer die Zensuren. „Nein, glorios kann man das nicht nennen", sagte er endlich. „Im Latein eine Eins! Das ist kaum mehr zu unterbieten."

„Die Null ist noch darunter", stellte der Kleine fest. „In der Grammatik bin ich gar nicht so schlecht, aber mit dem Caesar will es einfach nicht gehn."

„Ja, ja, der Caesar!" schmunzelte der Pfarrer. „Erst hat er die Gallier und Germanen verprügelt, und jetzt quält er seit unzähligen Generationen die armen Quartaner mit seinen Kriegsberichten. Was mag wohl Don Bolis zu deiner Note sagen?"

„Ich traue mich gar nicht hin. Er läßt mich bestimmt wieder eine halbe Stunde lang auf der Hoftreppe knien."

„Das hast du wohl noch nicht vergessen, mein Lieber, aber im Grunde hat der Mitbruder in Carvico ein goldenes Herz, wenn er es auch hinter einer rauhen Schale verbirgt. Hingehn mußt du auf jeden Fall."

„Jetzt ist ja doch alles aus", stöhnte Angelo. „Der Vater hat mich in Celana abgemeldet. Ich soll Bauer werden, hat er gesagt."

„Und du, was willst du?" Der Bub ließ den Kopf hängen.

„Ach, Don Francesco, Sie wissen doch, daß ich keine andere Sehnsucht habe als Priester zu werden. Aber ich bin nun einmal ein Versager."

„Dummes Zeug!" Don Rebuzzini schneuzte sich so gewaltig in sein rotes Taschentuch, daß es wie Trompetengeschmetter klang. „Wegen des komischen Einmaleins, das dir die Professoren ins Zeugnis geschmiert haben, wirst du doch den Mut nicht gleich aufgeben. Weißt du denn, welche Zensuren in deinem himmlischen Zeugnis stehn?"

Angelo schaute den Priester verständnislos an.

„Ja, natürlich gibt es ein himmlisches Zeugnis, darin schreibt der Herrgott selbst die Zensuren. Soll ich dir sagen, was darin steht? Ich bin ja nur ein unwissender Dorfpfarrer, aber wenn mich nicht alles täuscht, steht in deinem himmlischen Zeugnis: Angelo Roncalli hat sich in Celana prächtig gehalten. Geduldig ertrug er die Launen seiner Lehrer, vor allem die Schnupftabaksdose des alten Cato, sowie die Quälereien und Nichtsnutzigkeiten seiner Mitschüler. Stets hatte er guten Willen, und wenn er auch ein miserabler Lateiner ist, so ist er doch ein prächtiger und anständiger Bub. Daher gebührt ihm für die sechs Monate in Celana eine volle Zehn. – Kannst du mehr verlangen?"

„Mehr als zehn gibt es nicht", lächelte Angelo.

„Na, siehst du? Die Zeugnisse Gottes fallen eben zumeist ganz anders aus als die der Menschen. In der irdischen Schule kann man durchfallen, und doch heißt vielleicht das himmlische Urteil ‚glänzend bestanden!' Du bist in Celana durch die Dornen gegangen, aber in späteren Jahren wirst du einsehen, daß auch dieser Weg gut für dich war und daß dich Gottes Güte und Erbarmen geführt hat, auch in Celana."

„Aber was soll nun werden?" rief Angelo verzweifelt.

„Wie kannst du nur so dumm fragen?" brummte der Pfarrer. „Natürlich wird, was Gottes Vorsehung für dich bestimmt hat. Meinst du, der Herrgott läßt sich durch das Jammerblättchen da seine Pläne durchkreuzen? Schließlich regiert er immer noch die Welt und nicht die Professoren. Im übrigen werde ich sehen, ob ich ihm nicht ein bißchen helfen kann."

„Sie meinen?"

„Nun, ich bin ein alter Mann, fast schon siebzig, aber wenn es mich auch allmählich überall zwackt und drückt, so hoffe ich doch noch ein wenig nützlich zu sein, wenigstens dir, mein Sohn. Ich werde mir die Sache einmal gründlich durch den Kopf gehen lassen und auch mit deinen Eltern sprechen."

„Beim Vater werden Sie kaum etwas ausrichten", meinte Angelo traurig. „Aber ich danke Ihnen für Ihren guten Willen. Sicher schreibt Ihnen dafür der liebe Gott eine glatte Zehn in Ihr Zeugnis."

„Wie gelehrig das Bürschlein doch ist!" lächelte der Priester. „Hoffentlich hast du recht."

Einigermaßen getröstet, kehrte Angelo heim und berichtete Onkel Zaverio von dem Gespräch.

„Der Pfarrer hat recht!" nickte der Alte. „Gott läßt sich nichts vorschreiben. Es geschieht alles nach seinem Willen."

„Und was soll ich machen?"

„Abwarten, mein Bub! Abwarten! Der liebe Gott wird dich schon den rechten Weg führen, wenn du dich vertrauensvoll in seine Arme fallen läßt."

Der schwerste Gang stand dem verunglückten Quartaner noch bevor. Allen Mut mußte er zusammennehmen, als er sich eines Tages nach Carvico aufmachte und Don Bolis sein Zeugnis vorlegte.

„Latein eine Eins!" knurrte der Pfarrer.

„Latein eine Eins!" wiederholte der alte Bolis vorwurfsvoll und umhüllte sein Haupt mit düsteren Rauchwolken.

„Latein eine Eins", sagte der Priester noch einmal, aber dann entspannte sich seine drohende Miene zu einem kleinen Lächeln. „Nimm's nicht so tragisch, Bub! Deswegen geht die Welt nicht unter. Auch ein schlechter Lateiner kann noch ein guter Priester werden."

Verblüfft starrte Angelo seinen früheren Lehrmeister an. Alles hatte er erwartet, Schelte, Schläge, Vorwürfe, aber einen solch freundlichen Trost nimmermehr.

„Darum mach jetzt ein anderes Gesicht", fuhr Don Bolis fort. „Sei wieder der lustige Bub, den ich immer so gern hatte, trotz der Ohrfeigen, die du von mir bekamst, und der Steinstufe im Hof."

Merkwürdig! Auf einmal verflogen die Tabakswolken aus des Alten Pfeife. Mit geradezu spitzbübischem Lächeln sagte er:

„Don Bolis brachte auf seinem ersten Zeugnis vom Gymnasium auch eine lateinische Eins nach Hause."

„Das geht den Bengel gar nichts an", knurrte der Pfarrer, aber hinterher lachte er doch.

Seltsam war das, im Pfarrhaus von Carvico ward Angelo noch kräftiger getröstet als in dem von Sotto il Monte.

Tag für Tag half er dem Vater nun bei der Feldbestellung, versorgte den Stall, trabte mit dem bepackten Esel zur Mühle. Sobald aber die Arbeit getan war, vergrub er sich hinter seine Bücher, wiederholte, was er gelernt hatte, studierte, solange das Licht des Tages oder die Öllampe reichte.

Zu seinem großen Bedauern ging es Don Rebuzzini gerade in jenem Frühling so schlecht, daß er sich hinlegen mußte und das Krankenbett kaum mehr verließ. Zu seiner Hilfe schickte ihm der Bischof einen jungen Geistlichen, den erst vor kurzem geweihten Vikar Carlo Valtellina.

Wenn er Zeit fand, besuchte Angelo den geliebten Hirten von Sotto il Monte, las ihm aus einem frommen Buch oder aus der Tageszeitung, dem „Eco di Bergamo", vor, aber lange hielt sich der Kranke nicht mit den politischen Neuigkeiten auf. Zum Schluß verlangte er stets nach der Nachfolge Christi.

„Das ist nach der Bibel das kostbarste Büchlein, das ich kenne", sagte er, „es enthält die ganze Weisheit eines gottliebenden Herzens. Lies mir heute das 17. Kapitel aus dem dritten Buch!"

„Wirf all deine Sorgen in Gottes Schoß!" begann Angelo. „DER HERR: Mein Sohn, laß mich mit dir schalten, wie ich will; denn ich weiß, was gut für dich ist!"

„DER JÜNGER: Herr, es ist, wie du sagst! – Was du mit mir machst, kann nicht anders als gut sein. Wenn du willst, daß Finsternis um mich ist, preise ich dich im Finstern, und wenn du willst, daß Licht um mich ist, preise ich dich im Lichte. – Gleichmütig will ich von deiner Hand annehmen Gutes und Böses, Süßes und Bitteres, Freude und Traurigkeit und dir für alles danken. – Wenn nur du mich nicht verwirfst, wenn du mich nicht auslöschest aus dem Buch des Lebens – und das tust du nicht –, so kann mir kein Leid, das über mich kommt, zum Schaden gereichen."

„So ist's, so ist's!" nickte der Pfarrer. „Das allein gibt Trost. Mir ist, als hätte der gottselige Thomas a Kempis dies Kapitel eigens für meine kranke Leber, meine gichtigen Beine geschrieben und vielleicht auch für dein miserables Zeugnis."

Der junge Vikar trat ein, fragte nach des Pfarrers Befinden und begrüßte freundlich auch den kleinen Bauernbub, der ihm am Morgen bei der heiligen Messe ministriert hatte.

„Wir haben uns gegenseitig ein bißchen mit der Nachfolge Christi getröstet", sagte Don Rebuzzini lächelnd.

„Ihnen tut das gewiß gut", nickte Don Valtellina. „Der Bub aber braucht keinen Trost, sondern Hilfe."

„Gott wird ihm weiterhelfen."

„Natürlich! Aber ich habe mich entschlossen, ein bißchen dazu beizutragen. Höre, Angelo! Ich werde dich auf das Seminar vorbereiten."

„Auf welches Seminar?" fragte der Bub erstaunt.

„Auf das Bischöfliche Seminar in Bergamo natürlich. In Celana warst du nicht in der rechten Schmiede. In Bergamo wird das anders sein. Verlaß dich darauf! Wir werden es schon zeigen, daß du nicht zu den Versagern gehörst."

„Das wolltest du tun, mein lieber Don Carlo?" rief der Pfarrer erfreut.

„Aber mit Freuden! Wann fangen wir an, Angelo?"

„Am liebsten heute noch!"

„Das ist recht! Komm heute abend zu mir, wenn du daheim deine Arbeit getan hast!"

Wirklich machte Angelo unter der geduldigen, zielbewußten Leitung des fröhlichen Priesters glänzende Fortschritte. Der alte Cato in Celana würde staunen, wenn er hörte, wie glatt sein ehemaliger Schüler jetzt den Caesar übersetzte. Don Valtellina lobte seine Leistungen und spornte seinen Eifer damit aufs neue an. Da er selbst die Schule noch nicht lange verlassen hatte, konnte er ihm auch in den übrigen Fächern helfen, in denen viel nachzuholen war.

Jede freie Minute verbrachte Angelo jetzt mit einem Buch in der Hand.

Wenn auch der Vater den Kopf darüber schüttelte und erklärte, das Studieren habe doch keinen Zweck, da man niemals die Kosten für das Seminar aufbringen könne, so bestärkte das Familienoberhaupt, Onkel Zaverio, den Großneffen in seinem Eifer, und die Geschwister nahmen dem Bruder gern manche Arbeit ab, um ihm Zeit zu ersparen.

Dennoch schien alles aussichtslos. Der Sommer verging, die Ernte wurde eingebracht, die Weinlese geborgen. Bald würde das neue Schuljahr beginnen, und wenn kein Wunder geschah, würde Angelo auf das Studium verzichten müssen.

„Wenn's nicht anders geht, wird der liebe Gott eben ein Wunder wirken", tröstete die Mutter ihren Sohn. „Ich bete täglich darum."

Was niemand erwartet hatte, geschah schließlich doch. Als Angelo eines Tages wieder im Pfarrhaus erschien, fand er dort einen Gast. Ein junger Domherr aus Bergamo, Monsignore Morlani, machte im Auftrag des Bischofs dem kranken Pfarrer einen Besuch. Angelo wurde ihm vorgestellt, und der Domkapitular erfuhr seine traurige Geschichte.

„Roncalli heißt du?" fragte er. „So bist du gewiß ein Sohn unseres braven Pächters."

„Gewiß, Monsignore!" antwortete Angelo. „Ich habe das gräfliche Wappen auf der Kalesche gleich erkannt."

„Und du möchtest Priester werden?"

„Ich habe keinen größeren Wunsch, aber der Vater kann das Geld für das Seminar nicht aufbringen."

„Wenn's weiter nichts ist", lächelte der Domherr. „Die Roncalli dienen unserer Familie seit Generationen als tüchtige und zuverlässige Mezzadri. Ich denke, es ist an der Zeit, daß wir uns erkenntlich zeigen. Wenn du wirklich Berufung hast, helfe ich dir gerne."

Eingehend prüfte er des Knaben Gesinnung und gewann ihn ob seiner klaren und offenen Antworten immer lieber, und da ihm der Pfarrer wie der Vikar das beste Zeugnis ausstellten, erklärte er sich bereit, für sämtliche Kosten bis zur Priesterweihe aufzukommen.

„Du mußt nur nicht glauben, daß gleich nach der Weihe ein violetter oder roter Kragen für dich bereit liegt", sagte er scherzend.

„Ich will nichts werden als ein einfacher Landpfarrer, so wie Don Francesco!" erwiderte der Junge errötend.

„Das ist die rechte Einstellung!" nickte der Grafensohn.

Wie im Traum kehrte Angelo in die Colombera zurück, verkündete daheim die glückliche Wendung seines Geschicks.

„So waren unsere Gebete doch nicht vergebens", sagte die Mutter inbrünstig.

„Hattest du etwas anderes erwartet?" fragte Onkel Zaverio. „Ich jedenfalls habe nie daran gezweifelt, daß die göttliche Vorsehung helfen werde."

„Die Morlani waren stets gute Herren zu uns armen Pächtern", erklärte der Großvater. „Aus ihrer Hand dürfen wir die Hilfe wohl annehmen." Auch Vater Battista gab jetzt seinen Widerstand auf. Der Weg zum ersehnten Ziel war endlich frei.

An einem der letzten Oktobertage des Jahres 1892 spannte der Bauer seinen Schimmel vor das Wägelchen. Schweren Herzens nahm Angelo Abschied von all seinen Lieben daheim. Die Geschwister drängten sich aufgeregt um den großen Bruder, fragten, wann er wieder heimkomme und waren ein wenig enttäuscht, als sie erfuhren, daß das jetzt nur noch während der Ferien möglich sei.

Die Mutter packte die Wäsche in ein Bündel, fügte die notwendige Wegzehr, Polenta, Wurst und Käse, hinzu und drückte ihm schließlich noch zwei Silbermünzen in die Hand.

„Ganz ohne Geld sollst du in Bergamo nicht sein", sagte sie. „Du brauchst gewiß einiges hie und da. Das sind zwei Lire, mehr kann ich dir nicht geben. Geh sorgsam damit um!"

„Zwei Lire!" staunte Angelo. „Soviel Geld habe ich noch nie besessen. Ich dank dir von Herzen, Mamma!"

„So geh mit Gott! Bleib brav und schreib bald!"

„Gewiß, Mamma!"

Noch einmal umarmte die Bäurin ihren Ältesten und zeichnete ihm mit ihrer verschafften Hand ein Kreuzlein auf die Stirn.

Onkel Zaverio ließ es sich nicht nehmen, seinen Liebling zu begleiten. Bauer Battista klatschte die Zügel auf den Pferderücken, und im gelinden Trab ging es zum Dorf hinaus. Die Geschwister liefen nebenher, solange sie konnten, dann blieben sie zurück und winkten, bis der Wagen hinter einer Anhöhe verschwand.

Angelo riß die Augen auf, als sie sich Bergamo näherten. Nie zuvor hatte er eine so große Stadt gesehen. Gar nicht genug konnte er staunen über die breiten Straßen, die herrlichen Häuser, doch offenbarte sich ihm erst der ganze Glanz Bergamos, als sie zur Oberstadt hinaufkutschierten.

Jahrhunderte hatten sie gebaut und mit Meisterwerken geschmückt. Da ratterte das Gefährt vorbei an uralten Türmen, Festungsbauten, Denkmälern und Brunnen, am Dom und den zahllosen Kirchen, von denen die Glocken tönten. „Città del silenzio – Stadt des Schweigens" nannte man das obere Bergamo im Gegensatz zur geschäftigen Unterstadt, aber Angelo, der aus der Stille seines Dorfes kam, war es, als sei sie erfüllt von einem einzigen, gewaltigen Gedröhn.

Langsam nahm der Schimmel die letzte Steigung. Das Tor des Bischöflichen Seminars tat sich auf. Man war am Ziel.

Der Vizerektor des Konvikts, Don Davide Re, hieß Angelo herzlich willkommen und führte ihn mit seinen Verwandten ins Haus. Der Abschied war kurz. Was zu sagen war, hatte man gesagt. Ein letzter Blick, ein letzter Händedruck, eine letzte kurze Mahnung, dann war's geschehen. Vater und Oheim ratterten mit ihrem Gefährt wieder heimwärts.

Am folgenden Tag machte Angelo die Aufnahmeprüfung. Er bestand sie glänzend, obwohl er natürlich noch einmal mit der dritten Gymnasialklasse beginnen mußte.

Inzwischen kamen die Mitschüler aus den Ferien zurück, und bald schon fühlte sich Angelo heimisch und glücklich unter den vielen fröhlichen Kameraden. Taugenichtse wie im Internat von Celana schien es jedenfalls nicht zu geben, und das war kein Wunder; denn schließlich bereiteten sich alle, so jung sie auch waren, auf den geistlichen Beruf vor.

DIE STADT AUF DEM BERGE

Zum drittenmal stürzte sich Angelo in den Gallischen Krieg, aber da ihn „Catos" Schnupftabaksdose nicht mehr verwirrte, bestand er, von Vikar Don Valtellina trefflich gerüstet, bald jedes Scharmützel. Geschickt wand er sich durch die endlosen Satzperioden, die ihn zu erdrücken suchten wie einst die Schlangen den trojanischen Priester Laokoon und seine Söhne. Mit Freude beobachtete Professor Giuseppe Locatelli die Fortschritte seines jüngsten Quartaners, und da der Bub, der in Celana so jämmerlich versagt hatte, nun mit Lust und Eifer studierte, gehörte er bald zu den Ersten der Klasse.

„Bald wirst du der Primus sein", prophezeite ihm sein Freund Giuseppe Carminati.

„Wenn nur die verflixte Mathematik nicht wäre!" seufzte Angelo. „Ich glaube, die bleibt mir stets ein Buch mit sieben Siegeln."

„Ich helfe dir gern", erbot sich der Freund, dessen Heimatort San Gervasio zwei Wegstunden südlich von Sotto il Monte lag. „Eine Hexerei ist die Zins- und Zinseszinsrechnung auch nicht. Vielleicht paukst du dafür mit mir die blöden Geschichtszahlen, die ich mir einfach nicht merken kann."

„Mit Vergnügen! Dank dir für dein Angebot." Geschichte ward Angelos Lieblingsfach, zumal sich der Professor durchaus nicht auf Jahreszahlen beschränkte, sondern die Vergangenheit höchst lebendig vor den Augen seiner Schüler erstehen ließ. Mit ihnen wanderte er durch die herrliche Città Alta, die Oberstadt, mit ihren gewaltigen Mauern, Türmen, Säulen und Toren, Palästen, Kirchen und Museen, deren Schätze bis in die römische Vergangenheit, ja bis in die vorgeschichtliche Zeit zurückführten.

Mit wachen Augen bestaunte Angelo die steinernen Zeugen aus Bergamos glorreicher Geschichte, und in seiner Phantasie wurden die großen Gestalten, die sie geprägt hatten, zu lebendigen Wesen aus Fleisch und Blut.

Was alles mochte die Torre del Comune, der uralte Turm, dessen Fundamente noch aus der Römerzeit stammten, gesehen haben. Wie viele ruhmreiche und leidvolle Stunden mochte die ein halbes Jahrtausend alte Uhr an der Torre angezeigt, in welch mannigfaltiger Bedrängnis „il Campone", die Sturmglocke, gerufen haben, deren Ton noch immer Mittag und Abend verkündete!

Auf Bergamos Pflaster knallte einst der Marschschritt der römischen Legionen; Goten, Hunnen, Langobarden und Ungarn suchten die Stadt heim mit Feuer und Schwert. Barbarossas gepanzerte Reiter stürmten gegen die festen Mauern und Bastionen, Guelfen und Ghibellinen fochten ihre hitzigen Fehden aus. Auf den Zinnen der Zitadelle stiegen und sanken die Feldzeichen der Visconti, Venedigs stolzes Löwenbanner, die französische Trikolore, der österreichische Doppeladler, bis sich schließlich die Fahne des Neuen Italien über die Stadt erhob.

Ganz besonders fesselte den Bauernsohn aus Sotto die mächtige Gestalt des Söldnerführers Bartolomeo Colleoni, eines Bergamaskers, dessen Grabmal er in der nach ihm benannten Kapelle bewunderte. Professor Locatelli, der sich leidenschaftlich mit seiner Geschichte befaßte, ließ seinen Schüler gern an seinen Forschungen teilnehmen.

Mehr noch aber als die Profangeschichte der Stadt begeisterte den jungen Roncalli die kirchliche Vergangenheit. Da leuchtete aus dem Dunkel urchristlicher Zeit die Gestalt des Stadtpatrons Sankt Alexander, des tapferen Soldaten und Bannerträgers aus der Thebäischen Legion, der in Bergamo seinen Glauben mit seinem Blut besiegelt hatte. An der Stätte seines Martyriums erhob sich zu seinen Ehren die herrliche Propsteikirche San Alessandro in Colonna, sein Fest feierte die Stadt alljährlich am 26. August mit Prunk und heiliger Begeisterung.

In unwandelbarer Treue hatte Bergamo durch fünfzehn Jahrhunderte seinen christlichen Glauben bewahrt, zu Gottes Preis und der Heiligen Ruhm eine Unzahl prächtiger Kirchen gebaut und mit erlesenen Kunstwerken geschmückt. Angelo besuchte sie in seinen freien Stunden, erneuerte in ihnen seinen Glauben und empfahl sich dem Schutz der Heiligen, deren Herrlichkeit sie verkündeten. Ganz besonders liebte er die Marienkirchen – Beata Vergine dello Spasimo, Madonna del Giglio, Madonna della Neva, Matris Domini, Santa Maria, Beata Vergine Addolorate und die vor zwei Jahrzehnten vollendete Santa Maria Immaculata delle Grazie. Vor ihren Bildern und Altären stammelte er seine heißen Gebete, hier gelobte er der himmlischen Mutter reine und treue Gefolgschaft bis zum letzten seiner Tage.

Gern fügte er sich in die Ordnung des Seminars. Jeder Tag, jede Stunde hatten ihre Bedeutung und Aufgabe. Da folgten einander in wohldurchdachtem Rhythmus religiöse Übungen, Unterricht, Studium, Mahlzeiten und Erholung vom ersten Hahnenschrei bis zum Abendsegen in der Kapelle. Die Glocke regierte den Tag, keine Minute gönnte sie dem Müßiggang oder leerer Träumerei, allem anderen aber gab sie die nötige Frist, dem ernsten religiösen Streben, der wissenschaftlichen Arbeit wie der unbeschwerten heiteren Geselligkeit. Angelo hatte eine neue liebe Heimat gefunden, in der er sich von Herzen wohlfühlte.

Auch im Seminar von Bergamo war er der Kleinste und Jüngste der Klasse; aber zäh und kräftig, wie er war, stand er bei jeder Bubenrauferei seinen Mann. Hänselte ihn jemand als den „Knirps" oder „Dreikäsehoch", gab er den Spott schlagfertig zurück, ohne sich im mindesten gekränkt zu fühlen. Im Grunde hatte ihn jeder gern, war er doch allen ein fröhlicher, stets hilfsbereiter Kamerad.

Vom ersten Tag an ward Giuseppe Carminati sein bester Freund, obschon sie nach Wesen und Herkunft durchaus voneinander verschieden waren. Angelo war ein armer Bauernsohn, gedrungen, pausbackig, Giuseppe, Sohn einer wohlhabenden Bürgerfamilie, war hoch aufgeschossen und klapperdürr. Es dauerte nicht lange, da hatten sie ihren Spitznamen „Don Quixote und Sancho Pansa", und wirklich waren sie so unzertrennlich wie der Ritter von der traurigen Gestalt und sein drolliger Gefährte in Cervantes' unsterblicher Dichtung.

Neben dem Freund aus San Gervasio schloß sich Angelo besonders zwei Mitschülern an, die mit ihm um den ersten Platz in der Klasse wetteiferten. Es waren Achille Ballini, ein bienenfleißiger, strebsamer Junge, und Guglielmo Carozzi, der so voll Übermut steckte wie der alte Torre von Bergamo voller Fledermäuse. „Arlecchino" nannten ihn die anderen, und wirklich hatte er viel Ähnlichkeit mit dem Bergamasker Spaßvogel der italienischen Komödien. Das Studium fiel ihm leicht; ohne daß er sich besonders darum bemühte, war er stets einer der Klassenersten; auf jeden Fall schrieb er glänzende italienische Aufsätze, eine Arbeit, die dem Bauernsohn aus Sotto il Monte ziemlich sauer ankam. Die drei ergänzten einander trefflich, und da der eine dem anderen großmütig half, blieb es lange ungeklärt, wem die Ehre des Primus gebührte.

So gern auch Angelo im Seminar weilte, zuweilen schweiften seine Gedanken doch heimwärts in die Colombera, sein Elternhaus in Sotto. Oft flog ein Brieflein hinüber in das stille Dorf, und zuweilen kam Antwort, von des Vaters harter Hand oder Onkel Barbas Feder geschrieben. Viel Worte machten die beiden nicht, aber immer spürte Angelo Sorge und Liebe heraus.

Hie und da schrieb auch der alte Pfarrer Don Rebuzzini. Kurz waren seine Briefe zumeist, fast im Telegrammstil abgefaßt, aber welche Fülle guter Ratschläge und herzhafter Mahnungen enthielten sie! Immer wieder las der kleine Gymnasiast die hastig hingeworfenen Zeilen, bis er sie auswendig wußte, und jedes Wort nahm er auf in sein innerstes Herz.

„In deiner Seele muß Friede sein", schrieb der ehrwürdige Priester, der ihn getauft hatte, „mag auch die Welt voll Streit und Lärm sein. Du wirst es erreichen, wenn du dich an die folgenden Regeln hältst. Höre alle an, aber vertraue wenigen! Ehre jedermann! Glaube nicht alles, was du hörst! Tu nicht alles, was du möchtest! Sage nicht alles, was du weißt! Bete! Studiere! Flieh! Ruhe! Schweige! Willst du in den Himmel kommen, halte dich daran!"

Solche Mahnungen waren wert, nie vergessen zu werden, und noch als Papst wußte sie der ehemalige Quartaner Wort für Wort. Es war die Weisheit eines Mannes, der die „Nachfolge Christi" zu seiner Lebensregel gemacht hatte.

Das erste Jahr in Bergamo ging seinem Ende zu, und mit wachsender Ungeduld fieberte Angelo den großen Ferien entgegen. Als der ersehnte Tag endlich kam, packte er eiligst sein Bündel und wanderte los. Eine Wegstrecke lang befand er sich mitten in einem Trupp übermütiger Gefährten, die im Glück der wohlverdienten Freiheit lachend und singend dahinzogen. Bis Ponte San Pietro begleitete ihn der fröhliche Guglielmo Carozzi.

„Ich freu mich schrecklich auf daheim", gestand Angelo dem Freund.

„Denkst du, ich nicht?" lachte der Kamerad. „Da kann ich mich doch endlich einmal gründlich ausschlafen; denn da ist keine Glocke, die mich um fünf Uhr aus den Federn scheucht."

„Das ist es nicht, woran ich denke", erwiderte Angelo. „Bei uns zu Hause fängt der Tag genauso früh an, ganz besonders jetzt in der Erntezeit. Aber daß ich sie endlich wiedersehe, die Eltern und Geschwister, Großvater und Onkel Barba! Du glaubst nicht, wie sehr ich mich darauf freue."

„Natürlich freue auch ich mich auf meine Leute, aber vor allem bin ich froh, daß ich nach Herzenslust faulenzen kann."

„Du kannst dir das leisten, aber ich habe noch manches nachzuholen."

„Ach was, Ferien sind Ferien, da mache ich kein Buch auf. Drei Monate ohne Paukerei! Kerl, ist das eine Wonne!" Ausgelassen warf Guglielmo seinen Hut in die Luft und tat einen hellen Jauchzer. „Ich glaube, ich stelle vor lauter Freude das ganze Dorf auf den Kopf."

Ja, das war „Arlecchino", immer pfiffig, übermütig und vergnügt. In Ponte San Pietro sagte ihm Angelo Lebewohl. So schnell er konnte, lief er seinem Heimatdorf zu. Es war noch eine gute Stunde bis dahin, und die Sonne brannte vom hohen Himmel. Im ungestümen Verlangen, die Seinen wiederzusehen, schnitt Angelo den Weg ab, sprang über Zäune und Hecken, rannte barfuß, wie immer die Schuhe an den Riemen schlenkernd, durch Wiesen und Felder, bis endlich der Turm von San Giovanni aus dem sommerlichen Glast auftauchte. Ein Viertelstündchen später trat er durch das Tor der Colombera.

„Angelo!" schrie der vierjährige Alfredo, der mit Giovanni, dem jüngsten Brüderchen, im Hof spielte, und flog ihm in die Arme. Der Zweijährige, der ihn nicht wiedererkannte, tappte zögernd herzu, mißtrauisch die schmutzigen Händchen hinter dem Rücken versteckend. Angelo warf sein Bündel beiseite, riß den Kleinen hoch und wirbelte ihn so übermütig herum, daß das Brüderchen vor Vergnügen krähte. Aber ebenso schnell setzte ihn Angelo ab und lief in die Küche.

„Mamma!" jubelte er und fiel der Mutter stürmisch um den Hals.

„Nicht gar so heftig, mein Bub!" lachte Frau Marianna. „Du rennst mich ja um."

„Darfst nicht so ungestüm sein mit der Mutter!" mahnte Teresa, die älteste Schwester, die der Bäurin bei der Arbeit half.

„Was ist denn?" stammelte Angelo verwirrt. „Bist du krank, Mamma?"

„Krank nicht!" lächelte die Schwester.

„O du mein Gott!" stammelte der Bub, der endlich begriff, warum die Mutter besonderer Schonung bedurfte. „O Mutter! Mutter! Ist das schön! Wann, Mamma, wann?"

„Gewiß noch in deinen Ferien!" Der Bäurin Gesicht ward schön im Widerschein großer Freude.

„Nun freu ich mich doppelt und dreifach, daheim zu sein", jubelte der Bub. „Aber wo sind denn die andern?"

„Auf dem Feld. Es ist doch Erntezeit."

„Da muß ich hin! Ich wechsle nur eben meine Kleider. Denk, sie können noch ein Paar kräftige Arme gebrauchen."

„Ruh dich zuerst einmal aus! Du wirst müde sein von dem langen Weg, und Hunger hast du gewiß auch."

„Freilich!" lachte Angelo übermütig, „ich hatte es fast schon vergessen, aber nun, da du mich daran erinnerst, knurrt mir der Magen."

Milch und Brot halfen dem Übelstand bald ab, aber kaum hatte der Heimkehrer den letzten Bissen im Mund, da stürmte er wieder auf den Hof, in dem soeben ein hochbeladener Erntewagen einfuhr. Der Vater führte den Ochsen am Zügel, auf den Garbenbündeln aber thronte die ganze Gesellschaft, Zaverio, Ancilla, Elisa, Assunta. Großvater und Onkel Barba waren noch auf dem Feld.

Jubelnd sprangen die Geschwister vom Wagen. Der Vater reichte dem Sohn seine schwielige Hand und drückte sie fest.

„Laß dich anschauen!" sagte er. „Na, ein bißchen größer bist du geworden, und die Küche im Seminar scheint nicht schlecht zu sein. Hast ordentlich runde Backen gekriegt."

„Kommst gerade zur rechten Zeit!" rief der zehnjährige Zaverio. „Wir haben noch ein paar Wagen einzufahren. Da kannst du helfen. Oder bist du zu müde?"

„Was du nur denkst!" lachte Angelo. „Natürlich komme ich mit."

Am Abend, als der letzte Wagen eingefahren war, saß die ganze Familie in der Küche beisammen. Angelo zeigte sein Zeugnis vor, und der Vater stellte zufrieden fest, daß es weit besser aussah als das von Celana. Da war die Sieben, die Acht, die Neun und im Singen sogar die volle Zehn.

„Ich bin im Schülerchor, und sonntags singen wir oft bei der Messe im Dom", erklärte der Zwölfjährige stolz. „Wir machen herrliche Musik im Seminar."

„Da wollen wir es doch gleich auch einmal probieren", schlug Onkel Zaverio vor und stimmte sein Lieblingslied an: „Sul mare luccica l'astro d'argento." Angelo fiel mit seinem hellen Sopran ein, und auch die übrigen sangen oder summten die Weise vom Silberstern, der über dem Meere glänzt, mit. Obschon alle von der schweren Arbeit rechtschaffen müde waren, fiel auch an diesem Abend der Rosenkranz nicht aus. Die Kleinen mußten dann zu Bett, die anderen aber blieben beisammen, weil der Heimkehrer unbedingt noch von den Wundern der großen Stadt und dem Leben im Seminar erzählen mußte.

„In Bergamo ist's schön, aber es ist doch gut, wieder daheim zu sein", gestand er seinem Bruder Zaverio, mit dem er die Schlafkammer teilte.

„Na, das meine ich auch", nickte der Bruder. „Aber nun wollen wir schlafen. Die Augen fallen mir zu."

Am anderen Tag schon suchte der Gymnasiast seinen Pfarrer auf, der sich herzlich über seine Erfolge in der Schule freute.

„Siehst du, Angelo", sagte er zufrieden, „man muß nur durchhalten und darf sich nicht entmutigen lassen, dann geht schließlich doch alles gut."

Auch Don Bolis, seinen ersten Lateinlehrer, besuchte Angelo und wies ihm sein Zeugnis vor.

„Famos, ganz famos!" nickte der Pfarrer. „Da war also meine Arbeit doch nicht ganz für die Katz!"

Der alte Bolis steckte sich seine Pfeife an und paffte vergnügt dicke Wolken in die Küche. „Hab's ja immer gesagt, daß du es schaffst." Der kleine Quartaner schaute ihn ganz überrascht an, war er doch von ihm in seiner drangvollen ersten Studienzeit ganz andere Töne gewöhnt.

Die Ferienwochen flogen dahin wie der Wind. Zum Müßiggang war auch jetzt keine Zeit, Angelo half nach Kräften in der Wirtschaft, hockte sich aber, wenn ihm die Zeit dazu blieb, hinter seine Bücher, um ja nichts zu vergessen. Zuweilen besuchte er auch seine Klassenkameraden in Gervasio und Ponte San Pietro, und recht vergnügt kehrte er am Abend zurück. Es war schön, einander zu sehen und über gemeinsame Erlebnisse zu lachen.

Gegen Ende der Ferien ward der Familie neuer Segen beschert, die kleine Enrica kehrte in die Colombera ein, von allen mit stürmischer Freude begrüßt. Es war halt so, bei den Roncallis stand die Wiege selten leer, und immer hieß man das neue Unterpfand der göttlichen Gnade frohen Herzens willkommen.

Ein wenig schwer fiel es Angelo zwar, als er am Allerseelentag wiederum sein Bündel schnüren mußte; doch machte er sich getrost auf den Weg, und je näher er seinem Ziele kam, umso mehr freute er sich auf das glückliche Leben im Seminar. Mit einer Schar lustiger Gefährten stieg er zur Stadt auf dem Berge empor.

DON ABBONDIO

Steil bergan führten die Studien dem hehren Gipfel klassischer Bildung entgegen. Ovids fabelreiche Metamorphosen machten dem Gallischen Krieg ein Ende, Livius, Tacitus und Vergil folgten. Das Griechische offenbarte nach den anfänglichen grammatischen Plackereien eine neue großartige Welt, die Angelos wachen Geist ganz besonders fesselte. Als lebende Fremdsprache kam das Französische hinzu, die italienische Literatur erschloß die erlesensten Schätze aus alter und neuer Zeit.

Angelos Lieblingsbuch ward in jenen Jahren Alessandro Manzonis „Promessi Sposi – Die Verlobten", nicht nur weil der unsterbliche Roman seinen geschichtlichen Interessen entgegenkam, sondern auch weil er in seiner lieben Bergamasker Heimat spielte.

An einem sonnigen Frühlingstag des Jahres 1895 – Angelo hatte inzwischen sein dreizehntes Lebensjahr vollendet – schlenderten er und seine Freunde Carminati, Ballini und Carozzi durch den Park della Rimembranza und stiegen zur Rocca empor; sie kletterten auf das uralte Gemäuer und ließen den Blick über die herrliche Stadt schweifen. Man sprach über dieses und jenes, und schließlich brachte Angelo die Unterhaltung auf sein Lieblingsbuch.

„Was haltet ihr eigentlich von dem famosen Don Abbondio, den Manzoni so glänzend beschreibt", fragte er. „Ihr erinnert euch doch an den Pfarrer, der sich aus Angst vor dem Grafen Rodrigo weigerte, das junge Brautpaar zu trauen."

„Mir scheint, er war ein rechter Don Hasenfuß", lachte Guglielmo Carozzi. „Seine Köchin Perpetua hatte zehnmal soviel Mut als er."

„Und was hättest du an seiner Stelle gemacht? Schließlich hatte ihm der Edelmann mit dem Tode gedroht."

„Ach, ich glaube, ich hätte schon einen Ausweg gefunden. Bestimmt wäre mir etwas eingefallen, meinen Kopf aus der Schlinge zu ziehen und die Verlobten dennoch zu trauen. Hätte mir einen Mordsspaß gemacht, dem Junker eine Nase zu drehn."

„Ich glaube, es ist gar nicht so leicht, sich in eine solch verzwickte Lage hineinzudenken", meinte der ernste Achille Ballini bedächtig. „Gewiß war Don Abbondio ein ehrenwerter und frommer Priester, aber in einer so außergewöhnlichen Situation hat er eben versagt. Ich bin nicht sicher, ob ich mehr Mut gehabt hätte als er."

„Und was hättest du an seiner Stelle getan, Angelo?" fragte Giuseppe Carminati.

„Nun, ich hätte mir bestimmt nicht bei der Köchin Rat geholt, sondern hätte zum Heiligen Geist gebetet. Da wäre mir schon bewußt geworden, was ich zu tun gehabt hätte."

„Nämlich was?"

„Meine Pflicht natürlich!"

„Ohne Angst, daß dich Rodrigos Bravi am nächsten Tag mit Blei vollgepumpt hätten?"

„Sicher hätte ich Angst gehabt, schreckliche Angst sogar", gestand der kleine Roncalli, „aber ich hätte meine Pflicht getan. Ich glaube, es ist das Schlechteste nicht, für seine priesterliche Pflicht zu sterben. Don Rebuzzini daheim hätte das bestimmt getan, und eigentlich ärgert es mich, daß Manzoni ausgerechnet einen Pfarrer aus dem Bergamaskischen als solchen Hasenfuß darstellt. Die Geistlichen unserer Diözese sind doch ganz anders. Vielleicht ist hie und da ein grober Klotz darunter, und im allgemeinen sind sie auch nicht gerade feurige Prediger, eher ein bißchen nüchtern und bedächtig, aber es sind pflichttreue und wackere Männer, die gewiß nicht so leicht zu erschrecken sind wie Don Abbondio."

Der „Arlecchino" zitierte ein Sprichwort in Bergamasker Mundart:
> „Carater de la rasa bergamasca
> Fiama de rar ma, sota la sender, brasca.
> Der Bergamasker ist nicht feurigen Gemüts,
> Doch unter der Asche, da glüht's."

„Ich glaube, ich hätte auch ein wenig an meinen Onkel Barba gedacht", begann Angelo wieder, immer noch über das Problem nachdenkend. „Der hat mir von Kindesbeinen an eingeschärft, daß man in jeder Lage Gottes Gebot und seinem Gewissen folgen müsse. Menschenfurcht und Feigheit seien eines wahren Christen nicht wert. Um wieviel mehr muß das für einen Priester gelten!"

Giuseppe Carminati lachte. „Immer erzählst du von deinem Onkel Barba. Das muß ja ein ganz besonders bemerkenswerter Mann sein."

„Und was für ein Mann!" rief Angelo begeistert. „Ich glaube, der Religionsunterricht, den er mir seit meiner frühesten Kindheit gegeben hat, reicht nicht nur für einen Priester, sondern auch für einen Bischof, vielleicht sogar für einen Papst."

„Holla, unser Knirps als Papst! Stellt euch das vor, Freunde!" lachte Guglielmo. „Da machst du uns doch gewiß alle zu Kardinälen."

„Red kein dummes Zeug, Arlecchino!" brummte Angelo. „Ich bin froh, wenn ich ein leidlich brauchbarer Dorfpfarrer werde."

„Was denn, bei so einem Onkel bringst du es bestimmt weiter!"

„Ist dein Onkel Barba eigentlich ein studierter Mann?" fragte Achille Ballini.

„Ach wo! Er ist ein armer Bauer wie wir alle daheim, hat nur zwei Jahre die Volksschule besucht, aber ihr könnt mir glauben, er hat alle sieben Gaben des Heiligen Geistes, und wenn ich zweifle, was ich zu tun habe, denke ich nur daran, was Onkel Barba tun würde, dann treffe ich bestimmt das Richtige!"

„Und wenn er nun Don Abbondio gewesen wäre?" fragte Carminati.

„Da brauche ich gar nicht lange zu fragen, Peppo! Der hätte es gemacht wie der wackere Fra Cristofero in Manzonis Roman. Er hätte sich seinen besten Rock angezogen, wäre in die Höhle des Löwen gegangen und hätte dem Grafen ruhig, aber bestimmt seine Meinung gesagt. Auf jeden Fall hätte er sich nicht ins Bett verkrochen wie der famose Don Hasenfuß."

„Kommt, Freunde, es ist Zeit, ins Seminar heimzukehren!" mahnte Achille. „Bald läutet die Glocke zum Studium."

„Ach ja!" seufzte Giuseppe. „Wir haben noch ein paar Dutzend Hexameter aus der Odyssee zu präparieren. Hilfst du mir ein bißchen, Angelo?"

„Gern, Peppo, das weißt du doch."

„Griechisch ist für mich ein wahres Kreuz, aber dir macht es offensichtlich Spaß."

„Es ist eine großartige Sprache. Ohne sie hat doch unsere ganze klassische Bildung kein Fundament. Und überdies . . ."

„Na, was noch?"

„Ich muß so oft daran denken, wie viele Millionen Christen, die der griechisch-orthodoxen Kirche angehören, von Rom getrennt sind. Unser Spiritual hat neulich noch von der unseligen Spaltung gesprochen und uns alle aufgefordert, für ihre Überwindung zu beten. Mir scheint, man wird nicht viel erreichen, wenn man die Griechen nicht von Grund auf versteht."

„Und darum paukst du mit Wonne die Hexameter Homers?" spottete Carozzi.

„Mir scheint, die ganze Odyssee ist die Irrfahrt eines Volkes, das nicht heimfindet."

„Du weißt, wie viele Konzilien sich mit der Wiedervereinigung beschäftigt haben", warf Achille Ballini ein. „Es war alles umsonst. Hast du denn wirklich noch Hoffnung, Angelo, daß die Griechen eines Tages zur römischen Kirche zurückfinden?"

„Ja, das hoffe ich zuversichtlich."

„Und worauf gründet sich deine Hoffnung?"

„Die Griechen verehren inbrünstig die Muttergottes. Sie aber ist der Stern der Meere. Warum sollte sie das griechische Schiff nicht doch endlich in den Hafen der Una Sancta zurückführen?"

Noch hing Angelo solchen Gedanken nach, als er am Abend in die Kapelle ging, wo der Spiritual die Punkte für die Betrachtung am anderen Morgen darlegte. Diesmal sprach er, wie so oft schon vorher, über den Guten Hirten, und es war, als hätte er das Gespräch der vier Studentlein auf der Rocca belauscht.

„Der wäre ein schlechter Priester", sagte er, „der nicht bis in die tiefste Seele erfüllt wäre vom Eifer für das Reich Gottes und das Heil der Seelen, der nicht wie der gute Hirt seine Herde liebte und dem verlorenen Schäflein nachginge bis in die Dornen. Bis in die Dornen, meine Freunde, hört ihr's? Wer sich ein geruhsames, gemächliches Leben verspricht, der ist wahrlich nicht zum Gotteshirten berufen, der ist ein Mietling, der feige davonflieht, wenn der Wolf in die Herde einfällt. Wer allen Schwierigkeiten aus dem Weg geht, ist kein Jünger unseres Herrn, nur der darf sich so nennen, der getreulich Tag für Tag seine Pflicht tut, den Wölfen, unter die uns der Herr sendet, mannhaft entgegentritt und mutig ins Dornengestrüpp greift, das Verlorene zu retten, ganz gleich, ob Hände und Herz dabei bluten."

„Armer Don Abbondio!" dachte Angelo, der sich des zaghaften Pfarrers aus Manzonis Roman erinnerte.

„In der argen Zeit, in der wir leben, werden euch Schwierigkeiten gewiß nicht erspart bleiben. Der Wolf wird euch anspringen, nicht nur einmal, sondern viele Male. Wollt ihr Bestand haben und tapfer euren Mann stehen, so übt euch beizeiten! Übt euch schon jetzt darin, Schwierigkeiten zu überwinden, euch selbst zu bezwingen, euch durch Opfer und Selbstverleugnung, durch ständige Nachfolge Christi, vorzubereiten auf den reinen und heiligen Dienst, zu dem ihr euch berufen glaubt. Wer nicht täglich sein Kreuz mutig aufnimmt und dem Herrn nachträgt auf dem Weg seiner Leiden, wird nie ein mannhafter Priester werden."

Nie hatte Angelo eine so gute Betrachtung gemacht wie am folgenden Morgen. Nichts ersehnte er so sehr, als ein frommer Priester und ein guter Hirt zu werden, und aus innerstem Herzen bat er Gott und die heilige Jungfrau, ihm beizustehen auf dem Weg zu seinem erhabenen Ziel und ihm zu helfen, mit Mut und fröhlichem Herzen jene Opfer zu bringen, die ihm das Leben im Seminar täglich abverlangte. Er entschloß sich, noch mehr als bisher, Gedanken, Worte und Tun in Zucht zu nehmen, noch eifriger zu studieren, nicht vor den anderen zu glänzen, sondern ein fähiger, tüchtiger und frommer Priester zu werden, ein Priester nach dem Herzen des Guten Hirten.

Schließlich kam für ihn der Tag, an dem er sein erstes liturgisches Opfer darbringen durfte. Am Fest des Täufers Johannes 1895 empfing er aus der Hand des Bischofs Monsignore Guindani das klerikale Gewand und die Tonsur.

In dieser Stunde sprach er das erste „Adsum" seines Lebens. „Hier bin ich, Herr!" Zum erstenmal bekundete er damit die Bereitschaft, dem Ruf des göttlichen Meisters, dem Ruf des Bischofs und der Kirche in Freuden zu folgen. Unter der Schere des Oberhirten brachte er ein symbolisches Opfer dar, ein paar Büschel Haare nur, aber als er sein Haupt beugte, stand in seiner Seele der feste Entschluß, sich Gott ganz hinzugeben mit Leib und Seele bis zum großen und letzten Amen seines Lebens.

Freudigen Widerhall fand in seiner Seele die Antiphon, die der Chor der Seminaristen bei dieser Zeremonie sang:

„Dominus pars haeredidatis meae. – Herr, du bist mein Anteil, mein Erbe und mein Kelch. Du bist es, der mir mein Erbteil sichert."

Ein Wort aus der Ansprache des Bischofs vergaß er nie. „Was ich meinen Gläubigen immer wieder ins Gewissen rufe, das gilt weit mehr noch für euch, meine Freunde, die ihr nunmehr das Kleid der Kirche tragt: Nicht Worte, sondern Taten! Katholiken der Tat, nicht Katholiken fürs Museum!"

Wahrhaftig, Angelo war entschlossen, kein Museumskatholik zu sein, sondern ein Mann der Tat und ein Priester zu werden nach dem Herzen Gottes.

Wenige Wochen später ging's wieder in die Ferien. Wie immer nahm ihn die Colombera auf mit ihrer lieben alten Vertrautheit. Inzwischen hatte sich die Familie abermals vermehrt; der kleine Giuseppe war hinzugekommen, und zu seiner großen Freude offenbarte ihm die Mutter, daß zu Beginn des kommenden Jahres das Dutzend voll sein werde, wenn man Caterina, die schon so früh in den Himmel gegangen war, hinzurechne.

Die Brüder und Schwestern machten große Augen, als sie den Heimkehrer im geistlichen Gewand sahen, und ohne daß die Eltern sie dazu aufforderten, begannen sie, ihn mit „Voi" (Ihr) anzureden. Die Leute in Sotto il Monte aber nannten ihn fürder allgemein den „pretino Angelo – das Priesterchen Angelo". Sie taten das durchaus nicht im Spott, sondern mit einer gewissen Zärtlichkeit, und das ganze Dorf erbaute sich an der Andacht, mit der er in der Pfarrkirche oder im Franziskanerkloster den Dienst am Altar versah.

Von nun an sprach Angelo den abendlichen Rosenkranz vor und las das Tageskapitel aus der Heiligenlegende. Mit den jüngeren Geschwistern betete er auf der Mutter Geheiß den täglichen Morgen- und Abendsegen. So begann er sein Apostolat im Schoß der eigenen Familie und hatte wohl acht, daß die kleinen Knirpse fromm die Händlein falteten und jedes Wort andächtig mitsprachen.

„Ich glaube, Angelo wird einmal ein guter und braver Priester", sagte die Mutter an einem dieser Feierabende zu ihrem Mann.

„Das hoffe ich auch!" nickte Battista Roncalli. „Nun bin ich doch ganz zufrieden, daß er den geistlichen Beruf erwählt hat."
„Eine größere Gnade konnte uns gar nicht zuteil werden", sagte die Bäuerin aus tiefer Überzeugung.

NUR EIN GROSCHENHEFT

„Ich komme, mich zu verabschieden", erklärte Angelo dem Pfarrer von Sotto il Monte an einem stürmischen Oktobertag.
Don Rebuzzini sah seinen Schützling überrascht an.
„Jetzt schon? Das neue Schuljahr beginnt doch erst nach dem Allerheiligenfest."
„Der Rektor des Klerikerseminars, in das ich nach Empfang der Tonsur übergesiedelt bin, hat mich aufgefordert, schon jetzt nach Bergamo zu kommen, da im Seminar der Kongreß der katholischen Aktionsgemeinschaften stattfindet. Ich soll mich dort mit einigen Klerikern nützlich machen."
„Ja, ja, ich weiß", nickte der Pfarrer. „Eine neue Zeit ist angebrochen, seit unser Heiliger Vater seine Enzyklika ‚Rerum novarum' schrieb. Wir Priester sollen uns nicht mehr wie bisher nur um religiöse Dinge kümmern, sondern um allerlei soziale Probleme, von denen ich herzlich wenig verstehe. Gerade hier auf dem Lande sollen wir alles Mögliche gründen, Versicherungen und Unterstützungsvereine, Kredit-, Produktions-, Konsumgenossenschaften, Darlehenskassen, Volksküchen, Bauvereine für Kleinwohnungen, Molkerei- und Winzervereine, Genossenschaftsmühlen und weiß Gott was alles noch. Sicher sind das aus-

gezeichnete und wohltätige Einrichtungen, geeignet, vor allem der Not unserer ländlichen Bevölkerung zu steuern, aber ich bin wohl schon zu alt, mich mit dergleichen zu befassen."

„Ist denn die Not auf dem Land wirklich so groß?" fragte Angelo erstaunt. „Ich weiß ja, daß wir arme Bauern sind, aber wir hatten doch immer unser tägliches Brot und waren zufrieden mit dem, was wir hatten."

„Immerhin habt ihr einen verständnisvollen und großmütigen Patron; Graf Ottavio Morlani ist ein guter Herr, der seinen Pächtern hilft, wo immer er kann; aber das ist durchaus nicht überall so. In mancher Bauernhütte herrscht drückende Armut, und viele unserer Bauern sind bis über die Ohren verschuldet. Abhilfe tut da schon not, und ich habe geholfen, soviel ich vermochte. Es ist aber wohl wirklich so, daß mit Almosen der allgemeinen Not nicht abzuhelfen ist, vielleicht sind alle die neuen Einrichtungen notwendig, die unser Bischof geschaffen hat, und die der Papst in seiner Enzyklika vorschlägt."

„Auch in unserem Dorf, Don Francesco?"

„Ja, wohl auch hier! Aber versteh mich, Angelo! So ein alter Dorfpfarrer wie ich, der schon hart am Rand des Grabes steht, schafft das nicht mehr. Ich glaube, immer ein leidlich guter Hirte meiner Gemeinde gewesen zu sein."

„Der beste, den ich mir denken kann!" versicherte der Kleriker mit herzlicher Wärme.

„Hab mich immer bemüht, meiner Herde ein guter Hirt zu sein, hab recht und schlecht Gottes Wort verkündet und Freud und Leid mit meiner Gemeinde geteilt. In den modernen Dingen aber kenn ich mich nicht aus, wenn ich auch zugebe, daß sie segensreich und notwendig sind. In der kurzen Frist, die mir der Herrgott vielleicht noch läßt, schaffe ich nichts Neues mehr. Ich habe jetzt nur noch den einen Wunsch, mich in Ruhe und Frieden auf die Ewigkeit vorzubereiten. Wird nicht mehr lang dauern, bis mich der liebe Gott zu sich ruft."

Betroffen blickte Angelo den Priester an. Das schlohweiße Haar, das von Leid und Krankheit zerfurchte Gesicht waren nicht zu übersehen, und doch krampfte sich sein Herz zusammen bei dem Gedanken, vielleicht schon bald den geliebten Seelsorger verlieren zu müssen. Er konnte sich sein Heimatdorf gar nicht ohne den guten Don Rebuzzini vorstellen.

Der Pfarrer war ans Fenster getreten und schaute, in seine Gedanken verloren, über den Kirchplatz.

„Ja, so ist das, mein Sohn", sagte er endlich, „meine Uhr ist abgelaufen. Für die neue Zeit tauge ich nicht mehr. Aber eine junge Generation wächst heran, eine Generation von tüchtigen, opferwilligen Priestern und Laien. Sie ist berufen, all das zu schaffen, was wir Alten nicht mehr vermögen. Du wirst, so Gott will, dazu gehören, mein guter Angelo, auch du wirst zu einem kleinen Teil wenigstens mithelfen, der Welt ein neues Gesicht zu geben. Dann aber urteile nicht zu hart über deinen alten Pfarrer, der mit der neuen Zeit nicht mehr Schritt halten konnte!"

Dem kleinen Kleriker traten die Tränen in die Augen. Er griff nach des Priesters welker Hand.

„Ich werde Ihnen ewig dankbar sein. Alles, was ich bin, verdanke ich Ihnen. Schon als Bub von drei, vier Jahren hatte ich keinen anderen Wunsch, als so zu werden wie Sie."

„Schon recht, mein Kind! Ich verstehe, daß du mich trösten willst, und ich danke dir dafür. Geh also getrost nach Bergamo zum großen Sozialkongreß und spitz fein die Ohren, damit du begreifst, was unsere Kirche in dieser neuen Zeit von dir erwartet!"

Don Rebuzzini griff nach einem schmalen Bändchen. „Das hier nimm mit und studiere es eifrig! Es ist die Enzyklika Leos XIII. ‚Rerum novarum'. Es wird dir Licht sein auf dem Weg, zu dem dich die Kirche beruft."

Angelo stammelte seinen Dank, dann kniete er sich nieder und bat seinen greisen Seelsorger um den Segen.

In den folgenden Tagen versammelten sich im Seminar die Vorstände von zweihundert katholischen Aktionsgemeinschaften. Bei der feierlichen Eröffnung durch den Bischof von Bergamo, Monsignore Guindani, hielt Angelo den Hirtenstab. Aufmerksam musterte er die Teilnehmer, Priester und Laien, von denen er einige kannte. In der ersten Reihe sah er das edle Gesicht des Grafen Medolago-Albani, neben ihm den Wuschelkopf des Professors Nicolò Rezzara, der seit zehn Jahren die Wochenschrift „Il Campone" redigierte, und Battista Caironi, den Herausgeber der mutigen Tageszeitung „Eco di Bergamo".

In erregter Spannung folgte er den Worten seines Oberhirten, der über die Aufgaben der neuen Zeit sprach. Da war die Rede von der Not auf dem Land und in den Städten, von der Verschuldung armer Pächter, vom Elend der proletarischen Massen, von Sonntags- und Kinderarbeit, von der Ausbeutung der Fabrik- und Heimarbeiter durch gewissenlose Unternehmer, von vielen anderen Dingen, von denen der kleine Student kaum eine Ahnung hatte. Selbst das Wort „Proletarier" hörte er zum erstenmal.

„Er liegt wieder am Boden, niedergeschlagen und ausgeraubt, der arme Mensch in der Schlucht zwischen Jerusalem und Jericho, und schaut verzweifelt nach Hilfe aus. Dürfen wir an ihm vorübergehen wie Priester und Levit im Evangelium? Nein, meine Freunde, wir sind berufen, der Samaritan zu sein, der sich niederbeugt zu seinem unglücklichen Bruder, Öl und Wein der Barmherzigkeit in seine Wunden träufelt und ihn in die rettende Herberge bringt."

Es sei kein Wunder, daß die entrechteten, schutzlosen Massen aufbegehrten, fuhr der Bischof fort, daß anarchistische Volksverführer immer mehr Anhang fänden, trotz des Verbotes, das die italienische Regierung im vergangenen Jahr erlassen habe.

„Ideen bezwingt man nicht mit Verboten und nicht mit der Macht der Bajonette, bessere Zustände schafft man nicht mit dem Polizeiknüppel, allein die christliche, ganz in Gott wurzelnde

Liebe vermag dem Unheil zu wehren. Hören wir auf das Wort unseres Heiligen Vaters in seiner Enzyklika: ‚Das Christentum machte das Los der Arbeiter und Kleinbesitzer erträglich durch Nächstenliebe, Gerechtigkeit und Ergebung. Die Aufklärung stieß sie in den erbarmungslosen Kampf ums Dasein, nahm ihnen den Gottesglauben und das Vertrauen auf eine ewige Vorsehung!' Aus den Kräften unserer heiligen Religion muß die Erneuerung kommen. Wir Italiener sind in der Sozialarbeit noch weit zurück hinter manchen anderen Ländern, in denen hochherzige Priester und Laien viel klarer als wir die Zeichen der Zeit erkannten."

Der Oberhirt nannte Namen, die Angelo noch nie gehört hatte, er sprach von den machtvollen Predigten des deutschen Bischofs Ketteler, vom großartigen Wirken des Gesellenvaters Adolf Kolping. Von dem französischen Grafen de Mun sprach er, der während des Krieges 1870/71 als Kriegsgefangener in Aachen die Sozialarbeit Kettelers und Kolpings kennenlernte und nach seiner Heimkehr die „Œuvres des cercles ouvriers" zur sittlichen und geistigen Hebung des Arbeiterstandes gründete. Als Führer der christlich-sozialen Bewegung in Belgien erwähnte er den Moralprofessor am Priesterseminar zu Lüttich, Antoine Portier, den Schweizer Bischof Kaspar Mermillod, den Gründer der „Union catholique sociale" und des „Verbandes katholischer Männer- und Arbeitervereine".

Natürlich vergaß er auch nicht den englischen Arbeiterkardinal Manning und den nordamerikanischen Kardinal Gibbons, den Schöpfer der ersten katholischen Selbsthilfeorganisation, der „Arbeiterritter".

„In Italien", fuhr er fort, „stecken wir noch in den Anfängen. Doch wird in manchen Diözesen jetzt schon Vortreffliches geleistet, vor allem in Cremona, Padua und, wie ich mit Stolz sagen darf, auch in unserem Bistum. Wenn Bergamo heute in Italien als die in der Sozialarbeit führende Diözese gilt, so danke ich das Ihrem unermüdlichen Streben und Wirken, meine Freunde. Viel ist erreicht, mehr noch bleibt zu tun. Schaffen wir weiter, meine lieben Söhne, zielbewußt und beständig! Dem Kampf des gottlosen Sozialismus ‚Proletarier aller Länder vereinigt euch!' stellen wir die Losung entgegen ‚Arbeiter der ganzen Welt, einigt euch in Christus!' Gehen wir ans Werk im Geist christlicher Bruderliebe, getreu der Mahnung, mit der unser Heiliger Vater seine Enzyklika beschließt: ‚Das Heil ist besonders von der vollen Betätigung der Liebe zu erwarten, jener christlichen Liebe, die der Inbegriff der evangelischen Gebote ist. Immer bereit, sich für andere zu opfern, stellt sie das heilkräftigste Mittel gegen den Hochmut und Egoismus der Welt dar, jene Liebe, deren göttliches Bild und Walten der Apostel Paulus mit den Worten gezeichnet hat: Die Liebe ist geduldig, ist gütig, sucht nicht das Ihre, sie duldet alles und erträgt alles.'

Euch allen, meine Freunde, Priestern und Laien, rufe ich zum Schluß das Wort unseres Herrn zu: ‚Ich bin gekommen, den Armen die Frohbotschaft zu bringen.'"

In den Tagen des Kongresses eröffnete sich für den Bauernsohn aus Sotto il Monte eine neue, unbekannte Welt, die ihn zugleich fesselte und verwirrte. In der Geborgenheit seines Elternhauses war er herangewachsen, hatte sich nach Kräften um Fortschritte in seinen Studien bemüht, mehr noch um seine religiöse und sittliche Festigung; an den großen Problemen der Zeit aber war er in schuldloser Blindheit vorübergegangen. Völlig zufrieden mit dem, was das Leben ihm gab, hatte er kaum etwas geahnt von der großen Not in Stadt und Land, von dem erbarmungslosen Kampf ums Dasein, von dem zum Himmel schreienden Mißverhältnis zwischen arm und reich, von den tiefen Erschütterungen, die Italien wie die ganze Welt heimsuchten.

Der Kongreß öffnete ihm die Augen. Wenn er jetzt durch die Straßen von Bergamo ging, bewunderte er nicht mehr die großartigen Bauwerke, Kirchen, Burgen und Paläste, er sah die abgehärmten Frauen, die sich von mühseliger Arbeit in den Webereien heimschleppten, die hohläugigen, schlecht genährten Kinder, die in der Fron gewissenloser Ausbeuter standen, die verbitterten Gesichter der Arbeitslosen, die hilflosen Krüppel und Greise, die an den Straßenecken oder an den Kirchentoren bettelten.

Noch während des Kongresses ging er eines Tages mit Carminati einer Besorgung wegen durch die Straßen von Bergamo, als sich ihnen ein elend gekleideter Mann in den Weg stellte und haßerfüllt rief:

„He, ihr schwarzen Faulenzer! Mit euch werden wir auch abrechnen, wenn das Proletariat an die Macht kommt. Dann flaniert ihr nicht mehr so nichtsnutzig herum, während unsere Kinder in den Fabriken verrecken."

Verstört kehrte Angelo ins Seminar zurück, und vergebens suchte ihn sein Freund mit der Versicherung zu beruhigen, der Mann sei offensichtlich betrunken gewesen.

„Vielleicht hat er aus Verzweiflung getrunken", antwortete Angelo. „Mein Gott, welch ein Elend!"

An der Pforte erhielt er den Auftrag, dem Professor Nicolò Rezzara die Druckabzüge der neuesten Nummer des „Campone" aufs Zimmer zu bringen.

„Danke dir, mein kleiner Kleriker!" sagte der Professor herzlich. „Du siehst, die Arbeit läuft mir sogar in euer friedliches Seminar nach. Aber was ist denn? Du siehst nicht eben glücklich aus. Sag mir, was dich bedrückt!"

Zögernd erzählte Angelo von der Begegnung auf seinem Weg, während der Professor aufmerksam zuhörte.

„Ja, mein Lieber", sagte er schließlich, „daran wirst du dich gewöhnen müssen. Auf manche wirkt der schwarze Talar wie ein rotes Tuch. Bei der allgemeinen Not haben es die Volksverführer nur zu leicht, die Massen aufzuhetzen, und ausgerechnet machen sie die dafür verantwortlich, die ihnen von Herzen gern helfen möchten. Vielleicht haben wir in der vergangenen Zeit manches versäumt, vielleicht haben die Priester ihr Wirken zu sehr auf Kirche und Sakristei beschränkt. Die neue Zeit bringt neue Aufgaben und verlangt neue Opfer. Sie scheucht die Katholiken aus ihrer Ruhe und zwingt vor allem die Geistlichen, sich als wahre Väter des Volkes der Armen und Enterbten anzunehmen. Das aber ist das Ziel unseres Kongresses." Prüfend sah Rezzara den jungen Kleriker an.

„Du hast dich wohl sehr über den Spott geärgert, der dir angetan wurde?"

„Geärgert ist wohl nicht das rechte Wort", seufzte Angelo. „Ich war bestürzt und konnte es nicht fassen. Daheim in meinem Dorf ehrt jedermann das geistliche Gewand, und schon jetzt grüßen mich die Leute, und die Kinder laufen herzu und geben mir die Hand wie einem Priester."

„Nun, in den Städten ist das anders. Man wird dich vielleicht noch oft beschimpfen deines geistlichen Rockes wegen, so wie man unseren lieben Herrn beschimpft und verspottet hat. Vielleicht ist das aber gut so; denn so begreifst du die tiefe Not, unter der unser armes Volk leidet, die Verzweiflung, die solchen Haß gebiert, den Aufstand der Entrechteten gegen alles, was ihnen als Hüter einer verderbten Ordnung erscheint, sei es nun Gendarm oder Geistlicher. Gerade aus solchen Begegnungen magst du erkennen, wie sehr unser Volk der Hilfe bedarf."

„Aber wie kann ich helfen, Signore professore, was kann ein junger Kleriker, der noch die Schulbank drückt, tun?"

„Viel, sehr viel, auch wenn du jetzt noch nicht zu praktischer Sozialarbeit berufen bist. Halte die Augen auf, laß dir die Not deiner Menschenbrüder zu Herzen gehn und sorge dafür, daß du ein guter Priester wirst! Unser Volk braucht gerade in unseren Tagen fromme, vollkommene Führer, Laien und Priester, heilige Priester, die ganz fest in der Liebe zu Gott und den Menschen gegründet sind. Sie werden mehr ausrichten als die Gelehrsamkeit der Professoren, Politiker und Redakteure. Doch nun leb wohl, junger Freund! Ich muß mich auf die Jagd nach den verflixten Druckfehlern machen."

Mit brennendem Interesse studierte Angelo in diesen Tagen die Enzyklika „Rerum novarum"; sie offenbarte ihm die Abgründe menschlichen Leidens, die großen sozialen Probleme der Zeit, schärfte seinen Sinn für Recht und Unrecht und bestärkte ihn in dem Vorsatz, dereinst nach Kräften mitzuhelfen an der Lösung der aufgezeichneten Aufgaben.

Eines Tages, es war kurz nach dem Beginn des neuen Schuljahres, faßte er sich ein Herz und schlug dem Spiritual, einem gelehrten und frommen Jesuiten, die Gründung sozialer Studienzirkel im Seminar vor. Zu seiner Überraschung aber schüttelte der Pater den Kopf.

„Ich begreife wohl, mein Sohn, daß dich der Kongreß beeindruckt hat, aber die Beschäftigung mit all diesen Fragen ist nicht deine Aufgabe. Jetzt noch nicht! Dazu ist später noch Zeit."

„Was aber ist meine Aufgabe jetzt?" fragte Angelo enttäuscht.

„Dich zu einem tüchtigen, brauchbaren Werkzeug Gottes zu machen! Dein einziges Ziel muß es sein, deine Studien gewissenhaft fortzusetzen und vor allem, dich persönlich zu heiligen. Wirst du ein guter und frommer Priester, wirst du dereinst fähig sein, an der Erneuerung der Welt mitzuarbeiten, wie sie unserem Heiligen Vater vorschwebt. Das allein ist notwendig, alles andere hat Zeit."

„Helfen Sie mir, Pater, ein heiliger Priester zu werden!" rief der Kleriker leidenschaftlich. „Was muß ich tun? Bitte, sagen Sie es mir!"

Der Spiritual holte ein Bändchen aus dem Regal und reichte es seinem Zögling. Angelo las den Titel: „Lebensregeln, welche die Jugend befolgen soll, wenn sie auf dem Weg der Frömmigkeit und der Studien Fortschritte machen will."

„Nimm und studiere dies Büchlein!" empfahl ihm der Jesuit. „Ich gebe es nicht jedem; denn nicht für jeden mag es taugen. Dir aber, als dem eifrigen Mitglied unserer Kongregation Mariä Verkündigung, will ich es anvertrauen. Die Regeln, die darin verzeichnet sind, mögen dir auf den ersten Blick vielleicht ein wenig pedantisch erscheinen. Sie enthalten eine genaue aszetische Norm für jeden Tag, jede Woche, jeden Monat und jedes Jahr. Versteh mich recht, die Regeln bieten eine Norm, nicht eine unbedingt verpflichtende Vorschrift. Dennoch empfehle ich dir, dich nach Kräften daran zu halten und an jedem Abend dein Gewissen zu prüfen, ob du sie befolgt hast. Sie werden dir helfen, ein guter und vollkommener Priester zu werden."

Angelo bedankte sich herzlich und machte sich am gleichen Tag noch ans Studium. In ein blaues Groschenheft schrieb er die Hauptforderungen der „Regeln" und setzte gleichsam als Motto ein Zitat aus den Bestimmungen des Tridentiner Konzils voran:

„Es ziemt sich für alle zum Dienst des Herrn berufenen Kleriker, Leben und Sitten so zu formen, daß sie in ihrem ganzen Benehmen, im Auftreten, beim Reden und in allen übrigen Dingen einen ernsten, maßvollen und gottesfürchtigen Eindruck erwecken. Sie sollen auch die läßlichen Sünden meiden, die an sich schon recht schwerwiegend sein können, damit ihr Tun bei allen Ehrfurcht erweckt."

„Odi profanum vulgus et arceo", skandierte Giuseppe Carminati, mit dem Angelo das bescheidene Zimmer teilte. „Himmel, ist der Horaz schwer! – Favete linguis! – Du, Angelo, was heißt Favete linguis?"

„Halt den Mund!" brummte Angelo, über die Störung nicht gerade begeistert.

„He, was ist los mit dir?", empörte sich der Freund aus San Gervasio. „So grob kenn' ich dich ja gar nicht." Angelo legte die Feder nieder und erklärte lächelnd:

„Ich hab' nur übersetzt, was du wissen wolltest. Wörtlich heißt es: Fromm schweiget mit euren Zungen! Aber das ist wohl dasselbe. Sei also nicht böse! Ich übersetze dir gern den Passus.

‚Der Gassen Pöbel haß ich und halt' ihn mir fern.
Fromm schweiget, ihr Zungen! Lieder, nie je gehört,
Will ich, der Musen Priester,
Singen den Mädchen und Knaben.'"

„Dank dir, Angelo! War wohl ein hochnäsiger Bursche, dieser Horaz, der sich das arme Volk vom Halse hielt. Dabei war er doch nur eines Fischhändlers Sohn und hatte den Buckel voll Schulden."

„Aus der finanziellen Misere half ihm sein Gönner Maecenas. Er schenkte ihm auch das Landgut in den Sabiner Bergen, auf dem sich Horaz, fern vom verachteten Volk, als Priester der Musen fühlte. Mit christlichem Priestertum freilich hat es wenig zu tun. Aber laß mich nun bitte wieder arbeiten!"

Mühsam sammelte sich Angelo aufs neue; das „Odi profanum vulgus et arceo" ging ihm nicht aus dem Sinn. Seit den Tagen des großen Sozialkongresses war er entschlossen, sich dereinst mit allen Kräften dem von dem römischen Dichter verachteten Volke zu widmen; doch begriff er sehr wohl, daß es zuvor für ihn wichtigere Dinge gab. Er hatte die Mahnung seines Spirituals verstanden und setzte das Ziel, ein guter und frommer Priester zu werden, allem anderen voran. So tauchte er die Feder ins Tintenfaß und schrieb:

„Jeden Tag:
1. Sofort nach dem Aufstehen am Morgen mindestens eine Viertelstunde dem stillen Gebet widmen.
2. Der heiligen Messe beiwohnen oder, besser noch, am Altare dienen.
3. Eine Viertelstunde geistliche Lesung halten.
4. Jeden Abend, bevor man zu Bett geht, eine allgemeine Gewissenserforschung halten, Reue erwecken und die Punkte für die Betrachtung des folgenden Tages festlegen..."

Viel war da noch zu schreiben, und an diesem Tag wurde er mit seiner Arbeit nicht fertig, zumal ja auch er sich auf den Unterricht vorbereiten mußte. Schließlich war das Heft halb mit seinen kleinen zierlichen Buchstaben gefüllt, als die Niederschrift mit dem Satz endete:

„Quicumque hanc regulam secuti fuerint, pax super illos et misericordia! – Die nach dieser Richtschnur handeln, Friede über sie und Erbarmen."

Unzählige Male nahm Angelo später das Groschenheft mit den Regeln für das aszetische Leben in die Hand. Immer wieder studierte er sie eifrig, er bewahrte sie bis zu seinem letzten Tag, und noch als Papst sprach er immer wieder davon.

„MIT GOTT SPIELT MAN NICHT"

Die helle Frühlingssonne warf ihre letzten Strahlen durch das offene Fenster in das Studierzimmer, das Angelo mit Giuseppe Carminati teilte. Viel gab es nicht zu bewundern; denn das Klerikerseminar zu Bergamo war mit spartanischer Einfachheit ausgestattet. An den getünchten Wänden hingen als einziger Schmuck ein hölzernes Kruzifix und ein gedrucktes Madonnenbild, ein Regal enthielt die bescheidene Bibliothek der beiden Studenten, Schreibpulte, Schemel und Kniebänke vervollständigten die Einrichtung. Nicht einmal einen Ofen gab es, aber jetzt schien die Sonne warm und freundlich und entschädigte die Bewohner für die Kälte, die sie während der Wintermonate ertragen hatten.

Angelo Roncalli saß an seinem Tisch und blätterte in einem

armseligen blauen Heft, das er das „Tagebuch einer Seele" nannte aus Verehrung für seine „kleine Königin", die heilige Therese von Lisieux, die ein ähnliches geführt hatte.

Nachdenklich ließ er die Blätter des Tagebuches, das er im Februar begonnen hatte, durch seine Finger gehen. Noch einmal las er die wöchentlichen Eintragungen, in denen er sich getreue Rechenschaft gab über seine Fortschritte im geistlichen Leben, aber auch über sein Versagen. Der sechzehnjährige Kleriker war fest entschlossen zu wachsen in der Gnade Gottes und im Tugendleben. Und doch stellte er bekümmert fest, wie oft das Tun hinter dem guten Willen herhinkte.

„Je mehr ich voranstrebe, umso mehr spüre ich, wie weit ich zurück bin", stand da unter dem 6. März 1898 vermerkt – und acht Tage später: „Wie viele Verfehlungen auch in dieser Woche! In der Schule sind mir manche unnütze oder törichte Worte entschlüpft. Die Gewissenserforschung habe ich sehr rasch vorgenommen und morgens nach dem Aufstehen nicht die nötige Sammlung bewahrt, zum Nachteil einer guten Betrachtung." Wieder eine Woche später: die gleichen Klagen. „Ich bin darüber tief beschämt und muß daran denken, wie wenig ich wert bin. Demut, Demut, Demut! In all diesem Elend darf ich aber dem Herrn dafür danken, daß er mich nicht verlassen hat, wie ich es verdient hätte."

Noch schärfer geht Angelo am 28. März mit sich ins Gericht. „Bis jetzt habe ich immer mit Gott gespielt, aber mit Gott spielt man nicht. Von nun an werde ich es wirklich recht machen. Ich werde mit Jesus, meinem Freund und Tröster, im Allerheiligsten Altarssakrament vereinigt sein, und alles wird gehen. Mein Jesus, Barmherzigkeit!"

Ach ja, er war ein strenger und unbestechlicher Richter gegen sich selbst, verurteilte schonungslos auch das geringste Vergehen, fest entschlossen, ernst zu machen in seinem Streben nach Vollkommenheit. Dabei hätte er mancherlei Entschuldigungen gehabt, daß er die innere Sammlung, nach der er so sehnlich strebte, nicht immer bewahrte. Das Semesterexamen rückte näher, der Umgang mit den Kameraden störte, oft dachte er bekümmert an die Seinen daheim, die nach der schlechten Ernte des vergangenen Jahres in arge wirtschaftliche Bedrängnis geraten waren! Und nicht nur das, ein noch härterer Schicksalsschlag hatte die Familie Roncalli getroffen. Luigi, der letzte aus der großen Kinderschar, ward, noch nicht zwei Jahre alt, den Armen der Mutter entrissen und neben dem Grab der ältesten Schwester beigesetzt; und wenn man auf der Colombera auch dies Leid mit Ergebung in Gottes Willen trug, war doch eine Wunde zurückgeblieben, die schmerzte.

„Liebes kleines Brüderchen, vergiß deinen armen Angelo nicht", seufzte der Kleriker, die Lektüre unterbrechend, „bitte für mich beim lieben Gott, dem du nun so nahe bist!" Wieder kehrte er dann zu seinem Tagebuch zurück, las die letzte Eintragung vom 1. Mai, die so ganz anders klang als die vorigen:

„Welch ein schöner Tag! Welch ein paradiesischer Tag nach einer Woche nicht allzu großen Eifers! Der Herr hat mir die Gnade gewährt, auch dieses Jahr den Maimonat zu feiern. Ich bin sicher, mit Hilfe der allerseligsten Jungfrau ein paar Schritte voranzukommen. Ich werde sie in diesem Monat vor allem um zwei Tugenden bitten, um eine tiefe Demut und eine große Liebe zu Jesus im Allerheiligsten Altarssakrament. – Der heilige Johannes Berchmans, der die Gottesmutter so sehr verehrte, wird mir in diesem Monat helfen und für mich bitten. Der kürzeste Weg zu Jesus führt über Maria. Also werde ich mich ganz Maria anvertrauen, um Jesus völlig zu gehören. Nun mögen Jesus und Maria mich segnen, mir helfen und mir alles verleihen, wessen ich bedarf, auch den guten Willen. Dann werde ich Gott wohlgefällig sein."

„Und was ist daraus geworden?" stöhnte Angelo vor sich hin, als er jetzt, acht Tage danach, die triumphale Eintragung las. „Ich bin doch immer noch der ewige Versager, der nie erreicht, was er doch von Herzen ersehnt. Gehen wir also aufs neue mit uns ins Gericht!" Schon tauchte er die Feder ins Tintenfaß, als sein Zimmergenosse Giuseppe Carminati hereinstürmte und die neueste Nummer des „Campone" auf den Tisch warf.

„Da lies!" rief er aufgeregt. Mit dem Finger deutete er auf die oberste Schlagzeile. „Das Neueste vom Aufruhr in Mailand. Soldaten stürmen die Barrikaden. Hunderte von Arbeitern niederkartätscht!"

„Mein Gott!" stöhnte Angelo und überflog den Bericht.

„Das also ist der Regierung letzte Weisheit", knirschte Giuseppe, „Bajonette und Granaten. Seit Jahrzehnten versprechen die Crispi, Rudini, Pelloux und wie die famosen Ministerpräsidenten alle heißen mögen, den Schutz der Schwachen durch eine soziale Gesetzgebung, und was geschieht? Gar nichts! Die Herren überlassen die Proletarier bedenkenlos ihrem Elend, und wenn sie in ihrer Verzweiflung aufbegehren, fahren sie Kanonen auf. Aber auch die Demagogen haben Schuld, die Sozialisten und Anarchisten, all die Zeitungsschmierer und Marktschreier, die dem geplagten Volk auch noch das Letzte nehmen, das Vertrauen auf die göttliche Gerechtigkeit."

„Vielleicht gibt es auch noch andere Schuldige", sagte Angelo, der den Leitartikel von Nicolò Rezzara las. „Hör dir an, was der Professor schreibt: Man soll weder schüchtern noch tollkühn und niemals gewaltsam handeln, aber man darf auch kein Hasenfuß sein. Es genügt nicht, sich über Sozialismus und Anarchie zu erregen, einmal muß man den Mut haben, die eigenen sozialen Sünden zu bekennen. Wir haben die Pflanze Sozialismus genährt durch unsere Tatenlosigkeit, durch unser schlechtes Beispiel. Die Konservativen, auch die unseren, sind bisher gemeinsam mit der herrschenden politischen Klasse jeder Idee und jeder Tätigkeit ferngeblieben, die geeignet sein konnte, das Wachsen des Sozialismus zu verhindern. Wenn diese Leute um jeden Preis jeden Einfluß auf die Massen verlieren wollen, können wir militanten Katholiken nichts anderes tun, als das De profundis auf dem Grab einer Klasse von Staatsbürgern zu beten, die sich selbst weder retten konnte noch wollte."

„Das sind harte Worte!" rief Carminati betroffen.

„Aber sie sind wahr."

„In unserer Diözese jedenfalls tut man, was man kann, das Elend zu mildern."

„Dafür geschieht anderwärts gar nichts oder doch viel zu wenig. Ich habe da neulich im ‚Campone' ein Wort des deutschen Gesellenvaters Adolf Kolping gelesen, das den rechten Weg zu weisen scheint. Hab' es mir aufgeschrieben." Angelo kramte in seinen Papieren, fand endlich den Zettel. „Da ist es schon. Hör zu!

‚Nicht hoch zu Roß, nicht mit gelehrten Theorien kann dem Volk geholfen werden. Wir müssen vielmehr, wenn wir wirken wollen, vom hohen Pferd herabsteigen. Wir müssen uns, wie der Prophet Elisäus über den toten Knaben, über den Leichnam der Gesellschaft ausstrecken, Mund auf Mund, Herz auf Herz, um so durch unseren Atem den erstarrten Leib zu beleben und mit unserem warmen, pulsierenden Herzen die kalt gewordenen Herzen wieder schlagen zu machen.'" Angelo legte den Zettel aus der Hand und fügte hinzu:

„Hast du's gehört, Peppo? Mund auf Mund, Herz auf Herz! Ich kann dir gar nicht sagen, wie sehr ich mich danach sehne, meinen armen Brüdern zu helfen."

„Zunächst können wir wohl nicht mehr tun, als die Probleme zu studieren. Dazu haben wir nun doch im Seminar auf ausdrücklichen Wunsch des Bischofs die sozialwissenschaftliche Arbeitsgemeinschaft für die älteren Kleriker eingerichtet."

„Gewiß, und ich bin glücklich darüber, aber was ich ersehne, ist die praktische Sozialarbeit. Ich hoffe sehr, daß mich der Bischof einmal als Seelsorger in eine reine Industriegemeinde schickt. Je ärmer und hilfsbedürftiger sie ist, umso lieber wird es mir sein."

„Vielleicht ist es nicht richtig, daß die italienischen Katholiken an den Parlamentswahlen nicht teilnehmen", meinte der Freund nachdenklich. „Es könnte doch manches gebessert werden, wenn treukatholische Männer in großer Zahl in das Parlament kämen. Vielleicht ist es an der Zeit, die Bulle Pius' IX., ‚Non expedit', die zur Wahlenthaltung auffordert, aufzuheben. Mit passiver Resistenz kommen wir nicht weiter."

Angelo schaute den Freund mit scharfem Blick an und sagte: „Es ist nicht unsere Sache, das zu entscheiden. Darüber hat allein der Heilige Vater zu befinden. Er wird seine Gründe haben, wenn er an der Durchführung der Bulle festhält. Wir aber haben zu gehorchen."

„Aber man wird doch darüber nachdenken dürfen", verteidigte sich Giuseppe.

„Nachdenken gewiß, aber wir müssen warten und uns bis dahin in Geduld fügen. Ich bin überzeugt, daß Rom das ‚Non expedit' aufheben wird, sobald man es dort für zweckmäßig hält. Auf jeden Fall aber müssen wir gehorchen." Für Angelo war das Thema mit dieser klaren Gewissensentscheidung erledigt.

Während der folgenden Wochen kamen neue bestürzende Nachrichten. Die Regierung schrieb die Schuld an dem Aufruhr nicht der eigenen Unfähigkeit und Tatenlosigkeit zu, sondern ausgerechnet dem Mailänder Klerus. Besonders traf ihr Zorn die Kapuziner, die man aus ihrem Kloster jagte. Ihr einziges Vergehen bestand darin, daß sie Nachsicht und Gerechtigkeit für die Enterbten und Verzweifelten forderten. Selbst der Erzbischof von Mailand, Kardinal Ferrari, wurde der Mitschuld bezichtigt, katholische Priester und Redakteure schleppte man vor Gericht und verurteilte sie zu harten Kerkerstrafen, Zeitungen wurden verboten, soziale Vereinigungen aufgelöst. Vergebens blieb der flammende Protest Leos XIII., er wurde nur umso heftiger von den Kirchenfeinden beschimpft und als der eigentlich Schuldige an den sozialen Unruhen bezeichnet.

Es war selbstverständlich, daß solche Ereignisse auch in die Stille des Bischöflichen Seminars einbrachen. Heftig diskutierte man in der Freizeit über all diese Dinge, und auch Angelo nahm an solchen Auseinandersetzungen leidenschaftlich teil, bis er sich bewußt wurde, wie sehr die innere Sammlung darunter litt. Zu seiner Bestürzung gestand er sich, daß er sogar die Novene, die er alljährlich vor dem Pfingstfest zu halten pflegte, darüber vergaß. Zerknirscht mahnt er sich in seinem Tagebuch zu Demut und größerer Zurückhaltung.

Zum Beginn des Sommers bestand er mit gutem Erfolg sein Semesterexamen, wenige Tage später empfing er die Weihe zum Ostiarier und Lektor. Sein Eifer, im religiösen Leben Fortschritte zu machen, war unerschütterlich, und doch war es ihm niemals genug. Seinem Tagebuch vertraute er am Sonntag, dem 10. Juli an:

„Endlich, nach so langer Zeit der Zerstreuung, komme ich wieder zur Selbstbesinnung. Welch schlechte Tage habe ich hinter mir! Wie wenig habe ich meine Liebe zum Herrn bewiesen! Ich habe wieder eine Gnade empfangen, nämlich die zwei ersten niederen Weihen, und doch bin ich immer noch der gleiche. Jetzt nach dem Examen habe ich nicht mehr so viele Sorgen im Kopf und will mich wieder zusammennehmen, umso mehr, als die Ferien vor der Tür stehen. Genug, zu sehr habe ich den lieben Jesus gekränkt. Möge er mir helfen, es recht zu machen; ich bin sein für immer!"

Ferien daheim! Welch glückliche Zeit für den jungen Kleriker! Wieder bei den geliebten Eltern sein, wieder im Schwarm der Geschwister! Mit den Kleinen herumtollen, als wäre man selbst noch ein Junge! Wieder zupacken bei der Ernte, wieder einmal die kräftigen Arme gebrauchen, die so lange müßig waren!

Aber mit Schrecken stellte Angelo fest, daß die geistliche Sammlung darunter litt. Natürlich sprach man daheim über die drängenden wirtschaftlichen Sorgen, natürlich redete man beim Pfarrer oder im Kloster der Franziskaner über die politischen Ereignisse, besonders als am Himmelfahrtstag Mariens, dem Patronatsfest der Gemeinde, eine große Zahl von Geistlichen im Pfarrhof zum Festessen versammelt war, und der junge Kleriker gab wacker seinen Senf dazu, teils zum Staunen, teils zur Belustigung der Tischgenossen.

Wie sehr sich Angelo das alles zu Herzen nahm, offenbaren die heftigen Selbstvorwürfe, die er in sein geistliches Tagebuch schrieb:

„Heute habe ich es beim Rosenkranz an innerer Sammlung fehlen lassen. Auf diese Art gefalle ich der Muttergottes sicher nicht. Also? – Auch heute bin ich gestolpert. Geschwätz hier und Geschwätz dort! Man könnte glauben, ich sei der größte Redner der Welt. Nachher merke ich es gleich und bereue es, aber man muß eben vorher daran denken! Ja, mein Lieber, erkenne dich selbst, und du wirst weniger schwätzen und andächtiger beten! Jesus, erbarme dich meiner! – Da habe ich mich wieder ertappt. Wann werde ich es endlich fertigbringen, meinen Mund zu halten, wenn ich mit dem Pfarrer auf gewisse Fragen zu sprechen komme, die mir nicht passen! – Ich sollte wirklich demütig sein, da ich meine Unfähigkeit kenne. Ich halte mich für einen Seraph, statt dessen bin ich nur ein kleiner Luzifer voller Hochmut."

Immer unerbittlicher richtet er über das eigene Tun und Lassen:

„Heute habe ich Jesus ganz und gar nicht gefallen. – Das geht zu weit, es ist höchste Zeit, daß ich aufhöre, mit dem Herrn mein Spiel zu treiben. – Heute habe ich eine meiner wichtigsten Pflichten, mit meinen jüngeren Geschwistern zu beten, versäumt. –

Weniger unnütz schwätzen den Tag über, wie heute morgen unten in der Küche! – Vorsicht, der Teufel ist schlauer als ich! – Ich habe ein gehöriges Mundwerk und rede zuviel. – Ich muß mich in all meinem Tun verhalten, wie es einem Schüler ansteht, und mich nicht wie ein weiser Philosoph oder ein wichtiger Mann geben. Hochmut ist meine Natur und erfüllt mich ganz."

Gegen Ende September suchte eine neue schwere Sorge die Colombera heim. Der siebenjährige Giovanni, Angelos besonderer Liebling, erkrankte an einer Lungenentzündung, lag tagelang zwischen Leben und Tod.

„Welch ein Leid! Ich bete ohne Unterlaß", schrieb der Kleriker mit zitternder Feder in sein Tagebuch. „O Maria, mach meinen kleinen Bruder wieder gesund!"

Die Mutter kam kaum aus den Kleidern, und nur nach eindringlichem Zureden überließ sie Angelo hie und da eine Nachtwache am Krankenbett.

„Armer Kleiner, mußt auch du sterben, damit ich endlich ernst mache mit meinen tausend Vorsätzen?" stöhnte er vor sich hin, wenn er über des Bruders heiße Stirn strich oder ihm die aufgesprungenen Lippen netzte.

In der Sorge um seinen Liebling vergaß er sogar die Besuche beim Pfarrer, die er sonst täglich machte. Wenn er das Haus verließ, geschah es nur, um vor dem Tabernakel in der nahen Pfarrkirche sein Herz auszuschütten.

Am 24. September, dem „Fest Mariens von der Erlösung der Gefangenen", ministrierte er nach durchwachter Nacht Don Rebuzzini wie gewöhnlich bei der Frühmesse und flehte aus ganzer Seele, die heilige Jungfrau möge durch ihre Fürsprache dem geliebten Bruder die Gesundheit wieder schenken. Langsamer als sonst feierte der Pfarrer das heilige Opfer, und manchmal schien es dem Kleriker, als suchten seine zitternden Hände Halt am Altartisch.

Als sie in die Sakristei zurückkehrten, erkundigte sich Don Rebuzzini nach Giovanni. Angelo zuckte die Schultern und antwortete bedrückt:

„Der Arzt sagt, es werde sich heute entscheiden. Wenn er bis zum Abend das Bewußtsein erlangt, sei die Krise überstanden, dann brauche man nichts mehr zu befürchten. Ich habe die Muttergottes so sehr um ihre Hilfe gebeten."

„Das ist recht!" nickte der Priester. „Nimm zu Maria deine Zuflucht, jetzt und immer, bis zu deinem letzten Tag! Ich werde mit dir beten. Hab Vertrauen, Giovanni wird wieder gesund."

Getröstet kehrte Angelo heim, fand aber den Knaben immer noch in hohem Fieber. Keuchend hob und senkte sich die kleine Brust, das Gesicht war heftig gerötet.

„Leg dich jetzt für ein paar Stunden hin, ich bleibe bei ihm, Angelo!" sagte die Mutter. Aber der Sohn versicherte, er könne jetzt doch nicht schlafen, er wolle mit ihr bei dem Kranken bleiben.

Am Nachmittag geschah, was man kaum mehr erhoffte, Giovanni wurde ruhiger, schlief ein wenig, schlug endlich die Augen auf. „Mamma! Angelo!" kam es über seine Lippen. Er richtete sich ein wenig auf, sank dann wieder zurück. Der Arzt, der bald darauf ins Zimmer trat, sagte nach kurzer Untersuchung erleichtert:

„Er hat es geschafft. Das Fieber ist gebrochen. Nun ist keine Gefahr mehr."

„Gott sei Dank!" stammelte die Bäurin. Angelo jubelte laut auf vor Glück, lief in den Pfarrhof und ließ Don Rebuzzini an seiner Freude teilnehmen.

„Na, siehst du, mein Junge, du hast nicht umsonst gebetet", lächelte der greise Priester. „Nun wirst du wohl wieder mehr Zeit haben für deinen alten Pfarrer."

„Gewiß, nun da Giovanni gerettet ist, komme ich wieder jeden Tag." Sie plauderten wie gewohnt über dieses und jenes, sprachen über einen Artikel, der im ‚Eco di Bergamo' erschienen war, doch plötzlich verlor der Pfarrer das Interesse an diesem Thema.

„Leg das Blatt jetzt weg, Angelo!" bat er. „Das Gelärm macht mich müde. Bald wird die Welt ohnehin stumm sein für mich. Nein, mein Lieber, widersprich mir nicht! Ich fühle, daß es zu Ende geht, vielleicht schneller, als wir beide denken. Don Valsecchi, mein guter Vikar, tut ohnehin für mich die Arbeit in der Gemeinde. Ich selbst bin zu nichts mehr nütze und hoffe nur, recht bald im Himmel meiner Herde noch ein wenig helfen zu können. Sprechen wir lieber von etwas anderem, ja, von dir, mein Sohn! Hast du noch etwas auf dem Herzen, was du deinem alten Pfarrer sagen möchtest?"

Eine Weile zögerte Angelo, dann brach es aus ihm hervor wie ein Sturzbach. In dieser Stunde sprach er zu dem Priester, der ihn getauft und ihn so viele Jahre hindurch geleitet hatte, von seinem verzweifelten Ringen um Vollkommenheit, von seinem ehrlichen Wollen und Ringen und von allem Versagen, das ihn so tief beschämte.

„Hundert-, ja tausendmal habe ich mir vorgenommen, andächtiger zu beten, die Sammlung des Geistes zu bewahren, nicht so viel unnützes Zeug zu schwatzen, demütig zu sein und liebevoll, und immer wieder ertappe ich mich dabei, daß all meine guten Vorsätze scheitern. Ich bin und bleibe vor Gott ein Stümper und Versager. Was soll ich nur tun, damit ich endlich ernst mache und nicht mehr wie bisher mit Gott mein Spiel treibe? Bitte, Don Francesco, sagen Sie es mir!"

Der Priester sah den Jungen aus seinen tiefen, dunklen Augen eine Weile aufmerksam an, dann legte er ihm die Hand auf die Schulter und sagte:

„Beruhige dich, mein guter Angelo! Glaubst du denn, ich müsse mir nicht immer wieder die gleichen Vorwürfe machen wie du? Unser Vollbringen hinkt stets hinter unserem Wollen her, und tröste dich, mein Sohn, selbst den Heiligen ging es nicht anders." Der Pfarrer griff nach einem Büchlein, blätterte darin herum, fand bald die gesuchte Stelle. Angelo wußte, daß es die „Nachfolge Christi" war, des Priesters Lieblingsbuch.

„Da lies, was der gottselige Thomas schreibt! Meine Augen lassen mich allmählich ein bißchen im Stich. Bitte, lies laut!"

„Ich habe noch keinen Menschen gefunden, der so andächtig und so fromm gewesen wäre, daß er in sich nie eine Abnahme des Eifers gespürt oder eine Minderung der Gnade erfahren hätte", begann Angelo. „Kein Heiliger war so hoch entzückt, keiner so hell erleuchtet, daß er nicht in Versuchung gefallen wäre. Wer noch nicht durch irgendein Probefeuer gegangen ist, der ist nicht wert der hohen Beschauung des Göttlichen. Nur denen, deren Treue sich durch mancherlei Anfechtungen bewährt hat, ist himmlischer Trost verheißen."

„Jetzt weißt du, mein Sohn, wie es steht im geistlichen Leben. Auf Regen folgt Sonnenschein, auf seelische Dürre erquickender Trost. Unser Versagen ist unser Kreuz, mit dem wir uns abquälen müssen ein ganzes Leben lang. Trag halt dein Kreuz und hab Geduld mit dir selbst, so wie Gott Geduld hat mit uns armen Menschenkindern! Das soll nicht heißen, daß du dich mit deinen Schwächen abfinden sollst. Im Gegenteil! Kämpfe weiter, so gut du kannst, verzage nicht, wenn's auch noch so oft schief geht!"

Erschöpft lehnte sich der Pfarrer in seinen Sessel zurück.

„Lassen wir's genug sein für heute!" seufzte er. „Ich bin müde und werde mich bald hinlegen. Eines noch! Wenn ich sterben sollte, so nimm dies Büchlein als meine Hinterlassenschaft! Es ist nach der Heiligen Schrift das Kostbarste, was ich besitze." Prüfend nahm er es in seine Hände.

„Es ist ein wenig abgegriffen, hab es ein ganzes Leben lang täglich benutzt. Aber ich hoffe, du wirst es darum nicht geringer schätzen, und wenn du darin liest, empfiehl dem Herrn meine arme Seele!"

Mühselig erhob sich Don Rebuzzini und begleitete seinen Besucher bis an die Tür. Dort hielt er länger als sonst seine Hand umschlossen und sagte mit merkwürdig bewegter Stimme: „Auf Wiedersehen, mein Junge. Auf Wiedersehen!"

„Morgen komme ich wieder", versprach Angelo.

Am folgenden Morgen fehlte Don Rebuzzini in der Sakristei. Don Ignazio Valsecchi feierte statt seiner die Frühmesse.

„Dem Pfarrer ist nicht recht wohl heute morgen", sagte der Vikar zu seinem Ministranten. „Er ist zwar aufgestanden, aber dann begann ihn so heftig zu schwindeln, daß er daheim bleiben mußte. Er will, wenn möglich, nach mir zelebrieren."

Als Don Rebuzzini auch nach dem heiligen Opfer nicht erschien, lief Angelo zum Pfarrhaus hinüber und erschrak heftig, als ihm die Haushälterin mit verweinten Augen öffnete.

„Was ist geschehen?" stammelte er.

„Ach, der arme Herr!" schluchzte Katharina. „Komm nur und sieh selbst!" Wankenden Fußes folgte Angelo der Köchin ins Studierzimmer. Da lag der Pfarrer auf den harten Dielen, den Mund offen und voller Blut, die Augen geschlossen. Angelo war es, als müßte ihm das Herz stillstehen, dann warf er sich neben dem Pfarrer nieder, rief seinen Namen, aber keine Antwort kam von den blutigen Lippen.

Der Vikar trat ins Zimmer, gab dem Sterbenden die Ölung und Generalabsolution. Unter seinen Händen tat Don Rebuzzini den letzten Atemzug. Mit Angelos Hilfe bettete der Vikar den Toten auf sein Lager. Die alte Katharina stellte mit zitternder Hand ein Kruzifix neben das Bett und zündete zwei Lichter an.

Verstört kehrte Angelo heim. Kaum vermochte er seinen Angehörigen die Kunde vom Hinscheiden seines besten Freundes zu bringen. Er stammelte nur ein paar unverständliche Worte, zog sich dann in seine Kammer zurück, starrte lange vor sich hin. Schließlich schlug er sein Tagebuch auf und schrieb:

„Welch ein Kreuz ist mir heute auferlegt worden! Mein guter

Vater, der so viel für mich getan hat, der mich erzogen und auf den Weg zum Priestertum geführt hat, mein armer Pfarrer, ist tot.

O Jesus, du weißt, welch ein Schmerz das für mich ist. Die Füße trugen mich nicht mehr, ein Nagel stach mir ins Herz, aber ich konnte nicht weinen.

Ich weine nicht, doch in meinem Innern bin ich erstarrt. Gestern noch sagte er mir ‚Auf Wiedersehen!' Vater, auf Wiedersehen bis wann? Im Paradies. Er ist dort, ich sehe ihn, er lächelt mir zu, er blickt mich an und segnet mich.

Mögen sich seine beispielhafte Demut, seine Schlichtheit und Rechtschaffenheit meiner Seele einprägen, damit ich meinen Hochmut bezwinge und wie mein Pfarrer als frommer, rechtschaffener, gottesfürchtiger Mann vor Gott erscheine. Er sei gelobt! O Jesus, erbarme dich meiner, öffne mir die Augen für ein so leuchtendes Beispiel!"

Es pochte an der Tür, die Angelo in seinem Schmerz hinter sich abgeschlossen hatte. Als er öffnete, trat Onkel Zaverio über die Schwelle.

„Genug jetzt, Angelo!" sagte der Alte. „Wer so lebte wie unser Pfarrer, bei dessen Tod dürfen wir nicht klagen. Er ist im Himmel, dessen bin ich gewiß. Gönnen wir ihm den Frieden und Gottes Anschauung, nach der er so sehnlich verlangte! Und nun komm zu den andern, sie warten auf dich!"

„Du hast recht, Onkel Barba, bei einem solchen Hinscheiden sollte man nicht trauern. Aber der Schmerz, der Schmerz! Ich habe meinen Vater verloren." Endlich vermochte Angelo zu weinen, schluchzend warf er sich in die Arme des Oheims.

Tagelang noch klingt der Schmerz um den Dahingeschiedenen in seinem Tagebuch nach. Immer wieder griff er zwischendurch nach der „Nachfolge Christi", des Toten teurem Vermächtnis.

„Wenn ich bedenke, daß er mit diesem Büchlein ein Heiliger ward!" schrieb er in sein Tagebuch. „Es wird mir immer das liebste Buch bleiben, eines der wenigen Kostbarkeiten, die ich besitze."

Es war, als helfe ihm der Pfarrer vom Himmel her; denn während des folgenden Monats darf sich der unerbittliche Richter gestehen, daß er Fortschritte im religiös-aszetischen Leben mache. Das beweisen die Eintragungen in seinem Tagebuch. Immer wieder findet sein Schmerz um den Toten erschütternde Worte, doch überwiegen allmählich die flehentlichen Bitten um Hilfe, die er an ihn richtet. So heißt es am Michaelstag:

„Ich sehe in diesen Tagen immer die heiligmäßige Gestalt meines Pfarrers vor mir. Ich bin sicher, daß er mir auch jetzt beisteht, so sehr hat mich mein Pfarrer geliebt.

O Gott, laß uns nicht als Waisen zurück!"

GEHORSAM UND FRIEDE!

Am letzten Adventsonntag 1900 teilte der neue Pfarrer von Sotto il Monte, Don Luigi Battaglia, von der Kanzel her seiner Herde eine Nachricht mit, bei der alle die Ohren spitzten.

„Einem Sohn unserer Gemeinde, dem Kleriker Angelo Giuseppe Roncalli, der inzwischen die vier niederen Weihen empfangen hat, wurde eine besondere Ehre zuteil. Er wurde von unserem Bischof ausersehen, seine Studien in Rom fortzusetzen, und wird zu Beginn des kommenden Jahres in die Hauptstadt der Christenheit übersiedeln, wo er im Seminar San Apollinare wohnen wird. Es ist dies eine Stiftung des ehrwürdigen Kanonikus Flaminio Cesaroli aus Bergamo, der vor mehr als zweieinhalb Jahrhunderten seinen ganzen Nachlaß für ein Studienkolleg bestimmte. Die begabtesten und tüchtigsten Theologen aus unserer Diözese finden dort kostenlose Aufnahme. Die Wahl des Bischofs ist eine Ehre für die ganze Gemeinde. Wir wollen uns dankbar erweisen und den jungen Kleriker auf seinem weiteren Weg mit unseren Gebeten begleiten."

Nach dem Hochamt drängten sich die Kirchgänger mit Glückwünschen um die Familie Roncalli.

„Ich habe es immer gewußt, daß in Angelo etwas Besonderes steckt", sagte der Lehrer Donizetti, dem Bauer Roncalli die Hand schüttelnd.

„War immer ein braver Junge, euer Angelo", versicherte eine Nachbarin Mutter Marianna. „Und auch eure Familie hat das verdient."

„Aber Rom ist so weit!" seufzte die Bäurin.

In den Weihnachtstagen nahm Angelo Abschied von seinen Lieben daheim.

„Ich kann es noch gar nicht fassen, daß der Bischof ausgerechnet mich nach Rom schickt", sagte er. „Carozzi, ja, das hatte ich erwartet, und Ballini auch; die beiden sind ausgezeichnete Theologen, aber ich? Nein, ich habe das nicht verdient. Da sind andere weit würdiger."

„Der Bischof wird wohl wissen, wen er nach Rom schickt", sagte Onkel Barba. „Nun wirst du ganz in der Nähe unseres Heiligen Vaters wohnen. Welch ein Glück für dich, mein Junge!"

„Ich weiß nicht, ob ich mich freuen soll", seufzte Mutter Marianna. „Das Klima in Rom soll so ungesund sein, besonders im Sommer. Wenn du nur nicht krank wirst!"

„Darüber sei unbesorgt, Mamma!" erwiderte Angelo herzlich. „Ich bin kerngesund, und in den Sommerferien komme ich heim."

„Schade, daß Don Rebuzzini das nicht mehr erlebt hat!" sagte der Großvater. „Er hätte sich gewiß sehr darüber gefreut."

„Er wird's schon wissen", meinte Angelo.

„Ich hab' dein Zeugnis noch nicht gesehn. Zeig's her!" forderte Onkel Zaverio. „Donnerwetter, das ist nicht übel", rief er, als ihm der Großneffe das Dokument überreichte:

„Dogmatik 10, Moral 10, Heilige Schrift 10, Kanonisches Recht 10, Kirchengeschichte 10, Geistliche Beredsamkeit 10, Sozialwissenschaft 9, Liturgik 8. Sechsmal die volle Zehn! Das mußt du Don Bolis zeigen! Der wird Augen machen! Und wenn sie es erst in Celana sehen könnten! Hei, die würden sich wundern, was aus ihrem miserablen Schüler geworden ist!"

„Dazu reicht die Zeit nicht", lächelte Angelo. „Ich muß morgen schon wieder nach Bergamo."

„Ich bin stolz auf dich, mein Junge!" sagte der Vater und drückte dem Sohn mit festem Griff die Hand. „Nur eines lege ich dir ans Herz, bleib schlicht und einfach, wie wir hier alle sind, und hüte dich vor jeglichem Hochmut wie vor der Pest!"

„Ach, Vater, ich habe so viele Gründe demütig zu sein", versicherte der Kleriker.

Am andern Morgen brach er nach der Frühmesse auf. Noch einmal schlossen ihn die Eltern in die Arme, der Großvater zeichnete ihm ein Kreuz auf die Stirn. Die Geschwister umdrängten ihn, vor allem die Schwestern baten ihn, doch recht oft zu schreiben, und selbst Zaverio, ein schmucker Bursch von siebzehn Jahren, hatte feuchte Augen. Dann hieß Onkel Barba den Großneffen auf das Pferdefuhrwerk steigen, das er selbst kutschierte. Der kleine Giovanni durfte mitfahren. Ein paar Nachbarn winkten dem Scheidenden zu, dann blieb das Heimatdorf in der morgendlichen Dämmerung zurück.

Als die drei Bergamasker Kleriker am 4. Januar 1901 in das Kolleg an der Piazza San Apollinare einzogen, war der erste Eindruck nicht gerade ermutigend. Der Rektor des Hauses begrüßte sie mit einer gewissen Zurückhaltung; offensichtlich wollte er erst einmal abwarten, was für Vögel da ins Kolleg geflattert waren. Die Zimmer, die er ihnen durch den „Janitor", einen älteren Kleriker, anweisen ließ, waren eng und dunkel, der Steinfußboden eiskalt, die Fenster vergittert.

„Das reinste Gefängnis!" spöttelte Carozzi.

„Kein Stückchen Himmel zu sehen durch das winzige Fenster!" seufzte Ballini. „Kein Stückchen Horizont! Nichts als schäbige Mauern." Carozzi rümpfte die Nase.

„Man kann nicht einmal richtig atmen, der Gestank, der aus der Gasse emporsteigt, ist kaum zu ertragen. Da scheint ein Lohgerber seine Werkstatt zu haben."

„Da lob' ich mir doch unser Seminar in Bergamo, da hatten wir alles, Luft, Licht, Himmel und Horizont. Aber hier . . .!"

Roncalli runzelte die Stirn und sagte:

„Ach was, hört auf, ihr beiden! Morgen gehen wir nach Sankt Peter, da können wir das herrlichste Panorama der Welt bewundern. Packen wir unser Bündel aus!"

Es ging jedoch besser, als sie dachten. Die Theologen nahmen die Neuankömmlinge herzlich in ihre Gemeinschaft auf, und bald stellten sie fest, daß es nirgendwo in der Welt fröhlicher zugehen konnte. Die römische Luft, jene Atmosphäre gelöster Heiterkeit und großzügiger Weltoffenheit, verwandelte die Bergbewohner aus dem Norden in echte Römer. In der Erholung scherzte und plauderte man so übermütig, daß oft ein schallendes Gelächter das ernste Haus erfüllte und der Rektor hie und da erschien, um zur Mäßigung zu mahnen.

„Macht euch nichts draus!" erklärte ein älteres Semester den drei Neulingen. „Unser Rektor ist zwar ein rechter ‚Wauwau', aber er hat ein gutes Herz, das er nur mit Mühe hinter seiner rauhen Schale verbirgt."

„Vielleicht sind wir wirklich ein wenig zu lustig", bekannte Angelo seinem Freund Ballini, „aber mir scheint, das ist besser, als wenn wir die Köpfe hängen lassen."

Mit ihrem Studium freilich nahmen es die Bewohner des Apollinare ernst, zum mindesten gehörten sie zu den eifrigsten Theologen des Römischen Seminars. Darin kamen ihnen höchstens noch die Germaniker gleich, die „Krebse" aus Deutschland, so genannt nach ihren roten Talaren. Die Bergamasker standen bei den übrigen Studenten im Ruf, Streber zu sein, weshalb man sie allgemein die „Sgobboni" (Büffler) hieß, ganz zu Unrecht freilich; die Bergamasker waren nur daran gewöhnt, treu und redlich ihre Pflicht zu tun und die Zeit zu nützen, mit der andere so verschwenderisch umgingen.

Am Römischen Seminar lehrten die hervorragendsten Professoren; die Anforderungen, die sie an ihre Schüler stellten, waren beträchtlich, aber da die drei Freunde eine gediegene Vorbildung mitbrachten, hielten sie mit den übrigen durchaus Schritt.

Angelo faszinierten vor allem die Vorlesungen des Dogmatikers Ricardo Tabarelli, der in scharfsinniger Klarheit die Lehre des heiligen Thomas von Aquin vortrug. Wie ein Dombau des Heiligen Geistes erschien ihm diese Lehre, die Fundamente tief ins Erdreich senkend, aber aufstrebend zu schwindelnden Höhen, Quader auf Quader türmend mit bestechender Folgerichtigkeit, durchleuchtet von Gottes strahlendem Licht.

In den Übungen, die der Professor hielt, standen die drei wakker ihren Mann. Carozzi zeichnete sich, wie schon in Bergamo, durch schnelle Auffassungsgabe aus, Ballonis Antworten kamen mit wahrer Brillanz, die von Angelo aber waren exakter und geordneter, so daß ihn der Professor bald als seinen besten Schüler schätzte. Zuweilen freilich ward dann ein unwilliges Scharren zu hören, und aus irgendeiner Ecke kam ein deutliches „Sgobbone bergamasco – Büffler aus Bergamo".

Eines Tages brachte einer der Studenten eine hektographierte Broschüre mit und steckte sie Angelo heimlich zu.

„Das solltest du lesen, es wird dich interessieren!"

„Was ist das?" fragte Angelo mißtrauisch.

„Die Rechtfertigung Loisys durch Bonaiuto, hochinteressant, sage ich dir!"

„Loisys Bibelkritik stimmt nicht mit der katholischen Lehre überein", erwiderte Angelo scharf. „Da gibt es nichts zu rechtfertigen!"

„Lies den Bonaiuto erst einmal, aber geh vorsichtig damit um und laß dich nicht vom Rektor erwischen! Sonst gibt es einen Heidenspektakel."

„Ich sage dir doch, daß ich von den Modernisten, die die klare Lehre der Kirche verfälschen, nichts wissen will, und wenn der Rektor die Lektüre solcher Schriften verboten hat, ist die Sache für mich erledigt. Basta!"

„Du bist ein netter Kerl, Angelo, aber zuweilen bist du ein grober Klotz! Schließlich sind wir hier in Rom und nicht in Bergamo. Es gehört hier einfach zur Weite des Geistes, daß man auch über die wohlverwahrten Zäune schaut."

„Gib acht, daß du über der Weite des Geistes nicht deinen Glauben verlierst!" antwortete Angelo, drehte sich um und ließ den andern stehen.

„Bist und bleibst halt ein bergamaskischer Bauer!" brummte der hinter ihm her.

Neben der Dogmatik fesselte Roncalli vor allem sein altes Lieblingsfach, die Geschichte der Kirche. Bei seinen Studien bevorzugte er das gewaltige Werk des Kardinals Cesare Baronio „Annales Ecclesiastici", das er sich, Band für Band, aus der Bibliothek entlieh. Der große Historiker interessierte ihn um so mehr, als er der Freund Philipp Neris war und sein Nachfolger in der Leitung des von ihm gegründeten Oratoriums; denn der geniale, immer fröhliche Jugendapostel Roms gehörte zu Angelos Lieblingsheiligen.

„Dieser Baronio ist ein großartiger Mann", rief Roncalli eines Tages seinem Zimmergefährten Carozzi in heller Begeisterung zu. „Und weißt du, was mir an ihm ganz besonders gefällt?"

„Nun was?"

„Der Wahlspruch in seinem Bischofswappen! Ich fand ihn soeben in der Lebensbeschreibung, die Kardinal Capecelatro geschrieben hat. Oboedientia et Pax! – Gehorsam und Friede!"

„Was findest du daran so besonders?" fragte der Freund.

„Verstehst du denn nicht?" eiferte sich Angelo. „Das ist doch das Geheimnis, der Inbegriff unseres religiösen Lebens. Gehorsam und Friede! Durch Gehorsam zum Frieden! Die ganze Welt könnte erneuert werden, würde sie diesem Motto folgen."

„Dann hast du ja gleich deinen Wahlspruch, wenn du einmal Bischof wirst!" lächelte Carozzi.

„Arlecchino!" brummte Angelo und vertiefte sich wieder in seine Lektüre.

„Gehorsam und Friede!" Das hatte er tausendmal erfahren. Im Gehorsam lösten sich alle Probleme, man gehorchte, brauchte sich den Kopf nicht mehr zerbrechen und hatte Frieden. So hatte er es daheim von seinen Eltern und Onkel Barba gelernt, so hielt er es auch im Römischen Seminar. Unbedingt unterwarf er sich den Vorschriften seiner Oberen, besonders dem Rat des Spirituals, des Redemptoristen Francesco Pitocchi, dem er sich rückhaltlos anvertraute. Von Herzen gern folgte er der Mahnung, die ihm der Pater immer wieder zu geben pflegte: „Gehorche immer, in Einfachheit und Güte, und überlaß alles andere dem Herrn!"

„Fiat voluntas tua! – Dein Wille geschehe!" Das hatte die Mutter daheim immer gesagt, auch im schwersten Leid, auch an der Bahre ihrer früh verstorbenen Kinder sich demütig unter der Hand Gottes beugend; die gleiche Vaterunserbitte blieb auch Angelos Richtschnur. Ein Wort, das er in den Schriften des Kirchenlehrers Gregor von Nazianz fand, schrieb er auf ein Stück Papier und hatte es auf seinem Schreibtisch stets vor Augen: „Non voluntas nostra sed voluntas Dei pax nostra! – Nicht unser Wille, sondern der Wille Gottes ist unser Friede!"

In seinem Streben nach Vollkommenheit suchte er seine Vorbilder unter den Heiligen. Schon in Bergamo hatte er die drei Jesuitenkleriker – Johannes Berchmans, Aloysius und Stanislaus Kostka – zu seinen Schutzpatronen erwählt. Besonders hatte es ihm der Fürstensohn von Gonzaga angetan, und mit tiefer Bewegung besuchte er seine Gedenkstätten in Rom. Oft kniete er an seinem Grab nieder, empfahl ihm die Reinheit seines Herzens und bat ihn inständig: „Hilf mir zu werden wie du!"

Getreulich suchte er ihn nachzuahmen, so wie die alten Legenden sein Bild zeichneten. Ging er durch die römischen Straßen, schlug er die Augen nieder wie er, den Kopf geneigt, wie er es auf den Bildern des Heiligen sah, sogar einen Totenschädel beschaffte er sich und stellte ihn zur Belustigung seines Freundes Carozzi auf seinen Schreibtisch, da doch auch Sankt Aloysius solches getan.

Zum Glück hielt ihn der heilige Johannes Berchmans, der echte Bruder Immerfroh, davor zurück, daß er seine natürliche Fröhlichkeit verlor.

Erst viel später erkannte er, daß er in der sklavischen Nachahmung seines Lieblingsheiligen doch nicht ganz auf dem rechten Wege war, und in sein Tagebuch schrieb er:

„Es war ein falsches System. Von der Tugend der Heiligen muß ich das Wesentliche, nicht das Zufällige übernehmen. Ich bin nicht der heilige Aloysius und muß mich nicht genau so heiligen, wie er es getan hat, sondern wie es mein anderes Wesen, mein Charakter, meine ganz verschiedenen Lebensbedingungen verlangen. Ich darf nicht die Reproduktion eines wenn auch noch so vollendeten Typs sein. Gott will, daß wir uns das Lebensmark ihrer Tugend zu eigen machen, es in unser Blut umwandeln und unseren besonderen Anlagen und Umständen anpassen. Wenn der heilige Aloysius ich wäre, würde er auch auf andere Weise heilig werden, als er es wurde."

Angelo betrachtete diese Erkenntnis als eine bedeutsame innere

Bekehrung, er gab das krampfhafte Bemühen, das sein innerstes Wesen zu verfälschen drohte, auf und strebte fürder danach, jenem Idealbild ähnlich zu werden, das Gott von ihm hatte, als er ihn, den Bauernsohn aus Sotto il Monte, schuf.

„Besser ein bescheidener Angelo Roncalli als eine schlechte Kopie des heiligen Aloysius!" vertraute er seinem Freund Ballini an.

Die Ewige Stadt offenbarte auch ihm ihre Wunder. Gern wanderte er durch das antike Rom zu all jenen denkwürdigen Stätten, deren Namen ihm von seinen klassischen Studien her so vertraut waren, noch mehr aber nahm ihn das christliche Rom gefangen mit seinen herrlichen Kirchen, mit dem Kolosseum, der Heldenarena urchristlicher Märtyrer, den Katakomben, in denen die ersten Heiligen schliefen. Immer wieder aber zog es ihn nach Sankt Peter, dem Herzen der katholischen Welt; in tiefer Andacht kniete er beim Grab des Apostelfürsten und betete für den greisen Papst, der gerade in jener Zeit das Ziel gehässiger Angriffe war.

Es waren ja die Tage, da der Erzfreimaurer Nathan, Oberbürgermeister der Stadt, Gift und Galle gegen Leo XIII. spie, da ihn antiklerikale Parlamentarier in den Kammerdebatten verhöhnten, da ihn die römischen Witzblätter zu einer Spottfigur entwürdigten.

Angelo trug mit an dem Kreuz des ehrwürdigen Hohenpriesters.

Winter und Frühling waren vergangen, der römische Sommer kam mit flammender Hitze, schwer nur zu ertragen in dem armen Seminarzimmerchen, dessen winziges Fenster kaum einen Lufthauch hereinließ, dennoch schied Angelo schweren Herzens, als er zu Anfang August in die Ferien reiste. Aber die Luft daheim tat ihm wohl.

„Hier kann man doch wieder atmen", sagte er nach seiner Ankunft in Sotto il Monte. „In Rom habe ich während der letzten Wochen wie in einem Backofen gelebt." Inzwischen hatte er die Würde eines Bakkalaureus der Theologie, den ersten akademischen Grad, erreicht und im Hebräischen einen Preis erworben.

Nicht genug konnte er den Seinen erzählen von der Herrlichkeit der Ewigen Stadt, die außer dem Großonkel nie einer von ihnen gesehen hatte, aber je mehr er berichtete, umso mehr spürte er, wie sehr er sich nach Rom zurücksehnte. In einem Brief an seinen Rektor, Monsignore Vincenzo Bugarini, schrieb er kaum zwei Wochen nach seiner Heimkehr:

„Beim Verlassen der Heiligen Stadt, die mir unsagbare Tröstungen gewährte, habe ich es wohl gespürt, daß ich in Rom und im Römischen Seminar ein gutes Stück meiner selbst zurücklasse. Die heitere Ruhe des Geistes nimmt mir nicht die heiße Sehnsucht, möglichst bald in das frohe Leben des Seminars zurückzukehren; ich denke öfter und inniger daran, als Euer Hochwürden es sich vorstellen können."

Armer Angelo! Es sollte für ihn bald die Zeit einer weit längeren und schmerzlicheren Trennung kommen. Kaum war er wieder in Rom, als er zum Militärdienst einberufen wurde. Schließlich hatte er damit rechnen müssen, denn schon bald nach seiner ersten Ankunft in der Ewigen Stadt war er bei der Musterung als „tauglich I. Kategorie" befunden worden. Dennoch traf ihn das Schreiben wie ein Blitz aus heiterem Himmel.

Viel Zeit zum Abschiednehmen blieb nicht mehr. Gegen Ende November schnürte er sein Bündel und fuhr nach Bergamo, wo er zum 73. Infanterieregiment, Brigade Lombardei, in die Kaserne Umberto I. einrückte.

Den Talar tauschte er mit dem Waffenrock aus graugrünem Tuch mit weißen Gamaschen. Aus dem römischen Kleriker wurde der Schütze Roncalli.

MIT SCHNURRBART UND GAMASCHEN

Oberst Enrico Campi musterte mit scharfem Blick die Rekruten seines Regiments, die in langer Front auf dem Kasernenplatz angetreten waren. Kein Stäubchen an der Montur, kein fehlender Gamaschenknopf entging seinem Adlerauge, aber im ganzen war er zufrieden. Die Rekruten, zumeist Bauernburschen, junge Handwerker und Fabrikarbeiter aus dem Bergamaskischen und Brescia, waren stattliche Kerle, und ein paar Wochen Drill hatte sie zu guten Soldaten gemacht.

Plötzlich hielt der Oberst den Schritt an. Einer der Rekruten, ein kräftiger Bursch von gedrungener, stämmiger Gestalt, hatte seine Aufmerksamkeit erregt.

„Wer sind Sie?" schnarrte er.

„Schütze Roncalli, Herr Oberst!"

„Warum, zum Teufel, tragen Sie keinen Schnurrbart? Ihr glattrasiertes Gesicht paßt nicht zum Militär, schon gar nicht zu unserem Regiment. Wie heißt unsere Devise?"

„Acerrimus hostibus, Herr Oberst."

„Und was heißt das?"

„Man könnte es mit ‚Schrecken der Feinde' übersetzen, Herr Oberst."

„So, könnte man? Aber glauben Sie, Sie könnten mit Ihrem Milchgesicht dem Feind einen Schrecken einjagen? Was sind Sie von Beruf, Schütze Roncalli?"

„Theologiestudent, Herr Oberst!" Der Kommandeur schaute Angelo überrascht an.

„Nun, das erklärt das glatte Gesicht. Aber lassen Sie sich gefälligst einen Schnurrbart wachsen! Sie können ihn sich ja abrasieren, wenn Sie wieder in Ihren Talar schlüpfen. Wo ist der Korporal?"

Der Unteroffizier trat einen Schritt vor.

„Wie sind Sie mit dem Schützen Roncalli zufrieden?"

„Er verspricht ein tüchtiger Soldat zu werden, Herr Oberst."

„Nun, das freut mich. Sorgen Sie dafür, daß er bald einen anständigen Schnurrbart hat! Im übrigen behandeln Sie ihn wie jeden anderen Ihrer Leute, nicht besser, aber auch nicht schlechter! Beim Militär ist jeder gleich. Verstanden, Korporal?"

„Jawohl, Herr Oberst!"

Die Umstellung vom Studium zum Gamaschendienst fiel Angelo nicht eben leicht. Der sture Betrieb in der Kaserne ödete ihn an; dennoch war er entschlossen, getreu seinem Wahlspruch seine Pflicht zu tun.

Bei seiner robusten Konstitution und seiner ausgezeichneten Gesundheit machte ihm der Drill auf dem Exerzierplatz nicht viel aus. Seit frühester Jugend hatte er seinen Körper gestählt, auch die längsten Märsche ermüdeten ihn, der seit Kindertagen an lange Fußwanderungen gewöhnt war, nur wenig. Da er eine sichere Hand und scharfe Augen hatte, war er bald einer der besten Schützen, und als er eines Tages hintereinander auf dem Schießplatz ins Schwarze traf, lobte ihn der Oberst vor der versammelten Mannschaft. Ein guter Schütze hatte seit je bei ihm einen Stein im Brett.

„Ausgezeichnet, Schütze Roncalli! Das gefällt mir! Melden Sie sich nach Dienstschluß bei mir!"

„Zu Befehl, Herr Oberst!"

Als sich Angelo in strammer Haltung meldete, winkte der Kommandeur freundlich ab.

„Stehen Sie bequem, Schütze Roncalli! Ich möchte gern ein paar Worte mit Ihnen reden. Kann mir vorstellen, daß Ihnen die Kasernenluft nicht allzu sehr behagt. Ist schließlich eine gewaltige Umstellung für Sie."

„Ich bemühe mich, meine Pflicht zu tun, Herr Oberst", versicherte Angelo, die Knochen zusammenreißend.

„Das ist keine Antwort auf meine Frage. Ich denke mir, daß Sie ab und zu gern in eine Umgebung gehen möchten, die Ihnen mehr zusagt. Vermute ich richtig?"

„Jawohl, Herr Oberst!"

„Gut, von heute an haben Sie nach Dienstschluß Urlaub. Sie können gehen, wohin Sie wollen."

„Danke gehorsamst, Herr Oberst, aber ich möchte vor meinen Kameraden nichts voraus haben."

„Das ist eine löbliche Einstellung. Das gefällt mir, Schütze Roncalli. Aber die andern sollen erst einmal so ausgezeichnet schießen wie Sie. Es bleibt dabei, Sie haben jeden Abend Stadturlaub. Ich werde Ihre Vorgesetzten von meinem Entscheid verständigen."

„Zu Befehl, Herr Oberst."

„Gut, Schütze Roncalli!"

Den Tschako vorschriftsmäßig unter dem Arm, schlug Angelo die Hacken zusammen, marschierte mit einer exakten Kehrtwendung ab.

In der Stube seiner Korporalschaft war die gleiche Luft wie in jeder anderen Kaserne der Welt. Es roch nach Leder, Schweiß, Tabak und Stiefelwichse. Die Rekruten waren beim Waffenreinigen, als Angelo eintrat und sich bei seinem Korporal zurückmeldete.

„Teufel auch, Sie scheinen bei dem Alten eine gute Nummer zu haben", sagte der Unteroffizier, als er von dem gewährten Sonderurlaub erfuhr. „Aber bevor Sie abmarschieren, haben Sie Ihre Montur, Ihr Lederzeug auf Hochglanz zu bringen. Ich dulde da keine Schlamperei, auch nicht bei den Herrn Einjährigen. Ist das klar?"

„Jawohl, Herr Korporal!"

Mit den Kameraden kam Angelo prächtig aus, und wenn ihn zuerst auch der eine oder andere seines geistlichen Berufes wegen hänselte, so hörte solche Stichelei bald ganz auf, und obwohl viele seine Anschauungen nicht teilten, achtete man doch seine Überzeugung, aus der er keinerlei Hehl machte. Durch seine natürliche Liebenswürdigkeit und seine stete Hilfsbereitschaft hatte er bald jeden zum Freund. Gern teilte er den anderen mit, wenn ihm von daheim ein „Freßpaket" geschickt wurde, und wenn einer mit der Orientierung im Gelände oder mit der verflixten Berechnung der Geschoßbahn nicht zurecht kam, brauchte er sich nur an Roncalli zu wenden, der ihm gern alles geduldig erklärte.

Merkwürdig war, daß Pietro Sartone, ein eingefleischter Anarchist, sein bester Kamerad wurde. Zwar gerieten sie sich oft heftig in die Wolle, wenn Pietro seine revolutionären Ideen vortrug, aber darum blieb keine Spur Groll zurück.

„Du hast das Herz auf dem rechten Fleck", erklärte Sartone bereitwillig. „Wenn alle Pfaffen so wären wie du, ich glaube, ich wäre kein Anarchist."

Stritt er sich auch mit ihm herum, gegen andere nahm er ihn stets in Schutz. „Laßt mir den Roncalli in Ruhe, der ist richtig!" drohte er jedem, der Angelo zu nahe trat.

Hielt man ihm vor, daß sich niemand sooft wie er mit ihm herumzankte, antwortete er:

„Das ist was anderes! Das sind philosophische Debatten, davon versteht ihr Holzköpfe nichts."

Wollte Angelo abends ausgehen, erbot er sich, ihm Gewehr und Koppelzeug zu reinigen.

„Lauf zu deinen Pfaffen, Roncalli! Ich mach das schon für dich!"

Dennoch bedrückte Angelo die ihm so fremde Umgebung mehr, als er sich anmerken ließ. Es waren halt rauhe Burschen, mit denen er ständig zu tun hatte. Die Gespräche waren die gleichen wie in allen Kasernen der Welt. Die Kerle prahlten mit wahren oder erlogenen Liebesabenteuern, wieherten über schmutzige Witze, fluchten über den Dienst und den „Fraß", schimpften unflätig über die Vorgesetzten.

Eine Welt tat sich vor Angelo auf, die ihm bisher völlig unbekannt war und ihn mit Schauder erfüllte. Natürlich gab es auch anständige Burschen, aber zu seinem Schrecken stellte Angelo fest, daß auch von ihnen gar mancher es den andern gleichzutun suchte. Als eines Tages einer seiner Kameraden, der aus dem gleichen Heimatort stammte wie er, häßliche Reden führte, nahm er ihn beiseite und sagte:

„Hör einmal, Carlo! Ich kenne deine Mutter, und ich kenne auch deine Braut. Was würden sie wohl sagen, wenn sie dich hörten? Schämst du dich nicht, die Ehre der Frauen und Mädchen in den Schmutz zu ziehen?"

„Wir sind schließlich in der Kaserne und nicht in Sotto", verteidigte sich der Kamerad.

„Schwätz kein dummes Zeug, es steht nirgendwo in unserer Dienstordnung, daß man als Soldat aufhören muß, ein anständiger Mensch zu sein!"

„Predigen kannst du später noch genug", brummte der Landsmann. „Hier redet man nun einmal so, alle tun das, und nun laß mich in Ruhe!"

Seltsamerweise kam Angelo der Anarchist zu Hilfe.

„Hör du ruhig an, was dir der Abbate zu sagen hat, Carlo!" sagte er. „Und wenn du dein dreckiges Maul nicht halten kannst, so tu's wenigstens, solange er hier ist!"

Beschämt zog sich der Gescholtene zurück; denn vor den mächtigen Pranken Sartones hatte er Respekt. Es dauerte nicht lange, bis sich das Klima in der Stube änderte. Die Kameraden unterließen wie nach einer stillen Übereinkunft in Gegenwart Angelos ihre Zoten. Insgeheim achteten sie den Kleriker, der aus einer anderen Welt zu stammen schien als sie.

Jedesmal atmete Angelo auf, wenn er die Kaserne verlassen

durfte, um das vertraute Seminar zu besuchen, in dem er so glückliche Jahre verlebt hatte.

Jedesmal gab es ein freudiges Hallo, wenn er in seiner Uniform, auf der Oberlippe den sprossenden Schnurrbart, daherkam. Vor allem sein Freund Giuseppe Carminati empfing ihn mit Begeisterung, Rektor und Spiritual hießen ihn wie einen verlorenen Sohn willkommen. Die Abendstunden im Seminar entschädigten ihn für alle Opfer, die ihm der Militärdienst abverlangte.

„Hier bin ich erst richtig wieder Mensch", vertraute Angelo seinem Freund Carminati an. „Man könnte geistig veröden ohne die Besuche im Seminar."

„Siehst aber prächtig aus in der Uniform", lachte der Freund. „Und der Schnurrbart steht dir ausgezeichnet. Der Militärdienst scheint dir gut zu tun."

„Na, manchmal ist mir nicht gerade zum Lachen zumute, aber ich nehme es halt, wie es kommt, und versuche meinen Humor zu bewahren. Ich betrachte meine Zeit in der Kaserne als eine Art Babylonischer Gefangenschaft und tröste mich damit, daß sie nur ein Jahr dauern wird. Dann kann ich heimkehren in die heilige Sionstadt."

„Mir bleibt meiner schwächlichen Gesundheit wegen das gleiche Los erspart."

„Nun, ich denke, die Zeit hat auch ihr Gutes für mich. Ich lerne jede Art von Menschen kennen, mache mich mit ihren Lebensverhältnissen vertraut, mit ihren Sorgen und Nöten, ihren Charaktereigenschaften. Das wird mir später in der Seelsorge gewiß zugute kommen."

Am schmerzlichsten bedauerte es Angelo, daß er so wenig Zeit und innere Sammlung zum Gebet fand, das er doch brauchte wie die Luft zum Atmen. Auch zum Schreiben blieb ihm kaum die nötige Muße. Zu einem Brief, den er an seinen Rektor in Rom richtete, benötigte er eine volle Woche. Dem Oberen im Seminar öffnete er sein ganzes Herz.

„Es ist ein Leben schwersten Opfers, das ich hier führe, ein wahres Fegfeuer; und doch spüre ich den Herrn mit seiner Vorsehung mir über alle Erwartung nahe. Manchmal wundere ich mich selbst über die fröhliche Abwicklung dieses so schweren und beängstigenden Problems und weiß mir keine andere Erklärung außer im Gedanken an so liebe, gute Menschen, die, wie sie es versprochen haben, für mich beten.

Was kann ich Ihnen noch Besseres hinzufügen? Ich habe sehr gute Vorgesetzte, die mir großes Wohlwollen bekunden; sie respektieren mich sehr und wollen mich als Kleriker betrachtet wissen. Meine Waffenkameraden bezeugen mir Achtung und Zuneigung, ja sie bemühen sich um die Wette, mir jene kleinen Dienste zu erweisen, die mir zum mindesten viele Scherereien ersparen. Außerhalb der Kaserne finde ich jeden Abend im Seminar den guten Herrn Rektor, der mich wie ein Vater aufnimmt.

Alles in allem fühle ich mich äußerst gelassen und ruhig; täglich überzeuge ich mich mehr von dem großen Gewinn, den mir dieses Jahr bringen soll zur Ehre Gottes und zum Nutzen der Kirche..."

Noch eines tröstete Angelo; ab und zu bekam er Heimaturlaub, und freudig nahm er den langen Marsch in Kauf, die Seinen wiederzusehen. War das jedesmal eine Freude, wenn er in seiner Uniform, den stattlichen Schnurrbart vorschriftsmäßig gezwirbelt, daheim ankam! Vor allem die jüngeren Geschwister empfingen ihn mit stürmischem Jubel. Jeder wollte seinen Helm aufsetzen, sein Seitengewehr umschnallen. Der Vater war stolz, wenn er neben ihm zum Sonntagsgottesdienst ging, und in den Stunden trauten Beisammenseins plauderte er fröhlich von der Zeit, da er selbst noch den bunten Rock trug. Hörte man ihm zu, konnte man meinen, der Militärdienst sei ein einziges Vergnügen.

„Wenn's nur keinen Krieg gibt!" seufzte die Mutter. „Es wäre mir schrecklich, dich in Gefahr zu wissen." Aber Angelo meinte, es sei kein Wölklein am politischen Horizont, das auf ein solches Unglück hindeute.

„Und wenn!" mischte sich der Großvater ein. „Jede Kugel trifft ja nicht. Ich muß das wissen; denn ich habe in der mörderischen Schlacht bei Solferino mitgekämpft."

Onkel Barba lehnte sich lächelnd in seinen Stuhl zurück und zündete sich seine Pfeife an. Wenn sein Bruder Angelo auf Solferino zu sprechen kam, hörte er so bald nicht mehr auf.

Schon im Mai 1902, genau nach sechs Monaten Militärdienst, erhielt Angelo die Tressen eines Korporals. Er wurde nun selbst Vorgesetzter einer Gruppe junger Rekruten, die eben in die Kaserne eingezogen waren. Mit gütigem Verständnis wußte er seine Leute heranzubilden, mit Strenge, wenn's not tat; den Ungeschickten half er, die Lässigen spornte er an; im Grund war er allen ein trefflicher Kamerad, und seine Leute dankten es ihm durch besonderen Eifer. Bald schon war die Korporalschaft Roncalli die beste im ganzen Regiment, sehr zur Zufriedenheit des Obersten, der ihrem Anführer in wachsendem Maße sein Wohlwollen schenkte.

Ein rüder Ton kam in Roncallis Stube erst gar nicht auf, unflätiges Geschwätz war streng verpönt, schamlose Bilder suchte man in den Spinden vergebens. Manche Mutter im Bergamaskischen dankte es dem Unteroffizier, daß ihr Sohn auch beim Militär seine blanken Augen behielt.

Ein Jahr nach seiner Einberufung nahm für Angelo die „Babylonische Gefangenschaft" ein Ende. Mit der Beförderung zum Sergeanten ward er entlassen, und frohen Herzens kehrte er in sein liebes Seminar nach Rom zurück.

Als wäre inzwischen gar nichts geschehen, als hätte er niemals die goldenen Tressen, niemals einen martialischen Schnurrbart getragen, nahm er seine Studien wieder auf. Zugleich strebte er, genau wie zuvor, nach persönlicher Vervollkommnung und

Heiligung; das beste Mittel, sie zu erreichen, erkannte er immer mehr in der vollständigen Unterwerfung unter den Willen Gottes. In sein Tagebuch schrieb er während der Exerzitien, die der Spiritual Pater Francesco Pittocchi hielt:
„Dazu bin ich geboren, ich bin ein Knecht. – Arm oder reich, geehrt oder verachtet, armer Bergkaplan oder Bischof einer großen Diözese, alles muß mir gleich viel gelten, wenn ich nur den Willen meines Herrn, meine Pflicht als treuer Diener erfülle und mein Heil wirke. – Ich möchte mich einem Spezialstudium widmen, die Vorgesetzten erlauben es nicht. Nun gut, ich verzichte und bleibe fröhlich. Ich möchte gern zu Ostern die Subdiakonatsweihe empfangen, die Vorgesetzten wollen nichts davon wissen. Also warte ich und bin dennoch fröhlich. – Ich will gehorchen und Mut fassen und fröhlich sein im Herrn. Das ist das Heilmittel, das alle Ungeduld stillt, die Entbehrungen versüßt und uns auch in allen Bitterkeiten des Lebens voll Freude jubeln läßt."

TOTENGELÄUT UND FREUDENGLOCKEN

Achille Ballini, der vertraute Freund aus Bergamo, lag fiebernd in seinen Kissen, als Roncalli eintrat.
„Nun, wie geht's dir, mein Lieber?" fragte Angelo in herzlichem Ton. „Hast du schlafen können?"
„Wenig, Angelo, die Hitze macht das Atmen so schwer."
„Ja, der römische Sommer! Aber vielleicht gibt's heute noch ein Gewitter. Die Luft ist so schwül. Hab' dir eine Limonade

gepreßt, die wird dir wohltun." Dankbar nahm Achille den Trank.

„Ist nur meine Pflicht als Krankenwärter, ein Amt, das mir vor einem Jahr übertragen wurde."

„Das nimmt dir gewiß viel Zeit für deine Studien? Wie geht's voran mit deiner Dissertation?"

„Pian piano! – Schön langsam. Werde wohl nicht gerade glänzen. Aber was soll's? Ich stelle alles der göttlichen Vorsehung anheim, mag's nun kommen, wie es will. Der Krankendienst geht vor."

„Sag mir vor allem, wie es um den Heiligen Vater steht!"

„Man berichtet, er habe eine schwere Nacht gehabt und sei mit den Sterbesakramenten versehen worden. Komme eben aus Sankt Peter; du glaubst nicht, wie viele Menschen dort vor dem ausgesetzten Allerheiligsten knien und um seine Genesung beten. Aber es ist wohl nicht mehr viel Hoffnung; mit dreiundneunzig Jahren ist seine Kraft erschöpft. Die Hitze in diesem schrecklichen Sommer setzt ihm sehr zu."

Noch sprachen sie über das gleiche Thema, als Glockengeläut ins Zimmer drang. Zuerst wehte es nur von fern her, dann aber wurde es stärker und mächtiger, schließlich begannen alle Glocken Roms zu dröhnen.

„Was ist das?" stammelte Achille erbleichend. Auch Angelos Gesicht hatte alle Farbe verloren.

„Das ist das Ende, das ist Totengeläut. Unser Heiliger Vater hat ausgelitten. Herr, gib ihm die ewige Ruhe!"

„Und das ewige Licht leuchte ihm!" vollendete der Kranke. „Wie spät ist es, Angelo?"

„Vier Uhr nachmittags, am 20. Juli 1903. Ich werde Tag und Stunde nie vergessen."

Leo XIII. war tot. In der Sakramentskapelle der Peterskirche wurde sein teurer Leib aufgebahrt; unter den Vieltausenden, die schweigend an ihm vorüberzogen, war auch Angelo Roncalli, der drei Monate zuvor in der Basilika Sankt Johann im Lateran durch die Hand des Kardinals Pietro Respighi die Subdiakonatsweihe empfangen hatte.

Tief erschüttert betrachtete er das marmorweiße Antlitz des großen Papstes, der mit Dalmatik und Pallium bekleidet, mit Goldmitra und Edelsteinkreuz, auf dem Katafalk ruhte. Der Mund des großen Lehrers der Welt, dessen Pontifikat die „Weissagungen des Malachias" mit dem Titel „Lumen in coelo – Licht am Himmel" bezeichneten, war für immer verstummt; die Hand, die so oft die Welt gesegnet hatte, vermochte sich nicht mehr zu erheben. Die Christenheit war verwaist. Wer würde ihr neuer Vater sein, wer der Papst, den die Prophetien „Ignis Ardens – Brennendes Feuer" nannten?

Am 31. Juli zogen die Kardinäle ins Konklave. Trotz der sengenden Sonnenglut drängte sich eine ungeheure Menschenmenge um den Vatikan, ihre Auffahrt mitzuerleben. Die ersten Sitzungen begannen, aber das Konklave schien sich nicht einigen zu können.

Immer wieder stieg eine schwarze Rauchwolke aus dem Zinkrohr über der Sixtinischen Kapelle empor, das Zeichen einer erfolglosen Abstimmung, immer wieder leerte sich der Petersplatz von den enttäuschten Menschenmassen, die später mit neuer Hoffnung zurückkehrten, unter ihnen auch Angelo Roncalli, wie alle andern dem Ausgang der Wahl mit höchster Spannung entgegenfiebernd.

Am Dienstag, dem 4. August, aber stürmte er, vor Glück strahlend, in die Krankenstube und rief seinem kranken Freund zu:

„Habemus papam – Wir haben einen Papst! Sein Name ist Pius X."

„Wer ist's?" fragte Achille Ballini atemlos. „Rampolla natürlich!"

„Nein, nicht der Kardinalstaatssekretär!"

„Wer denn? Gotti, Serafino Vanutelli?"

„Fehlgeschossen!"

„Doch nicht Kardinal Mocenni mit seinen achtzig Jahren?"

„Du rätst es nicht. Unser neuer Papst ist der Patriarch von Venedig, Kardinal Giuseppe Sarto."

„Sarto?" rief Ballini erstaunt. „Was weiß man von ihm?"

„Hab' hier eine Zeitung mit den Lebensdaten der Kardinäle." Angelo entfaltete das Papier. „Einen Augenblick bitte! Da haben wir ihn, Giuseppe Sarto; steht ziemlich am Schluß. Ich lese dir das Wichtigste vor. – Entstammt aus dem Venezianer Dorf Riese. Kaplan in Tombolo, Pfarrer in Salzano, Domherr in Treviso, Bischof von Mantua, Patriarch von Venedig. Eine sympathische Persönlichkeit, hat aber keinerlei Aussicht, gewählt zu werden, da er weder einen Ruf als Wissenschaftler besitzt noch auch je in der Diplomatie tätig war."

„Was die Zeitungsschreiber alles wissen!" lächelte Angelo. „Ach, du hättest es sehen sollen, wie er von der inneren Loggia in Sankt Peter den ersten Segen gab! So viel Güte strahlte aus seinen Augen, aber sein Blick war umflort. Es war, als hätte er geweint. Alles Volk sank, von seinem Anblick überwältigt, in die Knie, so viel Demut und doch so viel väterliche Würde strahlte er aus. Man sagt, es sei eine Verlegenheitslösung gewesen, als man ihn wählte, nachdem Rampolla die notwendige Stimmenzahl nicht erreichte, aber ich glaube, es war das Werk des Heiligen Geistes. Wir haben einen guten Papst, der das arme Volk kennt und liebt und um die Nöte der Seelsorger weiß."

„Du bist ja außer dir vor Begeisterung."

„Wie sollte ich nicht! Gib acht, Achille! Dieser Papst wird einer der größten sein unter den Nachfolgern des heiligen Petrus."

„Aber wie wird er fertig werden mit den schweren Problemen unserer Zeit, da er doch keinerlei politische Erfahrung mitbringt?" gab Ballini zu bedenken. „Das Erbe Leos ist nicht leicht. Die italienische Frage, die ständig wachsende Gefahr des Sozialismus und der Anarchie, das gespannte Verhältnis mit vielen europäischen Mächten, wie soll er, der Unerfahrene, das alles bewältigen?"

„Vergiß nicht, daß der Heilige Geist immer noch die Kirche regiert! Die Hauptsache ist, die Christenheit hat einen guten Hirten. Unsere Gebete werden ihm helfen."

Was Angelo in den nächsten Tagen über den Werdegang des neuen Papstes erfuhr, bewegte ihn tief. Da war der Sohn eines armen Landbriefträgers zum Statthalter Christi auf Erden aufgestiegen. Als Schüler hatte er täglich den weiten Weg nach Castelfranco barfuß zurückgelegt und seine Schuhe am Riemen über der Schulter getragen, genau wie ein gewisser Angelo Roncalli auf der Wanderung nach Celana. Vom bescheidenen Dorfkaplan war er Stufe um Stufe in seltsam regelmäßigen Perioden von je neun Jahren zur höchsten Würde erhoben worden. Schon in den ersten Tagen seines Pontifikats faszinierte er die Diplomaten am päpstlichen Hof durch seine Herzlichkeit, seine Schlichtheit und Güte. Der preußische Gesandte am Vatikan sprach nur aus, was alle empfanden, als er den neuen Staatssekretär, Merry del Val, nach der ersten Audienz fragte: „Sagen Sie doch, was hat dieser Papst eigentlich an sich, das auf eine so seltsame Weise uns alle angezogen hat?"

Am 4. Oktober erschien das lang erwartete erste Rundschreiben des Papstes. Er verkündete aller Welt seinen Wahlspruch, den auch Angelo mit tiefer Ergriffenheit las: „Omnia instaurare in Christo – Alles erneuern in Christus!" Konnte der Nachfolger seines Meisters der Christenheit eine würdigere Losung geben?

„Welch ein Papst!" rief ein frommer Kapuziner in Rom. „Welch einen Papst hat uns Gott gesandt? Wahrhaftig, er ist ein Heiliger!"

Die liberale Presse äußerte sich nicht unfreundlich. Aus ihren Kommentaren war wohl zu entnehmen, daß man von ihm nicht viel zu fürchten hatte. „Der Papst ist ein frommer Mann. Er wird die Messe lesen, den Rosenkranz beten und sich wenig um das Weltgeschehen kümmern", war die Meinung der liberalen Zeitungen.

Seltsamerweise fand das Rundschreiben Kritik in kirchlich gesinnten Kreisen, und selbst im Seminar San Apollinare wurden Stimmen laut, die meinten, man habe eigentlich doch ein anderes Regierungsprogramm erwartet als ein so allgemein gehaltenes „Alles in Christus erneuern".

Einer, der solchen Ansichten leidenschaftlich widersprach, war Angelo Roncalli.

„Es ist das großartigste Programm, das je ein Papst verkündet hat", sagte er, „Omnia instaurare in Christo! – Darin ist alles enthalten, was ein frommer Christ von seinem geistlichen Vater wünschen kann."

In jenen für die Kirche so bedeutungsvollen Wochen bereitete er sich auf die Diakonatsweihe vor. Während der vorausgehenden Exerzitien schrieb er ins Tagebuch seine Vorsätze, die in jeder Zeile den Generalnenner seines geistlichen Lebens erkennen ließen: „Oboedientia et Pax – Gehorsam und Friede!"

„... Nicht meinen, sondern Gottes Willen tun, alles annehmen, wie sehr auch meine Empfindlichkeit oder mein Stolz davor zurückschrecken! – Der harte Bissen ist nicht das Gehorchen, sondern das Gleichförmigwerden mit Willen und Rat meiner Vorgesetzten. – Keine Angst also und keine Luftschlösser; wenige, aber richtige und ernsthafte Ideen und noch weniger Wünsche! Meine Wunschträume von dieser oder jener Arbeit, phantastisch ausgemalte Pläne, was ich morgen, in einem Jahr oder viel später machen könnte – ins Feuer damit! Ich werde so sein, wie der Herr mich wünscht."

Am 18. Dezember spendete ihm Kardinal Respighi die Diakonatsweihe. Der letzte Schritt vor dem Priestertum, das er aus ganzem Herzen ersehnte, war getan. Zuvor aber sollte er seine Studien zu einem vorläufigen Abschluß bringen.

Im Juli 1904, einem glühendheißen Sommertag, promovierte er zum Doktor der Theologie. Beim schriftlichen Examen fungierte ein junger Assistent, der seine Blicke immer wieder auf sich zog, ein schlanker, hochgewachsener Priester von wahrhaft aristokratischer Erscheinung mit dunklen Augen in dem durchgeistigten Gesicht, beherrscht und zuchtvoll in Haltung und Bewegung. Sein Name war Eugenio Pacelli, Sproß einer angesehenen römischen Juristenfamilie. „Was für ein plumper Bauernbursch bin ich neben ihm", ging es dem Doktoranden durch den Kopf, während er seine Arbeit niederschrieb. „Aber gut, er ist ein echter Römer, und ich bin der Sohn eines armen Pächters aus Sotto il Monte. Dabei soll's bleiben. Weg also mit den Flausen, Angelo! Bleib bescheiden und konzentriere dich endlich auf deine Arbeit!"

Es ging besser, als er befürchtet hatte; der Doktorhut, mit dem man ihn am 13. Juli schmückte, war redlich verdient.

Und abermals ging es in die Stille. Im Kloster der Passionisten von San Giovanni e Paolo am Monte Celio machte er die letzten Exerzitien vor der Priesterweihe.

Aufmerksam folgte er den Vorträgen, doch machte vielleicht einen noch tieferen Eindruck auf ihn ein schlichter Laienbruder, der sein Zimmer ausfegte und ihn bei Tisch bediente. Bruder Tommaso, ein Spanier, groß und schlank, in schwarzem Habit. Mit solcher Demut und doch wieder mit soviel Würde verrichtete er schweigend seinen Dienst, daß der Diakon zu ihm voll heimlicher Ehrfurcht aufblickte.

„Ach, Bruder Tommaso", schrieb er in sein Tagebuch, „wie viel vermagst du mich zu lehren! Wie viele arme Laienbrüder, wie viele unbekannte Ordensleute werden eines Tages im Reich Gottes in himmlischer Glorie erstrahlen! Und warum werde ich es nicht erlangen? O Jesus, gib mir den Geist der Buße, der Opferbereitschaft und Demut!"

Und wieder ringt Angelo mit aller Kraft um die Gleichförmigkeit mit dem Willen Gottes.

„Was wird aus mir werden? Ein tüchtiger Theologe, ein gewandter Jurist, ein Landpfarrer, ein schlichter armer Priester? Was kümmert mich das alles. Mein Gott ist alles. Wenn ich von Zeit zu Zeit ehrgeizigen Vorstellungen nachhänge, dann sorgt der Herr schon dafür, daß solche Träume in Rauch verfliegen. – Mein Wirken- und Redenwollen ist nichts als Eigenliebe. Wenn ich ihr nachgebe, werde ich schuften und schwitzen und dann, ja dann... Wind, nichts als Wind! O beata simplicitas, o beata simplicitas – selige Einfalt!"

Die Feder sank ihm aus der Hand, der Sturm übermächtiger Empfindungen zwang ihn auf die Kniebank. Nun nicht mehr schreiben, nicht mehr grübeln, nichts mehr als die Hände falten und das Herz öffnen für Gnadenwehen des Heiligen Geistes!

Am Morgen des Laurentiustages, dem 10. August 1904, holte ihn der Vizerektor des Römischen Seminars, Domenico Spolverini, im Konvent ab; schweigend schritten sie durch die Straßen Roms zur Piazza del Popolo, betraten die Kirche Santa Maria in Monte Santo. Unter zehn Diakonen aus verschiedenen Ländern warf sich Angelo auf sein Antlitz nieder und flehte den Himmel mit all seinen Heiligen um Beistand an. Der Titularpatriarch von Konstantinopel, Monsignore Cepetelli, spendete den Weihekandidaten das große heilige Sakrament.

Als Angelo am Schluß der feierlichen Handlung vor dem Bischof niederkniete und in seine Hände das Treuegelöbnis ablegte, hob er den Blick zum Altargemälde empor.

„Die heilige Jungfrau", schrieb er später in sein Tagebuch, „lächelte mir zu und schenkte mir ein Gefühl von Milde und innerer Ruhe, ein Empfinden von Großmut und Sicherheit, als wollte sie mir sagen, daß sie zufrieden sei und mich immer beschützt habe. Kurzum, sie erfüllte meinen Geist mit innigem Frieden, den ich nie vergessen werde."

Als er an der Seite des Vizerektors ins Seminar zurückkehrte, fand er alles leer. Die Alumnen weilten in ihrem Ferienheim zu Roccantica, aber die Stille tat dem Neugeweihten wohl. Er schrieb einen Brief an seinen Bischof in Bergamo, Monsignore Guindani, und gelobte ihm Gehorsam und Ehrfurcht, wie er es in die Hände des Titularpatriarchen geschworen hatte. Dann schrieb er an seine Eltern und teilte ihnen das große Glück seines Herzens mit.

Am Nachmittag blieb er allein, allein mit seinem Gott, der ihn so hoch erhoben hatte. Seine erste heilige Messe feierte er, überströmend vor Dank und Freude, in der Krypta von Sankt Peter im Kreis einiger priesterlicher Freunde. Nach dem Primizopfer kniete er am Grab des heiligen Petrus nieder und stammelte immer wieder die gleichen Worte, die der erste der Apostel einst gesprochen hatte: „Herr, du weißt alles, du weißt, daß ich dich liebe."

Als er ins Seminar zurückkehrte, erwartete ihn eine große Überraschung und Freude. Der Vizerektor eröffnete ihm, er habe ihm eine Audienz beim Heiligen Vater erwirkt.

Wie im Traum ging er an der Seite Spolverinis zum Vatikan, immer noch fassungslos vor Glück. Als er zum Heiligen Vater geführt wurde, warf er sich in kindlicher Ehrfurcht zu seinen Füßen auf die Knie nieder, antwortete, zitternd vor Freude, auf seine Fragen, gelobte ihm und der Kirche treue Gefolgschaft bis zu seinem letzten Atemzug.

„Gut, mein Sohn!" antwortete Pius X. lächelnd. „So gefällt es mir. Ich werde den Herrn bitten, daß er deine Vorsätze in besonderer Weise segne, damit du ein Priester nach seinem Herzen werdest. Ich will auch all deine sonstigen Anliegen segnen und alle, die sich in diesen Tagen mit dir freuen." Und nach einer Weile schweigenden Sinnens: „Wann wirst du daheim dein erstes heiliges Opfer feiern?"

„Am Fest Mariä Himmelfahrt, dem Patronatsfest unserer Gemeinde in Sotto il Monte."

Abermals ging ein Lächeln über das gütige Antlitz des Papstes.

„Was wird das ein Fest werden, dort droben in dem kleinen Dorf, inmitten der schönen Landschaft von Bergamo! Welch ein Jubel! Welch festliches Geläute! Ach, die Glocken im Bergamaskischen! Wie sie läuten ... wie sie läuten!"

Der Papst hatte recht, es wurde ein Fest des Jubels und der Freude. Das Dorf hatte seinen schönsten Schmuck angelegt, die Colombera prangte in der Pracht unzähliger Blumenkränze. Alle Glocken dröhnten, die kleinen der Pfarrkirche, die große von Sankt Giovanni, die vom Franziskanerkloster, das neue wunderbare Geläut von Carvico, alle Glocken von nah und fern jubelten dem Primizianten entgegen, der im Kreis seiner großen Familie zur Kirche schritt, sein Erstlingsopfer daheim darzubringen.

Alle segnete er nach der heiligen Feier, seine Eltern und Geschwister, seinen Großvater, den Großonkel, seinen alten Lehrer Donizetti, all die Verwandten von nah und fern, seine Jugendfreunde und Schulkameraden, allen teilte er mit von der großen Gnade, die ihm zuteil geworden war. Für jeden einzelnen flehte er zu Gott, erfüllt von tiefer Dankbarkeit und heiliger Freude.

Der Weg zum Heiligtum, der mit so viel Dornen und Beschwerden, so viel Kümmernissen und Nöten begonnen hatte, war zu Ende, Angelo Roncalli hatte das Ziel erreicht, nach dem er sich gesehnt hatte, solange er zurückdenken konnte.

Als man endlich wieder daheim war, kniete der Primiziant vor seinen Eltern nieder und bat sie um ihren Segen. Des Vaters schwielige Hand ruhte auf seinem Haupt, die Mutter zeichnete weinend ein Kreuz auf seine Stirn. Der Großvater trat herzu und endlich segnete ihn auch der greise Onkel Zaverio, dem er so viel verdankte.

„Der Tag ist die Erfüllung meines langen Lebens", sagte er, aufs tiefste bewegt: „Der Herr hat mit seiner Gnade unser Haus heimgesucht. Nun mag er mich in Frieden aus dieser Welt scheiden lassen!"

DIPLOMAT UND GOTTESHIRT

DER SCHATTEN SEINES BISCHOFS

Die Glocken Roms sangen ihren Jubel über die Ewige Stadt. Soeben, in den Nachmittagsstunden des 8. Januar 1905, waren die Feierlichkeiten anläßlich der Seligsprechung des frommen Pfarrers von Ars, Johannes Vianney, zu Ende gegangen. Dreißigtausend Pilger aus aller Welt strömten aus dem Petersdom, noch ganz erfüllt von der erhabenen Stunde, die einen armen, bescheidenen Dorfseelsorger so hoch erhoben hatte, unter ihnen zwei junge Priester aus dem Römischen Seminar, Angelo Roncalli und Guglielmo Carozzi.

„Wollte Gott, ich könnte werden wie er!" seufzte Don Angelo, sich gegen den eisigen Wintersturm stemmend, der über den Petersplatz fegte. „Er trug keinen theologischen Doktorhut, war stets der Schwächste unter seinen Kursusgenossen, bestand seine Examina nur mit Ach und Krach, und doch machte er aus Ars ein Dorf der Heiligen und bekehrte Hunderttausende. Und wir? Wir sitzen immer noch auf der Schulbank, mühen uns um die Promotion im Kirchlichen Recht und vertun damit unsere besten Jahre. Ach, Guglielmo, wie sehr sehne ich mich danach, endlich in Gottes Weinberg zu arbeiten, den Pflug in Gottes Ackerfeld zu stoßen und Seelen zu retten."

„Du würdest wohl am liebsten die Studien drangeben, um in einem Bergamasker Nest als Dorfkaplan zu wirken", lächelte der Freund.

„Ja, natürlich! Das wäre mein innigster Wunsch. Aber leider hat es der Bischof anders bestimmt, und da ich mich seit langem daran gewöhnt habe, auf meine eigenen Träume zu verzichten und den Willen meiner Vorgesetzten zu tun, füge ich mich, wenn's auch schweren Herzens geschieht. Vielleicht aber ändert sich jetzt einiges, nachdem unser guter Bischof Guindani vor drei Monaten seine Augen für immer geschlossen hat."

„Du weißt noch nicht, daß er inzwischen einen Nachfolger gefunden hat", rief Don Carozzi lebhaft. „Ich hab's soeben erfahren."

„Wer ist's?"

„Rate einmal!"

„Spann mich nicht auf die Folter, Guglielmo! Sag's schon!" drängte Don Angelo.

„Der jüngste Domherr von Sankt Peter, Giacomo Maria Graf Radini-Tedeschi aus Genua."

Unwillkürlich hielt Angelo den Schritt an. „Radini, sagst du?"

„Der Sproß aus dem vornehmen Aristokratengeschlecht behagt dir wohl nicht?"

„Wie kannst du so etwas sagen?" empörte sich Roncalli. „Er war einer der engsten Mitarbeiter Leos XIII., leitete viele Jahre das Katholische Sozialwerk und hat trotz seiner erlauchten Herkunft ein Herz für die arbeitende Klasse. Ich glaube, wir dürfen uns zu dem neuen Oberhirten beglückwünschen."

„Vielleicht erfüllt er deinen Wunsch und macht dich zum Kaplan in einem Bergamasker Gebirgsdorf."

„Ich wäre ihm von Herzen dafür dankbar."

Drei Wochen später, am Fest des heiligen Franz von Sales, weihte Pius X. den Neuernannten in der Sixtinischen Kapelle zum Bischof. Roncalli und Carozzi ministrierten bei der heiligen Handlung, der erstere war dazu erkoren, ihm das Evangelium über Haupt und Schultern zu halten.

Als der Papst den Bischof nach der Weihe zum Friedenskuß umarmte, flüsterte er ihm ein paar Worte zu, die Roncalli niemals vergessen sollte. Ganz deutlich hörte er, wie der Heilige Vater sagte: „Mein Sohn, ich werde dich gleich nach meinem Hinscheiden mitnehmen, dann werden wir ewig beisammen sein."

Ein seltsames Leuchten stand dabei in den Augen des Papstes; so mußte der Blick der Propheten aufgeflammt sein, wenn sie den Menschen die Botschaft Gottes verkündeten.

Beim Festessen in den berühmten Borgia-Gemächern des Vatikans trug Roncalli dem neuen Oberhirten seine Bitte vor, ihn als Seelsorger in die Heimatdiözese zu senden. Der Bischof schaute ihn lächelnd an und antwortete geheimnisvoll:

„Du wirst nach Bergamo heimkehren, aber anders, als du denkst. Ich erwarte dich morgen in meiner Wohnung auf dem Corso Vittorio Emanuele."

Als sich Roncalli am andern Morgen einstellte, erklärte ihm der Bischof, er habe ihn zu seinem Privatsekretär ausersehen.

„Warum mich, Exzellenz?" fragte Angelo fassungslos. „Ich bin nichts als der Sohn eines armen Pächters und fühle mich der mir zugedachten Aufgabe durchaus nicht gewachsen."

„Nun, das ist durchaus kein Mangel, mein Sohn. Als Sohn eines schlichten Landarbeiters wirst du wissen, wo den armen Mann der Schuh drückt. Und da möchte ich halt von dir lernen. Im übrigen hat dich dein Seminarrektor, Monsignore Bugarini, empfohlen, dich und Carozzi schlug er mir vor."

„So nehmen Sie ihn, Exzellenz! Nehmen Sie Don Carozzi! Er ist weit geeigneter als ich."

„Willst du wissen, was ich dem Rektor geantwortet habe?" schmunzelte der Bischof. „Nun, ich erklärte ihm, daß ich Don Carozzi nehmen würde, wenn ich einen Sekretär suchte, der mich stets bei guter Laune halten würde. Doch habe ich mich für dich entschieden, da ich dich für besonders vernünftig halte. Nein, mein Sohn! Keinen Widerspruch! Du wirst für mich künftig so etwas sein wie der Spiegel meines Gewissens. Oder willst du deinem Oberhirten den ersten Wunsch versagen?" Don Angelo straffte sich und erklärte mit fester Stimme:

„Nein, Exzellenz! Ich habe immer gehorcht und werde es auch jetzt tun."

„Das ist der rechte Standpunkt", nickte der Oberhirt. „Ich denke, wir werden gut zusammenarbeiten." Mit festem Druck umschloß er die Hand seines neuen Sekretärs, den der mächtige Mann um Haupteslänge überragte.

Am 9. April zogen sie gemeinsam in Bergamo ein, umjubelt von einer vieltausendköpfigen, begeisterten Menschenmenge.

An einem trübseligen Oktobertag 1909 saß Don Angelo Roncalli an seinem Schreibpult, um sich auf die Vorlesung im Seminar vorzubereiten, wo er seit kurzem als Professor für Kirchengeschichte und Apologetik tätig war. Am folgenden Tag wollte er über seinen Lieblingsheiligen Karl Borromäus sprechen, und doch vermochte er sich nur schwer auf seine Arbeit zu konzentrieren. Immer wieder mußte er, während er sich mit der Gestalt und dem Wirken des großen Kardinals beschäftigte, an seinen Bischof denken, dem er nun schon seit vier Jahren als „Schatten" folgte.

Immer mehr staunte er über die Energie und Schaffenskraft seines Oberhirten, mit dem er in den vergangenen Jahren die ganze Diözese besucht hatte. Bei den Visitationsreisen hatte er so recht den Bergamasker Klerus kennengelernt, all die prächtigen Geistlichen in Stadt und Land, voll heiligen Eifers und guten Willens. Knorrige Kerle waren darunter, Pfarrer in weltverlorenen Gebirgsnestern, Männer ohne viel Politur, arm, bescheiden und doch voller Kraft, die sich nicht scheuten, wenn sie es für notwendig hielten, auch ihrem Oberhirten zu widersprechen und ihm ihre Meinung zu sagen. Manchmal kam es dabei zu hitzigem Gefecht, aber mit Staunen stellte Don Angelo fest, daß der Bischof ein mannhaftes Wort durchaus nicht übel nahm und es rückhaltlos zugab, wenn ihn der andere überzeugte. Er liebte die offene Aussprache und focht am liebsten mit schweren Waffen.

„Von Nadelstichen halte ich nichts", erklärte er oft seinem Sekretär, „lieber schieße ich mit Kanonen."

Fand er irgendwo bei einem Geistlichen ein Versagen, donnerte das schwere Geschütz so gewaltig los, daß dem Gerügten Hören und Sehen verging, aber gleich war des Bischofs Groll besänftigt, wenn er auch nur eine Spur guten Willens fand.

Oft kam es vor, daß sich ein Geistlicher mißverstanden fühlte und seinen Kummer dem Sekretär klagte. Gewann der dann den Eindruck, der Mitbruder sei zu Unrecht streng behandelt worden, machte er sich zu seinem mutigen Fürsprecher und ruhte nicht, bis der Bischof erkannte, daß der Getadelte nicht des Kanonendonners, sondern eines aufmunternden Wortes bedurfte.

„Hast recht, Don Angelo", gestand Monsignore Radini dann ohne jede Scheu und bat den Geistlichen demütig um Vergebung.

„Er hat das gleiche goldene Herz wie mein lieber heiliger Carlo Borromeo", flüsterte Roncalli vor sich hin. „Es ist, als sei der Mailänder Kardinal in ihm wieder auferstanden."

Noch war er in seine Arbeit vertieft, als ihn ein Glockenzeichen zu seinem Oberhirten rief. Bei ihm fand er den alten Professor Niccolò Rezzara, den großen Sozialapostel Bergamos.

„Tut mir leid, wenn ich dich in deiner Arbeit störte, Don Angelo", sagte der Bischof, „aber wir haben über eine Sache von höchster Wichtigkeit zu sprechen. Erklären Sie es ihm, Professor!"

„Die Weber in Ranica streiken", berichtete der greise Rezzara. „Seit einer Woche haben sie die Arbeit niedergelegt."

„Worum geht's?" fragte der Sekretär. „Lohnerhöhung oder Verbesserung der Arbeitszeit?"

„Beides spielt nicht die Hauptrolle. Es geht um die Organisationsfreiheit der Gewerkschaften. Die Fabrikanten haben sie verboten und sind entschlossen, nicht nachzugeben."

„Was hältst du davon, Don Angelo?" fragte der Bischof.

„Ich halte den Streik für gerecht", antwortete der Sekretär. „In seiner Enzyklika ‚Rerum novarum' erkennt Leo XIII. das Recht der Arbeiter auf Zusammenschluß und Selbsthilfe ausdrücklich an."

„Gut! Fahren Sie fort, Professor!"

„Wir können nichts anderes tun, als uns in dieser Sache rückhaltlos auf die Seite der Streikenden stellen. Darum habe ich den hochwürdigsten Herrn gebeten, seinen Namen als erster auf dieses Papier zu setzen."

„Was enthält es?"

„Eine Sympathieerklärung zugunsten der Streikenden und die Bereitschaft, sie und ihre Familien bei diesem Kampf auch materiell zu unterstützen."

„Was sagst du dazu, Don Angelo? Soll ich unterschreiben?" fragte Radini.

„Es wird große Schwierigkeiten geben, Exzellenz", gab der Sekretär zu bedenken. „Die Zeitungen werden Sie zerreißen. Sie werden nicht nur die Industriellen und den Adel, sondern auch einen Teil des Klerus gegen sich haben. Man wird Ihre guten Absichten mißdeuten. So werden Sie viele Unannehmlichkeiten in Kauf nehmen müssen und sich eine Menge Feinde schaffen. Ihr Vorgehen erfordert die christliche Tugend der Klugheit."

Der Bischof machte eine unwillige Bewegung.

„Gut, und was verstehst du unter Klugheit? Nach meiner Ansicht fordert die Klugheit nicht, daß man gar nichts tut, sondern daß man handelt, und zwar richtig handelt."

„Das ist auch meine Auffassung."

„Natürlich wird es ein Mordsgeschrei geben. Ich sehe die Schlagzeilen in einer gewissen Presse schon vor mir. ‚Radini ein Sozialist – Der rote Bischof von Bergamo'. Kann mir genau vorstellen, was die Zeitungsschmierer schreiben werden. Aber das alles schert mich nicht. In dieser Angelegenheit darf nur eines entscheiden, das Gewissen, und da ich dich nun einmal zu meinem Gewissensrat gemacht habe, will ich deine klare Meinung hören. Was würdest du an meiner Stelle tun?"

„Ich würde unterschreiben", erwiderte Roncalli mit Festigkeit. „Doch hielt ich es für meine Pflicht, Sie zuvor auf die großen

Schwierigkeiten hinzuweisen, wenn Sie das Schriftstück unterzeichnen."

Professor Rezzara warf dem jungen Geistlichen einen dankbaren Blick zu.

Der Bischof aber griff ohne ein Wort nach dem Papier und unterzeichnete mit festem Federzug.

„So, das wäre getan", sagte er, die Unterschrift sorgsam ablöschend. „Morgen nachmittag fahren wir los."

„Wohin, Exzellenz?" fragte Don Angelo.

„Wohin? Nach Ranica natürlich. Die Weber sollen wissen, daß der Bischof an ihrer Seite steht."

Seltsam zerstreut begann Roncalli am folgenden Morgen seine Vorlesung. Die jungen Theologen schauten sich verdutzt an, als sie sahen, wie nervös ihr Professor in seinen Papieren herumblätterte und mehrmals einen Satz, den er begann, nicht zu Ende führte.

„Was mag er nur haben?" flüsterte der junge Carrara seinem Banknachbar Baronchelli zu. „So nervös sah ich ihn noch nie."

„Es scheint ihn etwas zu beunruhigen", nickte der Studiengefährte. „Vielleicht hat er schlechte Nachrichten von daheim."

Eine Zeitlang noch blieb der Vortrag des Professors stockend und unsicher, dann aber überwand er seine Unruhe, sprach gewandt und flüssig, wie es seine Schüler gewohnt waren. Zu wahrer Begeisterung steigerte er sich, als er davon berichtete, mit welchem Mut, welcher Festigkeit und Standhaftigkeit Karl Borromäus den spanischen Statthaltern von Mailand entgegengetreten war, als es galt, die Freiheit der Kirche und die Rechte des armen Volkes zu verteidigen.

„Für den Kardinal gab es keine Rücksichtnahme auf sein eigenes Wohlergehen, auf Ruhe und Bequemlichkeit; er, der Mann mit wahrhaft goldenem Herzen, scheute vor keinem Kampf zurück, sprang mutig in die Bresche, wenn's not tat, und folgte in allem nur seinem Gewissen, mochten selbst seine eigene Freiheit, seine persönliche Ehre, ja sein Leben bedroht sein."

Eine Weile schwieg dann der Professor, sah seine Schüler bedeutungsvoll an und fuhr mit bewegter Stimme fort:

„Sie wissen, meine Freunde, daß Bergamo einen Bischof hat, der aus dem gleichen Holz geschnitzt ist, und sollten Sie es nicht wissen, werden Sie es bald klar genug erkennen. Ich schätze mich glücklich, diesem Mann als Sekretär dienen zu können, doch bitte ich aus besonderem Anlaß inständig um Ihr Gebet für unseren Oberhirten."

Als er wenige Stunden später mit seinem Bischof im nahen Ranica anlangte, fand er die Stadt in heller Aufregung. Vor den Toren der Fabriken standen die Weber herum, die die Arbeit niedergelegt hatten, starrten erstaunt den Mann in der violetten Soutane an, der sich zu ihnen wagte. Frauen beschworen weinend ihre Männer, die Arbeit doch wieder aufzunehmen, da sie weder Brot noch Milch für ihre hungernden Kinder hätten. Eine von ihnen drängte sich zu dem Oberhirten vor und rief mit verzweifelter Stimme:

„Sagen Sie doch diesen Starrköpfen, daß sie den Streik abbrechen sollen! Wir Mütter wissen nicht mehr aus noch ein. Sollen denn unsere armen Bälger verhungern, nur weil sie in ihrem Trotz nicht nachgeben wollen?"

„Das hier ist keine Weibersache!" rief einer der Arbeiter. „Davon versteht ihr Frauleute nichts. Wenn wir streiken, tun wir es nicht nur für uns, sondern auch für unsere Kinder, die es einmal besser haben sollen als wir."

„Recht hat er!" schrie ein anderer. „Nieder mit den Ausbeutern! Steckt die Fabrik an! Zerschlagt die Maschinen! Setzt den Kapitalisten den roten Hahn aufs Dach!"

„Ja, brennt die Villen nieder, in denen die Ausbeuter prassen, während unsere Kinder verhungern!" johlten einige Burschen, die offensichtlich betrunken waren. „Stürmt die Fabriken, schlagt die Kapitalisten tot!"

„Was wollen die Pfaffen hier? Sie haben hier nichts zu suchen!" grölten andere.

„Nieder mit den Pfaffen, nieder mit den Kapitalistenknechten", tobte einer der ärgsten Schreier, und bald sah es so aus, als wollte sich die erregte Menge auf den Oberhirten stürzen.

Der Bischof aber, um dessen Leben Roncalli schon bangte, wich nicht um einen einzigen Schritt zurück.

„Halt, Freunde!" rief er, mit seiner gewaltigen Stimme das Gelärm übertönend. „Ich bin zu euch gekommen, weil ich euren Kampf für gerecht halte. Ja, ihr habt das Recht, eure Organisationen zu verteidigen, auch durch Streik. Aber führt euren Kampf anständig und gerecht und laßt euch nicht durch kindische Krakeeler zu Unbesonnenheiten hinreißen, die ihr später bitter bereuen würdet."

„Fort mit dem Pfaffen, wir wollen ihn nicht hören!" schrien einige dazwischen, andere riefen: „Wir wollen erst wissen, was uns der Bischof zu sagen hat!"

„Wem ist damit geholfen, wenn ihr eure Fabriken niederbrennt und die Webstühle zerschlagt?" donnerte der Bischof. „Ihr würdet für immer eure Arbeitsstätten verlieren und müßtet vom Bettel leben. Ich weiß, es gibt genug besonnene Männer unter euch, die sich nicht durch die Hetzreden betrunkener Schwätzer einschüchtern lassen. Ich appelliere an euren Verstand und eure Einsicht. Euer Streik gilt einer gerechten Sache, und darum billige ich ihn, aber laßt euch nicht durch die Parolen ortsfremder Schreier beirren!"

„Der Bischof hat recht!" rief einer der älteren Arbeiter. „Ortsfremde sind's. Keiner von uns kennt sie!"

„Hier hat sie noch nie jemand gesehen!" stimmten andere zu. „Wir wollen nichts zu tun haben mit solchem Gesindel. Packt sie und schafft sie fort!" Sosehr sich die roten Agitatoren auch wehrten, vor den Fäusten der anständigen Arbeiter mußten sie sich kläglich zurückziehen.

„So, nun können wir vernünftig reden!" fuhr der Bischof fort. „Kämpft um eure gute Sache, aber kämpft mit ehrlichen und vernünftigen Mitteln, dann werdet ihr gewiß die Sieger sein."

„Wenn bis dahin unsere Kinder nicht verhungert sind!" riefen einige Frauen.

„Es wird für sie gesorgt werden wie für euch alle. Ihr sollt wissen, daß ihr unzählige Freunde im ganzen Bistum Bergamo habt, die an eurer Seite stehn und euch helfen werden, den Kampf durchzuhalten, den ihr begonnen habt. Euer Bischof wird darunter der erste sein. Euch das zu sagen, bin ich gekommen. Ich werde die Diözese aufrufen, euch durch Opfer großherziger Bruderliebe beizustehen."

Der Bischof machte sein Versprechen wahr. Schon am folgenden Sonntag bat er seine Herde in einem Hirtenwort um Hilfe für die Streikenden von Ranica, und die Kollekte, deren Zweck durchaus einmalig war in der Geschichte des Bistums, hatte ein solches Ergebnis, daß die Weber von Ranica ihren Streik fünfzig Tage durchhalten konnten und endlich die Sieger blieben. Die Unternehmer sahen sich gezwungen, ihre Forderungen zu erfüllen.

Ein großer Sieg, den der Bischof aber mit vielen Opfern und Leiden erkauft hatte. Die kirchenfeindliche Presse überschlug sich in gehässigen Angriffen gegen den „Volksaufwiegler", der den streikenden Rebellen den Nacken stärkte.

„Was kümmert mich das Geschwätz!" knurrte Radini, als ihm sein Sekretär die Zeitungen vorlegte. „Ich gehe den Weg, den mir meine Pflicht vorschreibt. Ich bin kein Mietling, der davonläuft, wenn der Wolf die Herde angreift; ich greife ihm in den Rachen. Das habe ich immer getan und werde es stets wieder tun."

Weit bitterer schmerzte es den Bischof, als er erfuhr, daß

ihn einige Geistliche, die jeden Fortschritt als Ketzerei ansahen, bei der Kurie in Rom seines Vorgehens wegen verklagt hatte. Um so mehr tröstete es ihn, als er bald darauf einen persönlichen Brief des Heiligen Vaters erhielt, in dem es hieß: „Wir können die Maßnahmen, die Sie für klug befunden haben, nicht mißbilligen, da Sie mit den örtlichen Gegebenheiten, den in Frage kommenden Personen und Umständen voll vertraut gewesen sind."

In dem mannhaften Kampf für Freiheit und Recht, in allen Bedrängnissen und Widerwärtigkeiten stand Roncalli treu an der Seite seines Oberhirten, den er von Tag zu Tag mehr bewunderte und verehrte. Er war für ihn das Urbild eines Bischofs, der wie ein Fels in der Brandung stand, unbeirrbar durch Drohungen wie durch Schmeicheleien, und ebenso lernte Radini seinen Sekretär als einen guten Berater immer mehr schätzen. In seiner Besonnenheit und seiner unbestechlichen Aufrichtigkeit ward ihm der bescheidene Priester der beste Freund und der zuverlässigste Ratgeber.

Roncalli mußte ihn überallhin begleiten, auf die weiten Pilgerfahrten und Informationsreisen, die er nach Lourdes, ins Heilige Land, nach Spanien, Deutschland, Ungarn und Polen unternahm. Der Bischof, der sich selbst niemals schonte, der von sich sagte, es gebe für ihn nur eine einzige Ruhe, die des Paradieses, bürdete seinem Sekretär stets neue Lasten auf, so daß der kaum mehr zum Atemholen kam.

Die einzige Ausspannung, die er fand, waren die Besuche daheim in Sotto il Monte. Sein Bruder Zaverio und seine Schwester Assunta hatten inzwischen geheiratet, die Colombera füllte sich erneut mit jungem, fröhlichem Leben. Dafür nahm der achtundachtzigjährige, von allen hochverehrte Onkel Barba an einem Frühlingstag des Jahres 1912, fromm und still, wie er gelebt hatte, Abschied von dieser Welt. Zwei Jahre später folgte ihm Großvater Angelo in die Ewigkeit.

Das gleiche unselige Jahr 1914 warf auch Bischof Radini aufs

Krankenbett. Stets hatte ihn Roncalli in seiner kraftvollen Tätigkeit, seiner tiefen Frömmigkeit und seinem rastlosen Seeleneifer bewundert, nun aber erbaute ihn mehr noch die Geduld, mit der er sein schweres Leiden ertrug.

Nie hörte er eine Klage von seinen Lippen, zuweilen nur vernahm er, der viele Nächte an seinem Lager wachte, ein leises Stöhnen und dazwischen die abgerissenen Worte: „Mein Gott, alles für dich, alles für meine Sünden, alles für meine Diözese! – Mein Jesus, gib mir Kraft! Ich muß und will leiden. Unbefleckte Jungfrau, hilf mir! – Ich bin ja dein – ich bin ja dein!"

In den glühenden Sommertagen erlosch immer mehr die Lebenskraft des schwer Leidenden. Die Nachricht vom Ausbruch des Ersten Weltkrieges erfüllte ihn mit tiefem Schrecken.

„Wer weiß, wie Europas Zukunft aussehen wird?" stöhnte er in all seinen Schmerzen. „Armes Belgien – armer Kardinal Mercier! – Und der Papst? – Wie wird er in seinem Herzen leiden! – Unser armes Vaterland! Beten wir, Don Angelo, beten wir, daß Gott Italien die schwerste Heimsuchung erspart!"

Als er in der Nacht zum 21. August erfuhr, daß der Heilige Vater gestorben sei, zeigte er sich aufs tiefste bestürzt.

„Nun weiß ich, daß auch mein Ende nahe ist", sagte er zu seinem Sekretär, der ihm die Botschaft brachte. „Erinnerst du dich an meinen Weihetag in der Sixtinischen Kapelle? Weißt du, was mir der Papst damals zuflüsterte? – Nun macht er sein Wort wahr. – Er nimmt mich mit in die Ewigkeit." Plötzlich wandte er sich ab; er, den Don Angelo niemals hatte weinen sehen, schluchzte wie ein Kind.

„Der Tod!" stammelte er. „Du weißt, ich bin vor dem Tod nicht tapfer. Ich bin ein Mensch – ich fürchte den Tod – er erschreckt mich. – Doch geschehe Gottes Wille!"

In den letzten Stunden des 22. August kam das Ende. Vom Rathausturm läutete es zehn.

„Unser Heiliger Vater ist ins Paradies eingegangen", lallte der

Bischof, kaum mehr vernehmbar. „Ich höre seine Stimme. – Sie ruft mich – sie ruft mich!"

Don Roncalli sprach ihm die Sterbegebete vor. Als seine Stimme im Schmerz versagte, richtete sich der Sterbende auf und sprach:

„Mut, Don Angelo, Mut! Fahre nur fort, weißt du, ich verstehe alles!"

Der getreue Sekretär beugte sich über ihn, flüsterte ihm zu: „O mein gekreuzigter Heiland, ich opfere dir willig mein Leben auf zur Sühne für meine Sünden und für mein Volk ... für die Kirche ... für den neuen Oberhirten ... für meine Priester, das Seminar ... für mein Vaterland."

Noch einmal öffnete Radini seine Augen und setzte mit klarer Stimme hinzu: „Und für den Frieden – für den Frieden!" Dann tat sein Herz den letzten schweren Schlag. Don Angelo schloß ihm die gebrochenen Augen. Es war ihm, als hätte er seinen Vater verloren. Wie würde nunmehr die Zukunft für ihn aussehen?

DER WÄCHTER UNTER DEM KREUZ

Pfingsten 1915! Don Angelo hatte sich nach dem feierlichen Hochamt in sein Zimmer zurückgezogen, das er seit dem Tod des Bischofs Radini im Seminar bewohnte, als es an die Tür pochte.

Don Carozzi, der römische Studiengefährte, nunmehr Ökonom am Priesterseminar, trat ein und beglückwünschte den Freund in seiner fröhlichen Art zum festlichen Tag.

„Auch ich wünsche dir von Herzen die Gaben des Heiligen Geistes, Guglielmo", erwiderte der Professor. „Zugleich möchte ich dir noch einmal für das Asyl danken, das du mir seit meinem Auszug aus dem bischöflichen Palais hier gewährt hast. Die Ruhe im Seminar tut mir wohl nach den zehn Jahren aufreibender Betriebsamkeit."

„Nun, viel Muße scheinst du dir nicht zu gönnen", lächelte Carozzi mit einem Blick auf die riesigen Wälzer, die sich auf dem Schreibtisch türmten. „Laß doch sehen! Natürlich die Folianten über Carlo Borromeo aus der Ambrosianischen Bibliothek in Mailand."

„Du weißt, daß ich über die Visitationsreisen des Mailänder Erzbischofs in der Diözese Bergamo schreibe. Eine Heidenarbeit, die mich für viele Jahre beschäftigen wird! Trotzdem macht sie mir Freude."

„Bist halt ein Bücherwurm! Immerhin ist deine Arbeit gewiß interessanter und nicht mit soviel Sorgen belastet wie die des Ökonoms am Priesterseminar. Würde gern meine Hauptbücher mit deinen Bibliotheksschwarten tauschen."

„Das wäre wohl das Letzte, was ich ersehnte", schmunzelte der Professor. „Übrigens werde ich meine Arbeit über Kardinal Borromeo wohl für eine Weile unterbrechen. Ich habe mich entschlossen, über meinen verehrten Bischof Radini zu schreiben. Schließlich habe ich zehn Jahre mit ihm Freud und Leid geteilt. Ein solcher Mann darf nicht vergessen werden. Aber komm, Guglielmo, trinken wir ein Glas zu Ehren des hohen Festtags! Ein guter Tropfen aus dem väterlichen Weinberg!"

Sorgsam füllte Don Angelo die Gläser mit dem Rotwein aus Sotto il Monte und trank dem Freund zu. Dann aber sagte er traurig:

„Ich weiß nicht, rechte Pfingstfreude ist mir heute nicht vergönnt. Die Flammen des Heiligen Geistes scheinen mir unterzugehen im Feuer des Krieges, in das nun auch unser Vaterland gerissen wurde. Wie viele unsrer Alumnen werden wir davonziehen sehen, wie mancher von ihnen kehrt vielleicht nie mehr zurück. Die Sorge um sie läßt mich auch an diesem festlichen Tag nicht froh werden."

„Und um dich selbst machst du dir keine Sorge?" fragte Don Carozzi. „Ich fürchte, du wirst in der nächsten Zukunft wenig Zeit haben, weder für Carlo Borromeo noch für Bischof Radini. Schau her, was ich dir mitgebracht habe!" Damit zog der Ökonom einen Brief aus der Tasche, den er dem Freund zögernd überreichte.

„Wenn mich nicht alles täuscht, ist das dein Gestellungsbefehl."

Hastig überflog Roncalli das Schreiben.

„Du hast recht!" sagte er mit traurigem Lächeln. „Es ist soweit. In ein paar Tagen muß ich mich im Militärlazarett San Ambrogio in Mailand stellen."

„Nicht gerade ein schönes Pfingstgeschenk, das ich dir brachte! Nun wirst du deine Uniform mit den goldenen Tressen wieder anziehen müssen. Der Professor am Bischöflichen Seminar wird der Sergeant Roncalli."

„Nun, die Einberufung überrascht mich nicht, ich hatte seit Tagen damit gerechnet. Immerhin werde ich ja, wie alle Priester Italiens, nicht mit der Waffe dienen müssen, sondern als Sanitäter, und ein Geistlicher sollte wohl fähig und willens sein, das Amt des Barmherzigen Samaritans zu versehen."

„Denke mir, damit kennst du dich aus. Warst ja in Rom so manches Jahr unser Krankenpfleger. Immerhin wird dir die Umstellung nicht leicht fallen."

„Gewiß nicht, Guglielmo! Aber was soll's? Bin an Gehorsam gewöhnt, nur die Vorgesetzten wechseln. Das alles ist kein Grund, daß wir den guten Wein verschalen lassen. Auf deine Gesundheit, mein Freund!"

„Auf die deine, Angelo! Im übrigen sollst du wissen, daß dir dein Zimmer im Seminar stets zur Verfügung stehen wird. Es soll für immer dein Refugium sein."

„Ich danke dir herzlich, mein Lieber!" antwortete Angelo bewegt.

Kaum blieb noch die Zeit zu einem flüchtigen Abschiedsbesuch daheim. Seine Eltern fand er in höchster Aufregung.

„Jetzt mußt du fort", klagte der Vater. „Zaverio und Alfredo werden bald folgen, sicher auch Giovanni und Luigi und meine Schwiegersöhne Michele und Battista. Ach, was soll nur aus uns werden?"

„Mach dir nicht zuviel Sorgen, Vater", tröstete Angelo. „Der liebe Gott ist immer noch da, ganz besonders für uns, da wir doch zu seinen Lieblingen, den Armen, gehören. Habe ich nicht recht, Mamma?"

„Ja, ja, mein Sohn, ja!" seufzte die Mutter.

„Was soll nur aus der Colombera werden?" begann der Vater aufs neue. „Ich bin über sechzig. Wie soll ich die Arbeit allein schaffen?"

„Schließlich sind wir auch noch da!" antwortete die resolute Ancilla. „Überall müssen die Mädchen jetzt die Männerarbeit tun, und wir haben gelernt, kräftig zuzupacken."

„Na, siehst du?" lächelte der Priester. „Es wird schon alles gut gehn. Um mich jedenfalls braucht ihr euch keine Sorge zu machen. Man wird mich in irgendein Lazarett stecken, wohin die Tedeschi nicht schießen."

„Wenn ihr nur alle gesund und heil wieder heimkehrt!" seufzte die Bäurin. „Sonst mag's gehn, wie es will."

„Recht so, Mamma! Ich weiß, daß du für uns beten wirst", sagte Don Angelo bewegt. „Und nun gebt mir euren Segen!"

Als er am Abend nach Bergamo heimkehrte, schrieb er in sein Tagebuch:

„23. Mai 1915

Morgen werde ich als Sanitäter zum Militärdienst einrücken.

Wohin wird man mich schicken? Vielleicht an die Front? Werde ich nach Bergamo zurückkommen, oder hat der Herr bestimmt, daß meine letzte Stunde auf dem Schlachtfeld schlägt? Ich weiß nichts. Ich will nur eines: immer und überall den Willen Gottes tun. – Herr Jesus, hilf mir, diese Bereitschaft zu bewahren! Maria, meine gute Mutter, hilf mir, auf daß in allem Christus verherrlicht werde!"

Im Garten des Mailänder Hospitals San Ambrogio drängten sich die Einberufenen um einen Tisch, an dem ein schnauzbärtiger Feldwebel unter den Ästen einer Roßkastanie die Gestellungsbefehle entgegennahm und die ersten Anweisungen gab. Blutjunge Rekruten waren darunter, aber auch ältere Leute, die längst ihren Militärdienst absolviert hatten.

„Verfluchter Krieg!" knurrte einer der Alten. „Daß wir aber auch in den Schlamassel hineinschlittern mußten! Erst hat es immer geheißen, wir bleiben neutral, und der Teufel soll mich holen, wenn wir damit nicht zufrieden waren! Und auf einmal stecken wir mitten drin. Warum müssen wir uns eigentlich einmischen, wenn sich die Krautfresser mit den Russen und Franzosen herumbalgen?"

„Ja, das geht wie in einer Kneipe am Schützenfest", antwortete lachend ein Spaßvogel. „Da fangen ein paar Hitzköpfe an zu raufen, und ob du willst oder nicht, auf einmal bist du dabei und kriegst eins mit dem Stuhlbein an den Schädel. Das ist in der Politik nicht anders."

„Dummes Geschwätz!" brummte der Alte. „Die Politik wird doch nicht von besoffenen Krakeelern gemacht."

„Manchmal könnte man es glauben."

„Wenn ich nur wüßte, wofür wir unsere Knochen hinhalten sollen. Wo ist da der Grund? Könnt ihr mir das sagen, Kameraden?"

„Du liest wohl keine Zeitung, was?" spottete ein anderer. „Da steht es doch schon seit Wochen, daß es wegen der Irredenta ist."

„Irre ... was?"

„Irredenta, das unerlöste Italien, Südtirol, Istrien, Triest und so weiter!" belehrte ihn ein Mailänder Student. „Per la più grande Italia, verstehst du? Für das größere Italien! Haben lange genug mit den Krautfressern in Wien darüber verhandelt; sie wollten uns nicht geben, was uns gehört. So nehmen wir es uns eben mit Gewalt. Begreifst du endlich?"

„Nein, Kamerad, das begreif' ich nicht. Was hab' ich davon, wenn wir alles das kriegen, was du da aufgezählt hast? Bekomme ich da auch nur eine Hufe Land mehr unter den Pflug?"

„Du denkst eben nicht weiter, als dein Misthaufen stinkt."

Aber der Bauer blieb mit seiner Ansicht nicht allein; das Gezänk wurde so heftig und laut, daß der Feldwebel mit der Faust auf den Tisch schlug.

„Ruhe! Ich sag euch zum letzten Mal, daß ihr die Schnauze halten sollt. Ihr seid hier nicht im Wirtshaus." Aber die Aufregung war so leicht nicht zu dämpfen.

„He, Kamerad Pfarrer!" drang einer auf Don Roncalli ein. „Du bist doch ein gebildeter Mann. Kannst du uns erklären, warum wir den Krautfressern den Krieg erklärt haben?"

„Was fragt ihr mich?" antwortete der Priester. „Ich hab' den Gestellungsbefehl bekommen wie ihr, und es bleibt mir nichts übrig als zu gehorchen. Mit Politik hab' ich nichts zu tun. Denk mir halt, wenn ein Haus brennt, kannst du den Funkenflug nicht aufhalten, und bald steht auch das Nachbarhaus in Brand."

„Und wir blasen ins Feuer, statt zu löschen!" grölte ein anderer. „Ich bin Sozialist und darum will ich Frieden und keinen Krieg."

„Denkst du, ich wollte etwas anderes, Kamerad?"

„Wer kann das wissen? Ihr Pfaffen steckt doch mit den Mächtigen unter einer Decke, mit den Kapitalisten und Politikern, und kocht euer Süppchen an jedem Feuer."

Don Angelo hatte schon eine scharfe Entgegnung auf den Lippen, als ihn ein junger Mann beim Arm packte und aus dem Getümmel zog. Zu seinem Staunen erkannte der Priester einen Studenten aus seinem Seminar, der als Sanitäter im Hospital Dienst tat.

„Kommen Sie, Professor!" drängte er. „Geben Sie mir Ihren Gestellungsbefehl! Ich bring das schon für Sie in Ordnung. Setzen Sie sich derweil drüben auf die Bank!"

Ohne eine Antwort abzuwarten, nahm er ihm die Papiere aus der Hand und eilte davon. Nach kurzer Zeit kam er zurück und rief:

„Sehen Sie, es ist alles schon erledigt. Hier haben Sie Ihren Marschbefehl. Sie melden sich im Militärlazarett von Bergamo, und hier ist Ihre Löhnung für den ersten Tag, eine Lira und achtundachtzig Centesimi."

„Behalte sie, trink mit deinen Kameraden ein Glas Wein dafür! Ich danke dir, mein Lieber, danke dir herzlich. Bergamo also! Was hätte ich mir mehr wünschen können!"

„Dachte es mir", lachte der Theologe. „Hab' mit dem Feldwebel gesprochen, er stammt aus meinem Dorf. Aber Ihre Löhnung . . .?"

„Steck sie ein!"

„Nun gut, so werde ich auf Ihr Wohl trinken. Vielen Dank, und grüßen Sie mir Bergamo und das Seminar!"

Der Krieg schwemmte seine blutigen Opfer in die stille Bischofsstadt. Zu Hunderten und Tausenden wurden sie aus den Lazarettzügen und Lastwagen getragen, Kranke, Verstümmelte, Amputierte, Blinde, junge Menschen, die einst fröhlich auszogen, nun aber getroffen waren bis ins Mark ihres Lebens. In ihren Augen stand das Grauen der Schlacht, ihre bleichen Lippen stammelten Worte, die für sie die Hölle bedeuteten – Isonzo, Piave.

Tag für Tag stand der Priestersoldat Roncalli im Meer der Leiden, das ihn umbrandete mit seiner stets wachsenden grausigen

Flut. Das Lazarett von Bergamo war sein Golgatha, aus dessen blutigem Grund das Kreuz aufwuchs, immer gewaltiger, immer unermeßlicher. Aller Jammer der Welt schien daran genagelt. In seinen leidenden Brüdern sah er den Herrn, zerrissen von unzähligen Wunden, zerschlagen, verstümmelt, geblendet, durchbohrt, und es war ihm, als hörte er seines Erlösers Stimme, die ihm zurief: „Nimm mich ab, nimm mich ab!"

Vom frühen Morgen bis in die Nacht stand er an den Betten der Verwundeten, wechselte die Verbände, linderte die Schmerzen, tränkte die Fiebernden, tröstete die Verzweifelten, half den Sterbenden in ihrer letzten Not.

In den wenigen Mußestunden, die ihm vergönnt waren, zog er sich auf sein Zimmer zurück und füllte Blatt um Blatt mit seinen Erinnerungen an den großen Bischof, dem er so lange in Ehrfurcht und Treue gedient hatte. Immer stand er vor ihm, der kraftvolle und doch grundgütige Mann. Er blieb sein Ideal, nach dem er sich auch im Lazarett ausrichtete, und oft hielt er stille Zwiesprache mit ihm, bat ihn, den er wie einen Vater geliebt hatte, um Rat, Geduld und Kraft.

Unermüdlich tat er seine Arbeit an den Krankenbetten, und wenn er in den Augen eines armen Kameraden einen Schimmer der Freude, ein kleines Licht der Dankbarkeit aufleuchten sah, fühlte er sich reichlich belohnt für all seine Opfer.

Manches gab es, was schwerer zu ertragen war. Einige der Ärzte schikanierten ihn, den Priester in Uniform, wo sie nur konnten, überschütteten ihn mit höhnischen Bemerkungen. Der Oberstleutnant, der das Sanitätsbataillon befehligte, machte sich einen Spaß daraus, ihn in den Augen seiner Untergebenen lächerlich zu machen. Als er ihn eines Tages in einem der Krankensäle mit dem Brevier in der Hand überraschte, sah er rot vor Wut und schrie:

„Haben Sie nichts anderes zu tun, als dem Herrgott die Ohren vollzuplappern, Sergeant Roncalli? Kümmern Sie sich gefälligst um Ihren Dienst und überlassen Sie das fromme Geleier den Betschwestern!"

In seinem Haß gegen alles Klerikale trieb er es so weit, daß selbst die Verwundeten protestierten.

„Lassen Sie den Roncalli in Frieden!" rief ein Offizier, der mit einem Bauchschuß eingeliefert worden war. „Er ist unser bester Pfleger, und keiner ist in dem Saal, der ihm für seine Geduld und Güte nicht herzlich dankbar wäre. Der Sergeant tut seine Pflicht besser als jeder andere. Wir dulden nicht, daß man ihn kränkt."

„Schon gut, Kamerad!" antwortete der Oberstleutnant verlegen. „Kommt mir halt die Galle hoch, wenn ich einen Soldat Gebete leiern sehe."

„Mach dir nichts daraus, Roncalli!" rief ein beinamputierter Soldat. „Bet du ruhig weiter, uns stört es nicht. Aber der Kasernenhofton gewisser Leute, die noch nie Pulverdampf gerochen haben, ist uns verdammt zuwider."

Der Oberstleutnant hatte eine scharfe Antwort auf der Zunge, als er aber die hohen Tapferkeitsauszeichnungen auf der Uniform des Amputierten sah, zog er es vor zu schweigen und stelzte zornrot davon.

Als er wenige Tage später dennoch wieder sein Mütchen an ihm kühlen wollte, meldete sich Roncalli zum Rapport und verbat sich jede herabsetzende Bemerkung in Anwesenheit seiner Sanitätssoldaten.

„Sie untergraben dadurch meine Autorität, Herr Oberstleutnant", erklärte er furchtlos.

Ein solches Auftreten hatte der Offizier nicht erwartet.

„Nun, nun, Sergeant Roncalli", sagte er, „seien Sie nur nicht gleich beleidigt. Sie sind schließlich beim Militär und nicht in einem Priesterseminar. Ich muß auch, verdammt noch einmal, von meinen Vorgesetzten manch bittere Pille schlucken. Beim Kommiß will jeder neue Stern, jede neue Litze verflucht sauer verdient werden. Bei uns geht das nicht so leicht wie bei euch.

Sie klettern ihre Studienleiter munter empor, werden Pfarrer, Bischof, Erzbischof, Kardinal und Gott weiß noch was. Aber wir...! Na, treten Sie ab, Sergeant Roncalli! Wollen sehen, ob wir in Zukunft besser miteinander auskommen."

Im Mai 1916, nach einem Jahr Dienstzeit, wurde der Sergeant zum Militärkaplan befördert und erhielt als solcher den Rang eines Leutnants. Bald darauf wurde er an die Front versetzt.

Auf der Hochebene von Asiago und den blutgetränkten Feldern der Piave stand er den Verwundeten und Sterbenden bei. Waffenlos, nur durch einen Stahlhelm geschützt, wagte er sich ins Feuer der Geschütze, in das Geknatter der Maschinengewehre, hilflose Kameraden zu retten oder ihnen den Trost der letzten Sakramente zu spenden. Bis in die vordersten Stellungen und Felslöcher hoch droben im Gebirge drang er mit seinen Leuten vor, seilte Verwundete ab, trug sie über vereiste Pfade und gefährliche Geröllhalden zu Tal, behutsam darauf bedacht, den Kameraden unnütze Schmerzen zu ersparen.

Er lernte die Hölle kennen, das ganze Infernum eines erbarmungslosen Krieges, nicht als Kämpfer, sondern als Bote Gottes und Bruder seiner Kameraden.

Im Frühjahr 1917 kehrte er als Militärgeistlicher nach Bergamo zurück, nahm seine Arbeit in den Lazaretten wieder auf und organisierte regelmäßige Gottesdienste für die Soldaten.

Wo er erschien, leuchteten die von Schmerzen verzerrten Gesichter auf, und selbst harte, verstockte Kerle, die Gottes Namen nur noch vom Fluchen her kannten, faßten Vertrauen zu ihm und ließen sich mit ihrem Schöpfer und Richter versöhnen.

„Meine lieben, armen Kinder", rief er den Verwundeten zu, „ich will für euch mehr sein als euer Kaplan. Ich will euch Vater und Mutter sein, eure Zuflucht, alles! Könnte ich doch eure Schmerzen auf mich nehmen! Ich kann's nicht, aber eines kann und will ich; ich will von euch lernen. Nicht ich bin euer

Lehrmeister, ihr seid der meine in der Schule der Geduld, in der Schule des Gekreuzigten, an dessen Martyrium ihr teilhabt."

Die Soldaten spürten, daß solche Worte keine billigen Phrasen waren, sondern aus einem ehrlichen, mitfühlenden, wahrhaft priesterlichen Herzen kamen.

Auf Wunsch des neuen Bischofs, Monsignore Marelli, hielt er wieder Vorlesungen am Priesterseminar. Ihm blieben nur die Nächte, sich darauf vorzubereiten. Erstaunt blickten seine Schüler auf, als der Professor, zwei goldene Streifen an den Rockaufschlägen, zum erstenmal das Auditorium betrat, sich bekreuzigte und mit einem Wort aus dem ersten Petrusbrief begann: „Wer als Christ leidet, verherrlicht Gott."

Aber immer mehr lichteten sich die Hörsäle. Im Unglücksjahr 1917 wurden auch die Jüngsten und Schwächlichsten eingezogen. Schweren Herzens sah Roncalli einen nach den andern davonziehen.

Er fand nun die Zeit, endlich die Biographie über seinen geliebten Bischof Radini zu vollenden. Als ein schmales Bändchen war es geplant, wurde aber zu einem stattlichen Buch von fünfhundert Seiten.

Mit Schrecken ging das Jahr zu Ende. Drei Monate lang währte die fürchterliche Schlacht von Caporetto an der Save, sie endete am zweiten Weihnachtstag mit einer vernichtenden Niederlage der Italiener. Das ganze Land war vor Verzweiflung wie gelähmt.

Wann immer Don Angelo Zeit fand, wanderte er nach Sotto il Monte, die alten Eltern zu trösten und ihnen beizustehen, so gut er es vermochte. Seine erste Frage galt dann den Brüdern.

„Gottlob, sie leben noch alle", sagte die Mutter und zog mit zitternder Hand ein Bündel Feldpostbriefe aus einer Lade. „Die Madonna hat sie bis heute alle beschützt. Es ist wie ein Wunder, so viele sind gefallen. Es gibt im Dorf kaum mehr ein Haus, wo man nicht um einen Toten trauert."

„Vielleicht wird auch in keinem andern Haus so viel gebetet wie in der Colombera", antwortete Angelo. Wie man mit der Wirtschaft zurechtkomme, fragte er den Vater.

„Das macht mir keine Sorge", berichtete Battista Roncalli stolz. „Die Mädchen tun die Arbeit wie die Männer, und Teresas älteste Buben packen schon tüchtig mit zu."

„Gottes Segen ruht auf der Colombera", nickte der Sohn. „Möge das immer so bleiben!"

Ein Opfer freilich mußte die Familie bringen. Im Frühjahr 1918 starb Enrica, die jüngste Tochter, an der Grippe, die in jener Zeit überall in Europa soviel blühendes Leben dahinraffte.

„Gottes Wille geschehe!" sagte die Mutter, als Don Angelo die Schwester zur letzten Ruhe bettete. „Wir müssen uns fügen unter seiner Hand."

Endlich läuteten die Friedensglocken. Der Krieg war zu Ende, was er hinterließ, waren Not, Elend und Totenklage bei Siegern wie Besiegten.

Im Frühjahr 1919 wurde Roncalli aus dem Militärdienst entlassen. Auf dem Wehrbezirkskommando händigte ihm Zahlmeister Fumagalli den rückständigen Sold aus, nicht ganz tausend Lire.

„Nicht gerade viel für vier Jahre Dienst", sagte er lächelnd.

„Nein, nicht viel", antwortete Don Angelo. „Aber es wird mir helfen, einen Plan auszuführen, den ich schon seit Jahren hege."

„Welchen Plan?"

„Ich möchte ein Heim errichten für die Schüler der höheren Lehranstalten. Kann es nicht mehr mit ansehen, wie arm und zerrissen sie herumlaufen und sich in elenden Dachzimmern durchhungern."

„Und an sich denken Sie nicht, Herr Feldkaplan?"

„Ich brauche nicht viel", lächelte der Priester. „Im übrigen bin ich Gott für die vier Jahre dankbar. Die Erfahrungen, die ich gemacht habe, sind für mich hundertmal mehr wert als die Geldscheine, die Sie mir in die Hand drückten. Und nun Gott befohlen, Kamerad!"

Der Zahlmeister schaute dem Davongehenden nach, bis sich die Tür hinter ihm schloß.

„Siehst du, Pietro", sagte er zu seinem Schreiber. „Der Kaplan Roncalli, das ist ein Mann. Der hat das Herz auf dem rechten Fleck", schmunzelte der Schreiber.

BUBENKÖNIG UND BETTLER

An einem Novembertag des Jahres 1919 empfing Bischof Marelli Professor Roncalli in seinem Palais. Der Regen klatschte gegen die Scheiben, und so dunkel war es, daß man trotz der frühen Nachmittagsstunde Licht brennen mußte.

„Ich bin sehr bekümmert über unsere Jugend", seufzte der Oberhirt. „Wir haben die schweren Jahre des Krieges durchgestanden, aber nun kenne ich mein Bergamo fast nicht mehr wieder. Was in aller Welt ist nur in die jungen Leute gefahren? Diese hektische Vergnügungssucht, die Tanzwut, das Herumlärmen in den Straßen! Es ist, als wären alle Teufel losgelassen. Wie erklären Sie sich das nur, Don Roncalli?"

„Sie haben recht, Monsignore, es hat sich vieles geändert in unserem Bergamo", nickte der Professor, „aber nicht nur bei uns, sondern in ganz Italien und wahrscheinlich in anderen Ländern auch. Die Jugend hat ihre besten Jahre im Krieg verloren, sie kehrte heim aus einer Welt, in der sie nichts sah als Elend und Not, Blut und Wunden, Sterben und Verderben. Sie will nachholen, was sie versäumte, und sie will das Grauen vergessen, das Trommelfeuer, die Nächte in den Eishöhlen an Isonzo und Piave, den Schlamm und Morast der Schützengräben, all die düsteren Jahre, die ihnen das Recht nahmen, das doch der Jugend gebührt, das Recht, froh, glücklich und geborgen zu sein."

Der Bischof machte eine ungeduldige Handbewegung.

„Vor allem scheinen unsere jungen Leute Zucht und Sitte vergessen zu haben, und ich muß sagen, der Eifer, mit dem Sie sie verteidigen, überrascht mich, Don Roncalli."

„Ich versuche zu verstehen, Monsignore, und mir scheint, es ist stets die erste Aufgabe eines Seelsorgers, sich um das rechte Verständnis zu bemühen. Das alles ist wie ein Fieber, das die ganze Welt erfaßt zu haben scheint; es wird vergehen, wenn sich die Verhältnisse erst geordnet haben."

„Die Vergnügungssucht ist es nicht allein, die mir Kummer macht; die politischen Exzesse kommen dazu. Man kann kaum über die Straße gehen, ohne einem Demonstrationszug zu begegnen, der mit roten Fahnen, geballten Fäusten und schrecklichen Drohrufen daherzieht. Dazu noch die wilden Streiks, Krawalle, Mord und Totschlag. Und nun kommen sogar noch die faschistischen Horden dazu, die Schwarzhemden eines gewissen ehemaligen Schulmeisters Mussolini, die sich mit den Kommunisten herumprügeln. Nein, nein, in dieser Welt finde ich mich nicht mehr zurecht."

„Auch dieser Brand wird verrauchen, wenn erst die Wahlen vorüber sind."

Bischof Marelli lehnte sich in seinem Sessel zurück und sagte verdrossen:

„Die Wahlen, ja! Auch da erleben wir eine neue Zeit, die mir Kummer macht. Der Heilige Vater hat das ‚Non expedit' Pius' IX. aufgehoben, nun sollen die Katholiken wieder wählen und sich wählen lassen, und damit stecken wir nun selbst mitten im Strudel der Politik. Früher blieben wir von dem ganzen Parteigezänk verschont, heute müssen wir uns auch damit herumplagen. Ach, Don Roncalli, früher war alles viel leichter und bequemer."

Unwillkürlich mußte Roncalli an Bischof Radini denken, der gewiß nicht danach gefragt hätte, was leichter und bequemer war, sondern nur danach, was das Reich Gottes und das Vaterland erforderten. Sein Nachfolger war gewiß ein eifriger Seelsorger, aber keine Kämpfernatur wie sein Vorgänger, dessen Tatkraft und Feuer ihm fehlten.

„Sie werden aber einsehen, wie wichtig es ist, katholische Abgeordnete in den Parlamenten zu haben. Die christliche Volkspartei, die der sizilianische Priester Don Sturzo gründete, hat in unserem Bistum die besten Aussichten auf guten Erfolg."

„Gewiß, gewiß! Ich weiß ja, daß das heute alles notwendig ist, aber es bringt so viel Unruhe mit sich, so viel Lärm, so viele Plackereien. Selbst unser Priesterseminar blieb von Unruhe nicht verschont. Der Rektor klagt wiederholt darüber, wie schwierig die Alumnen nach dem Krieg zu leiten seien. Statt sich um ihre Studien zu kümmern, vertun sie ihre Zeit mit politischem Geschwätz und diskutieren leidenschaftlich über alle möglichen Probleme, die sie nichts angehen."

„Nun, Exzellenz, die meisten von ihnen sind wahlberechtigt, und da ist es wohl nur zu verständlich, daß sie sich mit politischen Fragen beschäftigen."

„Die Oberen werden ihnen schon sagen, was sie zu wählen haben. Aber die jungen Leute wollen ja nicht mehr parieren; für alles verlangen sie eine Begründung, sogar an Wahlversammlungen wollen sie teilnehmen und fordern weit mehr Freiheit, als uns früher jemals gewährt wurde."

„Bedenken Sie, Monsignore, daß viele von ihnen den ganzen

Krieg mitmachten, viele als Offiziere an der Front, manche kamen schwerverwundet zurück. Man muß verstehen, daß sie sich nicht wie Schulbuben kommandieren lassen und sich selbst eine politische Überzeugung bilden wollen. Zum mindesten wollen sie Einsicht in die Gründe, weshalb man dies und jenes befiehlt oder verbietet, und ich meine, sie haben nicht unrecht damit."

„Aber der Rektor sagt, daß sie ihm sein Amt ungebührlich erschweren", seufzte der Bischof.

Roncalli erwiderte lachend:

„Gewiß sind die jungen Leute heutzutage schwieriger als zu unserer Zeit, das merke ich schon an den Buben in meinem Schülerheim. Da geht's auch nicht immer gerade ruhig zu. Aber wir sind doch dafür da, der Jugend in ihren Schwierigkeiten zu helfen."

„Da Sie gerade von Ihrem Schülerheim sprechen, Don Roncalli, ich habe Klagen gehört, Sie ließen Ihren Buben zu große Freiheit."

„Verzeihen Sie, Exzellenz, aber ich halte die Freiheit für eines der wertvollsten und kostbarsten Güter und beschneide sie nur, wo es notwendig ist. Ich halte weder etwas von Dressur noch vom Gängelband; natürlich bestehe ich auf Einhaltung der Hausordnung, aber ich überlege sie mit den Jungen selbst, lege ihnen meine Gründe dar und höre mir ihre Einwände an. Das wissen die Buben zu schätzen, und im großen und ganzen fügen sie sich gewissenhaft und gehorchen gern."

„Im großen und ganzen, sagen Sie. Es gibt also doch Ausnahmen."

„Natürlich gibt es die. Buben schlagen nun einmal zuweilen über die Stränge, und zu Musterknaben möchte ich meine Zöglinge auch gar nicht erziehen. Davon halte ich wenig. Das gestehe ich Ihnen ganz offen. Auf jeden Fall bin ich Ihnen herzlich dankbar, daß Sie mir den Palazzo Marenzi für das Schülerheim zur Verfügung gestellt haben. Die auswärtigen Studentlein, die vordem ohne jede Aufsicht in den Straßen herumflanierten und in elenden Dachkammern verkümmerten, haben nun ein schönes Heim, in dem sie sich wohlfühlen."

„Das erkenne ich durchaus an. Nur halten Sie die Burschen fest an der Kandare!"

„Manchmal gleichen sie jungen Füllen, sind deshalb aber doch keine Gäule; ich ziehe es vor, sie mit väterlicher Hand zu leiten. Schließlich vertrete ich ja an ihnen die Stelle der Eltern, die sich um sie nicht kümmern können."

Der Bischof fingerte an seinem Ring herum.

„Nun, Don Roncalli, Sie sind der Jugend noch einige Jahrzehnte näher und verstehen sie daher wohl besser als ich, und da ich überzeugt bin, daß Sie es gut meinen, lasse ich Ihnen freie Hand. Ja ich habe die Absicht, dem Vorschlag des Rektors zu folgen und Sie zum Spiritual des Priesterseminars zu machen. Ich weiß, wie schwer die geistliche Leitung eines solchen Hauses in unseren Tagen ist, aber ich habe Vertrauen zu Ihnen und hoffe, daß Sie mir helfen, eine Generation tüchtiger und eifriger Priester heranzubilden. Ich denke, daß Sie sich meinem Wunsch nicht versagen."

„Ich nehme das mir zugedachte Amt in Gehorsam an und hoffe, ihm mit Gottes Hilfe gerecht zu werden, wenn ich auch weiß, welch schwere Verantwortung mir damit zufällt."

Der Bischof hatte recht, leicht war die Aufgabe, die Roncalli übernommen hatte, nicht, aber die Seminaristen spürten, daß sie der neue Spiritual verstand. Er war ein Mann, der selbst die Schrecken des Krieges erlebt hatte, der wußte, wie ihnen zumute war, der ihr Streben nach Freiheit und Selbständigkeit, ihre Probleme und Schwierigkeiten begriff und ihnen mit gütiger Hand half, sich wieder zurechtzufinden. Weil sie sich verstanden fühlten, fügten sie sich willig seiner Leitung, und bald liebten sie in ihm nicht nur den Spiritual, sondern den Freund, Bruder und Vater.

Über diese Arbeit vergaß Roncalli seine übrigen Verpflichtungen nicht. Im Lauf der Zeit hatte er eine Menge anderer Aufgaben übernommen; er war geistlicher Beirat beim Frauenbund, beim Jugendverband, kümmerte sich um die Kirchenangestellten, organisierte Flüchtlinge, Ladenmädchen, Trambahnschaffnerinnen und Telefonistinnen.

Mit besonderer Vorliebe aber sorgte er für seine Buben. Täglich wanderte er hinüber zum Schülerheim in der Via San Salvatore 8, sah nach dem Rechten, kümmerte sich um alles und jedes, um Unterbringung, Ernährung, Studium, Gottesdienst und Erholung, und immer ward er mit freudigem Hallo empfangen. Obschon die Buben nicht leicht zu leiten waren, fühlte er sich unter ihnen von Herzen wohl. Für jeden einzelnen hatte er Zeit, gelegentlich erkundigte er sich nach den Verhältnissen daheim, nach den Schwierigkeiten und den Erfolgen in der Schule, nach dem persönlichen Wohlergehen. Für jeden hatte er ein freundliches Wort, einen fröhlichen Scherz, Mahnung, Warnung, Ermunterung, Rat und Hilfe, wie so ein Zwölf- bis Siebzehnjähriger es eben brauchte.

Er nahm teil an ihren Spielen, tummelte sich mit ihnen auf dem Rasen hinter dem Haus herum, erzählte spannende Geschichten von seinen vielen Reisen, lustige Erlebnisse beim Militär.

Dennoch verstand er es, in seinem Haus Ordnung zu halten; vor allem verlangte er Sauberkeit, die innere wie die äußere.

Fiel ihm da eines Tages, als er gerade durch die Haustür trat, ein zwölfjähriger Bub, der das Treppengeländer hinabrutschte, geradewegs in die Arme.

„Ja, mein lieber Giuseppe", lachte er, den Kleinen hochreißend, „abwärts geht's schnell, aufwärts ist's schwerer. Aber eigentlich gehört es sich für einen wohlerzogenen Jungen nicht, das Geländer statt der Stufen zu benutzen."

„Macht aber Spaß, Don Angelo!" grinste das Bürschlein. „Wollen Sie es nicht auch einmal versuchen?"

„Glaube nicht, daß ich das noch schaffe. Bin schließlich fast schon vierzig und werde allmählich ein bißchen behäbig. Aber sag einmal, mein Lieber, wie siehst du denn aus? Bist ja der reinste Struwwelpeter mit deinen zerzausten Haaren. Könntest dich wirklich einmal wieder kämmen. Oh, und ich sehe, du bist in Trauer. Herzliches Beileid! Wer ist denn gestorben?"

„Gestorben? Niemand!"

„So, ich dachte nur, wegen der Trauerränder an deinen Fingernägeln." Verlegen versteckte der Bub seine Hände hinter dem Rücken.

„Du wolltest ausgehn?"

„Ja, muß mir ein Schulheft kaufen."

„Aber so doch nicht. Zuerst wäschst und kämmst du dich ordentlich, schrubbst dir die Nägel und bürstest deinen Anzug."

„Ich wollte doch nur zum Krämer und nicht in die Kirche", verteidigte sich der Schmierfink schwach.

„Oh, auch der Krämer soll nicht denken, daß in unserem Heim Buben wohnen, die von Sauberkeit nicht viel halten. Er soll wissen, daß ihr ordentliche Kerle seid, die etwas auf sich halten und anständig daherkommen. Wozu habe ich eigentlich auf dem Treppenpodest einen mordsgroßen Spiegel aufstellen lassen? Du weißt doch, was darunter steht?"

„Ja, nosce te ipsum! – Das heißt, erkenne dich selbst! Aber wenn ich das Geländer herunterrutsche, kann ich den Spiegel nicht sehen; hinten habe ich nämlich keine Augen."

„Ein Grund mehr, die Stufen hinabzusteigen. Also in Zukunft hab mehr auf dich acht! Vergiß nie, daß die äußere Sauberkeit ein Abbild der inneren Reinheit sein soll! Einverstanden, Peppo?"

„Klar, Don Angelo!" versicherte der Bub. „Ihnen tu ich doch jeden Gefallen!"

„Also troll dich in den Waschraum!"

Roncalli war seiner Buben bester Kamerad, zugleich aber auch ihr gütiger und, wenn es nottat, auch strenger Vater. Das wurde auch nicht anders, als er zum päpstlichen Hausprälaten ernannt wurde. Für die Jungen blieb er „Don Angelo", nichts weiter.

Er selbst hielt am wenigsten von der „bunten Eitelkeit", wie er die neue Würde nannte. Nur um seinen Eltern eine Freude zu machen, zeigte er sich eines Tages in seinem Prälatengewand in der Colombera. Der alte Vater war sichtlich stolz auf seinen Sohn, der es so weit gebracht hatte; die Geschwister, Neffen und Nichten machten vor Staunen kugelrunde Augen. Die Mutter aber begriff von der Veränderung wenig. Was ein Prälat war, wußte sie nicht, und als eine Nachbarin sie fragte, warum ihr Angelo jetzt im bischöflichen Talar herumliefe, antwortete sie: „Ach, was weiß ich, warum? Es wird heutzutage so vieles geändert, auch bei den Priestern. Eine einfache Frau wie ich versteht nichts davon. Er ist und bleibt doch mein Angelo, ob er nun in Schwarz, Violett oder Rot daherkommt."

„Und die Quasten an seinem Hut?"

„Sicher auch so eine neue Mode! Was weiß ich davon?"

Eines aber schmerzte die Mutter. Der Besuch in der Colombera galt einem Abschied.

„Der Rote Papst hat mich zum Leiter des Werkes der Glaubensverbreitung gemacht. Ich muß nach Rom", erklärte Don Angelo seiner Familie.

„Der Rote Papst?" fragte die Mutter erstaunt. „Gibt es denn zwei Päpste, einen weißen und einen roten?"

„Natürlich nicht, Mamma", lachte der Sohn. „Man nennt nur so den Präfekten der Propagandakongregation, Kardinal van Rossum."

„Es ist doch das Groschenwerk, von dem du sprichst", sagte der Vater. „Ich meine, das könnte auch ein anderer machen, das Geldeinsammeln. Du hast doch in Bergamo so viel zu tun, was sicher wichtiger ist."

„Kardinal van Rossum schrieb mir, es sei der ausdrückliche Wunsch des Heiligen Vaters, daß ich das Amt übernehme. Ich habe immer gehorcht und werde es auch jetzt tun, so schwer es mir auch fällt, mich von meinen Seminaristen zu trennen und vor allem von den Buben im Schülerheim."

„Nun, wenn es der Papst ausdrücklich will, mußt du gehorchen", nickte der Bauer. „So tu, was man dich heißt! Rom ist schließlich auch nicht aus der Welt."

„Aber du wirst viel seltener kommen, und wir werden immer älter", seufzte die Mutter. „Wie kommt der Heilige Vater nur ausgerechnet auf meinen Angelo!" Das war ein Rätsel, das die schlichte Frau nicht zu lösen vermochte.

Im Sommer 1921 zog Roncalli in das flammenheiße Rom und stieg schweren Herzens die Stufen des Propagandapalastes auf der Piazza di Spagna empor. Nur wenige Lire klimperten in seiner Tasche, hatte er doch stets arm gelebt und alles Entbehrliche den noch Ärmeren hingegeben. Nun aber sollte er als Leiter des „Groschenwerkes" erst recht der Bettler Gottes werden.

Der Leiter der Propaganda, der holländische Kardinal Wilhelm van Rossum, empfing ihn mit echt niederländischer Herzlichkeit.

„Hoffentlich geht Ihnen die Puste nicht aus im heißen Rom, Monsignore", sagte er und wischte sich über die dampfende Stirn. „In diesem Jahr ist es besonders schlimm. Sie brauchen aber für das Werk, für das Sie der Heilige Vater bestimmt hat, eine eiserne Gesundheit. Sie werden Gottes Reisender sein in den kommenden Jahren, ein Bettelreisender, um es genau zu sagen. An vielen Türen werden Sie anklopfen, bei Bischöfen und Institutionen, und vielleicht sind Sie nicht überall ein gerngesehener Gast. Ich hoffe, Sie schrecken vor dieser Aufgabe nicht zurück."

„Ich gestehe Eurer Eminenz offen, daß ich Bergamo nur ungern verlassen habe", erwiderte Roncalli freimütig. „Was aber das Betteln angeht, so schreckt mich das nicht. Ich bin eines armen Pächters Sohn und hatte kaum jemals mehr als ein paar Soldi in der Tasche. Doch ward ich in frühester Kindheit belehrt, in jedem Bettler Gottes armen Bruder zu sehen. Kam ein Armer in unser Haus, ward ihm der Ehrenplatz an unserem Tisch angewiesen, und nie wurde er ohne Wegzehr entlassen. Wie sollte ich mich also davor fürchten, ein Bettler Gottes zu sein?"

„Sie gefallen mir, Monsignore, Sie haben das Herz auf dem rechten Fleck. Aber im Ernst, es gibt bei uns viel zu tun. All die Missionsvereine in der Welt, in Lyon, in Mailand, im schweizerischen Freiburg, in Aachen und München, gehen ihre eigenen Wege. Will man aber Erfolg haben, müssen all diese löblichen Werke zu einem einzigen zusammengefaßt werden. Wir müssen Mittel finden, alles neu zu organisieren, damit die Bäche des Wohltuns in den einzelnen Ländern nicht versanden, sondern zu einem Meer werden, aus dem der Heilige Vater schöpfen kann für die Heimholung der Welt in Gottes Reich. Zunächst aber werden Sie sich um Italien kümmern müssen und dort die Missionsarbeit, die infolge der Kriegs- und Nachkriegsjahre stark zurückging, neu zu beleben suchen."

Schon wenige Tage nach seiner Ankunft empfing Papst Benedikt XV. den Prälaten in Privataudienz.

„Ich freue mich sehr", sagte er, „daß Sie meiner Bitte entsprochen haben. Ich hoffe, Sie werden gute Arbeit tun. Übrigens habe ich Ihr Buch über meinen alten Freund, den verstorbenen Bischof Radini, mit großer Freude gelesen. Sie sind bei ihm in eine treffliche Schule gegangen."

„Er war der beste Lehrmeister, den ich mir wünschen konnte, Heiligster Vater", erwiderte Roncalli. „Er wird für immer mein Vorbild sein, auch in meiner neuen Tätigkeit hier in Rom."

„Das ist recht!" nickte der Papst. „Radini war eine rechte Feuerseele. Möge er Ihnen durch seine Fürsprache im Himmel helfen, die Missionsarbeit, die mir so sehr am Herzen liegt, mit gleichem Eifer zu fördern, in Italien und überall in der Welt. Denken Sie an das Wort unseres Meisters: ‚Ich bin gekommen, Feuer auf die Erde zu werfen, und was will ich anderes, als daß es brenne!'"

Dennoch forderte es von Roncalli einige Überwindung, Tag für Tag die Arbeit zu tun, die ihn zunächst nur an den Schreibtisch fesselte. Ihm, der gewohnt war, lebendige Menschen zu formen, fiel es schwer, sich mit Zahlen und Statistiken zu beschäftigen; aber von Jugend auf daran gewöhnt zu gehorchen, versah er auch sein neues Amt mit großer Gewissenhaftigkeit. Obschon Kardinal van Rossum seinen Arbeitseifer aufrichtig schätzte, hielt sich Roncalli selbst für „einen Faulpelz, der mit der Peitsche angetrieben werden müsse". So schrieb er in sein Tagebuch.

Seine Reisen als Bettler Gottes führten ihn durch ganz Italien, vom äußersten Norden bis nach Sizilien, und mit solcher Wärme und Herzlichkeit warb er um Unterstützung der Missionsarbeit, daß der Erfolg nicht ausblieb.

Am 22. Jänner 1922 hauchte Benedikt XV. seine große Seele aus, sein Leben Gott aufopfernd für den Frieden der Welt. Zu seinem Nachfolger wählte das Konklave Kardinal Achille Ratti, den Roncalli als den stets hilfsbereiten Leiter der Ambrosianischen Bibliothek in Mailand kennengelernt hatte. Als er ihn bald nach seiner Inthronisation in Audienz empfing, fragte ihn Pius XI. mit feinem Lächeln, wie es mit der Arbeit über die Visitationsreisen des heiligen Karl Borromäus stehe.

„Sie wird mich wohl noch viele Jahre beschäftigen", antwortete Roncalli. „Es bleibt mir in Rom so wenig Zeit dazu, Heiligster Vater."

„Sie haben recht, Monsignore", nickte der Papst. „Auch mir war wohler bei den Folianten in Mailand. Aber es gibt jetzt Wichtigeres zu tun. Ich bin fest entschlossen, die Missionsarbeit mit aller Kraft zu fördern und freue mich sehr, in Ihnen einen tüchtigen und eifrigen Mitarbeiter zu haben."

In den folgenden Jahren reiste Prälat Roncalli durch halb

Europa, nach Frankreich, Belgien, Holland, Deutschland, Österreich, in die Schweiz. Seine Verhandlungen gedeihlicher führen zu können, müßte er sich, außer Französisch, das er ziemlich gut beherrschte, auch Deutsch zu lernen. Eingehend studierte er die Missionsarbeiten in den verschiedenen Ländern, lernte und verglich, fand schließlich den rechten Weg, alle nationalen Bemühungen aufeinander abzustimmen.

Fast vier Jahre arbeitete er als Gottes Bettler für die Propaganda, dann aber wartete eine neue, völlig ungewohnte Aufgabe auf ihn. Pius XI. berief ihn in den diplomatischen Dienst, bestimmte ihn zum Apostolischen Visitator für Bulgarien und ernannte ihn, den Sohn des armen Pächters aus Sotto il Monte, zum Titularerzbischof von Aeropolis.

Am Josefstag 1925 wurde er in der Kirche San Carlo am Corso durch Kardinal Tacci geweiht. Mit tiefer Bewegung nahmen die Eltern und Geschwister, die zum erstenmal in ihrem Leben nach Rom gekommen waren, an der erhabenen Feier teil. Tags darauf empfing sie Pius XI. mit dem Neugeweihten in Privataudienz.

„Ich danke Euch von Herzen, daß Ihr der Kirche einen solchen Sohn geschenkt habt", sagte der Heilige Vater zu den betagten Eltern. „Er wird noch viel Gutes zu Gottes Ehre und zum Heil der Seelen wirken."

In seiner Verwirrung vermochte Battista Roncalli kaum auf die Fragen des Papstes zu antworten; er biß sich, seine Rührung zu bezwingen, auf die Lippen und zerknautschte die Mütze in seinen Händen. Mutter Marianna aber sagte in ihrer Bergamasker Mundart: „Ja, ja, Heiligster Vater, mein Angelo war immer ein guter Junge. Er hat uns stets nur Freude gemacht." Dabei leuchtete heimlicher Stolz aus ihren dunklen Augen.

„So segne Euch Gott um Eures Sohnes und Euren Sohn um solcher Eltern willen!" rief der Heilige Vater bewegt und legte seine Hand auf des Erzbischofs Stirn, auf das greise Haupt des Vaters und das schwarze Kopftuch der Mutter.

Dem Fest in Rom folgte die Feier daheim. Das ganze Dorf war festlich geschmückt, als Angelo Roncalli einzog, groß und klein jubelte ihm zu. Die Frauen standen am Weg zur Kirche und stammelten, fassungslos vor Staunen:

„O du liebe Madonna von Caneve! Sotto hat einen Bischof, einen richtigen Bischof. Wer soll das begreifen?"

Die Hände gefaltet wie vor einem Heiligen, starrten sie auf den Neugeweihten, der vorüberschritt, nach allen Seiten den Segen erteilend. Die violetten Gewänder, die er trug, waren das treue Vermächtnis des geliebten Bischofs Radini.

Daheim fragte die Mutter den Sohn, wo denn das Bistum Aeropolis eigentlich liege.

„In Palästina, Mamma!" erwiderte Angelo lächelnd.

„So mußt du jetzt nach Palästina?"

„Nein, Mamma, nicht nach Palästina!"

„Das verstehe ich nicht. Ein Bischof muß doch in seiner Diözese wohnen."

„Don Angelo ist doch nur Titularbischof von Aeropolis", erklärte Zaverio. „Begreifst du nicht? Er ist nur auf den Titel geweiht. Das Bistum Aeropolis gibt es schon lange nicht mehr."

„Das begreife ich nicht. Aber wohin gehst du denn, Angelo, wenn nicht in deine Diözese, die es gar nicht mehr gibt?"

„Als päpstlicher Visitator nach Bulgarien."

„Gott weiß, wo das ist", seufzte die Bäuerin. „Und was ein Visitator ist, weiß ich auch nicht."

„Bulgarien liegt auf dem Balkan", belehrte sie Zaverio. „Einige Regimentskameraden waren im Krieg dort."

„Und wo ist der Balkan?"

„Im Osten, Mamma, ziemlich weit von hier."

Angelo zeigte es der Mutter auf einer Landkarte. „Schau her! Das ist Italien, und hier liegt Bulgarien." Die Bäurin schüttelte den Kopf und meinte:

„Auf der Karte hier scheint das gar nicht so weit zu sein.

Nur ein paar Fingerbreit! Nun, mag's sein, wie es will, der liebe Gott ist sicher auch dort, und meine Gebete werden dir nachgehen, wo immer du bist."

„Ja, Mamma, bete für mich!" erwiderte Angelo herzlich. „Das wird mir ein großer Trost sein."

Nach einer mehrwöchigen Ruhepause im stillen Sotto bestieg er in Mailand den Simplon-Orient-Expreß, der ihn zu seinem fernen Ziel führen sollte. Pater Konstantin Bosschaerts, ein belgischer Benediktiner, Sachverständiger für osteuropäische Fragen, begleitete ihn.

Der Erzbischof vertiefte sich gleich nach Beginn der Fahrt in den „Corriere della Sera". Plötzlich ließ er das Blatt sinken und rief bestürzt:

„Haben Sie das gelesen, Pater, das von dem schrecklichen Unglück in Sofia?"

Hastig überflog der Belgier den Zeitungsartikel. Terroristen hatten den bulgarischen Ministerpräsidenten, General Kimon Georgiev, ermordet. Bei dem Trauergottesdienst in der orthodoxen Kathedrale Sveta Nadelja explodierte eine Zeitbombe; das ganze Kirchendach stürzte herab und tötete hundertfünfzig Personen. Wie durch ein Wunder entging der junge König Boris dem Anschlag, der auf ihn gezielt war. Eine Autopanne hatte ihn aufgehalten, so daß er erst nach dem Attentat bei der Kathedrale eintraf.

Nachdenklich faltete der Benediktiner das Blatt zusammen und sagte:

„Mir scheint, wir geraten da mitten in einen Hexenkessel."

„Sie haben recht", nickte der Erzbischof. „Der Balkan ist und bleibt das Pulverfaß Europas, aber Gott und die heilige Jungfrau werden uns nicht verlassen."

Am 25. April 1925 traf er in Sofia ein und bezog auf der Ulitza Liulina eine bescheidene Wohnung, unweit der Sveta Bogoroditza, der Kirche der heiligen Gottesmutter.

DURCH PARADIES UND HÖLLE

Am ersten Sonntag nach Roncallis Ankunft in Sofia füllte sich die Sveta Bogoroditza, die Kirche der Gottesmutter, bis in den letzten Winkel. Zu vielen Hunderten waren sie gekommen, Katholiken des lateinischen Ritus, Unierte, Orthodoxe, Priester, Ordensleute, Popen, Regierungsbeamte, Diplomaten, mazedonische Flüchtlinge, die erst wenige Tage zuvor in einem wahren Elendstreck angelangt waren, zerlumpt, ausgehungert, gezeichnet von den Strapazen der langen qualvollen Wanderung.

In erwartungsvoller Stille hoben alle die Augen zu dem päpstlichen Visitator empor, der im bischöflichen Ornat die Kanzel betrat und in tiefer Bewegung seinen Blick auf der Menge ruhen ließ.

„Meine lieben Kinder!" begann er auf italienisch, ein wenig beklommen, daß er nicht in der Sprache der Zuhörer reden konnte. „Ich komme zu euch als Bote des Heiligen Vaters, bringe euch seinen Segen, seine Liebe, sein ganzes Herz." Wort für Wort übersetzte ein bulgarischer Priester, der Assumptionistenpater Methodius Ustichkoff.

„Ich komme zu euch in einer schweren, leidvollen Stunde. Ich sah die Trümmer der herrlichen Kathedrale Sveta Nadelja, unter deren stürzender Kuppel so viele unschuldige Menschen erschlagen wurden. Ich sah die Verletzten und Verstümmelten im Clementine-Krankenhaus, hörte ihre Seufzer und Klagen, und das Wort des Trostes, das ich sprechen wollte, blieb mir im Herzen stecken, so sehr erschütterte mich ihr Leid. Ich sah sie kommen, die Vertriebenen aus Mazedonien, Männer, Frauen, Kinder und Greise, die alles verloren und nichts mitbrachten als den schwachen Schimmer einer Hoffnung, ein besseres Los zu finden, eine neue Heimat mitten unter euch. Ich besuchte euren jungen König

Boris und fand ihn tief gebeugt unter der Last und dem Elend dieser jammervollen Tage. So begegnete mir als erstes am Tor eures Landes das Leid und hieß mich willkommen. Aber ich bin hier, um mit euch gemeinsam euer Kreuz zu tragen, mit euch zu leiden, unter euch zu leben, alles mit euch zu teilen und euch mit meinem schwachen Kräften zu helfen, den Weg in eine bessere Zukunft zu finden."

Eindringlich mahnte er seine Zuhörer, in der Stunde der großen Heimsuchung zusammenzustehen ohne jeden Unterschied des Bekenntnisses.

„Wir wollen einander lieben", rief er seinen Glaubensbrüdern zu, „Katholiken und Orthodoxe. Der Groll vieler Jahrhunderte sei endlich vergessen, wahre Bruderliebe trete an seine Stelle. Es ist nicht genug, freundliche Empfindungen für die getrennten Brüder zu empfinden, liebet sie von ganzem Herzen und beweist eure Liebe durch die Tat!"

Demütig entschuldigte sich der Erzbischof, daß er in einer fremden Zunge reden müsse.

„Noch bedarf ich eines Dolmetschers. Aber ich werde nicht ruhen, bis ich eure Sprache erlernt habe, die mich bezaubert mit ihrem Klang. Noch heute fange ich damit an, und mit Gottes Hilfe hoffe ich, bald auf bulgarisch all das sagen zu können, was mir das Herz bewegt."

Ergriffen lauschten die Versammelten der Stimme des Erzbischofs; auch wenn sie seine Worte nicht verstanden, sie hörten doch, noch ehe der Dolmetsch übersetzte, den Ton einer tiefen Güte und einer allumfassenden Liebe heraus. Als sie seine Absicht, ihre Muttersprache zu erlernen, vernahmen, antworteten sie mit jubelnder Begeisterung.

Roncalli machte sein Versprechen wahr. Tag für Tag hockte er viele Stunden über der bulgarischen Grammatik, quälte sich damit ab, die fremden Laute zu erlernen, wobei ihm Pater

Ustichkoff als geduldiger Lehrer zur Seite stand. In seinem Eifer, möglichst schnelle Fortschritte zu machen, kannte der bischöfliche Schüler keine Grenzen. Hundertmal wiederholte er ein Wort, das seiner italienischen Zunge besondere Schwierigkeiten machte, bis er es endlich zur Zufriedenheit seines Meisters auszusprechen vermochte.

Das Zimmer war dann stets in dicke Zigarrenwolken gehüllt, so daß Roncalli mit komischer Duldermiene stöhnte:

„Wenn Sie nur nicht so fürchterlich qualmen würden, Pater! Mir raucht der Schädel ohnehin schon genug."

„Ach, liebe Exzellenz", antwortete der schon hochbetagte Pater, „daran müssen Sie sich gewöhnen in unserem Land. Bulgarien hat zwei besondere Gottesgaben, Wein und Tabak. Ich halte letzteren für die beste." Wenn er auf seine Heimat zu sprechen kam, wurde der gute Mann zu einem wahren Schwärmer.

„Als der liebe Gott den einzelnen Völkern ihre Länder gab", erzählte er, „teilte er jedem ein besonders schönes Stücklein Erde zu, den Franzosen die Côte d'Azur, den Russen den Kaukasus, den Italienern Sorrent, den Deutschen den Rhein und den Schwarzwald. Schließlich trat ein Mann vor ihn hin, schlank und breitschulterig, nahm demütig seine Pelzmütze ab und fragte, wo er denn wohnen solle. Da nahm der Herr einen Streifen seines Paradieses und sprach: Weil du ein bescheidener und guter Mensch bist, so nimm dies Stück Paradies! Es soll deine Heimat sein. Bulgarien soll es heißen."

„Eine schöne Legende!" lächelte der Erzbischof.

„Vielleicht nur eine Legende, Monsignore, aber ich glaube daran." Was der alte Priester zum Lobpreis seines geliebten Vaterlandes hinzufügte, war ein einziges Jubilieren und endete mit der Strophe aus der Nationalhymne des Dichters Iwan Vasov:

„Teure Heimat, du mein Paradies auf Erden,
deine Herrlichkeit und Schönheit
sind ohne Ende."

Roncalli, der sich redlich mühte, den Bulgaren ein Bulgare zu werden, drängte auf Fortsetzung des Unterrichts.

„Also noch einmal! Guten Tag heißt ‚dobar den', guten Morgen ‚dobro utro', gute Nacht ‚leka noscht', auf Wiedersehen ‚do wishdane'!"

Zufrieden nickte der Pater in seine Rauchwolken hinein.

„Aber nun sagen Sie mir vor allem, was heißt Gehorsam und Friede? Das ist nämlich mein bischöflicher Wahlspruch, ich habe ihn von meinem geliebten Kardinal Baronius übernommen."

„Wer Baronius war, weiß ich nicht, aber Gehorsam und Friede heißt: ‚Posluschnost i Mir'."

„Posluschnost i Mir! Das darf ich nicht vergessen."

So unermüdlich war Roncalli in seinem Eifer, daß er sich nach einigen Wochen schon ein wenig auf bulgarisch verständigen konnte, und wenn er jetzt auf die Kanzel ging, ließ er wenigstens zuweilen ein bulgarisches Wort in seine Predigt einfließen, sehr zur Freude seiner Zuhörer, die davon so gerührt waren, daß sie gern über die Mängel der Aussprache hinwegsahen.

In Sofia nannte man ihn bald allgemein den „Monsignore Vogliamoci bene" (Monsignore Laßt uns einander Gutes tun), so oft hatten sie dies italienische Wort von seinen Lippen gehört.

Eine ganz besondere Freude war es für Roncalli, als ihm Pater Ustichkoff eines Tages eine bulgarische Ausgabe der Nachfolge Christi schenkte, die er selbst in seine Muttersprache übersetzt hatte. Mit Hilfe dieses Buches, das er über alles liebte, vervollkommnete der Erzbischof seine Sprachkenntnisse.

Auch mit der Geschichte des Landes machte ihn sein Lehrmeister vertraut. Dem alten Mann standen die Tränen in den Augen, wenn er von dem wechselvollen Schicksal Bulgariens berichtete, das durch Jahrhunderte so leidenschaftlich um seine Freiheit gekämpft, vor allem gegen die Türken, unter deren Herrschaft es grauenvoll gelitten hatte.

„Ich nannte Ihnen einmal die Hauptschätze unseres Landes,

Exzellenz, Tabak und Wein", sagte er, „aber ich vergaß dabei das Wichtigste. Wir haben drei große Kostbarkeiten, die uns stolz und glücklich machen; die heißen ‚Svoboda, Wino i Tjutjun – Freiheit, Wein und Tabak'. Um die Wahrheit zu sagen, für die Freiheit würden wir sogar auf Wein und Tabak verzichten. Wir haben um ihretwillen Unsägliches erlitten. Haben Sie schon die kleine Kirche beim Parlamentsgebäude gesehen? Sie steckt fast ganz unter der Erde, nur eine kleine Spitze schaut heraus."

„Welche Bewandtnis hat es damit?"

„Sie stammt aus der Zeit der Türkenherrschaft. Damals war es verboten, hohe Gotteshäuser zu bauen. Daher mußten wir mit unseren Kirchen unter die Erde."

„So hatte auch Bulgarien seine Katakombenzeit."

„Und seine Märtyrer!" fügte der Pater mit sichtlichem Stolz hinzu.

Eine Weile schwieg der Erzbischof, dann sagte er bewegt:

„Wie sehr wünsche ich den Tag herbei, da alle Christen, gleich welchen Bekenntnisses, zu der einen Herde zurückkehren. Ich bete darum und glaube fest an die Wiedervereinigung."

Ustichkoff sah nachdenklich dem Rauch seiner Zigarre nach.

„Es gab einige Augenblicke in der Geschichte unseres Landes, da das Ende der tausendjährigen Trennung nahe schien, aber es fehlte wohl auf beiden Seiten am rechten Verständnis. Zuletzt noch hofften wir auf einen Brückenschlag mit Rom, als im Sommer 1887 der katholische Prinz Ferdinand von Coburg den Zarenthron bestieg. Doch sahen wir uns in unseren Erwartungen enttäuscht, da er seinen ältesten Sohn, unseren jetzigen König Boris, zwar katholisch taufen ließ, zwei Jahre später aber dessen Übertritt zur Orthodoxen Kirche verkündete. Das geschah, um die Aussöhnung mit Rußland zu fördern, also aus Gründen der Staatsräson. Zur Zeit besteht wenig Hoffnung auf eine umfassende Union, obwohl ihr der orthodoxe Metropolit Stephan Georgieff zuneigt."

„Ich werde ihn aufsuchen und mit ihm reden", erwiderte Roncalli entschlossen.

Der Metropolit empfing den päpstlichen Visitator mit Freundlichkeit und versicherte ihm, wie sehr ihm die Vereinigung mit Rom am Herzen liege, doch erwiesen sich seine Kenntnisse des Katholizismus als so erschreckend mangelhaft, daß ein gedeihliches Gespräch kaum möglich war. Immerhin war das Eis gebrochen, und nicht ganz ohne Hoffnung verließ Roncalli das Palais.

Als seine wichtigste Aufgabe betrachtete er es, die Katholiken im Land aufzusuchen, um sich persönlich ein Bild von ihrer Lage zu machen und sie in ihrer Glaubenstreue zu bestärken.

An einem strahlenden Frühlingstag brach er auf, begleitet von seinem Sekretär Stephan Kurtev, einem jungen bulgarischen Priester von hoher Intelligenz und tiefer Frömmigkeit.

Durch unheimliche Gebirgsschluchten, durch tiefe dunkle Wälder ging die Fahrt, dann wieder durch fruchtbare Ebenen mit wogenden Kornfeldern, vorbei an prangenden Rebhügeln, riesigen Pflanzungen mit Sonnenblumen, durch das in der ganzen Welt einmalige Tal der Rosen, bis zum goldenen Strand des Schwarzen Meeres.

„Nun begreife ich die Begeisterung des guten Paters Ustichkoff", rief Roncalli, überwältigt von so viel Schönheit und Pracht. „Bulgarien ist wahrhaftig ein Stück Paradies."

„O ja, Exzellenz, ein wahrer Gottesgarten", stimmte sein junger Begleiter zu. „Aber es verbirgt sich viel Leid und Not hinter den Bäumen Edens. Sie werden es noch erleben."

Überall, wohin er kam, wurde der apostolische Visitator von den Katholiken des lateinischen wie des slawischen Ritus mit Ehrfurcht und Freude begrüßt. Schon aus der Ferne läuteten die Glocken zum Willkomm, Kinder streuten Blumen auf seinen Weg. Mit Musik und Gesang geleitete man ihn zum Gotteshaus, wo er der atemlos lauschenden Menge die Botschaft der Liebe und des Friedens verkündete. Nachher bedrängten ihn Journalisten und Photographen, die gar nicht nötig hatten, ihn um ein freundliches Lächeln zu bitten. Stets strahlte sein Antlitz vor herzlicher Güte, wenn er sich, umdrängt von der ganzen Gemeinde, der Kamera stellte.

Kaum wieder heimgekehrt, macht er sich mit dem Priester Kurtev auf die zweite Reise, die ihn bis an die türkische Grenze führen sollte. Zu beiden Seiten der Mariza waren die Zentren der Katholiken des orientalischen Ritus.

Unter dem glühenden Sommerhimmel brachte sie ein klappriges Auto bis zur Arda, einem Nebenfluß der Mariza. Dort sollte der Chauffeur ihre Rückkehr erwarten.

Irgendwo im Ufergebüsch nahmen sie einen Bissen zu sich, fanden endlich eine Barke, die sie an die andere Flußseite brachte. Dann ging's zu Pferd weiter.

„Wie gut, daß ich als Bub reiten gelernt habe", sagte Roncalli, als er sich in den mit einem Ziegenfell bespannten Holzsattel schwang, der sich jedoch als wahres Marterinstrument erwies.

Tief erschütterte ihn das Elend der Katholiken und ihrer Priester. Das Pfarrhaus in Pokrovan war ein türkischer Kornspeicher, aus rohen Steinen gefügt, innen und außen ohne Putz, nur erhellt von winzigen Luken. Um leben zu können, arbeitete der Seelsorger, ein Assumptionistenpater, als Handlanger.

Das ganze Dorf bestand aus armseligen Hütten, auch die Kirche war eine solche, selbst der Tabernakel fehlte. Hier und in anderen Orten erzählte man ihm von den entsetzlichen Greueln, mit denen die Türken die ganze Gegend heimgesucht hatten.

Noch stand das Grauen in den Gesichtern der alten Dorfbewohner, wenn sie davon berichteten.

„Sie haben gebrannt, geplündert, gequält und gemordet. Auf den Friedhöfen türmten sich die Leichen der Erschlagenen; man konnte sie nicht mehr begraben. Männer und Frauen schlachteten sie hin mit ihren krummen Säbeln, nicht einmal das Ungeborene war sicher im Schoß der Mutter. Zu Hunderten und Tausenden schleppten sie Buben und Mädchen in die Sklaverei. Ganze Familien kamen in den Flammen ihrer brennenden Häuser um. Säuglinge warfen die Osmanen vor den Augen ihrer Mütter in die Luft, spießten sie mit ihren Bajonetten auf. Alles wurde geplündert oder zerstört, selbst unsere Kirchen und unsere goldenen Ikonen. Alles wurde kurz und klein geschlagen, alles vernichtet! Nur wenige retteten sich aus der Hölle. Unsere Dörfer haben wir verlassen, aber unseren Glauben nie. Wir blieben ihm treu, obschon jedem, der zum Islam übertrat, Leben und Freiheit zugesichert wurde."

Manche Orte fand Roncalli völlig verlassen; nur noch Trümmerhaufen ließen erkennen, daß hier einmal Menschen gewohnt hatten. In den zerstörten Kirchen waren die Heiligenbilder und Altäre zerschmettert, die Tabernakel erbrochen und ausgeraubt. Irgendwo in Schmutz und Schutt lagen zerrissene Paramente, Meßgewänder und Rauchmäntel.

Auf Schritt und Tritt begegnete der apostolische Reisende dem Elend, aber auch der Treue der Katholiken, die alles hingegeben hatten um ihres Glaubens willen. Mit Tränen in den Augen begrüßten sie den Abgesandten des Heiligen Vaters, küßten seinen Ring, seine Hände, glücklich darüber, daß sie nicht ganz vergessen waren in ihrer Einsamkeit und Not.

„Mir blutet das Herz bei so viel Leid", stöhnte Roncalli, als er sich in einem der ärmsten Dörfer zur Ruhe legte. „Könnte man ihnen nur helfen! Aber ich kann ihnen nichts geben als meinen Segen und das Versprechen, sie für immer in meinem Herzen zu tragen."

„Es fehlt vor allem ein tüchtiger Oberhirt", antwortete Stephan Kurtev. „Unsere Glaubensbrüder sind so grenzenlos verlassen, weil sie keinen Vater haben, keinen Bischof, der für seine Kinder sorgt!"

„Du hast recht!" nickte der Visitator. „Diesem Volk fehlt der Vater. Ich werde nach Rom reisen und dem Papst berichten. Sei sicher, er wird den bulgarischen Katholiken einen Vater senden, der ihre Leiden versteht und sie mit ihnen trägt. Du wirst mich auf dieser Reise begleiten."

„Ich soll nach Rom?" stammelte der junge Priester.

„Du wirst dich mit mir zu Füßen des Heiligen Vaters niederwerfen und meine Bitte unterstützen. Wenn wir dann an unsere Arbeit zurückkehren, wirst du nicht mehr Don Stephan heißen, sondern Monsignore Cyrillus, Bischof von Bulgarien."

„Ich, Bischof?" rief Kurtev völlig verwirrt. „Nein, Exzellenz, nein! Ich bin nicht würdig, nicht fähig, ich bin viel zu jung."

„Das Letztere bessert sich von Tag zu Tag, im übrigen kenne ich niemanden, der des hohen Amtes würdiger wäre als du, mein Sohn. Du wirst der gute Vater eines armen Volkes sein."

Noch einmal beschwor ihn der Priester, von seinem Plan abzustehen, aber der Erzbischof unterbrach ihn lächelnd. „Genug davon! Versuchen wir zu schlafen! Morgen reiten wir weiter."

In der Nacht ging ein schweres Gewitter nieder, und in der Frühe goß es in Strömen. Trotzdem trabten sie los, da sie in einem Dorf inmitten der Wälder erwartet wurden. Wie überall fanden sie auch hier Elend und Not, und doch auch die gleiche Freude bei ihrem Einzug in das bescheidene Gotteshaus.

Der Regen wurde am folgenden Tag zu einem wahren Wolkenbruch. Als sie, völlig durchnäßt, wieder an der Arda anlangten, erwartete sie eine böse Überraschung. Der Chauffeur, den sie zurückgelassen hatten, war samt dem Auto aus Furcht vor Banditen verschwunden. Es blieb nichts anderes übrig als weiterzureiten.

Es dunkelte schon, als sie ohne Aussicht auf eine Unterkunft durch die dichten Wälder und Bergschluchten trabten. Bangen Herzens schauten sie nach einer schützenden Höhle aus, als sie plötzlich in scharfem Befehlston angerufen wurden.

„Halt, keinen Schritt weiter! Herunter vom Sattel!" Grenzposten hatten sie aufgespürt, fragten nach dem Woher und Wohin, brachten sie schließlich mit vorgehaltenen Bajonetten auf die Wache. Offenbar glaubten sie, türkische Spione erwischt zu haben, wenn nicht gar verkleidete Banditen.

Vergebens zeigte ihnen der Erzbischof seinen Paß, der ihn als päpstlicher Visitator auswies. Die Soldaten konnten nicht lesen. Mißtrauisch musterten sie sein Brustkreuz und den Ring an seinem Finger. Wer konnte wissen, wo er diese Kostbarkeiten gestohlen hatte.

In seinen nassen Kleidern verbrachte Roncalli die Nacht auf einer hölzernen Pritsche, während sich sein Begleiter, in eine stinkende Decke gehüllt, auf den Lehmboden niederlegte.

„Immerhin hat uns der liebe Gott zu einer Unterkunft verholfen", scherzte der Erzbischof, bevor er einschlief.

Erst als am Morgen ein Offizier erschien, vermochte Roncalli den Irrtum aufzuklären.

Mit höflicher Entschuldigung wurden die Arrestanten freigelassen; als sie jedoch weiterreiten wollten, vermißten sie ihre Pferde; offenbar hatten Banditen sie gestohlen.

Da war guter Rat teuer. Der Offizier bestellte schließlich telefonisch eine „araba", ein armseliges Ochsenfuhrwerk, das jedoch erst zwei Tage später eintraf.

Beim Abschied riet er dem Erzbischof, Kreuz und Ring zu verstecken und auch die Quasten von seinem Hut zu entfernen, um die Habgier der Banditen nicht zu reizen.

„Sie haben überhaupt unbegreifliches Glück gehabt", sagte er. „Noch am Tag Ihrer Ankunft wurde ein Postwagen überfallen und ausgeraubt. Den Fahrer fand man halbtot auf der Straße."

„Ich habe eine Aufgabe in Ihrem Land zu erfüllen", antwortete Roncalli lächelnd, „und darum bin ich überzeugt, daß uns der liebe Gott nichts zustoßen läßt. Selbst die Verhaftung durch Ihre Leute war schließlich eine Wohltat. Wir hätten sonst im Freien übernachten müssen, und das bei diesem Regen, der gar kein Ende zu nehmen scheint."

In den dichten Wäldern begegneten sie keiner Seele, nur eine lange Karawane von Flüchtlingen kreuzte ihren Weg. Die armen Menschen, die sich durchnäßt daherschleppten, sahen zum Erbarmen aus.

In Silvengrad wechselten die Reisenden den Wagen und fuhren weiter in die thrazische Ebene. Gegen Ende des Sommers waren sie wieder in Sofia, froh, die beschwerliche Reise hinter sich zu haben und doch tief erschüttert durch all den Jammer, der sich ihnen geoffenbart hatte.

Im folgenden Jahr machte Roncalli das Versprechen wahr, das er seinem jungen Begleiter gegeben hatte, er nahm ihn mit nach Rom. Gern erfüllte Pius XI. seinen Wunsch und ernannte Stephan Kurtev, der künftig den Namen Cyrill tragen sollte, zum Titularbischof von Briula und zum Apostolischen Exarchen für die bulgarischen Katholiken. Am 5. Dezember 1926 wohnte Roncalli mit großer Freude der Weihe des neuen Oberhirten bei, den er wie einen Sohn liebte. Seine tiefe Ergebenheit, seinen unerschütterlichen Mannesmut, seine Opferbereitschaft, sein edles, treues Herz hatte er auf den mühseligen und gefahrvollen Reisen zur Genüge kennengelernt. Keinem Würdigeren hätte der Heilige Vater ein solch hohes und verantwortungsvolles Amt übertragen können.

Zu Beginn des folgenden Jahres feierte man im fernen Sotto il Monte in aller Stille ein Fest, an dem Angelo Roncalli zu seinem Bedauern nicht teilnehmen konnte. So viel Arbeit wartete auf ihn in Bulgarien, daß er gleich nach der Weihe mit Bischof Kurtev nach Sofia zurückgekehrt war. Sosehr es ihn auch schmerzte, zur goldenen Hochzeit seiner betagten Eltern konnte er nur schriftlich seine Glückwünsche senden. Mit tiefer Bewegung und echtem

Heimweh schrieb er aus Istanbul, wo er als Gast des Apostolischen Delegaten weilte:

„Meine lieben Eltern!

Als Ihr vor fünfzig Jahren als Neuvermählte die arme Kirche Santa Maria in Sotto il Monte verließet, konntet Ihr nicht ahnen, daß Euer ältester Sohn seine Glückwünsche zur goldenen Hochzeit aus Konstantinopel senden würde...

Wie muß ich dem Herrn danken, daß Ihr nicht nur in guter Gesundheit diesen Tag erleben dürft, sondern mit unserer ganzen Familie den Geist der Einfachheit, der ehrenvollen, wenn auch nicht gerade drückenden Armut und der Gottesfurcht bewahrt habt.

Heute kann ich nicht bei Euch sein, doch hoffe ich, im kommenden September in meinen Ferien zu Euch kommen zu können. Dann wollen wir noch einmal, ein wenig feierlicher als jetzt, gemeinsam Euer Jubelfest begehen..."

Die herrlichen Kuppeln der Stadt am Bosporus leuchteten im strahlenden Glanz des Winterschnees, der Erzbischof aber war an diesem Tag mit all seinen Gedanken daheim im lieben, trauten Sotto.

WIE EIN VOGEL IM DORNBUSCH

Im Sommer des Jahres 1930 beschied Zar Boris III. den päpstlichen Visitator überraschend zu einer Audienz. Es war nicht das erstemal, daß der Erzbischof den königlichen Palast betrat, und wie immer empfing ihn der Monarch mit gewinnender Freundlichkeit.

„Es ist mir ein Bedürfnis, Euer Exzellenz für die vielen und großen Wohltaten zu danken, die Sie meinem Volk erwiesen haben", begann er das Gespräch. „Noch ist unvergessen die rasche Hilfe, die Sie bei der schrecklichen Erdbebenkatastrophe geleistet haben. Sie gaben den Verzweifelten, die all ihre Habe verloren hatten, neuen Mut, Sie speisten die Hungrigen, kleideten die Nackten, gaben Herberge den Obdachlosen und trösteten die Kranken und Verletzten." Roncalli wehrte bescheiden ab.

„Ich konnte nur wenig tun, viel zuwenig angesichts all des Jammers, dessen Zeuge ich ward. Zudem gebührt der Dank nicht mir, sondern dem Heiligen Vater, dessen Güte und Hochherzigkeit meine armen Hände füllte. Ich gab nur weiter, was ich von ihm empfing."

„Den armen Menschen in Cirpan, Baltzagi und Papazlji, den am schwersten betroffenen Orten, erschienen Sie wie ein Engel Gottes, und mit staunender Dankbarkeit stellten sie fest, daß Sie bei Ihrem Hilfswerk nicht den geringsten Unterschied machten zwischen Orthodoxen und Katholiken."

„Wie sollte ich auch, Majestät! Sie sind doch alle meine Brüder."

„Ich danke Ihnen, Exzellenz, für dies wahrhaft christliche Wort", erwiderte der Zar. „Es tut wohl in unserer zerrissenen, mit so viel Leid beladenen Zeit. Glauben Sie mir, Exzellenz, ich ersehne nichts glühender als das Wohl meines Landes, das Glück meines Volkes und Frieden mit den Nachbarstaaten. Doch immer wieder werden meine Absichten durchkreuzt. Die Versöhnung vor allem mit Südslawien, die ich mit großer Mühe anbahnte, wird zunichte gemacht durch die Terrorakte der IMRO, der innermazedonischen revolutionären Organisation, durch Bombenanschläge, Attentate, Sprengungen von Eisenbahnlinien. Es ist schon so weit, daß jedem Zug ein paar Leerwagen vorausfahren müssen, weil er sonst mitsamt den Passagieren in die Luft fliegen könnte. Mein eigenes Leben ist ständig bedroht; ich kann die Mordanschläge, denen ich oft nur wie durch ein Wunder entging, kaum mehr zählen."

„Gott hat Eure Majestät beschützt, er wird auch künftig seine Hand über Sie halten", antwortete der Erzbischof in herzlichem Ton.

„Ach, Exzellenz, wann endlich wird Bulgarien Frieden haben!" rief der Zar schmerzerfüllt. „Wieviel habe ich gelitten um mein armes Land! Ich war kaum den Jünglingsjahren entwachsen, als mir mein Vater, Zar Ferdinand, nach dem unglücklichen Ausgang des Weltkrieges, die Krone übertrug. Seither weiß ich, wie schwer sie ist, wie hart die Dornen sind, die sich unter ihrem Goldreif verbergen. Ich will doch nichts anderes als Ruhe und Frieden für mich und mein Land."

Überrascht horchte Roncalli auf. Was nur mochte den Monarchen bewegen, gerade zu ihm von seinen quälenden Sorgen zu sprechen, zu ihm, der als Visitator nicht einmal als Diplomat gelten konnte, zu ihm, der doch nichts war als des Papstes schlichter Bote, ein armer Priester. Der Zar schien seine Gedanken zu erraten, mit wehmütigem Lächeln sagte er:

„Sie wundern sich gewiß, Exzellenz, daß ich gerade Sie mit meinen Sorgen behellige, aber sehen Sie, ich habe Vertrauen zu Ihnen; es tut mir wohl, Ihnen mein Herz zu erschließen."

„Ihre Sorge um den Frieden bewegt mich tief", erwiderte Roncalli. „Seien Sie sicher, Gott wird Ihre guten Absichten lohnen, gemäß seinem Wort: ‚Selig sind die Friedfertigen; denn sie werden Kinder Gottes genannt werden!'"

Eine Weile schwieg der Zar, als horchte er der Stimme nach, die so voller Güte zu ihm sprach. Dann sagte er:

„Gott gebe, daß sich Ihr Wunsch erfülle, Exzellenz! Ich habe seinen Beistand eben jetzt besonders notwendig, da ich neuen großen Schwierigkeiten entgegengehe. Und damit komme ich zu jener Angelegenheit, über die ich mit Ihnen sprechen wollte. Sie wissen, daß ich mit der Prinzessin Giovanna von Savoyen, der Tochter des Königs von Italien Viktor Emanuel, verlobt bin. Die Hochzeit wird in einigen Monaten stattfinden. Die beabsichtigte Verbindung entspricht nicht nur dem Wunsch meines Herzens, sie ist auch mit Rücksicht auf das Wohl meines Landes von höchster politischer Bedeutung. Das einzige, was uns trennt, ist die Verschiedenheit des Bekenntnisses. Natürlich sind Sie über die Verhandlungen unterrichtet, die ich deswegen mit dem Vatikan geführt habe."

„Gewiß, Majestät! Rom verlangt von Ihnen nicht mehr und nicht weniger als von allen anderen Christen verschiedener Bekenntnisse, nämlich die ausschließliche katholische Trauung sowie die katholische Taufe und Erziehung der Kinder. Das ist nach dem kanonischen Recht nicht anders möglich."

„Macht aber in meiner Lage unglaubliche Schwierigkeiten. Mein Volk, das zu achtzig Prozent dem orthodoxen Bekenntnis angehört, wird es nicht verstehen, wenn sich der König nach dem katholischen Ritus vermählt und seine Kinder dem römischen Glauben zuführt. Selbst die Thronfolge scheint mir gefährdet."

„Die bulgarische Verfassung schließt die Thronfolge eines katholischen Monarchen nicht aus", erinnerte der Erzbischof. „Im übrigen ist die Angelegenheit meines Wissens entschieden. Eure Majestät haben dem Papst Ihr Wort gegeben, sich den Bedingungen der katholischen Kirche zu unterwerfen."

„Gewiß, ich gab mein Königswort", nickte Boris, „doch wird mir immer mehr bewußt, wie schwer der Schritt ist, den ich zu tun gedenke. Ich bat Sie zu mir, Exzellenz, um mit Ihnen zu überlegen, ob nicht doch gewisse Abänderungen des Ehevertrages möglich sind."

„Sie sind unmöglich, soweit es die Grundbedingungen des Eheschlusses angeht", antwortete der Visitator mit Festigkeit.

„Daher beschwöre ich Eure Majestät und bitte Sie inständig, unter allen Umständen den von Ihnen und Ihrer künftigen Gemahlin unterzeichneten Vertrag gewissenhaft einzuhalten. Ja, vielleicht haben Sie recht, vielleicht wird es jenen Sturm geben, den Sie befürchten, aber auch er wird verrauschen wie so manch anderer vor ihm. Da Sie Ihr Königswort verpfändet haben, ist es mir nicht erlaubt, an Ihrer Loyalität dem Heiligen Stuhl gegenüber zu zweifeln. Gehen Sie also mit Mut und Vertrauen den Weg, zu dem Sie sich entschlossen haben. Täten Sie das nicht, würde die Verwirrung ungeheuer sein, und Sie würden nicht nur bei den Katholiken, sondern auch bei Ihren orthodoxen Untertanen Mißbilligung finden."

„Ihr Rat, Exzellenz, entspricht gewiß Ihrer Überzeugung, doch löst er leider die Probleme nicht", erwiderte der König achselzuckend. „Immerhin bleibt mir kein anderer Weg, als mich den Forderungen Ihrer Kirche zu unterwerfen, nachdem ich mein Wort gegeben habe. Ich danke Ihnen sehr, daß Sie meiner Bitte, zu kommen, so freundlich Folge leisteten."

Nicht alle Bedenken konnte die Unterredung in Roncallis Seele zerstreuen, wußte er doch, wie mächtig der Einfluß der Orthodoxen Kirche auf den Monarchen war; dennoch glaubte er in seinem geraden, edlen Sinn, an der Aufrichtigkeit des Königswortes nicht zweifeln zu dürfen, und berichtete in diesem Sinn nach Rom. Zwischen Furcht und Zuversicht sah er den kommenden Ereignissen entgegen.

Am 25. Oktober fand die Hochzeit in Assisi statt. Doch kaum war das königliche Paar heimgekehrt, ließ der Zar die Trauung in der orthodoxen Kathedrale mit höchstem Prunk wiederholen.

Roncalli war aufs tiefste enttäuscht. Er konnte es nicht fassen, daß der König sein Wort gebrochen hatte. Zwar suchte ihn der Hof mit der Versicherung zu beruhigen, es habe sich keineswegs um eine neue Eheschließung, sondern nur um eine Segnung gehandelt. Der Erzbischof aber ließ sich durch solche Auslegungen keineswegs beirren, zumal die Bulgaren die Feier in der Kathedrale unbedingt für eine Wiederholung der Trauung halten mußten.

Schweren Herzens berichtete er über den Treuebruch nach Rom, fügte aber hinzu, die Königin sei gewiß selbst über den wahren Charakter der Zeremonien getäuscht worden, es treffe sie daher keine Schuld.

Natürlich war man bei der römischen Kurie empört, und es fehlte nicht an Stimmen, die Roncalli als allzu leichtgläubig, ja als naiv bezeichneten und seine Abberufung von einem Amte forderten, dem er offensichtlich nicht gewachsen sei.

Der Erzbischof trug schweigend das schwere Kreuz. Nur seinem treuen Freund, Bischof Kurtev, klagte er: „Man hat mich getäuscht. Das ist es, was mich so bitter schmerzt. Was einige Prälaten in Rom von mir denken, kümmert mich wenig. Mögen sie mich in Gottes Namen für einen Tölpel halten, ich weiß, daß ich nach bestem Gewissen gehandelt habe, das gibt mir Ruhe und Frieden!"

Weihnachten 1930 veröffentlichte Pius XI. seine Enzyklika über die christliche Ehe und verurteilte bei dieser Gelegenheit vor den Kardinälen den Treubruch des Königs von Bulgarien. Roncalli erhielt den Befehl, in Sofia mit aller Schärfe zu protestieren. Er vermochte das allerdings nur schriftlich zu tun, da sich diesmal der Zar nicht sprechen ließ. Der Ministerpräsident begnügte sich damit, den Einspruch mit fadenscheinigen Begründungen zurückzuweisen.

Die Ansprache des Heiligen Vaters blieb natürlich auch in Sofia nicht unbekannt. Die Zeitungen brachten gehässige Artikel gegen Rom und verlangten die Ausweisung des Visitators. Doch geschah nichts. Roncalli, der allen Widrigkeiten gelassen entgegensah, blieb auf seinem Posten. Pius XI. bewahrte ihm sein Wohlwollen, ja er erhöhte sogar seinen Rang und ernannte ihn zum Apostolischen Delegaten. Gleichzeitig bestellte er Don Giacomo Testa zu seinem Sekretär, einen noch jungen Geistlichen, der Roncallis treuester Mitarbeiter und innigster Vertrauter werden sollte.

Die herbste Enttäuschung aber stand dem Erzbischof erst noch bevor. Als am 13. Januar 1933 die Prinzessin Maria Luise geboren wurde, ließ sie der Zar vom orthodoxen Metropoliten taufen.

„Du ahnst nicht, wie sehr ich leide", vertraute der Delegat Don Testa an. „Der heilige Franz von Sales hat sich einmal mit einem Vogel verglichen, der im Dornbusch singt. Mein Dornwald ist Bulgarien, das ich doch liebe wie meine zweite Heimat. Die Dornen zerstechen mein Herz."

„Wie konnte der Zar nur auf so schnöde Weise sein Königswort brechen!" stieß der junge Priester erbittert hervor.

„Ja, er hat mich betrogen, zum zweitenmal betrogen", versetzte Roncalli in schmerzlichem Ton. „Aber seine Schuld ist nur die Folge der ersten Sünde, der des alten Zaren Ferdinand. Wir wollen nicht richten, wir wollen für König Boris beten."

Das Gebet gab ihm Kraft in schweren Stunden. In sein Tagebuch schrieb er die Worte, die seine unbedingte Ergebung in Gottes Willen offenbaren:

„O mein Jesus, gewähre mir ein hartes, mühevolles apostolisches Leben unter dem Kreuz! Vermehre in mir den Hunger und Durst nach Opfern, nach Leid, Demütigung und Selbstentäußerung. Ich verlange nicht nach Ruhe, Trost und Wohlbefinden; was ich erstrebe, Jesus, um was ich dein heiligstes Herz anflehe, ist, um deiner Liebe willen immer mehr zu opfern und zu leiden."

Trotz des eigenen Kummers suchte er die Frau zu trösten, die am schwersten unter dem Treubruch des Zaren litt. Bei Hof und bei der Regierung erhob er abermals schärfsten Einspruch, der Königin Giovanna aber sprach er Mut zu, da er von ihrer völligen Schuldlosigkeit überzeugt war. In der Kapelle der Delegatur ließ er sie zum Gottesdienst zu und reichte ihr den Leib des Herrn.

Noch zwei Jahre blieb er in seinem „Dornwald", dann erhielt er völlig überraschend die Versetzung zum Delegaten für die Türkei und Griechenland.

Am Weihnachtsfest 1934 nahm er in der Sankt-Josef-Kirche Abschied von den Bulgaren, die ihm so lieb und teuer geworden waren. Seine Ansprache schloß er mit den bewegten Worten:

„Auch ihr, meine Brüder, die ich segne, möget euch meiner erinnern, der ich, allen Stürmen und Fluten zum Trotz, immer ein glühender Freund Bulgariens bleiben werde. Im katholischen Irland gibt es eine alte Sitte, der zufolge am Heiligen Abend eine brennende Kerze ins Fenster gestellt wird. Sie soll dem heiligen Josef und der Jungfrau Maria zeigen, daß sie eine Familie an ihrem Herd und Tisch erwartet. Ein ähnliches Licht soll in meinem Fenster brennen; denn das eine sollt ihr wissen: Wo immer ich bin, und wäre es am Ende der Welt, wenn ein in die Fremde verschlagener Bulgare an meine Tür pocht, wird ihm aufgetan, sei er Katholik oder Orthodoxer. Bruder aus Bulgarien – dieser Titel genügt. Er wird in meinem Hause aufs wärmste und herzlichste empfangen werden."

Wenige Tage später reiste er ab. Das ganze diplomatische Korps verabschiedete ihn auf dem Bahnhof. Der König hatte zwei Vertreter geschickt. Tausende winkten, als sich der Zug in Bewegung setzte, und der Scheidende grüßte zurück, bis die Menge seinen Augen entschwand.

Für immer ließ Roncalli ein Stück seines Herzens bei den Bulgaren zurück, die seine Güte in zehn Jahren dornenvoller Arbeit erfahren hatten.

AN DER SCHWELLE DAS KREUZ

Am Morgen des Dreikönigstages 1935 hielt der neue Delegat und Apostolische Vikar seinen Einzug in die Heiliggeistkathedrale. Kein Sonnenstrahl drang durch das düstere Gewölk, das über den Himmel jagte.

Schweren Herzens stieg der päpstliche Bote die Stufen des Gotteshauses empor, er ahnte, welche Last, wie viele Sorgen und Mühen auf ihn warteten. Voll tiefer Ehrfurcht küßte er das Kreuz, das ihm der Dompfarrer Monsignore Collaro reichte. „Ave crux sancta, spes unica!" flüsterte er vor sich hin. „Sei gegrüßt, heiliges Kreuz, du meine einzige Hoffnung!"

Kein Glockenton hieß ihn willkommen, kein grünes Zweiglein schmückte das Portal, da der Einzug des neuen Oberhirten so unbemerkt wie nur möglich erfolgen sollte, aber der Gekreuzigte wartete auf ihn an der Schwelle seines Hauses, als wollte er sagen: „Sei getrost, ich habe die Welt überwunden; ich werde immer bei dir sein!"

Als aber der Delegat wenig später die Kanzel bestieg, war alle Beklommenheit, alle Angst von ihm abgefallen, und laut verkündete er dem harrenden Gottesvolk in französischer Sprache die Botschaft seiner Liebe.

„Nun bin ich hier", tönte es durch den überfüllten Dom. „Nun öffnet sich mein Herz, öffnen sich meine segnenden Hände vor euch, meiner neuen geistlichen Familie. Was anders kann ich tun als euch lieben, mich restlos in den Dienst eurer Seele stellen, mich für euch opfern?"

Weit spannte er die Arme aus, als wollte er sie alle mit seiner Hirtenliebe umfassen, all die Menschen, die sich um ihn drängten, christliche Türken, eingeschüchtert und verängstigt, europäische

Kaufleute, Handwerker, Matrosen, Männer, Frauen, Kinder und Greise, als er in tief bewegtem Ton fortfuhr:

„Wenn ihr unter Schmerzen stöhnt, wenn sich eure Schultern beugen unter der Last menschlichen Elends, wenn ihr bangt vor dem, was da kommen mag, laßt mich euch Mut einflößen, laßt mich vom ersten Augenblick an eure Bürde tragen helfen! Das Kreuz empfing mich an den Toren eurer Kirche, euer Kreuz und das meinige, das Kreuz, das wir gemeinsam tragen werden mit großem Vertrauen auf unseren gemarterten Herrn, der uns zuruft: ‚Mein Joch ist süß und meine Bürde ist leicht.'"

Dann begann er, damit seine Herde ihren Hirten kennenlerne, aus seinem Leben zu erzählen. Vom kleinen Angelino sprach er, der aufwuchs in einem armen, aber frommen Elternhaus, von Angelo, der auf dem Schulweg die Schuhe über der Schulter trug, die Sohlen zu schonen, vom Schützen und Sanitäter Roncalli, vom hohen Tag der Priesterweihe, von seinem lieben Bulgarien, seinem „Dornenwald", in dem er doch so viele glückliche Jahre verbracht hatte.

„Und nun stehe ich vor euch als euer neuer Hirte mit Mitra und Stab und bin doch, was ich immer gewesen bin, der Bauernbub aus dem bergamaskischen Dorf Sotto il Monte, der arme Angelo, der euch schon jetzt um Verzeihung bittet für alle Fehler, die er in menschlicher Schwachheit machen wird, der euch aber mit der gleichen Liebe weiden möchte wie einst die Schafe seines Vaters auf den Berghängen seiner Heimat."

„Wie fromm er ist, wie demütig!" raunten sich die Weiblein zu, als sie die Kirche verließen.

„Noch nie hörten wir einen Bischof, der so zu uns sprach, so schlicht, so voll von menschlicher Güte", sagten die Europäer, die irgendein Geschick an das Ufer des Bosporus verschlagen hatte.

„Er hat wie ein Vater zu uns gesprochen, wie ein Vater!" nickten die türkischen Lastträger und Händler einander zu. –

„Nun wollen wir an die Arbeit gehn", sagte Roncalli, als er mit Don Testa und dem Delegationssekretär Monsignore Dell' Acqua, den er von seinem Vorgänger übernommen hatte, sowie den Priestern der Kathedrale in seinem Haus an der Perastraße beisammensaß. „Im Vertrauen auf Gott und die heilige Jungfrau wollen wir unsere Saat ausstreuen."

„Ach, Exzellenz", seufzte der Dompfarrer, „es wird vieles auf die Steine fallen und vieles unter die Dornen. Sie haben Bulgarien Ihren Dornbusch genannt, was glauben Sie, wird Sie erwarten?"

„Ich weiß es, mein lieber Bruder", antwortete Roncalli mit seltsamem Lächeln. „Aber ich weiß auch, daß sich die Dornen, die man um Christi willen erduldet, in ebenso viele Rosen wandeln. Gehen wir also mit Mut an unser Werk! Meine erste Aufgabe wird es sein, die Landessprache zu erlernen."

„Türkisch, wozu?" fragte Monsignore Collaro verblüfft. „Wir predigen und beten in unseren Kirchen französisch. Das war immer so."

„Das wird sich ändern", sagte der Delegat entschlossen. „Wir werden Gottes Wort auf türkisch verkünden und mit unseren Kindern in ihrer Sprache beten. Das ist mein fester Wille. All meine Geistlichen werden Türkisch lernen."

„Und wie sollen wir das machen?" fragte einer der Domherren skeptisch. „Wie wollen wir zum Beispiel das Wort Gott übersetzen, etwa mit Allah? Und wie sollen wir die heilige Jungfrau nennen? Etwa Mutter Allahs?"

„Sie haben recht, mein Lieber, das ist schwierig", nickte der Prälat. „Gibt es denn kein anderes türkisches Wort für Gott?" Hilfesuchend schaute er zu Dell'Acqua hinüber. Der sagte: „Es gibt noch das Wort ‚Tamre', es ist weniger verfänglich."

„Na, gut, bleiben wir bei Tamre! Ich hoffe nur, daß es uns nicht wie Franz Xaver in Japan ergeht. Er übersetzte das Wort Gott mit Dainichi, und erst viel später erfuhr er, daß er jahrelang einen buddhistischen Götzen gepredigt hatte."

Das Gespräch wandte sich den allgemeinen Verhältnissen des Landes zu, in dem sich nach dem Sturz des letzten Sultans durch den neuen Machthaber Mustafa Kemal, genannt Atatürk – Vater der Türken, so vieles geändert hatte.

„Manche seiner Anordnungen sind gewiß zu begrüßen", meinte der Dompfarrer. „Im Bestreben, sein Land von seiner Rückständigkeit zu befreien und es unter die europäischen Kulturvölker einzureihen, führte er das lateinische Alphabet ein; von den Schweizern übernahm er das bürgerliche Gesetzbuch und von den Italienern die Strafgesetze. Den alten muselmanischen Ruhetag, den Freitag, ersetzte er durch den Sonntag, er verbot die Vielweiberei, den Fez und den Ciarciaf, den Gesichtsschleier der Frauen."

„Das alles ist doch recht löblich", warf der Delegat ein.

„Gewiß, obwohl seine Maßnahmen, die mit den uralten Traditionen aufräumten, viel Staub aufwirbelten. Aber das darf nicht darüber hinwegtäuschen, daß der Staat, den er aufbaute, durchaus laizistisch ist, ohne jede religiöse Bindung im öffentlichen Leben. Weder Glockengeläut noch Prozessionen sind gestattet, unsere Schulen sind aufs höchste bedroht, die christliche Presse ist fast völlig unterdrückt. Ein neues Gesetz ist in Vorbereitung, das allen Geistlichen, gleich welcher Religion, das Tragen eines priesterlichen Gewandes verbietet."

„Lassen wir das in Ruhe auf uns zukommen", erwiderte Roncalli. „Auf jeden Fall gehen wir in der Soutane, solange nicht ein ausdrückliches Verbot erfolgt. Und selbst wenn das geschieht, verlieren wir nichts an Aufgabe und Würde. Nicht der Habit ist es, der den Mönch macht. Um Presse und Schule aber werden wir bis zum äußersten kämpfen."

Im Sommer 1935 trat das Kleiderdekret in Kraft. Während sich die Muselmanen und Orthodoxen verzweifelt dagegen wehrten, beschloß Roncalli, aus dem Verzicht einen Opfergang zu machen. Am Fest des heiligen Antonius legte er in der ihm geweihten

Kirche mit all seinen Priestern die Soutane ab und tauschte sie gegen einen weltlichen Anzug. Nach der feierlichen Handlung bestaunten Muselmanen und Christen die Geistlichen, die in Zivilkleidern das Gotteshaus verließen. Einigen war es recht schwergefallen, sich solche zu verschaffen; Trödler und Altwarenhändler hatten gute Geschäfte gemacht.

„Ich komme mir vor wie ein gerupfter Vogel", seufzte Monsignore Dell'Acqua bekümmert, aber der Delegat raunte ihm lächelnd zu: „Nur Mut, mein Lieber, denken Sie daran, daß der heilige Petrus dem Herrn in seinem ärmlichen Fischerschurz nachfolgte!"

Schwere Arbeit bereitete ihm, der immerhin schon vierundfünfzig Jahre zählte, das Studium der Landessprache, bei dem ihm ein Laienbruder als Lehrmeister zur Seite stand, aber mit wahrem Bienenfleiß machte er sich ans Werk. Unverdrossen büffelte er die schwierigen Deklinationen:

kardesim – mein Bruder
kardesin – dein Bruder
kardesi – sein Bruder
kardeslerim – meine Brüder

„Diese verflixten Suffixe!" stöhnte der Delegat. „Die haben mich schon genug gequält, als ich im Schweiße meines Angesichts Hebräisch studierte." Aber es sollte noch weit schlimmer kommen. Die Wortstellung im Satz erwies sich als geradezu fürchterlich. Der gute Bruder benutzte als Hilfsbuch eine türkische Fibel, in der für die Abc-Schützen das Leben Atatürks beschrieben stand.

„Atatürk'ün okul yillari – Atatürks Schuljahre" stand da als Überschrift. Und dann ging's los. „Mustafa pek kücük yasta öksüz kaldi." Das hieß in wörtlicher Übersetzung: „Mustafa sehr klein Alter ein Waise blieb", und weiter hieß es: „Der Familie Durchkommen nicht sein wegen, Mutter seine Sohn ihren Schule von nehmend, Lankaza Gegenden in Bruder ihres Landgut sein nach sie gingen."

„Und was bedeutet das Kauderwelsch?" fragte Roncalli.

„Oh, ganz einfach!" erklärte lächelnd der Laienbruder. „In gutem Italienisch heißt das: Mustafa wurde in sehr jungen Jahren Waise. Da die Familie ihren Unterhalt nicht bestreiten konnte, nahm die Mutter ihren Sohn von der Schule und zog mit ihm auf den Bauernhof ihres Bruders in der Gegend von Lankaza."

„Du lieber Himmel, dagegen war ja Bulgarisch ein Kinderspiel", seufzte der Schüler. Nun verstand er, warum so wenige europäische Priester des Türkischen mächtig waren. „Na, egal", fügte er entschieden hinzu. „Ich werde es schon schaffen. Schließlich spricht hier doch jedes Baby türkisch."

„Natürlich werden Sie das lernen", tröstete ihn der Bruder. „Nur Mut, Exzellenz! Beginnen wir noch einmal von vorne!"

Jede freie Minute nutzte Roncalli für das Studium, doch waren die Anfangserfolge gering, weil eben die freien Minuten sehr knapp bemessen waren. Es gab ja so viele Sorgen.

Die größten waren gewiß die um die Schulen. Die christlichen Schulbrüder mußten vier von den acht Schulen schließen, die Damen von Sion verloren zwei von ihren drei. Der Delegat protestierte heftig, und doch gelang es ihm nur mit Mühe, wenigstens die restlichen Institute zu halten, vor allem die Heiliggeistschule, die zur Delegatur gehörte, nur von katholischen Buben besucht wurde und als kleines Seminar für Priesterberufe galt.

Er rang mit ebensoviel Zähigkeit wie Geduld um jede einzelne Anstalt wie auch um die noch einzig erlaubte katholische Zeitung, die recht bescheidene „Vita Cattolica".

Mit dem Sprachstudium ging es allmählich besser, und die Türken in der Peter-und-Paul-Kirche in Galata horchten erstaunt auf, als der Bischof zu ihnen in ihrer Muttersprache redete. „Kardeslerim! – Meine Brüder!" begann er, ein wenig unsicher und beklommen noch, dann aber hielt er die kurze Ansprache, die er mit seinem Lehrmeister unter unglaublicher Mühe eingeübt hatte. Daß ihm zuweilen ein Fehler unterlief, störte die Zuhörer nicht im mindesten. So groß war die Freude und Dankbarkeit.

Nicht minder als die Sprache suchte Roncalli Wesen und Eigenart des türkischen Volkes zu erforschen. Täglich kam er mit ihm in Berührung, und sobald es ihm irgend möglich war, suchte er ein kurzes freundliches Gespräch mit allerlei Leuten, mit Trambahnschaffnern, Marktfrauen, Basarhändlern und den Stiefelputzern, die an allen Straßenecken auf Kundschaft warteten.

„Nun, mein Kleiner, wie geht es dir?" fragte er einen von ihnen, während der ihm mit allerlei Pasten die Schuhe einrieb.

„Nicht schlecht, Efendi!" grinste der Knirps. „Ich putze deine Stiefel und werde zu essen haben. Du wirst mir doch ein Bakschisch geben?"

„Wenn du deine Arbeit gut machst, gewiß!"

Der Kleine machte sie gut. Er schmierte und polierte aus ganzer Kraft, und als er fertig war, glänzten die Schuhe, daß man sich darin hätte spiegeln können.

„Bu kaca?" fragte der Delegat. „Was kostet's?"

Der Junge musterte mit schnellem Blick seines Kunden grauen Anzug, der durchaus nicht aus dem besten Stoff gemacht war und auch miserabel genug saß, und verlangte „yetmisch kurusch" – siebzig kurusch –, etwa dreißig Pfennig. Zu seiner Überraschung erhielt er eine ganze türkische Lira. Fassungslos vor Staunen starrte er dem Fremden nach, schloß dann eiligst seinen Kasten und lief in eine nahe gelegene Garküche. Wozu sollte man weiter arbeiten, wenn man zu essen hatte?

Der Verkehr in der Altstadt war wirklich lebensgefährlich, und eine Straße zu überqueren schien ein aussichtsloses Unternehmen. Das quirlte, hastete durcheinander von Lastträgern, Limonadenverkäufern, Milchhändlern, Pferdewagen und Autos, und das alles mit solchem Getöse, daß es einem den Atem verschlug. Immer wieder war eine Straße von den Fahrzeugen verkeilt, aber schließlich kam man doch aneinander vorbei.

Noch gewaltiger war das Lärmen, Schieben und Stoßen auf dem riesigen, von unzähligen Kuppeln überwölbten Basar, den Roncalli zuweilen besuchte, um einen kleinen Kunstgegenstand oder ein interessantes Buch zu erstehen. Jedem Kauf ging eine endlose lange Zeremonie voraus, bei dem man unzählige Tassen Kaffee trank und nach Herzenslust feilschte und handelte. Wenn der Delegat dann aber seine Kostbarkeit daheim vorwies, voller Stolz, sie so billig bekommen zu haben, erfuhr er von seinem türkischen Lehrmeister, daß er den dreifachen Preis bezahlt hatte.

Noch dachte er bekümmert darüber nach, als ihm Monsignore Dell'Acqua die Post überreichte.

„Sie haben Ihre Krawatte fürchterlich gebunden, mein Lieber", stellte der Delegat schadenfroh fest.

„Ich werde das nie lernen, Exzellenz", seufzte der Sekretär.

„Nun gut, so will ich Ihnen den Knoten schlingen. Aber nun lassen Sie schauen, was Sie gebracht haben. Da waren Briefe aus aller Welt, darunter ein versiegeltes Schreiben der Kurie, aber Roncalli fischte zuerst ein bescheidenes Brieflein heraus; er hatte die grobe Handschrift seines Bruders Zaverio erkannt.

„Das ist das Wichtigste, das muß ich zuerst lesen." Noch stehend entfaltete er das Papier, überflog die wenigen Zeilen, ließ das Schreiben dann aber mit zitternder Hand sinken.

„Der Vater daheim ist schwer krank", stammelte er bestürzt. „Die Geschwister wünschen, daß ich sofort heimkomme. Aber, du lieber Gott, ich kann doch nicht. Habe doch schon meine Reise nach Ankara vorbereitet. Man erwartet mich dort; es gibt Dinge von äußerster Wichtigkeit zu besprechen."

„Vielleicht können Sie die Reise verschieben", schlug der Sekretär vor.

„Unmöglich! Es geht um das Krankenhaus der Vinzentinerinnen. Die Regierung will es schließen. Sollen die armen Schwestern ihre Heimat verlieren, die Kranken ihre Pflegerinnen? Nein, das würde mein Vater nicht wollen. Ich kann nicht zu ihm, aber meine beiden Schwestern sollen reisen, unverzüglich!"

Hastig stürmte er die Treppe hinan, berichtete Ancilla und Maria, die ihm den Haushalt führten, und bestellte ihnen Plätze für das nächste Flugzeug nach Mailand. Dann eilte er in die Kapelle und flehte den Himmel um Hilfe für den geliebten Vater an.

In den ersten Augusttagen kehrte er aus der neuen Hauptstadt Ankara zurück, wo er durch zähe Verhandlungen das Haus der Schwestern gerettet hatte, fest entschlossen, nunmehr unverzüglich ans Krankenbett seines Vaters zu reisen.

In seiner Wohnung wartete auf ihn ein alter Freund aus Bergamo, der Journalist Davide Cugini. Er machte große Augen, als er den Delegaten in weltlichen Kleidern sah.

„Ich habe gute Nachrichten für Sie", sagte er, einen Brief überreichend. „Ihrem Vater geht es besser. Die Ärzte hoffen ihn durchzubringen." Roncalli schüttelte traurig den Kopf.

„Nein, nein, mein Lieber", brachte er mit tonloser Stimme hervor. „Mein Vater hat ausgelitten. Soeben erhielt ich ein Telegramm aus Sotto. Es schmerzt mich so sehr, daß ich nicht bei ihm sein konnte."

Bestürzt versicherte ihn der Besucher seiner Teilnahme. Roncalli aber sagte:

„Das Herz tut mir weh. Aber zu trauern ist kein Grund. Ich bin sicher, daß ihn der liebe Gott zu sich genommen hat nach einem Leben von über achtzig Jahren, von denen jeder Tag in seinem Dienste stand."

Nach einer Weile fügte er hinzu:

„Seien Sie herzlich willkommen in meinem Haus, lieber Freund, aber Sie werden verstehen, wenn ich Sie für einen Augenblick allein lasse."

Mit müdem Schritt verließ er den Raum und ging in die Kapelle.

DIE FISCHER VOM BOSPORUS

Die kleine Uhr auf dem Schreibtisch verkündete mit leisem Silberklang die mitternächtliche Stunde, aber immer noch saß Roncalli bei seinen Büchern und Papieren, als sich leise die Tür öffnete und seine Schwester Ancilla eintrat.

„Verzeiht, wenn ich Euch störe, Bruder!" sagte sie zögernd. „Ich möchte nur fragen, ob Ihr noch einen Wunsch habt. Im übrigen ist es Zeit, zur Ruhe zu gehn."

„Dank dir, meine Gute!" antwortete lächelnd der Erzbischof. „Nein, ich brauche nichts mehr. Aber warum bist du noch auf?"

„Ich konnte nicht schlafen und habe mir in der Küche noch eine Tasse Tee aufgebrüht. Da sah ich das Licht in Eurem Zimmer. Aber nun legt Euch doch auch hin! Ihr überarbeitet Euch noch völlig."

„Ach, mein altes Mädchen, es gibt so viel zu tun. Du weißt, daß ich wieder einmal nach Griechenland muß, das ja auch zu meiner Delegatur gehört. Es gibt da viele unangenehme Dinge, die auf mich warten. Soeben hat Ministerpräsident Metaxas das lange befürchtete Edikt erlassen, das auch die Katholiken zwingt, vor dem orthodoxen Priester die Ehe einzugehen. Dazu kommt das sogenannte Propagandagesetz, das die religiöse Betätigung ausschließlich auf den Kirchenraum beschränkt und vor allem die katholische Pressearbeit fast völlig unmöglich macht. Man muß halt wieder einmal verhandeln und sehen, was zu retten ist. Das alles aber will genau vorbereitet sein."

„Von alledem verstehe ich wenig", seufzte die Schwester. „Aber Ihr richtet Euch noch zugrunde. Ihr müßt Euch wirklich schonen. Ich bitte Euch, geht zu Bett!"

„Gewiß, Schwesterchen, sofort! Will nur noch einen Brief an

Monsignore Kalavassy, den Bischof von Athen, aufsetzen. Der gute Testa wird ihn morgen ins reine schreiben."

Noch einmal wollte Ancilla protestieren, als die Hausglocke schrillte.

„Wer mag das sein zu so später Stunde?"

„Schau halt nach!" Kurz darauf kehrte die Schwester zurück. „Es war nur der Telegrammbote", sagte sie und überreichte eine Depesche, die der Bruder hastig erbrach.

„Aus Rom", murmelte er, nichts Gutes ahnend. Sein Gesicht hatte alle Farbe verloren, als er das Papier sinken ließ. „Der Heilige Vater ist tot", stammelte er. „Heute früh tat er den letzten Atemzug."

„O du mein Heiland, so plötzlich! Ich wußte nicht einmal, daß er erkrankt sei!" Der Delegat sprang auf, stand eine Weile wie erstarrt. „Ich habe noch einmal meinen Vater verloren", sagte er mit erstickter Stimme. „Geh, Ancilla, ruf Don Testa, es gibt jetzt so vieles zu tun!" Doch bei der Tür hielt er die Schwester zurück. „Nein, laß nur! Er ist noch jung und braucht seinen Schlaf. Morgen werden wir sehen!"

Wenige Tage später, am 19. Februar 1939, fand in der Heiliggeistkathedrale das feierliche Pontifikalamt für die Seelenruhe des Verstorbenen statt. Im Mittelschiff stand der von ungezählten Kerzen umflammte Katafalk, über dem von der Decke her eine Krone mit langen schwarzen Bändern aufglänzte. Schwarze Tücher bedeckten die Wände, die Säulen aber leuchteten in Rot, von den Kapitellen wehten violette Schleier.

Der Delegat persönlich hatte dies so angeordnet, die helleren Farben zwischen dem düsteren Schwarz sollten versinnbildlichen, daß die Kirche zwar um ihren obersten Hirten trauert, sich aber tröstet in der Gewißheit, daß der Herr selbst bis in Ewigkeit bei ihr ist.

Neben den Katholiken füllten auch viele Andersgläubige das

Gotteshaus. Zahlreiche Regierungsbeamte und Angehörige des diplomatischen Korps waren gekommen, der griechisch-orthodoxe Patriarch ließ sich von seinem ersten Sekretär vertreten, der armenische Patriarch von Kum Kapi hatte zwei Bischöfe entsandt.

In seiner Predigt würdigte der Delegat die Persönlichkeit Pius' XI., dessen innigster Wunsch die Wiedervereinigung der getrennten Christenheit gewesen sei. Seine Ansprache schloß er mit den Worten:

„Eines Tages wird sich, darauf vertraue ich aus innerstem Herzen, die geheime Sehnsucht des Verstorbenen erfüllen. Die Grenzen, welche die Umstände mir ziehen, erlauben mir nicht, den kostbaren Schleier des Geheimnisses völlig zu lüften. Die Zeit verhüllt und enthüllt alles. Der Tag wird kommen, mag er auch noch fern sein, da Christi Vision von dem einen Hirten und der einen Herde auf Erden und im Himmel Wirklichkeit sein wird. Dann werden die Verdienste Pius' XI. in leuchtendem Glanz aufstrahlen."

Noch eines geschah in der erhabenen Feier, das auf alle tiefen Eindruck machte. Nachdem er selbst nach dem lateinischen Ritus die „Absolutio ad tumbam" vorgenommen hatte, umschritten nacheinander vier Würdenträger der unierten Kirchen den Katafalk und sprachen die Segensgebete auf arabisch, bulgarisch, griechisch und armenisch.

In der gleichen Stunde, die dem Gedächtnis des großen Papstes galt, lag in Sotto il Monte eine schlichte, hochbetagte Frau auf dem Sterbebett. Am Abend des folgenden Tages erhielt Roncalli ein Telegramm, das ihm den Tod seiner Mutter anzeigte.

Obschon selbst aufs tiefste erschüttert, tröstete er die weinenden Schwestern. Seinem Sekretär, Don Testa, der ihm in stummer Anteilnahme die Hand drückte, sagte er:

„Schon gut, mein lieber Giacomo! Meine Mutter ist mir nur ein Stück des Weges vorausgegangen und wartet im Himmel auf mich. Vielleicht braucht sie nicht lange zu warten. Vielleicht ist mir der Tod näher, als ich ahne."

„Aber Sie sind doch bei bester Gesundheit, Exzellenz", antwortete der getreue Helfer betroffen.

„Chi sa, chi sa – wer weiß, wer weiß!" seufzte Roncalli. „Ich hoffe nur, daß ich ebenso still, der Gnade Gottes ebenso gewiß, von hinnen scheiden kann wie die reine Seele meiner Mutter. Nach einer Weile schweigenden Sinnens fügte er hinzu: „Das Ende unseres Lebens wird nichts sein als ein Innehalten mitten in der Ackerfurche. Der Herrgott behält es sich vor, unseren armen Werken die letzte Vollendung zu geben."

Wenige Tage später stand er, von Rom kommend, wo er sein Knie vor dem neuen Papst, Pius XII., seinem alten Lehrer Eugenio Pacelli, gebeugt hatte, mit seinen Geschwistern und den vielen Neffen und Nichten vor dem schlichten Grabmal seiner Mutter auf dem Friedhof von Sotto il Monte.

Es war ihm, als hörte er zum letzten Mal ihre Stimme, als hörte er noch einmal ihr „Angelì", den Namen, mit dem sie ihn so oft in seinen Knabenjahren gerufen hatte, als vernähme er ihr tröstendes Wort: „Sei nicht traurig, Angelì, nun werde ich dir immer nahe sein."

Inbrünstig drückte er den Totenzettel mit ihrem Bild an seine Lippen. Er selbst hatte den Nachruf verfaßt.

„La sua umile vita,
pura come ruscello di fonte montano
corse tranquilla per vie piane e consuete ...
Ihr armes Leben,
rein wie die Flut aus Bergesquell,
floß dahin auf geradem und vertrautem Pfad.
Schlichtheit und Güte,
stets gleich in frohen und dunklen Tagen,
der Mutter liebende Sorge

sind unvergessen ihren Kindern,
die sie erzog, zahlreich und stark
zu Gottesfurcht und Nächstenliebe,
wie ihre Enkel, die sie voll Freude sah
in ihrem Haus
bis ins dritte und vierte Geschlecht.
Sie alle segnen ihr Gedächtnis."

November 1939. Roncalli hatte sich in das Jesuitenkloster am Ufer des Bosporus zurückgezogen, um aus der drangvollen Fülle seiner Aufgaben, aus der unerbittlichen Hast des Alltags in die Stille der Exerzitien zu flüchten. Wie stets in solchen Gnadentagen gab er sich getreulich Rechenschaft über sein geistliches Leben und vertraute seine innersten Gedanken, seine Vorsätze und Pläne seinem Tagebuch an.

Mehr als zuvor dachte der Achtundfünfzigjährige an den Tod. Er fürchtete ihn nicht, aber er sehnte ihn auch nicht herbei. Immer noch galt für ihn der Satz, den er acht Jahre zuvor in das gleiche Buch, das jetzt vor ihm lag, geschrieben hatte: „Was ein kurzes oder langes Leben angeht, halte ich mich ganz in der Hand des Herrn. Ich will keinen Tag mehr oder weniger leben, als im Himmel beschlossen ist."

Mit rotem Gold erlosch das Tageslicht über der herrlichen Stadt. „Ja, es wird Abend", flüsterte der Erzbischof vor sich hin. „Vielleicht auch für mich? Herr, bleibe bei mir!"

In tiefer Wehmut gedachte er der guten Menschen, die vor ihm den Weg in die Ewigkeit gegangen waren. Gerade dieses Jahr hatte so manche von ihnen hinweggerafft, die Mutter, den Heiligen Vater in Rom, den großen Wohltäter seiner Jugend, Monsignore Morlani, Don Ignazio Valsecchi, den ehemaligen Kaplan von Sotto il Monte, der dem unvergeßlichen Pfarrer Rebuzzini bis zum Tod beigestanden hatte. Und wieder gingen seine Gedanken zurück zu seinem guten Bischof Radini, der mit siebenundfünfzig Jahren das Zeitliche gesegnet hatte. Nachdenklich tauchte er die Feder ins Tintenfaß und schrieb:

„Jedes Jahr, das über sein Alter hinausgeht, erscheint mir als unverdientes Geschenk. Herr, ich danke dir. Ich fühle mich noch jung und voller Energie, aber ich will damit nichts fordern. Wenn du mich rufst, ich bin bereit. Auch im Sterben, vor allem im Sterben! Dein Wille geschehe!"

Gezeichnet vom Tod war dieses Jahr. Vor acht Monaten war jener Mann auf den Stuhl des heiligen Petrus gefolgt, dessen Name Pacelli schon das Wort Pace – Frieden enthielt. Die Taube mit dem Ölzweig führte er in seinem Wappen. Wie hatte er um die Erhaltung des Friedens gerungen! Seine Kraft hatte sich verzehrt, der Welt eine neue Katastrophe zu ersparen, und nun war er doch da, der Krieg, und niemand wußte, wie lange das große Sterben dauern sollte.

Noch hatte Italien, Roncallis geliebtes Heimatland, Frieden, aber wie lange noch? Die Türkei bewahrte die Neutralität, und inbrünstig hoffte der Delegat, daß es so bleiben werde. Es war doch des Jammers genug, seit Hitlers Regimenter in Polen eingefallen waren. Aber vielleicht war das alles erst der Beginn. Vielleicht würde bald ganz Europa in Flammen stehn, am Ende gar die ganze Welt.

„Herr, gib Frieden!" flehte der Erzbischof aus der Tiefe seines Herzens. „Dona nobis pacem!" In sein Tagebuch schrieb er: „Ich will meinen Frieden bewahren und im Frieden glühenden Eifer."

Wie immer war er mit sich selbst nicht ganz zufrieden. Wieviel mehr könnte ich leisten, warf er sich vor, wieviel glühender müßte ich lieben, wieviel mehr müßte ich tun! Sinnend erhob er sich und trat an das offene Fenster.

Sein Blick ging über die stillen Wasser des Bosporus, er schaute den Fischerbooten zu, die vom Goldenen Horn heraufzogen, sich an einem bestimmten Ort trafen und ihre Lichter anzündeten, die einen hell, die anderen weniger leuchtend. Dann fuhren sie aus, die nimmermüden Männer, warfen ihre Netze über die dunkelnde Flut, blieben die ganze Nacht draußen bei ihrer schweren Arbeit.

Nachdenklich kehrte der Delegat an seinen Tisch zurück und schrieb:

„Wie beschämend ist dies Beispiel für mich, für uns Priester, die wir zu Menschenfischern bestimmt sind. Dies Bild ist ein Gleichnis, eine Vision der Arbeit, des Eifers und der uns gestellten Aufgabe. Vom Reich unseres Herrn ist hier recht wenig übriggeblieben. Wie viele Seelen im Meer des Islams, des Judentums, der griechischen Orthodoxie gilt es für Christus zu gewinnen. Möchten wir doch den Fischern vom Bosporus nacheifern, Tag und Nacht, mit brennenden Fackeln arbeiten, jeder in seinem kleinen Boot! Das ist unsere ernste und heilige Pflicht."

Aus der Stille kehrte Roncalli in die Unrast der lärmerfüllten Stadt zurück, entschlossen, noch mehr zu schaffen, noch williger zu leiden, noch flammender zu lieben, zu retten, zu erlösen, zu versöhnen und Frieden zu schenken den Friedlosen.

Das Jahr des Unheils 1939 schleppte sich müde seinem Ende entgegen, ein neues zog herauf. Was würde es bringen? Den ersehnten Frieden, das Ende der Greuel oder neuen Sturm, neues Leid, des ganzen Jammers blutige Flut? „Herr, sei gnädig! Erbarme dich deiner Kinder!" Das war des Erzbischofs inbrünstiges Flehen in der Neujahrsnacht 1940.

AM STERBEBETT EINES VOLKES

Das große Sterben dauerte fort, weiter schob sich die Feuerwalze des Krieges durch die Länder Europas, nichts zurücklassend als Gräber und Ruinen. Zu Roncallis großem Schmerz griff im Frühjahr 1940 auch sein geliebtes Bulgarien zu den Waffen; noch tiefer bestürzte es ihn, als im Sommer Italien in den Krieg eingriff, dem todwunden Frankreich den letzten Prankenhieb zu versetzen.

Neues schweres Leid brachte der Herbst. Im Oktober fielen Mussolinis Truppen in Griechenland ein, aber die Hellenen wehrten sich mit verzweifeltem Mut und schlugen die schlecht ausgerüsteten Angreifer vernichtend in ihren Bergen. Das Kriegsgeschick wendete sich erst, als Hitlers siegreiche Divisionen den bedrängten Bundesgenossen zu Hilfe kamen. Stuka und Artillerie zerschmetterten die Metaxaslinie, die Infanterie stürmte vor bis zu den Bergen des Olymp. Am 21. April 1941 streckten die Griechen die Waffen, das Hakenkreuzbanner flatterte über den Zinnen der Akropolis.

Viel Bitterkeit hatte Roncalli im Land der Hellenen erfahren, jede Reise dorthin, jede Verhandlung mit der Regierung endete mit neuer Enttäuschung. Es blieb bei dem Ehedekret, es blieb beim Propagandaverbot, das die Seelsorgearbeit empfindlich lähmte. Nicht einmal sein Herzenswunsch, auf der Insel Naxos ein Priesterseminar zu eröffnen, erfüllte sich. Die Regierung hatte das dafür vorgesehene Kloster beschlagnahmt und weigerte sich, es herauszugeben.

Dennoch liebte Roncalli aus ganzem Herzen das Land, in dem ihm so viel Leid widerfahren war, liebte es als die Heimat Homers, Platos und Pindars, als den Schauplatz einer Heldengeschichte, die ihn in seinen Knabenjahren begeistert hatte. Kreuz und quer hatte er das Land durchreist, nicht nur, um seine weiterzerstreute Herde aufzurichten und zu trösten, sondern auch all jene denkwürdigen Stätten zu sehen, von denen er schon in früher Jugend geträumt hatte. Vor allem aber galt seine Liebe dem schlichten Volk, das in Armut seinen dürftigen Acker bestellte, seine Schafe hütete und seinen Weinberg bebaute, und keinen Unterschied machte er zwischen Orthodoxen und Katholiken.

Selbst die Mönche vom Berg Athos überraschte er mit seinem Besuch, und voll ehrfürchtigen Staunens ging sein Blick zu den Klosterzellen empor, die wie Adlernester an den hohen Basaltfelsen klebten.

Als er aber im Sommer 1941 nach Griechenland reiste, kam er nicht, die Denkmäler einer ruhmreichen Vergangenheit zu sehen, sondern um dem Volk beizustehen in seinem grausamen Todeskampf.

Es war ein flammender Julitag, als er in Athen eintraf. Monsignore Kalavassy, der Exarch der unierten Griechen, empfing ihn am Flughafen und geleitete ihn in die Delegatur an der Admironstraße.

„Sie kommen zu einem sterbenden Volk", sagte er mit schmerzbebender Stimme. „Ich vermag die Not nicht zu beschreiben. Unsere Äcker sind verwüstet, die ganze Produktion gelähmt. Hilfe vom Ausland ist nicht zu erhoffen, da die englischen Schiffe unsere Häfen blockieren. Allein in Athen verhungern täglich mehr als hundert Kinder. Dazu kommen die schrecklichen Epidemien, alle Spitäler sind überfüllt. Ebenso voll sind die Gefängnisse und Konzentrationslager, in die die Besatzungsmächte jeden der Sabotage Verdächtigen einsperren. Zu Hunderten werden Männer und halbwüchsige Burschen als Partisanen erschossen oder aufgehängt. Es gibt keine Särge mehr, die Toten zu bestatten. Wenn keine Hilfe kommt, sind wir verloren."

Erschüttert schlug der Delegat die Hände vors Gesicht, verharrte lange in schmerzvollem Schweigen.

„Und was geschieht, das arme Volk zu retten?" fragte er schließlich.

„Wir tun, was wir können", seufzte Bischof Kalavassy. „Überall im Land haben wir das Hilfswerk ‚Focolari' eingerichtet, das wenigstens die äußerste Not zu lindern versucht. Pater Richard Leibel, der Superior der Kapuzinermission, beschaffte durch seine guten Beziehungen zum deutschen Stadtkommandanten große Mengen von Lebensmitteln. Ich selbst habe immer wieder mit den Besatzungsmächten verhandelt, um wenigstens einiges zu erreichen. Ich weiß, den griechischen Patrioten gelte ich deswegen als Kollaborateur, aber ich würde selbst in die Hölle gehn, könnte ich dort auch nur einen Sack Weizen für die hungernden Kinder holen."

„Sie sprechen mir aus dem Herzen, lieber Mitbruder", sagte Roncalli bewegt. „Gott lohne Ihnen Ihre Güte!"

„Aber was ist das alles, was wir tun?" fuhr der Exarch verzweifelt fort. „Es ist nur ein Tropfen Öl in eine Wunde, die täglich größer wird."

„Ich werde sehen, was ich tun kann", sagte der Delegat entschlossen. „Vor allem scheint es mir notwendig, mit den Besatzungsmächten zu verhandeln und uns mit der orthodoxen Kirche zu einem gemeinsamen Rettungswerk zusammenzufinden. In dieser Zeit müssen wir alle Spannungen vergessen, um in wahrer Bruderliebe einander zu helfen."

„Das wird schwierig sein", gab der Exarch zu bedenken. „Die Kluft, die uns seit einem Jahrtausend trennt, läßt sich nicht so leicht überbrücken." Roncalli antwortete nur mit dem Wort des heiligen Paulus: „Die Liebe überwindet alles!"

Das Werk seiner Barmherzigkeit begann in den Spitälern. Als ehemaliger Sanitäter wußte er um die Leiden und Schmerzen der

Kranken und Verwundeten; der Anblick aber, der sich ihm nun bot, erfüllte ihn mit tiefem Grauen.

Jeder Saal, jeder Flur, jeder nur irgendwie verfügbare Winkel war mit Betten belegt, die oft nichts anderes waren als elende Strohlager, durchtränkt von Eiter und Blut. Die Luft, von üblen Gerüchen erfüllt, wabernd in der Glut der Sommerhitze, war kaum zu atmen. Und überall Menschen, Sieche, Verwundete, Verstümmelte, Geblendete, stöhnend, schreiend, winselnd im Übermaß ihrer Leiden! Dazwischen endlose Reihen von Kindern, halbverhungert, abgezehrt bis auf die Knochen oder mit unnatürlich aufgetriebenen Bäuchen, dem Tod näher als dem Leben! Still lagen sie da mit greisenhaften Gesichtern, übergroßen Augen, hoffnungslos ins Leere starrend.

Die Franziskanerinnen, die in einem dieser Spitäler die Kranken betreuten, arbeiteten bis zur Erschöpfung, aber was konnten ihre schwachen Kräfte schon ausrichten in einem solchen Meer der Leiden?

„Es fehlt uns an allem", klagte die Oberin dem Delegaten. „Es fehlt an Bettwäsche, Decken, Verbandszeug, Medikamenten, Linderungsmitteln, einfach an allem, vor allem aber an Platz. Jeden Tag müssen wir Hunderte von Hilfesuchenden abweisen, weil wir sie einfach nicht unterbringen können. Wir haben nicht einmal die notwendige Milch, nicht einmal ausreichend Brot für die armen Kinder."

„O du mein Heiland!" stöhnte Roncalli. „Ich war auf vieles vorbereitet, aber das hier, das habe ich nicht geahnt. Ich werde sehen, was ich für Sie tun kann. Verlassen Sie sich darauf, Schwester, ich werde Ihnen helfen, und sollte ich den Bürgermeister und den Kommandanten von Athen mit Gewalt herschleppen, damit sie diesen Jammer sehen."

Noch am gleichen Tag ließ er aus der Delegatur alles entbehrliche Bettzeug, alles, was er an Lebensmitteln zusammenraffen konnte, in das Spital schaffen. Die Not zu lindern, scheute er keinen Weg. Überall kannte man ihn bald, den zudringlichen Bettler, den unerbittlichen Mahner, in den Ministerien, auf dem Rathaus, in den Amtsstuben der Besatzungsmächte.

Der Stadtkommandant, ein deutscher General, den er in Begleitung des deutschen Kapuziners Leibel aufsuchte, hörte ihn aufmerksam an, versprach Hilfe aus Heeresbeständen, Decken, Lebensmittel, Arzneien, Verbandszeug.

„Ich werde tun, was ich kann", versicherte er. „Aber Sie müssen verstehen, Exzellenz, es muß alles so unbemerkt wie möglich geschehen. Auch ich bin in meinem Tun und Lassen nicht frei. Auch ich werde ständig überwacht. Schon ein unbedachtes Wort kann tödlich sein. Der Hilfeleistung für die Zivilbevölkerung sind enge Grenzen gesetzt."

„Aber es geht doch auch um Ihre Soldaten", erinnerte der Erzbischof. „Die Epidemien, Ruhr, Cholera, Typhus, die im ganzen Lande grassieren, machen auch vor einer deutschen Uniform nicht halt."

„Sie haben recht, Exzellenz, das bietet uns eine ausreichende Begründung, wenigstens für die Spitäler etwas zu tun. Sie sind nicht vergebens gekommen."

Befriedigt verließ Roncalli die Kommandantur.

„Ein ausgezeichneter Mensch, dieser General", sagte er zu dem Kapuziner.

„Gewiß, aber es wird Ihnen nicht entgangen sein, daß auch ihm die Angst im Nacken sitzt, die Angst vor der Gestapo und dem Sicherheitsdienst, der in jeder deutschen Dienststelle sitzt. Sie werden den Unterschied zwischen der deutschen Wehrmacht und diesen Hitlerleuten mit Hakenkreuz und Siegrunen schon noch kennenlernen."

Besser als in den Spitälern für die Zivilbevölkerung waren die Zustände natürlich in den Lazaretten der Siegermächte. Auch sie besuchte der Erzbischof, ging von Bett zu Bett, tröstend, ermunternd, helfend, als wäre er wieder der Sanitätssergeant von einst.

Irgendwo fand er einen Verwundeten, auf dessen Achselklappen er die Nummer seines ehemaligen Regiments sah.

„Nun, mein Lieber, wie geht's?" fragte er in der vertrauten Bergamasker Mundart. „Ja, da staunst du. Wir sind nämlich Regimentskameraden, mußt du wissen."

„O mamma mia, ein Bischof aus Bergamo!" stammelte der völlig Überraschte. „Wenn ich das meinen Eltern schreibe! Darf ich wissen, mit wem ich spreche?"

„Mit Angelo Roncalli aus Sotto il Monte."

„Oh, von dem habe ich gehört, oft gehört, als ich noch daheim war. Aus Sotto il Monte hatten wir viele Kameraden."

„Dann kennst du vielleicht auch den Unteroffizier Marchesi, den Sohn meiner Schwester Assunta?"

„Natürlich hab ich den gekannt. War ein prächtiger Kamerad, allzeit fidel, da konnte es noch so dick kommen. Ja, das war ein Kerl, auf den konnte man sich verlassen."

„Daheim ist man in großer Sorge um ihn. Seit Monaten erhielt meine Schwester kein Lebenszeichen mehr."

„Je nun, da wird auch keines mehr kommen, Monsignore", erwiderte der Verwundete verlegen. „Der fiel schon im Februar bei den Kämpfen in den griechischen Bergen. Haben Sie das nicht gewußt?"

Des Erzbischofs Gesicht verlor alle Farbe.

„Gefallen, sagst du?"

„Es ging damals mörderisch zu, die Verluste waren so schwer, daß man wohl vergaß, die Angehörigen zu benachrichtigen."

Stöhnend legte der Delegat die Hand auf die Augen, er dachte an den Schmerz seiner guten Schwester Assunta, der er mitteilen mußte, daß sie ihren Sohn nie mehr wiedersehen sollte. So war also ein Schatten des Kreuzes auch auf sein liebes Elternhaus gefallen.

Trotz aller Hilfsmaßnahmen stieg in jenem Sommer die Not aufs höchste. Das griechische Volk hungerte sich buchstäblich zu Tode, zumal die Preise für Lebensmittel zu schwindelnder Höhe anstiegen. Die Geldentwertung nahm geradezu groteske Formen an. Ein Ei kostete eine Milliarde Drachmen, ein Kilo Fleisch ein paar hundert Milliarden.

„Das Schlimmste ist, daß manche Händler ihre Waren zurückhalten, um die Preise noch höher zu treiben", klagte Pater Leibel dem Delegaten. „Der Wucher mit Lebensmitteln ist ein Skandal."

„Es sollte mir einmal einer dieser Blutsauger in die Finger fallen", stieß Roncalli, aufs höchste erzürnt, hervor.

„Wir kommen soeben an der Tür eines solchen Wucherers vorbei", sagte der Kapuziner. „Dort wohnt er."

„Sehen wir uns das Monstrum an!" rief der Erzbischof entschlossen. Die Tür fand er verschlossen, doch polterte er dagegen, bis ihm aufgetan ward. Der Kaufmann machte ein verblüfftes Gesicht, als er den Mann in der bischöflichen Soutane sah.

„Zeigen Sie mir Ihre Vorräte!" forderte Roncalli, der das Neugriechische hinreichend beherrschte.

„Vorräte? Ich habe keine Vorräte!" stammelte der Händler und stellte sich breitbeinig vor die Tür, die zu seinem Lager führte. Der Delegat, der sonst für jeden voller Güte war, stieß ihn rücksichtslos zur Seite und trat in den Lagerraum, der bis zur Decke gefüllt war.

„Was ist in den Säcken?" fragte er in scharfem Ton.

„Weizenmehl!" gestand der nun völlig Verschüchterte.

„Und in den Kisten?"

„Trockengemüse!"

„Und warum hortest du das hier, wo täglich Hunderte in diesem Land verhungern?"

„Weil ich für die Zukunft vorsorge", antwortete der Händler. „Es kann ja noch schlimmer werden, und dann sollen die armen Leute auch noch kaufen können."

„Und die Preise sind noch höher, willst du doch sagen! Soll denn dein Mehl verschimmeln und dein Gemüse verfaulen? Hör zu, ich werde dich persönlich durchprügeln, wenn du nicht sofort den Laden öffnest und deine Waren zu anständigem Preis verkaufst."

Der Mann wagte noch ein spöttisches Lächeln, das ihm aber sofort verging, als der Erzbischof mit einer Anzeige beim deutschen Kommandanten drohte.

„Nein, nein, nicht bei den Deutschen! Lassen Sie die aus dem Spiel! Ich werde tun, was Sie verlangen." So schnell er konnte, humpelte er zur Ladentür und riß sie weit auf.

Keinen schloß Roncalli von seiner Liebe aus, wer am meisten litt, war seinem Herzen am nächsten. Er verschaffte sich Zutritt zu den Gefängnissen und Konzentrationslagern und rettete Hunderte von Juden vor den Gaskammern der Nazis. Er nahm die gehetzten und verzweifelten Menschen in die Delegatur auf, versteckte sie in Klöstern, bei befreundeten Familien, öffnete ihnen den Weg ins sichere Ausland.

Dem bedrängten und gequälten Volk wirksam zu helfen, bemühte er sich um eine Begegnung mit dem orthodoxen Oberhirten, dem Metropoliten Damaskinos, die schließlich im Paleophaleronpalast, dem Sitz der griechischen Handelskammer, zustandekam.

„Das Treffen mit Ihnen, Exzellenz, entspricht ganz meinen Wünschen", eröffnete der orthodoxe Kirchenfürst das Gespräch. „Ich hörte mit großer Genugtuung von Ihrer hochherzigen Hilfe für unser armes Volk. Vielleicht eröffnen sich uns in gemeinsamen Beratungen neue Wege zu einer noch wirksameren Aktion."

„Ich bin Ihnen von Herzen dankbar, daß Eure Seligkeit mir die Gelegenheit zu dieser Begegnung gaben", antwortete Roncalli. „Seien Sie versichert, daß ich zu jedem Schritt bereit bin, der

Hilfe verspricht. Ich darf Ihnen sagen, daß auch der Heilige Vater, der mir vor kurzem eine Audienz gewährte, entschlossen ist, alles nur Mögliche zu tun, das edle Volk der Griechen zu retten."

„Ich bin dem Oberhaupt Ihrer Kirche dankbar für seine Güte", antwortete der Metropolit. „Wir wollen gemeinsam überlegen, was zu tun ist." Eingehend erläuterte er dann seinen Plan, aus dem neutralen Ausland Hilfe zu erlangen.

„Was wir vor allem brauchen, sind Lebensmittel. Wir benötigen etwa vierhunderttausend Tonnen Getreide, die schreckliche Hungersnot abzuwenden. Das ist aber nur zu erreichen, wenn die Besatzungsmächte zustimmen und die Engländer, die alle Häfen Griechenlands blockieren, die Schiffe ungehindert passieren lassen. Darin aber liegt die ungeheure Schwierigkeit, die zu überwinden ich noch keinen Weg sehe."

„Ich glaube, daß ich Ihnen dabei helfen kann", erwiderte Roncalli. „Durch die Vermittlung des Heiligen Stuhles wird sich diese Schwierigkeit lösen lassen. Was ich brauche, ist allerdings ein formelles Ersuchen, das Eure Seligkeit an Pius XII. richten müßte."

Offensichtlich bereitete der Gedanke, Rom um Hilfe zu bitten, dem Metropoliten Unbehagen, doch ließ er sich von der Notwendigkeit überzeugen und schrieb den vorgeschlagenen Brief.

Sowohl er als auch Roncalli übernahmen die Verhandlungen mit den Besatzungsmächten. Die Italiener stimmten der geplanten Aktion zu, auch der deutsche Kommandant glaubte, bei seiner Regierung die Einwilligung zu erreichen. Dem Gespräch zwischen dem Metropoliten und dem General wohnte auch ein hoher SS-Offizier bei, der in scharfem Ton gegen jede Kontaktaufnahme griechischer Stellen mit dem „Feind" Einspruch erhob.

„Wer also soll mit den Engländern verhandeln?" fragte der General, worauf Damaskinos nach einigem Zögern antwortete:

„Ich beabsichtige, mit einer christlichen Kirche zusammenzuarbeiten, mit der die orthodoxe einmal vereint war."

„Mit dem Vatikan also!" rief der SS-Offizier spöttisch, aber der General fiel ihm ins Wort und sagte:

„Das ändert natürlich die Sache. Dem Papst können wir keine Vorschriften machen."

Noch bedurfte es langer und schwieriger Verhandlungen, bis man endlich das ersehnte Ziel erreichte. Pius XII. erlangte bei den Engländern die Milderung der Blockade und bei den USA die notwendige Hilfe. Im Oktober liefen amerikanische Schiffe mit fast vierhunderttausend Tonnen Getreide unter dem Jubel der Athener in den Hafen von Piräus ein. Die brüderliche Zusammenarbeit zwischen Damaskinos und Roncalli bewahrte die Griechen vor dem Hungertod.

Nun endlich konnte der Delegat nach Istanbul zurückkehren, wo neue dringende Aufgaben auf ihn warteten. Seinen getreuen Sekretär Giacomo Testa ließ er in Griechenland zurück. Für seine Arbeit in der Türkei wurde ihm als neuer Helfer der irische Priester Thomas Ryan gesandt.

Eines Tages stürmte der temperamentvolle Ire in Roncallis Arbeitszimmer und rief aufgeregt:

„Eine unerhörte Geschichte! Im Hafen ist ein Schiff mit ein paar hundert jüdischen Kindern eingelaufen; der Himmel mag wissen, wie sie den Klauen der Gestapo entkamen. Aber nun weigert sich die türkische Regierung, die Kinder an Land zu lassen; diese ungläubigen Bürokraten wollen sie nach Deutschland zurückschicken, wo gewiß die Konzentrationslager auf sie warten."

„Das wird nicht geschehen!" antwortete Roncalli in festem Ton. „Ich werde heute noch mit dem deutschen Botschafter darüber verhandeln."

„Was erhoffen Sie sich von den verfluchten Protestanten?" schnaubte der Ire, dabei blitzte es zornig auf in seinen tiefblauen Augen. Roncalli aber erwiderte lächelnd:

„Ihr Iren seid ganz unmögliche Leute, mein guter Tommy. Schon zwischen Geburt und Taufe wettert ihr gegen jeden, der nicht eures Glaubens ist, vor allem gegen die Protestanten. Im übrigen können Sie sich beruhigen, der deutsche Gesandte Franz von Papen ist ein überzeugter Katholik. Ich unterhalte mit ihm die besten Beziehungen, auch wenn ich es nicht billige, daß er für Hitler die Steigbügel hielt. Er hat mir wiederholt gute Dienste getan. Aber auch wenn er Protestant wäre, würde ich mich nicht scheuen, ihn um Hilfe zu bitten. Die armen Kinder sollen nicht in die Gaskammer."

„Dies ist das schwierigste Problem, vor das Sie mich jemals gestellt haben", erklärte der deutsche Botschafter, mit dem Roncalli noch am gleichen Tag zusammentraf. „Ich kann da wirklich nichts tun." Aber der Delegat ließ sich nicht abweisen.
„Ich beschwöre Sie, Herr Botschafter, helfen Sie den armen unschuldigen Kindern! Oder wollen Sie sich eines neuen bethlehemitischen Kindermordes mitschuldig machen?"
„Glauben Sie mir, Exzellenz, daß auch mir ihr Schicksal zu Herzen geht!" wand sich der deutsche Aristokrat. „Aber Sie wissen, daß ich in meinem eigenen Haus bespitzelt werde. Die Gestapoleute würden es mir nie verzeihen, wenn ich nur einen Finger rührte, die Kinder zu retten."
„Und glauben Sie, Herr von Papen, Gott würde Ihnen verzeihen, wenn Sie die Kinder ihren Henkern auslieferten? Helfen Sie ihnen um Gottes willen! Vielleicht kommt einmal die Stunde, da auch Sie Hilfe brauchen, und vielleicht wird sie Ihnen gewährt, wenn Sie jetzt mehr Ihrem Herzen folgen als menschlicher Klugheit und Berechnung." Der Botschafter blickte den Erzbischof betroffen an, dann nickte er vor sich hin und sagte:
„Vielleicht haben Sie recht. Ich werde mit den zuständigen türkischen Stellen verhandeln. Doch muß alles so geheim wie möglich geschehen." Roncalli atmete auf.

„Ich danke Ihnen, Herr Botschafter!"

Obwohl er auf den guten Willen seines Gesprächspartners vertraute, bestürmte er dennoch die Beamten in den türkischen Ministerien, und als er auf Widerspruch und Unverständnis traf, machte er, der Gutmütige, der sonst stets auf höfliche Formen hielt, einen solchen Wirbel, daß die Fenster klirrten. Schließlich erreichte er, daß das Schiff im Hafen eines anderen neutralen Landes vor Anker gehen konnte. Die jüdischen Kinder waren in Sicherheit. Es war kein Wunder, daß der Oberrabbiner von Palästina, Dr. Isaac Herzog, der oft nach Istanbul kam, ihm für seine große Hilfe öffentlich dankte.

Dem deutschen Botschafter von Papen aber blieb der Lohn für seine Intervention zugunsten der jüdischen Kinder nicht versagt. Als ihm in Nürnberg der Kriegsverbrecherprozeß gemacht wurde, rettete ihm ein Schreiben Roncallis Freiheit und Leben.

Immer wieder pendelte der Delegat in den folgenden Jahren zwischen Istanbul und Athen hin und her. „Ich komme mir vor wie das Schiffchen am Webstuhl", sagte er zu seinem Sekretär. „Aber was soll's? Gottes Werk muß getan werden. Packen wir halt wieder unsere Koffer!"

Im Sommer 1944 erwies er dem griechischen Volk und der gesamten Kulturwelt einen letzten großen Dienst. Der Gedanke, daß die hellenische Hauptstadt beim Rückzug der deutschen Truppen von beiden Seiten bombardiert werden sollte, war ihm unerträglich. Auf seine Bitte schlug der Heilige Stuhl den kriegführenden Mächten vor, Athen und Rom wegen ihrer geschichtlichen Bedeutung zu schonen und zu offenen Städten zu erklären, eine Anregung, die schließlich zum Erfolg führte. Die griechische Hauptstadt verdankt es nicht zuletzt dem Erzbischof Roncalli, daß sie heute noch steht in all ihrer Herrlichkeit.

An einem dunklen Dezemberabend des Jahres 1944 saß der Delegat allein in seinem Zimmer, als ihm eine verschlüsselte Depesche gebracht wurde. Sie bestand aus einer Reihe von Ziffern, doch da sie aus Rom kam, machte sich Roncalli mit Hilfe des Geheimcodes an die Dechiffrierung. Noch während er mit der ungewohnten Arbeit beschäftigt war, kam sein Sekretär von einem Ausgang zurück.

„Ach, mein Lieber, hilf mir doch!" bat der Delegat. „Ich bekomme keinen rechten Sinn in die Depesche." Don Ryan, an solche Arbeit gewöhnt, erledigte die Arbeit in wenigen Minuten.

„Nun, was ist?" drängte der Erzbischof. „Sag endlich, was man in Rom von mir will!" Don Ryan sah ihn bedeutungsvoll an und sagte:

„Ich wünsche Ihnen Glück, Exzellenz. Sie sind soeben zum Nuntius in Frankreich ernannt worden."

„Dummes Zeug!" knurrte Roncalli. „Sparen Sie sich Ihren irischen Humor für eine andere Gelegenheit! Lesen Sie mir den Text vor!"

„Ich denke, er ist klar genug. Also hören Sie! ‚Kommen Sie unverzüglich stop Versetzung Nuntius Paris stop Tardini.' "

Der Delegat starrte seinen Sekretär verblüfft an, dann stieß er entgeistert hervor:

„Qualcuno ha perso la testa! – Da hat jemand den Verstand verloren! Aber in Gottes Namen. Oboedientia et Pax! – Gehorsam und Frieden!" Und lächelnd fügte er hinzu: „Ubi deficiunt equi trottant aselli. – Wo die Pferde versagen, trotten die Esel. Der kluge lateinische Vers tröstet mich ein wenig."

Schweren Herzens nahm er nach zehnjähriger Tätigkeit Abschied von der goldenen Stadt am Bosporus und flog nach Rom.

Als er in das Büro Tardinis im Staatssekretariat trat, platzte er mit der Frage heraus: „Wer in aller Welt ist nur auf die Idee gekommen, mich von Istanbul fortzulocken?"

„Um Himmels willen, Exzellenz, seien Sie nicht böse auf mich!" antwortete der Monsignore. „Das war nicht meine Idee, sondern die des Heiligen Vaters."

DIE WAFFEN DES NUNTIUS

Es war ein grämlicher Neujahrsmorgen, als der neue Nuntius mit seinem „Auditor" Monsignore Pacini den Elysée-Palast betrat, dem Staatspräsidenten General de Gaulle sein Beglaubigungsschreiben zu überreichen. Am Portal empfing ihn der Chef des Protokolls, Monsieur Losé, und geleitete ihn in einen Salon im ersten Stock.
„Ich werde dem Präsidenten Ihre Ankunft mitteilen, Exzellenz", sagte er in gemessenem Ton. „Ich bitte Sie, sich einen Augenblick zu gedulden."
„Es ist kalt hier", stellte der Auditor fest, „kalt und ungemütlich."
„Nun, mein Lieber, wir sind nicht in Paris, um es gemütlich zu haben", antwortete lächelnd Roncalli.
Nein, sehr einladend war der Raum wirklich nicht. Man merkte wohl, daß man noch im Krieg war, obschon Paris seit einem halben Jahr von den Deutschen befreit war. Alles deutete darauf hin, die verblichenen Seidentapeten, der staubige Kristallüster, die verschlissenen Möbel, die schmutzigen Fensterscheiben. Das einzige, was die beklemmende Atmosphäre ein wenig aufhellte, war ein Strauß prächtiger Rosen auf einem Barocktischchen.
Der General ließ auf sich warten; der Auditor rieb sich die frostklammen Finger, trat ungeduldig von einem Fuß auf den andern.
„Der reinste Eiskeller!" seufzte er.
„Ja, es ist kalt", nickte der Nuntius. „Aber ich hatte nichts anderes erwartet. Seit der General die Abberufung meines Vorgängers, Monsignore Valeri, verlangte, nur weil er bei der Regie-

rung des Marschalls Pétain in Vichy akkreditiert war, sind die Beziehungen zwischen Paris und Rom frostig genug, aber ich bin überzeugt, es wird schon wieder Tauwetter werden."

„Noch deutet nichts darauf hin. Die Regierung verlangt sogar die Abberufung von mehr als dreißig Bischöfen, weil sie mit den Deutschen zusammengearbeitet haben sollen."

„Ich weiß", erwiderte der Erzbischof, „aber haben wir Geduld! Die Regierung wird mit sich reden lassen. Ich habe in diesen Dingen einige Erfahrung. Aber nun wollen wir schweigen. Beten wir lieber, daß Gott unserem Tun seinen Segen gibt!" Gelassen zog er den Rosenkranz hervor und empfahl sich und seine Sendung der lieben Gottesmutter.

Endlich öffnete sich die Tür. De Gaulle trat ein, gefolgt von Außenminister Bidault und seinem Protokollchef. Er trug die Generaluniform mit dem lothringischen Doppelkreuz auf der Brust. Mit kalten Augen musterte der große, schlanke Mann den Vertreter des Heiligen Vaters; nicht das geringste Lächeln spielte um seine Züge, nur eine leichte Verbeugung deutete einen Gruß an. Georges Bidault schaute unbeteiligt vor sich hin, der Protokollchef stand steif wie ein Stück Holz. Nein, kühler hätte der Empfang nicht sein können. Roncalli aber verlor nicht einen Augenblick lang die Fassung. In ruhigem Ton begann er seine kurze Ansprache.

„Wenn ich Eurer Exzellenz mein Beglaubigungsschreiben überreiche, denke ich unwillkürlich an die fernen Tage meiner priesterlichen Jugend zurück, da ich an der Seite meines Bischofs Radini, der Ihnen wegen seiner tiefen Zuneigung für Frankreich wohlbekannt ist, dieses Land bewundern und lieben gelernt habe.

Doch wollte ich Eurer Exzellenz nicht sosehr meine persönlichen Gefühle als vielmehr die aufrichtigen Wünsche Seiner Heiligkeit ausdrücken. Der Papst hat mich beauftragt, Ihnen seine guten Wünsche zu entbieten und Sie seines besonderen Wohlwollens für Frankreich zu versichern.

Lassen Sie mich, Herr Präsident, diesen Wünschen meines hohen Souveräns meine persönlichen anfügen und Ihnen versichern, daß ich mit Gottes Beistand und der wohlwollenden Hilfe Ihrer Regierung mein Bestes tun werde, die Bande zwischen dem Heiligen Stuhl und dem edlen französischen Volke immer fester zu knüpfen!"

Überrascht blickte der Außenminister auf; der ungewohnt herzliche Ton in einer doch hochoffiziellen Ansprache war nicht zu überhören. Entweder, dachte Bidault, ist dieser neue Nuntius mit dem freundlichen Vollmondgesicht ein ganz schlauer Fuchs, oder er hat wirklich Herz. De Gaulles Gesicht aber blieb steinern, sein Blick eisig wie zuvor. Mit einem Kopfnicken nahm er das Beglaubigungsschreiben entgegen, ohne auch nur mit einer Silbe zu antworten. Der Nuntius tat, als merkte er nichts von dem bedrückenden Schweigen. Mit sonnigem Lächeln deutete er auf die Rosen hin und sagte:

„Wie schön sie sind! Ich liebe die Blumen wie alle schönen und friedlichen Dinge, die der liebe Gott geschaffen hat."

Sieh an, dieser schlaue Fuchs, dachte Bidault. Dieser Roncalli packt den General bei seiner menschlichen Schwäche. Wirklich ein gerissener Diplomat. Monsieur Losé erstarrte bei der so ganz unprotokollgemäßen Bemerkung. In de Gaulles eisigen Augen aber leuchtete einen Augenblick lang ein warmer Schein auf, als er mit der Hand zärtlich über die Blumen strich und kaum vernehmbar antwortete:

„Ja, ich liebe sie sehr, ich auch!" Um ein weniges freundlicher nickte er seinem Besucher zu und verließ hoch aufgerichtet den Salon.

„Ein ausgezeichneter Einfall, das mit den Rosen", raunte der Außenminister dem Nuntius zu. „Damit haben Sie bei dem General ins Schwarze getroffen. Wirklich ein feiner diplomatischer Schachzug! Mein Kompliment, Exzellenz."

„Oh, es lag durchaus keine Berechnung darin", erwiderte der

Erzbischof mit kindlichem Lächeln. „Ich liebe die Rosen wirklich. Sie erinnern mich an meine Jahre in Bulgarien, wo ich so oft das herrliche Tal der Rosen bewundern durfte."

„Ihr Glück, daß Sie das vor dem Präsidenten nicht erwähnten!" seufzte Bidault. „Schließlich gehört Bulgarien zu unseren Kriegsgegnern."

„Ich war drauf und dran, es dennoch zu tun, aber da hat mir mein Schutzengel wohl noch eben rechtzeitig den Mund zugehalten."

„Bedanken Sie sich bei ihm!" schmunzelte der Minister. „In manchen Dingen ist der General sehr empfindlich."

Was für ein merkwürdiger Mensch, dieser Nuntius, dachte der Protokollchef. Redet wie ein Kind von seinem Schutzengel!

Währenddessen hatte sich das diplomatische Korps im prunkvollen Waffensaal versammelt, dem Präsidenten seine Glückwünsche zum neuen Jahr zu entbieten. Die meisten Herren waren im schlichten „Stresemann" erschienen, andere in Uniform. Der sowjetische Botschafter Bogomolov, der als dienstältester Diplomat im Namen aller sprechen sollte, fingerte nervös in seinen Papieren herum, als sich eine Tür öffnete und der neue Nuntius eintrat.

Der Russe machte ein Gesicht, als hätte er auf Pfeffer gebissen, und steckte hastig seine Blätter ein, da er seine Aufgabe nun nach dem Protokoll an den Vertreter des Vatikans, als dem Doyen des diplomatischen Korps, abtreten mußte. Roncalli nickte den Anwesenden unbefangen zu, begrüßte den Botschafter der Türkei, Numan Rifat Menemegioglu, den er als früheren Staatssekretär im Außenministerium zu Ankara kennengelernt hatte, und tauschte mit ihm ein paar Worte in seiner Landessprache, die der Diplomat ebenso herzlich erwiderte.

Einen Augenblick später verstummte jedes Gespräch, de Gaulle trat ein. Mit gesenktem Haupt, die Hände vor sich zusammengelegt, hörte er die Rede des Nuntius an. Im üblichen diplomatischen Ton begann Roncalli:

„Es ist für mich eine hohe Ehre, Ihnen, Herr Präsident, zum erstenmal als Dolmetsch der hohen Kollegen des bei Eurer Exzellenz beglaubigten diplomatischen Korps im Namen unserer Souveräne und Staatsoberhäupter die besten Glückwünsche zum neuen Jahr zu entbieten."

Bei den folgenden Sätzen hob der General unwillkürlich den Kopf. Inhalt und Ton ließen ihn aufhorchen.

„Das Jahr, das soeben inmitten von Prüfungen und Leid zu Ende gegangen ist, war für Frankreich von allergrößter Bedeutung. Denn dank Ihrem Weitblick und Ihrer Tatkraft hat dieses Land seine Freiheit und den Glauben an seine Sendung wiedergefunden.

Wir zweifeln nicht, daß das neue Jahr Zeuge neuen Fortschritts und neuen Aufstiegs sein wird. Auf diese Weise wird Frankreich sein altes Antlitz zurückerhalten und die Stellung, die ihm unter den Völkern zukommt. Mit seinem Weitblick, seinem Fleiß, seiner Freiheitsliebe und seiner geistigen Strahlkraft wird es der Menschheit den Weg weisen, der sie in innerer Geschlossenheit und Gerechtigkeit Zeiten der Ruhe und eines dauerhaften Friedens entgegenführt."

Unwillkürlich griff der General nach seiner Tasche, in der das Manuskript der Rede steckte, die er eine Stunde später im Rundfunk an die französische Nation richten wollte. Die gleichen Gedanken, fast sogar die gleichen Ausdrücke hörte er jetzt aus dem Mund des päpstlichen Diplomaten. Es war wirklich zum Erstaunen, mit welcher Kennerschaft für die Feinheiten der französischen Sprache dieser Italiener solch schier unübersetzbare Worte, wie „esprit lucide – goût du travail – rayonnement spirituel", verwandte. Jedes von ihnen berührte eine Saite in der Seele des stolzen Generals.

Mit bewegter Stimme schloß der Nuntius:

„Das ist die Botschaft, die gerade in diesen Tagen von oben her an uns ergeht. Möge sie von den Menschen, die guten Willens sind, bereitwillig aufgenommen werden! Dem gilt unser Sehnen und Wünschen, Herr Präsident. Dazu kommen unsere Wünsche für Ihr persönliches Wohlergehen und die Bitte an die göttliche Vorsehung, sie möge Sie Ihrem Land noch lange erhalten."

Sichtlich bewegt dankte de Gaulle, und zum erstenmal reichte er dem Vertreter des Heiligen Stuhles die Hand.

„Eine ausgezeichnete Rede!" flüsterte der türkische Botschafter dem Nuntius zu. „Welch ein Gefühl für die Finessen der französischen Sprache! Nicht nur der Präsident, wir alle waren tief beeindruckt. Im übrigen wünsche ich Ihnen Glück für Ihre neue Tätigkeit. In Ankara konnte ich leider Ihre Wünsche nicht immer erfüllen. Hier aber werden Sie in mir einen stets hilfsbereiten Kollegen sehen. Ich würde mich glücklich schätzen, wenn ich Ihr Freund sein dürfte."

Überrascht schaute Roncalli den Türken an, mit dem er in Ankara manch harten Strauß ausgefochten hatte, dann aber reichte er ihm die Hand und sagte:

„Ich danke Ihnen von Herzen, Exzellenz. Auch ich würde mich über eine freundschaftliche Zusammenarbeit sehr freuen. Ich werde auch in Frankreich das mir so liebgewordene türkische Volk nie vergessen."

Vom Elysée-Palast fuhr Roncalli unmittelbar zum Palais des Pariser Erzbischofs, Kardinal Suhard, um ihm seinen Antrittsbesuch zu machen und die Glückwünsche zum Jahreswechsel auszusprechen.

„Ihre Aufgabe als Vertreter des Heiligen Stuhles wird ungemein schwierig sein", sagte der Kardinal nach der ersten herzlichen Begrüßung. „Die Probleme, vor die sich die Kirche in Frankreich gestellt sieht, werden kaum zu lösen sein. Trotz des Abzugs der deutschen Truppen ist der Himmel über unserem Land noch so düster wie dieser lichtlose Neujahrsmorgen."

„An Schwierigkeiten bin ich gewöhnt, Eminenz", antwortete Roncalli mit schmerzlichem Lächeln. „Bulgarien war mein Dornbusch, die Türkei das Land meiner großen Enttäuschungen, Griechenland mein Golgatha. Aber im Vertrauen auf Gottes Hilfe habe ich stets den Mut bewahrt, und wenn auch nicht alle Blütenträume reiften, so erntete ich doch manch schöne Frucht."

„Ich wollte, ich könnte Ihren Optimismus teilen", seufzte der siebzigjährige Kardinal, „aber ich sehe am Horizont nicht den geringsten Lichtstreifen. Frankreich wird die Hälfte seiner Oberhirten verlieren. Mir selbst verbot die Regierung, meine Kathedrale zu betreten." Sehnsüchtig schweifte der Blick des greisen Oberhirten zu den Türmen der Notre-Dame-Kirche hinüber, die sich zu dem dunklen Gewölk emporhoben.

„Nun, Eminenz", suchte ihn Roncalli zu beruhigen, „wir leben noch in der überhitzten Atmosphäre, die der Triumph der Résistance – der französischen Widerstandsbewegung – mit sich brachte. Die Leute vom ‚Maquis' sehen in jedem, der, wenn auch aus edelsten Motiven, mit den Besatzungsbehörden verhandelte, einen Verräter. Den Bischöfen blieb nichts anderes übrig, wenn sie das schlimmste Unheil von ihrer Herde abwenden wollten."

„Dennoch besteht selbst der Außenminister Bidault, obschon überzeugter Katholik und Mitgründer der katholischen Partei MRP – Mouvement Républicain Populaire – auf der Abberufung von mehr als dreißig Bischöfen, ganz zu schweigen von den Kommunisten, die noch weit mehr verlangen."

Der Kardinal schlug mit der Hand auf die Silvesternummer der kommunistischen Parteizeitung „Humanité", die vor ihm auf dem Schreibtisch lag.

„Hier können Sie die Tiraden des Chefredakteurs Hervé lesen, der nicht nur die Bischöfe abgesetzt wissen will, sondern sich geradezu überschlägt in seinem Haß gegen die Kirche."

Roncalli legte die Hand beschwichtigend auf den Arm des Kardinals.

„Ich bin überzeugt, daß man mit Bidault verhandeln kann, und wenn meine Worte zu schwach sind, wird mir der Himmel helfen. In der Kapelle der Nuntiatur fand ich zu meiner großen Freude die Bilder des heiligen Josef und der kleinen Therese von Lisieux, die zu meinen Lieblingsheiligen gehören. Ihnen werde ich meine Sorgen anvertrauen, und ich bin gewiß, daß sie mich nicht im Stich lassen werden."

Der Kardinal schaute den Nuntius mit einem langen Blick schweigend an.

„Möge Ihr frommes Vertrauen auf die Hilfe der Heiligen nicht enttäuscht werden! Sie werden sie nötig haben bei den kommenden Kämpfen. Es bedrückt uns hier so vieles, allem voran die Schulfrage. Die Regierung beabsichtigt trotz des Konkordates, das Rom mit Vichy schloß, den katholischen Schulen jede Subvention zu entziehen. Dabei besuchen fast zwei Millionen Kinder unsere Schulen."

„Nun, dann wird es unmöglich sein, sie in der augenblicklich ohnehin bedrängten Lage durch Staatsschulen zu ersetzen. Legen wir diese Angelegenheit vertrauensvoll in die Hände des guten Pflegevaters Christi!"

„Die größte Sorge macht mir die Entchristlichung der Massen, sowohl auf dem Land wie in den großen Industriezentren. In vielen Kirchen steht der Pfarrer auch am Sonntag vor fast leeren Bänken. Um die Wahrheit zu sagen, Frankreich ist Missionsgebiet geworden. Die Frohbotschaft unseres Herrn erreicht viele Menschen nicht mehr. Wir müssen neue Wege suchen, an sie heranzukommen, ganz neue Wege. Wir Priester müssen unseren Herrn, der so einsam geworden ist in seinen Tabernakeln, in die Elendsquartiere der Proletarier, in die Fabriken, in die Schnitterkasernen tragen. Wir müssen heraus aus den Sakristeien, herunter von dem Postament, auf dem wir stehen, und ganz eins werden mit unseren armen Brüdern, damit sie wieder an unsere Liebe, an die Echtheit und Wahrhaftigkeit unserer Lehre glauben."

„Und wie soll das geschehen?"

„Es gibt schon Anfänge, verheißungsvolle Anfänge!" Der Blick des Kardinals schien sich in weite Ferne zu verlieren. „Frankreich hat einen ausgezeichneten Klerus, der vor keinem Opfer zurückschreckt. Denken Sie an jene Priester, die freiwillig mit den Zwangsarbeitern nach Deutschland gingen, um ihren Brüdern als Seelsorger beizustehn! Denken Sie an jene heldenhaften Mitbrüder, die in der Bannmeile von Paris, jener Zone des Elends, die unsere Hauptstadt umgibt, unter den Lumpensammlern wohnen, mit ihnen hungern und frieren, mit ihnen im übelsten Morast hausen, nur um in ihrer Nähe zu sein und zu helfen, wo immer sie gebraucht werden. Gehen Sie nach Clichy, dort werden Sie sie finden!"

„Ich habe von diesen heldenmütigen Priestern mit tiefster Bewegung gehört, und ich brenne darauf, sie kennenzulernen."

„Das ist noch nicht alles. Gerade in diesen Tagen beginnt eine neue Idee Wirklichkeit zu werden. Es gibt einige Geistliche aus dem Weltklerus wie aus dem Ordensstand, die die Soutane mit dem Werkkittel vertauschten, um als Arbeiter in den Fabriken mitten unter den Proletariern zu leben. Sie wohnen mit ihnen in den gleichen Mietskasernen, in den schmutzigsten Vierteln, feiern in irgendeiner Waschküche, einem Schuppen, einem Mansardenzimmer das heilige Opfer, beginnen mit dem Apostolat selbstloser Liebe und warten geduldig auf den Tag, wo sie ihren verirrten, aufgehetzten Brüdern auch als Priester dienen können. Wenige sind es bisher, aber bald werden es Hunderte sein. Es wird Sie ohne Zweifel erstaunen lassen, das zu hören."

„Nicht so ganz!" erwiderte Roncalli. „In Bulgarien, in der Türkei und in Griechenland sah ich viele unserer Mitbrüder, die in größter Armut lebten und neben ihrer priesterlichen Tätigkeit als Handlanger, Hafenarbeiter oder Lastenträger tätig waren. Das freilich geschah aus bitterer Notwendigkeit, weil sie anders nicht hätten leben können."

„Unsere Arbeiterpriester tun es um Gottes und der Menschen willen, allein beseelt von der Absicht, als Boten des Evangeliums unter den Enterbten, Eingeengten und Verlorenen zu wirken. Das erste Beispiel gab der Dominikanerpater Loew, der schon seit vier Jahren als Schauermann im Marseiller Hafen arbeitet. Viele unserer Geistlichen brennen darauf, seinem Beispiel zu folgen. Es ist die Gründung eines eigenen Seminars für die ‚Mission de France' geplant, in der die künftigen Arbeiterpriester gründlich geschult und auf ihre Aufgabe vorbereitet werden sollen."

Der Nuntius legte nachdenklich die Stirn in die Hand.

„Der Gedanke ist faszinierend", sagte er nach einer Weile. „Echt paulinisch; denn wenn auch der Völkerapostel nicht gerade ein Arbeiterpriester genannt werden darf, so hat er doch durch seiner Hände Werk seinen Lebensunterhalt verdient, und wenn er den Griechen ein Grieche, den Juden ein Jude, allen alles ward, warum sollte der Seelsorger von heute nicht auch dem Arbeiter ein Arbeiter werden? Dennoch sehe ich große Schwierigkeiten. Nicht der Priester in der blauen Werkbluse ist es, was mich nachdenklich stimmt, wohl aber die Gefahr, sich völlig an die irdischen Aufgaben zu verlieren, sich den Mitbrüdern zu entfremden und das religiöse Leben zu vernachlässigen. Ich empfinde eine ungeheure Hochachtung vor ihrem Idealismus, aber ich vermag meine Bedenken nicht einfach beiseite zu schieben. Das Ganze scheint mir ein Experiment zu sein, ein heiliges Experiment, weil es von einem wahrhaft heiligmäßigen Willen getragen wird. Warten wir ab, wie es sich entwickelt, dann wird man sehn, ob es der rechte Weg oder aber eine Verirrung war."

„Gewiß, auch ich teile Ihre Bedenken, Monseigneur", seufzte der Kardinal. „Sie sind nicht von der Hand zu weisen, und in vielen schlaflosen Nächten habe ich darüber nachgedacht. Noch weiß ich nicht, ob das heilige Experiment, wie Sie es nennen, gelingt, aber das eine weiß ich, wir müssen neue Wege finden, den Armen die Frohbotschaft zu verkünden. Wir müssen sie also suchen, selbst auf die Gefahr hin, für eine Zeitlang in die Irre zu gehn. Wie man freilich in Rom darüber denken wird, vermag ich nicht zu ahnen. Ich wäre Ihnen jedoch von Herzen dankbar, Monseigneur, wenn Sie dort ein wohlwollendes Verständnis für unsere Notlage fördern würden."

„Beginnen Sie immerhin getrost mit Ihrem Experiment!" antwortete der Nuntius lächelnd. „Ich wünsche ihm vollen, uneingeschränkten Erfolg. Rom wollen wir zunächst nicht damit behelligen, sollte man danach fragen, werde ich raten, einstweilen geduldig abzuwarten."

Roncalli war von dem langen Gespräch mit dem Pariser Oberhirten tief beeindruckt. Als er das Palais verließ, hatte es sich ein wenig aufgeklärt; der erste Lichtstrahl stahl sich durch die Wolken und ließ die Zinnen von Notre-Dame erglänzen.

Roncalli schloß das letzte der Aktenbündel, die sich auf seinem Schreibtisch zu beachtlicher Höhe häuften, und sagte zu seinem Sekretär Monsignore Vagnozzi:

„Haben Sie die Güte, mein Lieber, das alles morgen wieder ins Außenministerium zu schaffen. Ich habe die Herren gebeten, mir das gesamte Material gegen die Bischöfe, deren Absetzung man fordert, auszuhändigen, und was hat man mir geschickt? Zeitungsausschnitte, nichts als Zeitungsausschnitte. Als wenn das ein Beweis wäre, was die Zeilenschinder zusammenschreiben! Man kann doch die Bischöfe, die nichts als ihre Hirtenpflicht taten, nicht mit geldgierigen Kollaborateuren und Gestapospitzeln über einen Kamm scheren. Rufen Sie den Quai d'Orsay an und fragen Sie, wann der Außenminister zu sprechen ist!"

Georges Bidault empfing den Nuntius mit freundlicher Höflichkeit.

„Ich bin froh, Sie wieder einmal hier zu sehen, Exzellenz", sagte er, ihm den bequemsten Sessel zuschiebend. „Sie machen sich wirklich zu selten."

„Ach, Herr Minister", lächelte Roncalli, „meine Sendung ist

die gleiche wie die des heiligen Josef. Auch ich muß über unseren lieben Herrn wachen und ihn in aller Demut und Stille beschützen. Aber wenn Sie es wünschen, komme ich öfter."

„Das würde mich freuen, Exzellenz, aufrichtig freuen. Sie wissen, wie sehr ich Sie schätze, und nicht ich allein, wir alle bewundern nicht nur Ihre kluge Diplomatie, sondern mehr noch Ihre gewinnende Güte. Selbst wenn Sie Grund zu tadeln haben, tun Sie es in einer Weise, die zwar kräftig zupackt, aber doch niemanden verletzt. Darf ich Ihnen eine Zigarette anbieten?"

„Gern, Herr Minister. Ja, ich rauche ab und zu eine Zigarette, wenn ich auch nicht begreife, daß ein bißchen Tabak, in ein Stückchen Papier eingewickelt, manche Leute zu Sklaven machen kann." Bidault lachte, als er ihm Feuer gab.

„Neulich haben Sie dem Oberbürgermeister von Paris, Pierre de Gaulle, dem Bruder unseres glorreichen Generals, ganz schön heimgeleuchtet. Ich muß sagen, daß ich mit wahrhaft teuflischem Vergnügen davon in den Zeitungen las."

„Ach das...", antwortete der Nuntius zögernd, „das war wirklich nichts von Bedeutung. Die Zeitungen haben das entstellt und aufgebauscht, sehr zu meinem Kummer, wie ich gestehe."

Bidault aber ließ es sich nicht nehmen, die Geschichte genießerisch auszukosten.

„Nun, es war wirklich nicht sehr taktvoll, als Sie unser guter Bürgermeister mit der Bemerkung begrüßte: ‚Die Anwesenheit des Nuntius zeigt uns, daß die Kirche ihre Meinung geändert hat und die Partei des Generals de Gaulle als katholisch anerkennt.'"

„Gewiß, er hätte bedenken sollen, daß der Vertreter des Heiligen Stuhles an niemandes Karren geschirrt ist."

„Aber wie Sie ihm geantwortet haben, Exzellenz! Ganz Paris hat darüber gelacht. Sie wiesen auf die Buchausstellung der 2000-Jahr-Feier hin und erwähnten dabei, Sie hätten dort zu Ihrer Freude ein Buch Ihres Landsmanns Gasperino da Barizza entdeckt."

„Ich freute mich wirklich über den Fund. Das Werk meines vor einem halben Jahrtausend verstorbenen Bergamasker Landsmanns war das erste italienische Buch, das in Frankreich gedruckt wurde."

„Und handelt von den guten Manieren!" platzte der Minister heraus. „Im L'Aube, der Zeitung meiner Partei, stand zu lesen, Sie hätten gesagt: ‚Ich empfehle Ihnen das Buch von den guten Manieren zur Lektüre.'"

„Und eben das ist nicht wahr. Hätte ich das gesagt, wäre es auch um meine Manieren schlecht bestellt."

„Immerhin wird sich der Bürgermeister nachträglich erkundigt haben, was es mit dem erwähnten Buch auf sich hat. Doch nun sagen Sie mir, was Sie zu mir führt!"

„Ich habe Ihnen die Unterlagen über die Bischöfe, deren Abberufung Sie fordern, zurückgeschickt. Sie waren samt und sonders wertlos, Zeitungsausschnitte, nichts weiter. Sie werden verstehen, daß ich sie nicht als ausreichende Beweise werten kann."

„Nun, Sie werden zweifellos darin auch handfestes Material gefunden haben, zum Beispiel den Hirtenbrief des Erzbischofs von Aix-en-Provence, der Marschall Pétain noch verteidigte, als seine Regierung am tiefsten kompromittiert war. Die Oberhirten von Arras und Mende machten sich in ähnlicher Weise unmöglich."

„Das sind drei, Herr Minister", stellte der Nuntius fest. „Sie verlangen aber dreiunddreißig als Opfer."

„Nun, Exzellenz, über den einen oder anderen wird sich reden lassen. Zur Zeit muß man den Gefühlen der Widerstandsbewegung Rechnung tragen, der auch ich angehört habe. Wir haben zuviel gelitten im Maquis, als daß wir so schnell jene vergessen könnten, die mit dem Feind fraternisierten."

„Von Fraternisierung kann bei den Bischöfen wohl keine Rede sein", entgegnete der Nuntius mit Nachdruck. „Sie konnten nicht in den Maquis gehn, weil sie bei ihrer Herde bleiben mußten, und wenn sie mit den Besatzungsmächten verhandelten, geschah es nur, um Freiheit und Leben ihrer Herde zu schützen."

„Sprechen wir nicht mehr davon", brach der Minister ab. „Gibt es sonst noch etwas, das Sie bedrückt?"

„Vieles, allem voran die Schulfrage. Will die Regierung wirklich fast zwei Millionen Kinder ihrer Schulen und Lehrer berauben?"

„Die Frage der Subventionierung der privaten Schulen entscheidet nicht die Regierung, sondern das Parlament. Die MRP wird sich für eine weitere Unterstützung einsetzen, aber leider haben wir nicht die Mehrheit. Sie müßten da schon mit den Parlamentariern verhandeln, vor allem mit den Radikalsozialisten. Ich wäre durchaus nicht überrascht, wenn der Nuntius Roncalli es fertigbrächte, sie umzustimmen."

„Ich bin gern dazu bereit, selbst auf die Gefahr hin, daß mich einige Leute wegen meines Ganges ins feindliche Lager für einen Kollaborateur halten werden."

„Mein Gott", lachte Bidault, „man sagt wohl nicht umsonst, daß die Leute aus Bergamo den Schalk im Nacken haben."

„Vielleicht haben Sie recht", schmunzelte Roncalli. „Vor allem aber sind sie als Dickschädel bekannt, als Leute, die ihr Tau festhalten und nicht so leicht loslassen."

In heiterer Stimmung nahmen die beiden voneinander Abschied, wobei der Minister den Nuntius noch einmal bat, ihn von nun an öfter aufzusuchen.

„Sagen wir zweimal im Monat! Ein Gespräch mit Ihnen wird mir trotz aller Meinungsverschiedenheiten stets eine Wohltat sein in dem Papierkrieg, den ich zu führen habe. Nach soviel Akten sieht man gern einen Menschen."

Endlich läuteten die Friedensglocken. Paris feierte tagelang lärmende Freudenfeste, die Gefangenen kehrten heim, unter ihnen auch der greise Edouard Herriot, der Führer der Radikalsozialisten, der von den Deutschen aus seiner Heimat verschleppt worden war. Roncalli ließ es sich nicht nehmen, ihn zu besuchen und zu seiner Heimkehr zu beglückwünschen.

Die beiden alten Herren unterhielten sich trotz aller Gegensätze prächtig. Es blieb nicht die einzige Begegnung; der streitbare Antiklerikale lernte die Offenheit und Güte, den regen Geist des Nuntius schätzen und äußerte des öfteren im vertrauten Kreis: „Wären alle Priester wie dieser Roncalli, wir hätten keinen Ärger mit der Kirche."

Die Bischofsfrage löste sich über Erwarten erfolgreich. Roncallis Bemühungen war es zu danken, daß die Regierung schließlich nur noch die Abberufung von drei Bischöfen verlangte, die übrigen dreißig führten weiter den Hirtenstab. Auch Kardinal Suhard konnte in seine Kathedrale zurückkehren. Der Nuntius selbst überbrachte ihm die Botschaft, die den greisen Erzbischof zu Tränen rührte.

„Sagen Sie mir doch", bat er Roncalli, „wodurch Sie so große Erfolge erzielten! Was sind die Waffen Ihrer Diplomatie?" Der Nuntius antwortete ohne zu zögern:

„Ganz einfach, Geduld, Festigkeit, Liebenswürdigkeit, Güte, Humor, ein kleines Lächeln und viel, viel Gebet."

Als er am letzten Dezembertag 1945 General de Gaulle zum zweiten Male die Glückwünsche des diplomatischen Korps aussprach, konnte er auf ein gesegnetes und erfolgreiches Jahr zurückblicken, auch wenn sich noch nicht alle Hoffnungen erfüllt hatten.

DAS HEILIGE EXPERIMENT

Zu Hunderten drängten sich im Lager von Chartres die deutschen Kriegsgefangenen an den Stacheldraht, ausgemergelte Gestalten in verschlissenen Uniformen, hungrig, krank vor Heimweh, viele von ihnen verwundet; mit großen Augen starrten sie auf die schwarze Limousine, die soeben in den Eingang einbog.

Voll ungläubigen Staunens schauten sie auf die beiden violett gekleideten Herren, die in ihr Elend, ihre Verlassenheit kamen.

„Macht Platz, Kameraden!" rief der Lagerpfarrer Franz Stock, ein hagerer, weißhaariger Priester, der Mühe hatte, zum Wagenschlag vorzudringen.

„Wer ist das?" bestürmten ihn die Landser.

„Bischof Harscouët von Chartres und der Apostolische Nuntius Erzbischof Roncalli. Aber nun laßt mich endlich durch!"

„Nicht zu glauben, zwei Bischöfe auf einmal!" grinste einer der Landser. „Da kriegen wir doppelten Segen."

„Vielleicht auch Zigaretten oder wenigstens Brot."

Endlich gelang es dem Lagerseelsorger, sich Bahn zu schaffen; ehrfürchtig beugte er sein Knie vor Bischof und Nuntius.

„Sie sehen, lieber Freund, ich bin Ihrer Einladung gefolgt", sagte Roncalli, den Knienden väterlich aufhebend. „Sie kennen Abbé Stock, Monsignore?" wandte er sich an den Bischof von Chartres.

„O ja, wir sind alte Freunde", erwiderte der Oberhirt lächelnd. „Im übrigen kennt ihn ganz Frankreich als den guten Engel unserer Gefangenen während des Krieges. Er brachte den Trost der Kirche in die Kerker und Konzentrationslager und stand bis zur letzten Gewehrsalve den zweitausend unglücklichen Geiseln bei, die auf dem Mont Valérien erschossen wurden. Nicht umsonst nennen ihn die Franzosen den ‚aumônier de l'enfer – den Kaplan der Hölle'."

„Ich bin überzeugt, der Höllenkaplan hat vielen das Tor zum Himmel aufgetan", antwortete Roncalli, tief bewegt. „Warum haben Sie mir bei Ihrem Besuch in Paris nichts von alldem erzählt, mein lieber Abbé?"

„Wer denkt schon gern an die Hölle zurück? Ich tat nur meine Pflicht an den Kindern eines Landes, das mir seit vielen Jahren zur zweiten Heimat ward", erwiderte der deutsche Priester bescheiden.

Auf dem großen Lagerplatz sprach Roncalli zu den Gefangenen, die aus allen Baracken herzueilten. In holperigem Deutsch, das er mit Mühe ein wenig erlernt hatte, begann er:

„Meine Brüder, ich bin zu euch gekommen, weil ich euch liebe, weil auch ihr zur Herde Christi gehört. Ich wollte, ich könnte jeden von euch umarmen, um ihm zu zeigen, wie sehr ich Anteil nehme an eurer Not." Auf französisch fuhr er dann fort.

„Ich weiß, wie sehr ihr euch nach eurer Heimat sehnt, nach der Rückkehr zu euren Lieben; denn auch ich, der ich gleich euch in einem fremden Land weile, denke stets an meine Heimat, ein armseliges Dorf bei Bergamo, und an das arme Bauernhaus, in dem ich geboren wurde. Glaubt mir, ich werde alles tun, alles, meine lieben Brüder, daß sich die Lagertore bald für euch öffnen, und ich weiß mich in diesem Bestreben eins mit dem Heiligen Vater und den Bischöfen Frankreichs. Könnte ich euch nur helfen, jetzt und sofort! Könnte ich eure Sehnsucht erfüllen, euren Hunger stillen, eure Leiden lindern! Ein wenig habe ich euch mitgebracht als Zeichen meiner Liebe, Brot, Medikamente, Zigaretten. Dankt nicht mir dafür, dankt unserem Heiligen Vater, dessen Geschenk ich euch geben darf. Ich segne euch alle, welchen Glaubens ihr auch sein möget. Ich werde für euch arbeiten, für euch beten. Und noch eines! Wenn ihr nach Hause schreibt, grüßt eure Lieben, eure Eltern, Frauen und Kinder vom Nuntius Roncalli, in dessen Herz ihr alle für immer eine bleibende Stätte haben werdet."

Erwartungsvoll schauten die Soldaten zu ihrem Lagergeistlichen auf, der die Ansprache Wort für Wort übersetzte. Als er geendet hatte, blieb es seltsam still auf dem großen Lagerplatz, niemand sagte auch nur ein Wort, aber die Stille bewies mehr als lauter Jubel, wie sehr der Bote des Heiligen Vaters die Herzen getroffen hatte.

Die Katholiken knieten nieder unter seiner segnenden Hand, und wie von einer geheimnisvollen Macht gezwungen, folgten auch die anderen ihrem Beispiel, Protestanten, Ungläubige, alle die rauhen, vom Krieg zerzausten, von der Gefangenschaft zermürbten Kerle. In ihren Augen stand der Schein einer großen Freude; ein Bote aus einer anderen, für viele sehr fremden Welt hatte zu ihnen gesprochen, ein Mensch mit einem guten Herzen.

Von Abbé Stock und dem Lagerkommandanten geleitet, schritten die beiden Prälaten zu Block 1, in dem die katholischen Priester und Theologen untergebracht waren. Mit dem wenigen Grün, das sie erlangen konnten, mit künstlichen Blumen und Papiergirlanden hatten sie ihre armseligen Baracken geschmückt, den hohen Gast zu empfangen. Sogar einen Thron hatten sie aufgebaut, einen ziemlich verschlissenen Sessel, den sie, der Himmel mag wissen wo, aufgetrieben hatten. Zwar fehlte ihm ein Bein, aber man hatte es durch eine Holzlatte ersetzt, und die jungen Studenten hofften nur, daß das Möbelstück nicht unter der gewichtigen Persönlichkeit des Nuntius zusammenbrechen werde. Immerhin gab ihm der krönende Baldachin ein feierliches Aussehen. An der Wand hing ein hölzernes Kreuz ohne Kruzifixus. Als Roncalli darüber eine Bemerkung machte, antwortete einer der Theologen:

„Der Herr ist auferstanden, er hängt nicht mehr am Kreuz."

„Du magst recht haben", nickte der Nuntius, „der Herr ist auferstanden. Dennoch sehe ich ihn immer noch am Kreuz in seinen leidenden Brüdern. Sorgt dafür, daß man ihn löst von seinen Nägeln."

Zu seiner großen Freude erfuhr er, daß man im Lager ein regelrechtes Seminar eingerichtet hatte, in dem sich die jungen Theologen auf das Priestertum vorbereiteten.

„Ein Seminar pflegt ein Ort der Stille und Sammlung zu sein", sagte er bewegt, „das eurige ist umtost vom Lärm des Lagers, umbrandet vom Leid eurer Brüder, aber ich bin sicher, daß der Herr hier seinen Samen tief in eure Herzen senkt."

Oft noch kehrte er nach Chartres zurück und überzeugte sich von den Fortschritten der Theologen. Am Karsamstag 1947 feierte er in der armen Baracke das heilige Opfer, reichte vierhundert Theologen den Leib des Herrn, erteilte einer Anzahl von ihnen die niederen Weihen und legte zwei Diakonen die Hände zur Priesterweihe auf.

„Surrexit Dominus vere – der Herr ist wahrhaft auferstanden", begann er mit einem Blick auf das hölzerne Kreuz seine Ansprache. „Es ist Ostern, der Tag, den der Herr gemacht hat. Ihr, meine Freunde, werdet bald heimkehren und die Frohbotschaft verkünden. Seid dann in einer Welt voll Leid und Haß die Boten und Zeugen des Friedensfürsten!"

Wirklich ließ die Heimkehr nun nicht mehr lange auf sich warten. Auf den energischen Appell der französischen Bischöfe sowie auf das Drängen des Heiligen Vaters, dessen Dolmetsch Roncalli war, öffneten sich im Frühjahr 1948 endlich die Lagertore für 260.000 deutsche Kriegsgefangene.

Abbé Franz Stock blieb in Frankreich, um den deutschen Arbeitern beizustehn, doch bald neigte sich sein Tag dem Ende zu. Er starb, nachdem er seine Kräfte völlig erschöpft hatte, im Frieden Gottes.

Bei seiner Begräbnisfeier in der Kirche Saint-Jacques du Haut-Pas schloß ein Bischof die Gedenkrede mit den Worten: „Abbé Stock ist nicht nur ein Name, er ist ein Programm; in ihm verkörperte sich das Ideal des guten Hirten, der sich ganz verzehrt in der Liebe zu Gott und den leidenden Brüdern."

Auch in Frankreich blieb Roncalli „il viaggiatore di Dio – der Reisende Gottes", wie er sich selbst scherzhaft nannte. Fast alle Bistümer besuchte er, von der Bretagne bis nach Marseille, ja bis Algerien, Tunis und Marokko, überall ermutigend, helfend, tröstend, versöhnend, zu Gerechtigkeit und Frieden mahnend. Die Armut, in der selbst viele Bischöfe nach der Trennung von Kirche und Staat lebten, griff ihm ans Herz, umsomehr bewunderte er ihren unermüdlichen Seeleneifer.

Vor dem Gnadenbild Unserer Lieben Frau in Lourdes kniete er nieder im tiefen Glauben an ihre rettende Güte; Lisieux, die Heimat seiner Lieblingsheiligen Therese vom Kinde Jesu, erschien ihm wie ein Paradies, in Saintes Maries, dem Ziel der berühmten Zigeunerwallfahrten, segnete er das Meer; in Toulouse überreichte er dem greisen Erzbischof Saliège das rote Birett.

Es bereitete ihm eine besondere Freude, damit einen Oberhirten zu ehren, der während der Besatzungszeit einer der mutigsten Streiter für Recht und Gerechtigkeit war. Von Kopf bis Fuß gelähmt, ließ er sich in seine Kathedrale tragen und hielt von seiner Bahre aus eine flammende Predigt gegen den nationalistischen Rassenwahn. Viele Juden, die er in sicherem Asyl versteckte, verdanken ihm Freiheit und Leben. Die hohe Ehre, die ihm mit der Kardinalswürde zuteil ward, wurde in ganz Frankreich mit großer Genugtuung aufgenommen, vor allem bei der Regierung und den ehemaligen Widerstandskämpfern.

Zwischen seinen vielen Reisen kehrte Roncalli immer wieder nach Paris zurück, die Geschäfte der Nuntiatur wahrzunehmen. Sein Haus in der Avenue Wilson stand jedem offen. Hier trafen sich Minister, Parlamentarier, Diplomaten, Gelehrte, Dichter und Künstler zu geistvollem Gespräch, hier verkehrten die Schriftsteller Mauriac, Claudel, Daniel-Rops, Abgeordnete aller Parteien, von der äußersten Rechten bis zum greisen Edouard Herriot, dem Führer der Radikalsozialisten, die Stabsoffiziere der NATO, Professoren, Theologen, Atheisten, und immer genossen sie die friedliche Atmosphäre dieses Hauses. Robert Schuman, der eigentliche Vater des Europagedankens und Führer der MRP, sagte bei einer solchen Gelegenheit: „Wir alle haben nicht mehr die Fähigkeit des Losgelöstseins. Schaut euch den Nuntius an! Er ist der einzige in ganz Paris, in dessen Nähe man Frieden atmet. Ich möchte fast sagen, man kann ihn körperlich berühren, diesen Frieden."

„Nun, dieser Friede ist das Erbteil meines armen Elternhauses", erwiderte Roncalli lächelnd. „Wir Kinder wurden im Frieden Gottes erzogen, und mit seiner Hilfe habe ich ihn mir bewahrt, auch in allen Widernissen dieses Lebens."

Manch heißes Eisen kühlte sich bei solchen Gesprächen ab, manch heikles Problem löste sich leichter. Stets war der Nuntius ein glänzender Gastgeber. „Die Liebe geht nun einmal durch den Magen, besonders in Frankreich", pflegte er zu sagen; wenn er Gäste hatte, mußten Küche und Keller ihr Bestes hergeben. Eingehend besprach er vor einem großen Diner die Speisenfolge mit Maître Roger, den man den besten Koch von Paris nannte, und prüfte kritisch die Weine, die sein Kammerdiener Giulio Venturini entkorkte.

Bemerkte er bei solchem Geschäft den erstaunten Blick seiner Sekretäre, die doch seine persönliche Anspruchslosigkeit kannten, meinte er lächelnd:

„Ach, wundern Sie sich nicht! Sehen Sie, ich halte es mit der großen heiligen Theresia, die einmal sagte: ‚Wenn Buße, dann Buße, wenn Rebhuhn, dann Rebhuhn!' Die Herren, die ich eingeladen habe, sollen sich bei mir wohlfühlen, und die Franzosen brauchen nun einmal zum Wohlbehagen eine gute Pastete und einen edlen Tropfen."

Es kam vor, daß die Besucher nach einer ausgezeichneten Mahlzeit den Koch herbeiriefen, um ihm ihre Anerkennung auszusprechen, worauf Meister Roger zu sagen pflegte: „Ich danke Ihnen, meine Herren, daß Sie mir Gelegenheit gaben, die Vorzüge der französischen Küche zu zeigen. Für sich selbst braucht seine Exzellenz fast nichts, da lohnt es sich kaum zu kochen. Er ißt wie ein Vögelchen."

„Wer hätte das gedacht!" platzte der alte Herriot heraus. „Bei seiner Figur?"

„Oh, Exzellenz", versicherte der Koch, „die Fülle kommt nur von den vielen Büchern, die er täglich verschlingt."

Roncalli nahm solche Anspielungen durchaus nicht übel, im Gegenteil, er selbst scherzte gern über seine Korpulenz.

Oft aber hatte er ganz andere Gäste. Kein Handwerker kam in sein Haus, den er nicht zu einem Glas Wein und einem bescheidenen Imbiß eingeladen hätte. Einem italienischen Klempner gefiel das so gut, daß er stets seine Familie mitbrachte, seine Frau und sieben „bambini", und jedesmal bewirtete Roncalli die ganze Gesellschaft mit größtem Vergnügen.

Seine besondere Sorge widmete er den Arbeiterpriestern, oft lud er sie in sein Haus ein, mit ihnen ihre Sorgen und Nöte zu besprechen. Auf seinen besonderen Wunsch erschienen sie in ihrer Arbeitskleidung, in keiner Weise als Geistliche zu erkennen. Sie waren seine liebsten Gäste, und wenn sie, ein wenig verlegen, auf den samtbezogenen Stühlen saßen, die verschafften Hände vor sich auf den Tisch gelegt, betrachtete er sie mit aufrichtiger Bewunderung.

Er sorgte dafür, daß sich die anfängliche Befangenheit schnell verlor, und bereitwillig öffneten die Mitbrüder dem Nuntius ihre Herzen wie einem gütigen, verständnisvollen Vater. Rückhaltlos sprachen sie von ihren Erfahrungen und Erlebnissen, ihren Hoffnungen und Enttäuschungen. Nicht alles war erfreulich.

„Ich habe ein Kind ins Krankenhaus bringen müssen, dem die

Ratten den Kopf angenagt hatten", berichtete Abbé Pierre, der draußen in Sagny in einer Zementfabrik arbeitete und stets verdächtig hustete. „Die arme Kleine wird wohl sterben, so schrecklich war sie zugerichtet."

„Ich fand einen arbeitslosen Vater von vier Kindern tot in seinem elenden Loch. Er hatte sich erhängt, weil er nicht mehr aus noch ein wußte. Wochenlang habe ich mich um ihn bemüht, versuchte ihm Arbeit zu verschaffen. Es war alles umsonst." Père Robert, ein Ordensmann, der in einer Wäscherei arbeitete, rang seine rotaufgequollenen Hände.

„Ich mußte hilflos zusehen, wie ein armer Teufel, der in seiner Not in ein Lebensmittelgeschäft eingebrochen war, von der Polizei abgeholt wurde. Komme soeben aus dem Gefängnis, wo ich ihn besuchte. Der Mann ist völlig verzweifelt."

Endlos war die Aufzählung solcher Erlebnisse, die den äußersten Jammer der Bannmeile offenbarten. Aber auch andere Probleme kamen zur Sprache. Abbé Victor sagte, man wolle ihm ein Amt in der kommunistischen Gewerkschaft aufzwingen, er wisse nicht, was er tun solle.

Schließlich kam die Rede auf den Streik, der in einigen Fabriken unmittelbar bevorstand.

„Halten Sie ihn für gerecht?" fragte der Nuntius. „Worum handelt es sich?"

„Um den Lohn natürlich", antwortete Abbé Bernard, der in einer Maschinenfabrik am Fließband arbeitete. Er kramte seine Lohntüte aus der Tasche und legte sie dem Nuntius vor. „Da, sehen Sie selbst! Von den paar Kröten muß oft eine ganze Familie leben."

Roncalli schüttelte ungläubig den Kopf. „Wie ist das nur möglich? Ist das wirklich Ihr ganzer Wochenlohn?"

„Jawohl, bei zehnstündigem Arbeitstag! Man weiß nicht, soll man davon leben oder krepieren. Da muß es eben auf die Kraftprobe ankommen. Entweder gehen wir vor die Hunde, oder der Unternehmer muß nachgeben!"

Unwillkürlich mußte Roncalli an seine jungen Priesterjahre zurückdenken, an Bischof Radini und den Streik in den Webereien von Ranica. Damals hatte sich der Oberhirt von Bergamo mit seiner ganzen Autorität für die Streikenden eingesetzt.

„Wir haben die Sache schon seiner Eminenz vorgetragen", fuhr Abbé Bernard fort. „Der Kardinal billigt den Arbeitskampf und versprach uns, in der ganzen Diözese eine Kollekte zugunsten der Streikenden anzuordnen. Das einzige, was mir Sorge macht, ist, daß wir alle als Streikposten eingeteilt werden. Man könnte dabei in eine üble Schlägerei verwickelt werden." Nachdenklich betrachtete der Arbeiterpriester seine groben Fäuste. „Es wäre vielleicht nicht ganz passend, mit den eigenen Kameraden sich herumzuprügeln."

„Nein, das wäre es gewiß nicht." Der Nuntius legte die Stirn in seine Hand und verharrte lange in nachdenklichem Schweigen.

„Meine Brüder", sagte er endlich, „was ich hörte, erbaut und erschreckt mich zugleich. Sosehr ich Ihren Idealismus bewundere, sosehr fürchte ich, Ihr geistlicher Beruf möchte in all dem verwirrenden Getriebe, dem Sie sich aussetzen, Schaden leiden. Immer habe ich die innere Sammlung als die unbedingt notwendige Voraussetzung für ein gedeihliches Priesterwirken angesehen; das Stillewerden im Gebet, die Versenkung in Gott bei einer guten Betrachtung, Brevier und Rosenkranz, die geistliche Lesung, das Studium waren mir unentbehrlich wie das Atemholen. Auf all das müssen Sie vermutlich verzichten, oder irre ich mich?"

Die Arbeiterpriester nickten vor sich hin. Abbé Pierre sagte: „Zu alldem bleibt uns wenig oder keine Zeit. Ein kurzer Aufblick am Morgen, ein Stoßgebet tagsüber, zuweilen die heilige Messe am Abend, das ist wohl alles, was uns vergönnt ist. Rosenkranz, Brevier, oh, Monseigneur, wann hätten wir dazu Zeit? Vielleicht einmal am Sonntag. Betrachtung? In der herkömmlichen Form, wie wir sie im Seminar übten, sicher nicht! In einer anderen Art, ja! Wenn wir die Sorgen und Nöte, die leiblichen und seelischen Wunden unserer Brüder sehen, ist der Gekreuzigte mitten unter uns."

Père Robert starrte bekümmert vor sich hin und sagte leise, wie zu sich selbst:

„Wie oft sehne ich mich nach dem feierlichen Chorgebet in unserem Konvent! Wie oft fühle ich mich versucht, alles hinzuwerfen und in mein liebes Kloster zurückzukehren! Andere haben es getan, haben die Arbeitsbluse wieder mit der Kutte vertauscht und leben in friedlicher Geborgenheit mit ihren Brüdern. Aber dann sehe ich die vielen Menschen, die uns brauchen in ihrem Elend, und weiß, daß ich sie nicht verlassen darf, daß ich bei ihnen aushalten muß, und sollte ich darüber zugrunde gehen."

„Sie geben den Armen Hilfe und Brot, und Ihre eigene Seele verhungert. Das ist es, was ich befürchte." Der Nuntius schaute die jungen Priester mit tiefem Mitleid an. „Meine Freunde, verstehen Sie mich recht! Ich möchte Sie keineswegs veranlassen, Ihre Tätigkeit unter den Verlorenen aufzugeben. Ich habe keine Worte, meine Hochachtung vor Ihrem Apostolat auszudrücken. Dennoch mache ich mir Sorge um Sie, meine lieben Kinder. Wir müssen Wege suchen, wie Sie all das miteinander verbinden können, Ihre Arbeit an der Werkbank, Ihre Hilfe, die Sie den Armen schenken, und die Pflege Ihres inneren Lebens. Ich verhehle Ihnen auch nicht, daß man sich in Rom Ihretwegen große Sorge macht. Die Anfragen häufen sich, und oft enthalten die Briefe ernste Vorwürfe. Ja man ist geneigt, Ihre Form der Seelsorge, das Heilige Experiment, wie ich es zu nennen pflege, als glatten Fehlschlag zu verurteilen und völlig zu untersagen."

„Wir arbeiten bis zum Umfallen", versetzte Abbé Bernard mit tiefer Bitterkeit, „und Rom fällt uns in den Rücken. Du lieber Gott, wie sollen wir das ertragen?"

„Beruhigen Sie sich, lieber Mitbruder! Noch ist das letzte Wort nicht gesprochen, noch ist nichts entschieden. Bisher habe ich die Kurie immer noch bewegen können, abzuwarten, und ich werde das auch weiterhin versuchen, obschon, wie ich Ihnen nicht verhehle, einige bedauerliche Vorkommnisse, ja Skandale, die auch in Rom bekannt wurden, zur Vorsicht mahnen."

„Natürlich gibt es traurige Fälle, natürlich gibt es Ärgernisse", rief Abbé Pierre, seine verschafften Hände zu Fäusten ballend. „Der eine oder andere unserer Mitbrüder zerbrach unter der Last, verlor seinen Beruf, lief ins kommunistische Lager über. Zwei oder drei heirateten. Kein Wunder, daß man sie in gut geheizten Pfarrstuben verurteilt und verdammt. Von uns, die wir täglich durch die Hölle gehn, richtet niemand über unsere armen Brüder."

„Auch ich richte nicht, ich bete", sagte der Nuntius. „Aber solch beklagenswerte Vorkommnisse lassen mich die Gefahr erkennen, in der Sie alle stehn. Vielleicht darf ich Ihnen eine Anregung weitergeben, die von Rom gemacht wurde. Könnten Sie Ihre Arbeitszeit in den Fabriken nicht einschränken, etwa auf drei Stunden am Tag, damit Sie Zeit finden, sich mehr um Ihr eigenes Seelenheil zu kümmern? Wie denken Sie darüber?"

„Das ist unmöglich", fuhr Abbé Victor auf. „Das würde unsere Aufgabe völlig verfälschen und uns in den Augen unserer Kameraden unglaubwürdig machen. Entweder sind wir Arbeiter wie sie, oder wir können gleich alles hinwerfen."

„Nun, so gehen Sie wieder in die Bannmeile", seufzte Roncalli. „Arbeiten Sie weiter wie bisher und warten Sie in Geduld die Entscheidung des Heiligen Vaters ab! Seien Sie gewiß, daß er Ihre Probleme kennt und sorgfältig erwägt. Wie aber die Entscheidung auch ausfallen mag, für oder gegen Ihre Mission, unterwerfen Sie sich ihr in Demut und Gehorsam!"

Um Roncallis Lippen spielte ein schmerzliches Lächeln, als er fortfuhr:

„Sehen Sie, meine Freunde, auch mein Lebensweg ging ganz anders, als ich ihn mir vorgestellt hatte. Nie hatte ich seit meinen Kindertagen einen anderen Wunsch, als ein schlichter Pfarrer zu werden; das elendste Dorf wäre mir recht gewesen. Es kam, wie Sie wissen, ganz anders. Aber immer habe ich mich bemüht, den Willen Gottes zu tun, der sich mir in dem meiner Vorgesetzten offenbarte. Ich habe stets nach dem Grundsatz gelebt, der mein Bischofswappen ziert: Oboedientia et Pax! – Gehorsam und Frieden! Meine Träume verflogen, ich verzichtete auf alle Hoffnungen und Wünsche, und meine Seele ward still in Gott. Handeln auch Sie nach diesem Grundsatz, und Sie werden Frieden finden!"

Es war schon tief in der Nacht, als die Arbeiterpriester in die Bannmeile von Paris zurückkehrten. Roncalli aber begab sich am andern Morgen in das erzbischöfliche Palais.

Kardinal Suhard empfing ihn auf dem Krankenbett. Tief erschrak der Nuntius über seine marmorne Blässe, nur die Augen leuchteten wie zuvor in ihrem blauen Feuer.

„Mein Tag geht zu Ende", sagte der Kardinal mit schwacher Stimme, „bald wird der ewige Richter Rechenschaft von meiner Haushaltung fordern. Quid sum miser tunc dicturus – Was werde ich Armer sagen, wenn er mich nach meiner Herde fragt? So viele gehen verloren, so viele haben sich verirrt, stecken im Dorngestrüpp ihrer Sünden, und ich habe sie nicht erlöst, habe sie nicht auf meine Schultern genommen und heimgetragen. Meine Hände waren zu müde, meine Liebe war zu schwach. Ich habe nichts getan."

„Gott wird gerechter und barmherziger sein, als Sie es gegen sich selbst sind, Eminenz", sagte der Nuntius erschüttert. „Das Gute, das Sie getan haben, wiegt schwer auf seiner Waage. Sie haben Millionen aus ihrer Verschlafenheit aufgeweckt, in aller Welt sind die Hirtenbriefe der letzten drei Jahre bekannt geworden."

Der Kardinal machte eine müde Bewegung.

„Ja, ich habe gepredigt, geredet, geschrieben, aber ich war der Rufer in der Wüste, mein Samen fiel auf steinigen Boden und trug keine Frucht."

„Und die Mission de Paris, die Mission de France?"

„Ich schickte meine armen Priester in die Hölle", stöhnte der Kardinal, „wie Schafe schickte ich sie unter die Wölfe, gab sie dem Elend preis, dem Gespött der eigenen Mitbrüder, dem Unwillen römischer Prälaten. Was sie geduldet haben und immer noch dulden, geht weit über Menschenkräfte hinaus. Einige von ihnen verloren ihre eigene Seele dabei. Auch über sie, meine armen Söhne, muß ich Rechenschaft geben."

Die kalte Hand griff nach der des Nuntius.

„Ich weiß nicht, wer mein Nachfolger sein wird", sagte er mit bebender Stimme. „Wie es aber auch kommen wird, lieber Freund, helfen Sie meinen armen Kindern, damit keines von ihnen verlorengehe!"

Wenige Tage später, an einem strahlenden Frühlingsmorgen des Jahres 1949, wurde Roncalli abermals ins Palais gerufen. Er fand den Kardinal im Sterben.

Noch einmal schlug der Todgeweihte seine Augen auf, tastete nach der Hand seines Besuchers, hielt sie lange fest.

„Daß keines von diesen Kleinen verlorengehe!" stöhnte er mit erlöschender Stimme. „Keines verlorengehe!" In Roncallis Armen hauchte der große Gotteshirt seine Seele aus. Der Nuntius schloß ihm die Augen zum letzten Schlaf.

Auch am Nachfolger des Verstorbenen, Erzbischof Feltin, fanden die Arbeiterpriester einen verständnisvollen Freund und warmherzigen Beschützer. Im Verein mit dem Nuntius gelang es ihm, das drohende Verbot der „Mission de France" aufzuhalten. Erst nach Roncallis Fortgang fiel die Entscheidung. Das Seminar der „Mission de France" wurde geschlossen, die Arbeiterpriester sollten in ihre Klöster und Pfarreien zurückkehren. Viele unterwarfen sich dem Urteil in demütigem Gehorsam, andere harrten auf ihrem Posten aus, immer noch hoffend, die Kurie würde sich umstimmen lassen. Schließlich sah sich der französische Episkopat gezwungen, nach anderen Mitteln für die Arbeiterseelsorge zu suchen. Das Heilige Experiment war gescheitert; daß es gewagt wurde, bleibt ein Ruhmesblatt in der Geschichte des französischen Klerus.

Ein anderes Ziel, um das die französischen Bischöfe im Verein mit dem Nuntius gerungen hatten, ward zwei Jahre nach dem Hinscheiden des Kardinals endlich erreicht. Die Deputiertenkammer bewilligte eine bescheidene Subvention für die katholischen Schulen. Ausgerechnet der alte Herriot sorgte als Präsident des Parlaments durch versöhnliche Worte für die Entgiftung der Atmosphäre. Er, der radikale Antiklerikale, trug dazu bei, daß die Freiheit der Privatschulen gerettet wurde.

Als ihm der Nuntius den Dank für seine überraschende Haltung ausdrückte, sagte er:

„Nun, Exzellenz, warum sollte ich Ihnen nicht auch einmal eine Freude machen?"

DAS ROTE BIRETT

An einem trüben Dezembermorgen des Jahres 1952 betete der Nuntius vor dem Altar seiner Hauskapelle sein Brevier, als ihm der Besuch des Erzbischofs Feltin gemeldet wurde.

„Bitten Sie ihn, sich einen Augenblick zu gedulden", flüsterte er seinem Sekretär Lambertini zu, „ich beende nur noch die Non, dann stehe ich ihm zur Verfügung!"

Als er wenig später in das angrenzende Arbeitszimmer trat, kam ihm der Pariser Oberhirte mit offenen Armen entgegen und sagte:

„Ich bin hier, Ihnen meine Glückwünsche auszusprechen."

„Sie kommen mir zuvor, lieber Freund", lächelte Roncalli. „Ich wollte in der gleichen Absicht zu Ihnen. Auch Ihnen hat ja der Heilige Vater die Aufnahme ins Kardinalskollegium angekündigt."

„Bei Ihnen bedeutet der rote Hut die Anerkennung Ihrer hervorragenden Verdienste um die Kirche in Frankreich, mir wird er nur zuteil, weil ich der Oberhirt von Paris bin, den man seit eh und je mit dieser Würde auszeichnet."

„Nicht so bescheiden, mein Freund! Ich weiß, wie sehr man Sie in Rom schätzt. Für mich ist der Purpur nichts als die Abendröte, die mich daran erinnert, daß mein Tag zu Ende geht. Schließlich habe ich die Siebzig schon eine ganze Weile überschritten. Aber was soll's? Ich denke an den Tod nicht mit Angst und Zagen, das würde meinen Lebensmut und Arbeitseifer nur lähmen. Seit langem habe ich mich daran gewöhnt, den letzten Ruf Gottes mit Vertrauen zu erwarten, und ich hoffe, auch der Tod wird mir die Heiterkeit meiner Seele nicht nehmen."

„Ich bin überzeugt, daß Ihnen noch viele Jahre rüstigen Schaffens vorbehalten sind."

„Im Aktenstaub irgendeines römischen Büros", lächelte Roncalli. „Die Aussicht auf den Papierkrieg an der Kurie lockt mich nicht sehr. Im Ernst, mein Freund, ich werde Frankreich schweren Herzens verlassen. Ich habe in Ihrem Vaterland glückliche Jahre verbracht, Jahre, die ich nie vergessen werde, trotz aller Widrigkeiten, die mir auch hier nicht erspart blieben."

„Sie können überzeugt sein, lieber Bruder, daß Frankreich Sie mit dem gleichen Schmerz scheiden sehen wird. Sie lassen nur Freunde zurück; denn Sie haben in Ihrer liebenswerten Art alle Herzen gewonnen."

Noch während sie redeten, erhielt Roncalli ein Telegramm, das er mit tiefer Bestürzung las.

„Meine Schwester Ancilla ist schwer erkrankt", sagte er mit bebenden Lippen. „Man bittet mich, so schnell als möglich heimzukommen."

„Ich weiß, wie nahe sie Ihnen stand und teile aufrichtig Ihren Schmerz."

„So viele Jahre hat sie mir mit meiner Schwester Maria gedient, in Bulgarien, in der Türkei. Immer war sie für mich in der Fremde ein Stück Heimat. Ja, ich muß heim nach Sotto. Hab' die Colombera seit sieben Jahren nicht mehr gesehen. Sosehr ich mich auch danach sehnte, meine Geschäfte in Paris ließen mir keine Zeit."

Hastig wandte sich der Nuntius an seinen Sekretär. „Sagen Sie alle Termine für die kommenden Tage ab und belegen Sie einen Platz im nächsten Flugzeug nach Mailand! Ich reise schon morgen."

Ein kalter Wind riß das letzte Laub aus den Kronen der Bäume, als Roncalli das Auto bestieg, das ihn zum Flugplatz brachte.

„Mach schnell, Dino!" drängte er seinen Chauffeur. „Ich darf die Maschine nicht verpassen."

„Ich weiß, Exzellenz", schmunzelte der Italiener, „Sie haben es immer eilig. Aber bei dem nassen Asphalt muß man schon aufpassen."

Die Passagiere nach Mailand wurden soeben aufgerufen, als der Nuntius mit seinem Köfferchen in die Halle trat.

Tief atmete er auf, als er in seinem Heimatdorf anlangte. Wie anders war es hier als in dem verregneten Paris! Ein strahlender Winterhimmel wölbte sich über dem geliebten Land, in feierlichen Schneemänteln standen die Berge und Hügel, die Luft war kalt, aber sie tat den gequälten Lungen wohl. Von der neuen Pfarrkirche läutete die Mittagsglocke, als er in sein Elternhaus trat. Mit stürmischer Freude begrüßten ihn die Geschwister und die stattliche Zahl der Neffen und Nichten.

„Ich danke Euch, daß Ihr so schnell gekommen seid", sagte Zaverio. „Ancilla sehnt sich sosehr danach, Euch zu sehen."

„Führ mich zu ihr!"

Über das blasse Gesicht der Schwester huschte ein Schein der Freude, als der bischöfliche Bruder eintrat. Lächelnd streckte sie ihm die abgezehrte Hand entgegen.

„Da bin ich, Ancilla!" sagte der Nuntius. „Ich bin gekommen, dir meinen Segen zu bringen. Leidest du sehr?"

„Nein, Angelo, nein, ich habe keine Schmerzen, bin nur immer so müde, bin halt ein altes Mädchen, das zu nichts mehr nütze ist."

„Du hast das Recht, müde zu sein, anima benedetta – gesegnete Seele –, dein Leben lang hast du gedient, und nun kannst du für uns alle das Beste tun, opfern und beten."

„Sie ist so geduldig", flüsterte Maria dem Bruder zu.

„Ich bin euch allen nur eine Last", seufzte die Kranke. „Hoffentlich nimmt mich der liebe Gott bald zu sich."

„Nun, Ancilla, das wollen wir ganz seinem Willen anheimstellen. Du bist doch der Schatz unserer ganzen Familie, und wir alle hoffen, daß wir dich noch recht lange behalten, dich, unsere geliebte Schwester."

„Ja, Ihr habt recht! Legen wir alles in Gottes Hand!"

„Du fürchtest das Ende nicht?"

„Wie sollte ich wohl?" lächelte Ancilla. „Gott ist so gut."

„Hab dir etwas mitgebracht", sagte der Bruder und zog ein Bild aus seinem Brevier. „Schau hier, die heilige Jungfrau mit einem Vöglein! Hab das Bild irgendwo in einer französischen Kirche entdeckt. Siehst du, wie das Vöglein zwischen Jesu und Maria seine Flügel hebt und sein Schnäblein spitzt zu fröhlichem

Gesang? Sei auch du glücklich und zufrieden in so sicherer Obhut und bewahre dir ein heiteres Gemüt bis zum Ende!"

„Oh, das ist schön!" hauchte die Kranke. „Ein Vöglein zwischen Jesus und der heiligen Jungfrau!"

„Hab das gleiche Bild vor etlichen Jahren unseren lieben Nichten geschickt, die den Schleier der Gottesbräute genommen haben, und sie ermahnt, unter dem Schutz der heiligsten Personen stets so fröhlich zu singen wie dieses Vögelchen."

„Ihr habt mir damit eine große Freude gemacht, Angelo. Denke, es wird mir vorausfliegen in den Himmel und mir mit seinem Gesang den Weg zeigen." Innig drückte Ancilla das Bild an die bleichen Lippen.

Als er nach Paris zurückkehrte, nahm der Nuntius die tröstende Versicherung des Arztes mit, es bestehe für die geliebte Schwester vorerst noch keine ernste Gefahr.

Am Silvestermorgen überbrachte Roncalli zum letztenmal dem Präsidenten der Französischen Republik, Vincent Auriol, die Glückwünsche des diplomatischen Korps. Nie zuvor hatte er bei einer solchen Gelegenheit so lange gesprochen, nie zuvor verriet seine Rede mehr Geist und Herz. Von einer Fabel Fontaines ging er aus, in der ein Einsiedler zwei Pilgern rät: „Erkennet euch selbst! Trübt den Wasserspiegel und ihr werdet euer Bild nicht mehr erkennen, laßt ihn zur Ruhe kommen, und ihr werdet euch sehen." Die beiden Pilger glaubten seinem Wort und befolgten seinen Rat. Die Mahnung, im lärmenden Getriebe der Geschäfte sich nicht selbst zu verlieren, war unüberhörbar. Wer den Frieden erhalten will, muß selbst erst innerlich zur Ruhe kommen.

Nach der offiziellen Veranstaltung sagte Auriol mit einer Anspielung auf den italienischen Akzent des Nuntius, obwohl er jedes Wort und auch die Lehre der Parabel sehr wohl begriffen hatte:

„Wenn ich recht verstand, haben Sie eine Fabel von Fontaine erzählt."

„Gewiß, und ich hoffe, die heilsame Nutzanwendung ist Ihnen nicht entgangen. Wenn Ihnen jedoch meine Aussprache Schwierigkeiten macht, so mögen Sie gütigst bedenken, Exzellenz, daß auch ich mich an Ihren Akzent gewöhnen mußte."

Die umstehenden Diplomaten lachten ebenso herzlich über die Schlagfertigkeit ihres Doyens wie der Präsident selbst.

Wenige Wochen später sollte der Radikalsozialist Vincent Auriol dem neuernannten Kardinal im Auftrag des Heiligen Vaters das rote Birett überreichen. Ihnen eine Freude zu machen, hatte Roncalli seine Brüder Zaverio, Giovanni, Alfredo und Giuseppe zu der bevorstehenden Feier eingeladen. Am Morgen des großen Tages fand sie der Nuntius in sichtlicher Verlegenheit. Sie standen da in ihrem schwarzen Sonntagsstaat, aber ohne Krawatte.

„Wir wissen nicht, wie man den Knoten schlingt", gestand Zaverio zerknirscht.

„Aber als ihr gestern kamt, hattet ihr doch Krawatten!" stellte der Nuntius fest.

„Ja, bevor wir abfuhren, hat Assunta sie uns gebunden", antwortete Giuseppe.

„Ach was", lachte der Bruder, „wir sind Bauersleute und brauchen den Firlefanz nicht."

„Aber wir können doch nicht ohne Krawatte...", meinte Alfredo.

„Na, dann kommt her! Ich helfe euch. Hab in Istanbul meinem Sekretär auch stets die Krawatte binden müssen."

Gemeinsam mit dem Bruder fuhren sie zum Elysée-Palast, wo man im Waffensaal alles für die feierliche Zeremonie vorbereitet hatte. Am Eingang erwartete den Kardinal sein langjähriger getreuer Mitarbeiter Monsignore Testa, der das rote Birett überbracht hatte. Eine Abordnung der Nobelgarde salutierte in prächtigen Uniformen und silbernen Helmen. Ihr gegenüber paradierte eine Abteilung der französischen Garde in vergoldetem Brustpanzer. Zwischen Ministern, hohen Regierungsbeamten, Prälaten und Diplomaten standen bescheiden die vier Bauern aus Sotto il Monte, die verschafften Hände vor sich verschränkt, unfähig zu fassen, was um sie her geschah.

In seiner Festansprache sagte Präsident Vincent Auriol:

„Die französische Regierung war tief bewegt von Ihrer unwandelbaren freundlichen Gesinnung und Ihren Friedensbemühungen in unserem Land gemäß den hochherzigen, väterlichen Lehren des Oberhauptes der Kirche. Wir alle schätzen und würdigen Ihre großmütigen Bestrebungen, alle Ihre Anstrengungen für den Frieden. Uns allen werden Ihre Botschaften stets Beispiele von Weisheit, Scharfsinn und freundschaftlicher Gesinnung bleiben. Die Freude, zu wissen, daß unter den Fürsten der Kirche einer ist, der über die Angelegenheiten Frankreichs nicht nur Bescheid weiß, sondern auch unser aufrichtiger Freund ist, mildert unsere traurige Empfindung über Ihre Abreise."

Demütig, als gelte seine Ehrerbietung nicht dem Präsidenten, sondern dem Vater der Christenheit, kniete Roncalli auf das rote Samtkissen nieder, das einst den französischen Königen bei der Krönung gedient hatte, und empfing aus der Hand Auriols das rote Birett.

Ergriffen von der Größe des feierlichen Augenblicks, dankte der Kardinal, zum Schluß sagte er mit bewegter Stimme:

„Es wird mir ein Trost sein, wenn jeder gute Franzose, der sich meines schlichten Namens erinnert, sagen kann: Er war ein gütiger, auf den Frieden bedachter Priester, er war ein verläßlicher und aufrichtiger Freund Frankreichs."

Noch einmal wünschte Auriol dem Kardinal Glück zu seiner hohen Würde, dann trat er auf die vier Brüder zu, die sich bescheiden und verlegen im Hintergrund hielten, drückte ihnen die Hand und sagte:

„Es war mir eine besondere Freude, in Ihrem Bruder einen Sohn des schwerarbeitenden Landvolkes zu ehren."

Inzwischen hatte Roncalli seine Ernennung zum Patriarchen von Venedig erhalten. Bevor er Paris verließ, lud er eine Reihe wichtiger Persönlichkeiten zu einem Abschiedsmahl in die Nuntiatur ein, unter ihnen Auriol und sämtliche Ministerpräsidenten, die während seiner Amtszeit die Geschicke Frankreichs geleitet hatten. Es waren Männer der verschiedensten politischen Anschauungen, Edgar Faure, Georges Bidault, Piney, Gouin, Mayer und Pleven.

„Seien Sie mir herzlich willkommen!" sagte er mit feinem Lächeln. „Ich glaube, nur unter meinem Dach können sich die Politiker Frankreichs mit ihren so verschiedenen Richtungen friedlich zusammenfinden. Für Sie, Herr Präsident, habe ich eine besondere Erinnerungsgabe, es ist zwar nur ein Buch, aber ich hoffe es wird Ihnen Freude machen."

„Guareschi, Don Camillo und Peppone", las Auriol überrascht.

„Es ist die Geschichte von einem italienischen Pfarrer und seinem ständigen Widersacher, dem kommunistischen Bürgermeister. Sie prügelten sich, beschimpften sich und waren im Grunde des Herzens doch die besten Freunde, weil einer den andern wegen seiner aufrichtigen und mannhaften Gesinnung achtete und hochschätzte."

„Nun, Eminenz", schmunzelte Auriol, „wir haben uns zwar nicht geprügelt und beschimpft, aber das von der gegenseitigen Wertschätzung trifft zu, auch wenn sich unsere Ansichten oft gründlich widersprachen. Um aufrichtig zu sein, wir alle sehen Sie schweren Herzens scheiden; denn Sie sind uns ein lieber Freund geworden."

Am 23. Februar 1953 verließ der Kardinal Paris und begab sich nach Rom, wo er aus der Hand Pius' XII. den roten Hut erhielt. Am Sonntag Laetare hielt er seinen Einzug in die Lagunenstadt.

LIEBE OHNE GRENZEN

Erst drei Wochen waren vergangen, seit die Totengondel mit der sterblichen Hülle des Patriarchen Agostini zum Friedhof San Michele über den Canale Grande fuhr; an diesem strahlenden Frühlingstag aber prangte Venedig, die einst so stolze Königin der Meere, im Festgewand. Von allen Fenstern und Balustraden wehten die Fahnen der Adelsgeschlechter, hingen Decken aus Brokat und Damast, von unzähligen Masten flatterten die Banner mit dem goldenen Löwen der Markusstadt. Hunderte prachtvoll geschmückter Boote gaben dem neuen Oberhirten das Geleit über die herrlichste Wasserstraße der Welt. Aus goldenen Leuchtern flammte ein Meer von Kerzen, der Jubel des Volkes auf den Dächern und Brücken entlang des Kanals mischte sich in das Gedröhn von vielhundert Glocken. „Viva, viva il Cardinale! – Lang lebe der Kardinal!" Selbst die „Marangona" im Campanile von San Marco schien mit mächtigem Ton in den Ruf einzustimmen: „Viva! Viva!"

„Das ist mein Palmsonntag", stammelte der neue Patriarch, der in einer prunkvollen Barkasse der Admiralität seinen Einzug hielt und immer wieder, von tiefer Rührung übermannt, seine Hand zum Segen hob. „Das ist das Hosanna. Gebe Gott, daß es sich nicht in ein Crucifige wandelt." Der Kapitularvikar antwortete:

„Venedig ist stolz, daß es als neuen Oberhirten einen Kardinal empfangen kann. Der Willkommensgruß ist ehrlich gemeint und kommt aus vollem Herzen."

Als die Gondel am Rathaus vorüberglitt, fügte er lächelnd hinzu: „Beim Einzug des Kardinals Sarto waren hier alle Fenster verschlossen, nun stehen sie offen, Eminenz, weit offen wie die Herzen aller guten Venezianer."

Auf dem Markusplatz begrüßten der Bürgermeister, Ratsherren der Stadt und der Domklerus den neuen Patriarchen. Roncalli küßte ehrfürchtig das Kruzifix, das man ihm reichte, und segnete die niederkniende Menge.

Unter dem Jubel der Venezianer zog der Kardinal, vorbei an der Granitsäule mit dem bronzenen Löwen, in die goldene Basilika ein. Ein jauchzendes Tedeum durchbrauste die mächtigen Hallen.

Dann betrat Roncalli die Kanzel und rief mit weitschallender Stimme:

„Ecce homo, ecce sacerdos, ecce pastor! – Zu euch kommt ein Mensch, ein Priester, ein Hirt!" Bewegten Herzens sprach er von seinem Heimatdorf, dem schlichten Bauernhaus, in dem seine Wiege stand.

„Ich komme aus bescheidenen Verhältnissen und wurde in zufriedener und gesegneter Armut aufgezogen, die wenig fordert, aber unter ihrem Schutz die vornehmsten und höchsten Tugenden aufblühen läßt. Die Vorsehung führte mich aus meinem Dorf über die Straßen der Welt nach Ost und West. Nun, am Ende einer langen Lebensreise, komme ich zu euch, nach Venedig, der Stadt am Meer. Das Amt, das mir anvertraut wurde, ist groß und unverdient, aber ich empfehle mich eurem Wohlwollen, ich will nichts sein als euer Bruder, liebenswürdig, zugänglich, verständnisvoll."

Als ihn die vieltausendköpfige Menge immer wieder mit Jubelrufen unterbrach, hob er lächelnd die Hand und erinnerte daran, daß schon vor einem halben Jahrhundert Kardinal Sarto, der spätere Papst Pius X., die Venezianer gebeten habe, auf jeden Beifall im Gotteshaus zu verzichten. Er selbst wiederhole diese Bitte. Und wirklich ward Stille.

„Endlich, meine lieben Brüder und Schwestern", fuhr er fort, „darf ich nach einer vieljährigen Tätigkeit als Diplomat ganz Hirte und Seelsorger sein. Endlich, am Abend meines Lebens, erfüllt sich der innigste Wunsch meiner Jugend. Seht also in mir nichts als den Hirten eurer Seelen, berufen zu einer Mission unter einfachen Menschen, einen Hirten, ganz und gar unwürdig Christi, des guten Hirten, unwürdig auch seines Statthalters auf Erden! Meine Arbeit stelle ich unter den Schutz der reinsten Jungfrau und aller Heiligen, besonders des seligen Giuseppe Sarto, der einer meiner glorreichen Vorgänger war. Seliger Pius X., hier stehe ich an dem Platz, der einst der deine war, und ich bitte dich, halte deine segnende Hand über die Herde und den Hirten von Venedig!"

Im Triumphzug ward er nach der erhabenen Feier in das nahe Palais geleitet.

„Nun denn", wandte er sich an den Kapitularvikar, „die Braut ist vermählt, die Hochzeitsgäste sind heimgegangen. Da stehe ich in meinem riesigen Palais und weiß nicht einmal den Weg zum Schlafzimmer. Würden Sie mich bitte führen, Monsignore?"

Schon in den ersten Wochen gewann Roncalli die Herzen der Venezianer. Bald kannten ihn alle, der in schlichter, schwarzer Soutane wie ein Dorfpfarrer durch die Straßen ging, sich mit den Fischern und Gondolieri freundlich unterhielt, mit den Kindern scherzte, jeden Schutzmann, jeden Stiefelputzer leutselig grüßte und sich wie jeder andere in das vaporetto, das allgemeine Verkehrsmittel, zwängte, hatte doch das Patriarchat nicht einmal eine eigene Gondel.

Die Touristen, die ihm begegneten, wunderten sich wohl über den schlichten Priester, der ihnen freundlich zunickte. Wie konnten sie ahnen, daß der weißhaarige Mann im schwarzen Rock der Patriarch war? So kam es zu den drolligsten Situationen.

Eines Tages stand ein Amerikaner an der Sankt-Theodor-Säule auf dem Markusplatz und suchte, vor Ungeduld fluchend, im Stadtplan nach einer Straße. Vergebens fuhr er mit dem Finger über das Gewirr der Gassen und Kanäle, schaute schließlich hilflos nach einem Schutzmann aus, als er sich plötzlich angesprochen hörte.

„Nun, kommst du nicht zurecht, mein Sohn?" fragte ihn ein alter Mann im geistlichen Rock. Erstaunt musterte er den Pfarrer, der ihn so einfach duzte, und schon hatte er eine ärgerliche Antwort auf den Lippen, doch unterdrückte er sie vor dem freundlichen Blick des Unbekannten.

„All devils" knurrte er und fuhr in ungelenkem Italienisch fort: „Mi sono smarrito – hab mich verirrt."

„Verirrt? Mitten auf dem Markusplatz?" lachte der kleine rundliche Priester.

„O yes, Father", fuhr der Fremde in englischer Sprache aufgeregt fort. „Nicht eigentlich verirrt, aber ich kann die Nationalbank nicht finden. Do you understand?"

„Yes, I do!" antwortete ihm der Geistliche auf englisch. „Natürlich. Ich verstehe ganz gut. Aber Sie brauchen deswegen nicht alle Teufel anzurufen."

„Sorry, Father!"

„Nun gut! Sie steigen drüben in das Motorboot und fahren bis zum Ponte Bembo. Da liegt gleich rechts die Banca Nazionale."

„Thank you, Father!"

„Schon gut, es war mir ein Vergnügen, mein Sohn. Nur nicht wieder verirren, mitten auf dem Markusplatz!" Lächelnd schritt der Priester davon.

„Nicht wahr, Signore, ein wunderbarer Mann!" sagte jemand hinter dem Amerikaner. Da war er, der langgesuchte Schutzmann.

„Ja, ein netter alter Herr. Kennen Sie ihn?"

„Wie sollte ich ihn nicht kennen?" schmunzelte der Gesetzeshüter. „Der Mann, mit dem Sie sprachen, war Kardinal Roncalli, der Patriarch von Venedig."

„All devils!" entfuhr es abermals dem völlig Überraschten. „Wie konnte ich das ahnen? Er sollte einen roten Hut tragen!"

„Er geht immer so", lachte der Polizist, dessen Armbinde verriet, daß er der englischen Sprache mächtig war.

„All d...!" Im letzten Augenblick verbiß der Fremde einen dritten Fluch und stiefelte kopfschüttelnd auf die Anlegestelle der Motorboote zu. An der Piazetta sah er den Patriarchen wieder, der sich im Venezianer Dialekt mit einem Gondoliere unterhielt.

„Na, was machen die Geschäfte, Peppo?" fragte er wohlgelaunt.

„Così, così, Eminenza! – Es geht so, könnte besser sein", antwortete der, die Mütze vom Kopf reißend. Roncalli zog ein Päckchen aus der Tasche.

„Da, rauch eine Zigarette und mach ein fröhliches Gesicht!"

„Ist einem nicht immer danach. Aber vielen Dank, Eminenz!"

„Der liebe Gott vergißt dich nicht, Peppo! Aber vielleicht habe ich einen Kunden für dich." Roncalli hatte eben den Amerikaner erspäht, der sich neugierig näherte. „Wenn du's nicht allzu eilig hast, mein Sohn, dann nimm die Gondel! Ist viel netter als im überfüllten Motorboot."

„Sorry, Mister cardinal!" stammelte der Amerikaner. „Ich wußte nicht..."

„Nevermind! Laß den Gondoliere nicht warten und gib ihm ein anständiges Trinkgeld! Er hat eine Frau und sechs Kinder, nicht wahr, Peppo?"

„Sieben, Eminenz! Vor acht Tagen ist eines dazugekommen."

„Und das sagst du mir erst jetzt? Tanti auguri, mein Lieber, herzliche Glückwünsche! Na, nun hilf dem Yankee an Bord und mach ein fröhliches Gesicht! Das erwarten die Fremden von euch. Ein Gondoliere ist immer lustig und singt, wenn er rudert. Das lesen sie so in ihren Reiseführern und hören es in Operetten."

„Danke, Eminenz!" Als Peppo losfuhr, klang es hell über die Wasser des Canale Grande: „Sul mare luccica l'astro d'argento.."

„Das Lieblingslied von Onkel Barba", schmunzelte der Patriarch und sah der Gondel vergnügt nach.

Wie in Istanbul auf den Basars, wie in Paris auf dem Flohmarkt und an den Ständen der Bouquinisten am Seineufer stöberte er auch in Venedig gern in Gäßchen herum, auf der Suche nach kleinen Kostbarkeiten, nach alten Handschriften oder seltenen Büchern, und wartete geduldig unter Fremden und Einheimischen, bis die Reihe an ihn kam. Er verachtete es selbst bei schlechtem Wetter nicht, wenn es in Strömen goß und die Plätze und Gassen vom Wasser der Kanäle überflutet waren, in eine schlichte Taberne einzutreten.

„Na, trockene Kehle, Padre?" fragte ihn bei einer solchen Gelegenheit ein Wirt.

„Nein, nasse Füße", antwortete Roncalli.

„Da geht es Ihnen wie unserer Stadt, ganz Venedig steht mit den Füßen im Wasser und droht allmählich darin zu versinken." Mit seiner Schürze fuhr der Wirt über einen der Tische und bot dem Gast einen Platz an. „Sie kommen wohl vom Lande, Herr Pfarrer?"

„Erraten, aus einem kleinen Dorf in der Nähe von Bergamo."

„Wie unser Patriarch."

„Sogar aus demselben Nest."

„Dann besuchen Sie ihn doch einmal! Er ist sehr leutselig und hat für jeden Zeit. Jeden Morgen zwischen elf und eins steht seine Tür für alle offen. Warten Sie, Padre, ich hole eine Kerze, es wird heute gar nicht hell." Der Leuchter wäre ihm fast aus der Hand gefallen, als er im Schein des Lichtes seinen Gast erkannte.

„Aber, das ist ja", stammelte er, „Sie sind ja ... Oh, Eminenz, verzeihen Sie! – Ich hatte Sie gar nicht erkannt."

„Das macht nichts, mein Sohn", lächelte der Kardinal. „Kann ich vielleicht trotzdem einen Marsala haben? Ich glaube, er tut mir gut bei dem Wetter."

„Natürlich, Eminenz! Oh, die Ehre, Eminenz! Natürlich einen Marsala! Den trank unser guter Kardinal Sarto am liebsten, ich meine der selige Papst Pius X. Ich war noch ein Bub von etwa zwölf Jahren, da kam er eines Tage hierher und trank einen Marsala. Aber kommen Sie doch ins Extrastübchen, Eminenz!"

„Wozu? Ich sitze hier gut, im übrigen zerbrich dir nicht die Zunge mit deinem ewigen Eminenz!"

„Natürlich, Eminenz! Braucht ja nicht jeder zu wissen, daß Eminenz auch ein Mensch sind, der gerne einen Marsala trinkt."

„Daß ich ein Mensch bin, darf jeder wissen und auch, daß ich einen Marsala nicht verachte. Bringst du mir jetzt endlich das Gläschen? Ich hab's nämlich eilig; um elf Uhr muß ich daheim sein. Es könnte ja jemand kommen, der beichten möchte."

„Natürlich, Eminenz! Wenn ich es mir recht überlege, könnte ich das Beichten auch einmal wieder brauchen. Sind schließlich schon an die zehn Jahre seit dem letzten Mal. War bei der Hochzeit meiner jüngsten Tochter. Ich habe ein Bild davon, Eminenz. In Santa Maria della Salute haben sie geheiratet. Soll ich's holen?"

„Wenn du mir den Marsala mitbringst, gerne. Aber zehn Jahre, du lieber Himmel, was sich da alles ansammeln kann! Wer soll nur all den Schutt forträumen aus deiner armen Seele?"

„Pater Clemente in der Kapuzinerkirche. Er ist zwar ein bißchen grob, aber er versteht einen armen Sünder wie mich. Am Samstag geh ich hin. Sie können sich darauf verlassen, Eminenz."

„So ist's recht. Aber laß endlich die Eminenz! Sag Padre zu mir, das höre ich viel lieber; denn schließlich bin ich doch euer Vater, oder nicht?"

„Natürlich, Emi..., Padre! Das sagt jeder in Venedig, daß Sie unser Vater sind, und es gibt Leute, die nennen Sie ‚il Santo' wie unseren seligen Kardinal Sarto."

„Nun hol aber schleunigst den Marsala."

„Gewiß, gewiß! Und Samstag gehe ich zum Padre Clemente."
Damit tappte der Wirt hinter die Theke, goß, noch zitternd vor Aufregung, den sizilianischen Wein ein und brachte ihn seinem hohen Gast.

„Salut, Padre!" sagte er dabei so laut, daß man es im ganzen Lokal hören konnte.

„Gesegneter Regen!" schmunzelte der Patriarch, als er die Schenke verließ und seinen Schirm aufspannte. „Du hast mir geholfen, eine verirrte Seele zu retten."

Vom Campanile schlug es gerade elf, als er nach Hause kam. Natürlich war das Wartezimmer wieder einmal bis auf den letzten Platz gefüllt. Da waren ein Domkapitular, ein paar Pfarrer, zwei Ordensschwestern, Arbeiter aus Mestre, Mütter mit ihren Kindern. Alle erhoben sich ehrfürchtig, als der Kardinal eintrat.

„Bleibt sitzen, Kinder!" sagte Roncalli. „Habt noch einen Augenblick Geduld! Ich wechsle nur noch die Schuhe und Strümpfe. Einen Schnupfen möchte ich doch vermeiden. Und dann seid so gut und laßt das Mütterchen da vor! Ich glaube, du hast es eilig, meine Tochter! Du willst doch deine Polenta rechtzeitig auf den Tisch bringen; hab ich's erraten?"

„Man ist halt immer in Eile, Eminenz!" stammelte die armselig gekleidete Frau. „Aber heute gibt es bei uns Risotto, Eminenz."

Es war eine lange Litanei von allen möglichen Anliegen, die der Kardinal an diesem Morgen anhören mußte, aber für jeden hatte er Rat, Trost und Hilfe. Zuletzt humpelte noch ein Bettler herzu und bat um ein Almosen.

„Geben Sie ihm was!" forderte Roncalli seinen jungen Sekretär Loris Capovilla auf. „Ich habe gerade nichts zur Hand."

Als sie später beim bescheidenen Mittagsmahl saßen, fragte er ihn, wieviel er dem Bettler gegeben habe.

„Hundert Lire, Eminenz!"

„Hundert Lire? Du hättest ihm tausend geben müssen. Was soll er schon mit hundert Lire anfangen? Oder wollen wir mit dem Geld auch die Nächstenliebe abwerten?"

„Vielleicht geht der Mann in die nächste Kneipe und vertrinkt das Geld", vermutete der Sekretär.

„Und wenn schon! Schau nur durchs Fenster, wie es regnet! Bei dem Wetter tut dem armen Kerl ein Glas Wein sicher gut. Hab's heute morgen selbst ausprobiert."

Niemanden schloß der Patriarch von seiner Liebe aus. „Ich habe ein weites Herz", pflegte er zu sagen. „Es hat Platz für alle Menschen." Entscheidend in der Rangordnung seiner Liebe war stets die größte Not. Er besuchte die Kranken in den Spitälern und sprach ihnen Mut zu, wischte ihnen, als wäre er noch der Sanitäter von einst, den Schweiß von der Stirn, reichte ihnen zu trinken. Er ging in die Gefängnisse der Stadt, ließ sich in die Zellen führen und redete selbst Straßenräubern und Mördern väterlich zu. Gern fuhr er auch in die Kasernen und unterhielt sich auf den Mannschaftsstuben so unbefangen und kameradschaftlich mit den Soldaten, als wäre er einer von ihnen. Mit behaglichem Schmunzeln erzählte er drollige Ereignisse aus seiner eigenen Militärzeit, und so vergnügt war schließlich die Stimmung, daß die Männer auch die ernsten Mahnungen willig aufnahmen, mit denen er in herzhaftem Ton die Plauderei beschloß.

Seine besondere Vorliebe gehörte den Arbeitern in Mestre und Maghera, den großen Industriezentren vor den Toren der Stadt. Einer der ersten Wege führte ihn zu den Werkleuten der AGIP, der Agenzia Generale Italiana Petroliera, einer bedeutenden Ölgesellschaft im Osten der Stadt. Eingehend besprach er mit ihnen ihre Probleme, ihre Anliegen, Sorgen und Nöte. Es gab hier nur eine kleine Kapelle, die unmöglich ausreichte.

„Man müßte eine neue Kirche bauen", sagte er zu seinem Sekretär. „Was sage ich, eine? Zwanzig, dreißig müßte man bauen!"
„Aber woher soll man das Geld nehmen?" seufzte Don Capovilla.

„So etwas Ähnliches muß ich schon einmal im Evangelium gelesen haben", lächelte der Patriarch. „Aber mach dir keine Sorge, mein guter Don Loris! Unser Herr, der mit fünf Broten Tausende sättigte, wird auch uns helfen, und sollte ich von Tür zu Tür betteln gehen."

Nachdenklich setzte er seinen Weg fort. „Venedig baut neue Dämme gegen das Meer, dürfen wir da vergessen, geistige Dämme zu bauen gegen die immer größer werdende Flut des Unglaubens und der Sittenlosigkeit?"

Bald schon merkten die Arbeiter, daß sie an dem Kardinal ihren besten Freund hatten. Zu Weihnachten 1955 ließ er in allen Kirchen einen Hirtenbrief verlesen, der sich mit der sozialen Frage beschäftigte, besonders mit dem Problem der Arbeitslosigkeit und Aussperrung, unter dem seine Stadt so schwer litt.

„Ich wende mich an die Industrieführer und Handelsherren", hieß es darin zum Schluß, „und bitte sie im Namen Gottes dringend, daß sie ihre Intelligenz, ihre Glücksgüter nicht nur dazu gebrauchen, den eigenen Wohlstand zu mehren, sondern auch der allgemeinen Not zu steuern." Entschieden wandte er sich gegen den Kommunismus und trat Bestrebungen christlicher Jungdemokraten, die eine engere Zusammenarbeit mit den Marxisten erstrebten, mit aller Festigkeit entgegen.

„Kommunismus und Christentum sind unvereinbar", erklärte er. „Zwischen Marxismus und der Bibel gibt es nichts Gemeinsames."

Dabei unterschied er freilich sehr genau zwischen der politischen Idee und den Menschen, die sie vertraten. Mochte er eine Lehre noch so scharf verurteilen, ihre Anhänger standen seinem Herzen ebenso nahe wie die treuesten Christdemokraten.

Als im Frühjahr 1957 ein Kongreß der Nenni-Sozialisten in Venedig tagte, hieß er sie als Gäste der Stadt willkommen. In einem Aufruf, den er dem großen Ereignis vorausschickte, sagte er:

„Es ist für einen Seelsorger stets ein heftiger Kummer, feststellen zu müssen, daß viele ehrlich und vornehm denkende Geister gefühllos und stumm wie vor erloschenem Himmel stehen und die Grundprinzipien der göttlichen Botschaft nicht kennen und glauben, der Wiederaufbau der wirtschaftlichen, bürgerlichen und sozialen Ordnung sei heute auf Grund einer anderen Ideologie möglich als der, die vom Evangelium Christi beseelt ist.

Aber nachdem dies zur Klärung der geistigen Positionen vorausgeschickt ist, spreche ich den herzlichen Wunsch aus, daß die Söhne Venedigs gastlich und liebenswürdig, wie es bei ihnen der Brauch ist, ihre Brüder aus allen Gegenden Italiens aufnehmen."

Die Botschaft, die in einer katholischen Wochenschrift veröffentlicht wurde, fand lebhaften Beifall, stieß aber auch auf unverhohlene Kritik, doch blieb der Patriarch bei seiner Auffassung, daß man zwischen einer Idee und ihren Trägern unterscheiden müsse, und war höchst unzufrieden, als einige katholische Zeitungen heftig polemisierten.

„Muß denn stets so fürchterlich gesalzen werden?" fragte er einen allzu eifrigen Redakteur. Stieß er bei seinen Geistlichen auf Widerspruch, pflegte er zu sagen: „Gehören denn nur die Christdemokraten und die frommen Kirchgänger zu meiner Herde? Bin ich nicht für alle verantwortlich, auch für die Kommunisten und Sozialisten? Wie aber soll ich ihr Hirt sein, wenn ich nicht auch sie liebe?"

„ADDIO, VENEZIA!"

Es war ein dunkler, regnerischer Dezembermorgen. Der Patriarch sah mit seinem Sekretär die Post durch, die sich auf seinem Schreibtisch häufte, gab Anweisung, wie das eine oder andere

Schreiben beantwortet werden müsse, strich bestimmte Stellen mit Rotstift an, kritzelte hie und da eine Bemerkung an den Rand und diktierte ein paar wichtige Briefe.

„Nun, was noch?" fragte er, als der Papierberg endlich zusammenschmolz.

„Hier ist noch ein Schreiben der städtischen Behörde für Denkmalschutz. Es handelt sich um den Lettner in der Basilika."

„Der Lettner, ja!" seufzte Roncalli. Seit dem ersten Tag war die Ikonenwand vor dem Chorraum der Gegenstand seines tiefen Unbehagens, weil sie den Gläubigen die Sicht auf den Altar versperrte. „Nun also, was schreiben die Herren?"

„Ihr Antrag wurde wieder einmal abgelehnt. Man weist auf den einmaligen Kunstwert des Lettners hin, unmöglich könne man gestatten, daß die herrlichen Schöpfungen von Jacobello und Pietro Paolo delle Masegne entfernt würden"

„Mir scheint, die Herren können nicht lesen", sagte der Kardinal ärgerlich. „Ich denke ja gar nicht daran, ein Kunstwerk von solch unschätzbarem Wert wegzuräumen. Das alles soll stehen bleiben; ich will nur die ‚putei', die sechs breiten Marmortafeln zwischen den Pilastern, entfernen und sie anderswo aufstellen. Haben die Herren das denn nicht begriffen? Die Zeit, da der Lettner dazu diente, die Dogen und Ratsherren vom schlichten Gottesvolk zu trennen, ist doch vorüber. Ich will, daß alle der Feier des heiligen Opfers folgen können."

„Der Denkmalschutz wendet sich energisch gegen jede Veränderung, Eminenz."

„Daß aber die Basilika kein Museum ist, sondern ein Gotteshaus und der Versammlungsort der Christgläubigen, scheinen die Herren zu vergessen. Wir müssen halt noch einmal schreiben und unsere Gründe darlegen."

Don Capovilla hob zweifelnd die Schultern. „Ich glaube, es ist aussichtslos, Eminenz."

„Versuchen wir es dennoch! Schreib höflich und mit der geziemenden Hochachtung! Im übrigen beabsichtige ich keineswegs, aus der Sache einen Kriegsfall zu machen, wenn ich auch wünsche, die Herren möchten die Berechtigung meines Vorschlages verstehen. Was gibt's sonst noch?"

„Eine Todesanzeige, Eminenz. Eugenio Bacchion, der Präsident der katholischen Männeraktion, zeigt den Tod seiner Gattin an."

„O mein Gott! Nun ist der gute Mann allein mit seinen sechs Kindern. Wie sehr fühle ich mit ihm!" Der Patriarch legte die Hand auf die Augen. „Es ist wieder einmal die Zeit des großen Sterbens. Der Tod kann so grausam sein. Ich selbst verlor in den letzten Jahren vier Geschwister, meine gute Ancilla, Teresa, Maria und schließlich Giovanni, meinen Lieblingsbruder. Wer wird der nächste sein?" Dann, als wischte er mit Gewalt die trüben Gedanken fort, richtete er sich auf und sagte: „Ich werde Signore Bacchion persönlich schreiben. Sind wir nun fertig? – Nun gut! Es ist elf Uhr. Ich muß mich um meine Besucher kümmern."

„Sie sehen müde und erschöpft aus, Eminenz", antwortete der Sekretär zögernd. „Soll ich die Besucher fortschicken?"

„Untersteh dich! Wie dürften wir die armen Leute so grausam enttäuschen!"

„Der Arzt meint, Sie sollten sich mehr Ruhe gönnen, Eminenz. Sie schlafen zu wenig."

„Ich bin nicht da, um zu schlafen, sondern über meine Herde zu wachen. Im übrigen komme ich mit ein paar Stunden Nachtruhe aus."

„Sie haben gestern fast bis Mitternacht gearbeitet und waren um vier Uhr wieder auf."

„Laß es gut sein, Don Loris! Ich liebe die stillen Morgenstunden; man kann so gut beten und nachdenken, wenn alles noch schläft."

Auch an diesem Tag erwarteten den Kardinal viele Besucher mit allen nur möglichen Anliegen. Kaum hatte sich das Wartezimmer geleert, als Don Capovilla aufgeregt eintrat und sagte:

„Soeben kam ein Anruf aus dem Gritti-Palast-Hotel. Der Präsident der Französischen Republik ist in Venedig und möchte Ihnen seine Aufwartung machen."

„Vincent Auriol ist hier, welche Freude!" rief der Kardinal lebhaft. „So kommt also Peppone zu Don Camillo."

„Wie meinen Sie, Eminenz?"

„Ach, das verstehst du nicht. Ich will gleich zu ihm und ihn herholen."

„Aber es ist bald Tischzeit, Eminenz", erinnerte der Sekretär.

„Umso besser! Dann kann er gleich einen Löffel mitessen. Sage in der Küche Bescheid! Ich muß gehn, vielleicht hat Auriol seinen Schirm vergessen. Taxis gibt es in Venedig nun einmal nicht."

Der Präsident machte erstaunte Augen, als er den Patriarchen in der Hotelhalle auf sich zutreten sah. Einen Augenblick war er versucht, dem Beispiel des Hotelpersonals zu folgen und niederzuknien, aber Roncalli ging mit ausgebreiteten Armen auf ihn zu und sagte, vor Freude strahlend:

„Wie schön, Sie wiederzusehen, Herr Präsident! Seien Sie herzlich willkommen in Venedig!" Vor den Augen der vornehmen Gäste aus aller Welt umarmte er ihn wie einen alten Freund und küßte ihn auf die Wangen.

Durch den Regen führte er ihn, ohne auf seine höflichen Einwände zu achten, über den Markusplatz zur Residenz; dabei gingen sie vorsichtig über den Holzsteg, um nicht in die Wasserlachen zu treten.

Im Palais angelangt, geleitete er ihn in sein Arbeitszimmer und bat ihn, es sich bequem zu machen.

„Sie haben ja eine mächtige Bibliothek, Eminenz", sagte Auriol mit einem Blick auf die hohen Bücherregale.

„Sehen Sie sich ruhig darin um, Sie werden gewiß einige Freunde finden. Die Franzosen stehen dort." Erstaunt las der Präsident die Titel – Claudel, Péguy, Bossuet, Pascal, Rimbaud, Molière.

„Das sind freilich gute Bekannte", lächelte er. „Finden Sie denn auch Zeit, sich mit ihnen zu beschäftigen, Eminenz?"

„Zuweilen schon", nickte Roncalli. „Sehen Sie, ich bin ein alter Mann, und manchmal geht es mit dem Schlafen nicht mehr so recht. Nun, dann stehe ich halt auf und schmökere ein bißchen. Es tut mir wohl, ab und zu wieder ein Buch in Ihrer eleganten Muttersprache zu lesen. Da werden liebe Erinnerungen wach."

„Oh, da sehe ich ein paar Bände mit Ihrem Namen!" rief der Präsident. „Darf man fragen, worum es sich handelt?"

„Um die Visitationsreisen des heiligen Carlo Borromeo im Bistum Bergamo", erklärte Roncalli bereitwillig. „Sie werden staunen, wenn ich Ihnen sage, daß ich mehr als vierzig Jahre daran gearbeitet habe. Der fünfte und letzte Band geht soeben in Satz."

„Lieber Himmel, vierzig Jahre, sagten Sie?"

„Noch ein weniges mehr. Habe in meiner frühesten Priesterjugend damit begonnen. Der heilige Erzbischof von Mailand hat mich also fast mein ganzes Leben begleitet, und inzwischen sind wir gute Freunde geworden."

„Da entdecke ich noch einen guten Bekannten", schmunzelte Auriol. „Camillo und Peppone! Habe das Buch mit besonderem Vergnügen gelesen. Übrigens war es für mich eine freudige Überraschung, als ich erfuhr, mit welcher Liebenswürdigkeit Sie meine italienischen Gesinnungsgenossen auf dem Sozialistenkongreß empfangen haben. Selbst die französischen Zeitungen haben darüber berichtet."

„Die Presse hat natürlich wie immer übertrieben, und ein bißchen Ärger war schon dabei, aber Don Camillo hatte eben einmal wieder seinen friedfertigen Tag. Das hindert ihn aber nicht daran, wenn es notwendig erscheint, kräftig zuzuschlagen. Mehr Kummer als die Sozialisten machen mir übrigens ganz andere Leute."

„Nämlich?"

„Oh, zum Beispiel die Filmstars mit ihrem närrischen Getue bei ihren Festivals und die Scharen der Touristen, die alljährlich wie Heuschreckenschwärme über den Lido herfallen. Nichts gegen Filmstars und Touristen, aber durch ihr Auftreten gefährden sie die guten Sitten meiner Venezianer. Leider halten es manche der modernen Damen für angebracht, selbst die Basilika in unziemlicher Kleidung zu besuchen."

„Bieten Sie ihnen dann wieder Äpfel an, Eminenz?"

„Wieso Äpfel?" fragte Roncalli verblüfft.

„Nun, man erzählt in Paris, Sie hätten einmal bei einem großen Diner Ihrer Tischnachbarin, einer tiefdekolletierten Dame, einen Apfel empfohlen, damit sie wie Eva erkenne, daß sie nackt sei."

„Ach, das sind dumme Anekdoten, die man herumschwätzt!"

„Hand aufs Herz, Eminenz! Zuzutrauen wäre es Ihnen vielleicht doch."

„Kaum, Exzellenz! Ich mache es schon ein bißchen anders. Treffe ich eine leichtfertig gekleidete Dame in der Kathedrale, weise ich sie in aller Höflichkeit darauf hin, daß sie sich weder in der Arktis noch in den Tropen befinde, daß sie also weder im Pelz noch im Strandanzug in einem Gotteshaus erscheinen müsse. Doch genug davon! Ich möchte Ihnen gerne die Räume zeigen, die Pius X. in diesem Haus bewohnte."

Auriol staunte nicht wenig über die Dürftigkeit der beiden Zimmer, die man aus Ehrfurcht in ihrem alten Zustand belassen hatte.

„Kardinal Sarto", erklärte der Patriarch, „war ein schlichter und einfacher Mensch, der keinerlei Prunk liebte. Auch er stammte aus bescheidensten Verhältnissen. Er war wie ich an Armut gewöhnt, wir Bauersleute brauchen nicht viel."

„Vielleicht geht aus diesen Räumen einmal der Nachfolger Pius' XII. hervor."

Roncalli schaute auf die Uhr und sagte, ohne auf die Bemerkung Auriols zu antworten:

„Oh, es ist Zeit, zu Tisch zu gehn. Ich darf Sie ja wohl zu einer schlichten Mahlzeit einladen. Nur erwarten Sie nicht zuviel von meinem Küchenpersonal."

Das Menü unterschied sich nicht im mindesten von dem üblichen. Es gab eine Gemüsesuppe, gebackenen Fisch, zum Nachtisch ein Stückchen Käse, dazu trank man Weißwein aus Soligo. Aber die Stimmung war ausgezeichnet, die beiden plauderten vergnügt von gemeinsamen Erlebnissen. Der Präsident langte herzhaft zu und tat auch dem leichten Tischwein alle Ehre an.

„Da fällt mir eine Geschichte ein", schmunzelte der Kardinal. „Es ist mir entfallen, wo es war, aber bei einem Diner fragte mich einmal der alte Herriot, ob man sich im hohen Alter noch bessern könne. ,Nun', sagte ich ihm, ,damit ist es wie mit dem Wein. Manche werden besser mit dem Alter.' Und diesmal handelt es sich nicht um eine Anekdote."

„So wird es Sie freuen zu erfahren, daß sich Herriot, ehe er vor wenigen Monaten starb, mit der Kirche aussöhnte und ein christliches Begräbnis erhielt, sehr zum Verdruß vieler unserer gemeinsamen Parteifreunde. Daladier schäumte vor Wut und sprach von einem Komplott gegen die Republik."

„Und Sie, Herr Präsident?"

„Nun, Sie kennen mich lang genug, um zu wissen, daß ich tolerant bin. Von einem Komplott zu reden, ist purer Unsinn. Als der Erzbischof von Lyon, Kardinal Gerlier, dem Sterbenden die Sakramente spendete, tat er nur seine Pflicht. Daß Herriot danach verlangte, führe ich freilich auf andere Ursachen zurück. Ich denke da an einen liebenswerten Priester, der vor etlichen Jahren zufällig Nuntius in Paris war. Ich weiß, wie sehr Herriot Sie schätzte, Eminenz."

Roncalli wehrte ab. „Ich habe mich seit langem daran gewöhnt, nichts meinen Verdiensten zuzuschreiben. Es ist alles nur Gnade, Herr Präsident, nur Gnade!"

Viele hohe Gäste kehrten in jenen Jahren in das Palais des Patriarchen ein, Bischöfe, Kardinäle, Staatsmänner, aber auch dem Ärmsten öffnete er willig sein Haus. Ganz besonders freute er sich über Besuch von daheim. Eines Tages meldete ihm der Sekretär, es wünsche ihn ein Landsmann aus Sotto il Monte zu sprechen, und fragte, ob er ihn empfangen wolle.

„Da fragst du noch, Don Loris?" rief der Kardinal vorwurfsvoll. „Bring ihn sofort her! Oder nein! Ich hole ihn selbst." Wie ein Junger eilte er die Treppe hinab in die Halle, wo ein alter Mann in demütiger Haltung wartete. Einen Augenblick schaute er ihn prüfend an, dann aber blitzte es auf in seinen hellen Augen.

Mit offenen Armen ging er auf ihn zu, drückte ihm stürmisch beide Hände.

„Ja bist du's wirklich? Battistèl Ripamonti, mein alter Schulkamerad! Nein, die Freude, die Freude!"

„Sie kennen mich wirklich noch, Eminenz?" brachte der Jugendfreund mit Mühe hervor und kniete nieder, den Ring zu küssen.

„Laß gut sein, Battistèl!" wehrte der Kardinal ab. „Und nichts da mit Sie und Eminenz! Für dich bleibe ich immer dein Freund Angelo, den du in manch heftiger Bubenkeilerei mit deinen Bärenkräften herausgehauen hast. Meinst du, ich hätte das vergessen?"

„Aber ich kann doch nicht ...", stammelte der Besucher.

„Natürlich kannst du. Aber nun komm mit! Du bist gewiß hungrig, ich werde gleich für einen Imbiß sorgen, und dann leeren wir zusammen ein Fläschchen aus dem heimischen Weinkeller."

„Ich habe Ihnen ... ich habe Euch auch was mitgebracht, Emin ... Don Angelo." Der alte Battistèl überreichte ein in grobes Papier eingewickeltes Päckchen. Sechs Paar rote Socken kamen zum Vorschein.

„Ich dachte, Ihr könntet sie brauchen, Don Angelo!" lächelte der Jugendfreund verlegen. „Hab' lange überlegt, was ich Euch schenken könnte, es fiel mir nichts anderes ein. Bin eigens nach Mailand gefahren, um sie einzukaufen."

„Ja, die sind gut", schmunzelte Roncalli. „Die sind aus fester Wolle, nicht so ein dünnes Zeug, in dem man nur nasse Füße kriegt. Dank dir tausendmal! Vergelt dir Gott deine Güte! Aber gleich sechs Paar! Ich brauche nie mehr als fünf."

„Dann habt Ihr ein Paar in Reserve. Socken verschleißen schnell, und ich weiß nicht, ob Ihr in Eurem feinen Haus jemanden habt, der sie stopft."

„Doch, doch, Battistèl! Ich habe ein paar Ordensschwestern, die sich um alles kümmern. Aber nun wollen wir sehen, ob dir der Roncalliwein noch schmeckt. Natürlich bist du mein Gast und kannst solange bleiben, wie du willst. Wenn ich einmal wieder nach Sotto komme, werde ich mit Freuden dein Gast sein. Ich hole mir dann alles wieder."

Der Kardinal vergaß niemanden, der ihm jemals nahegestanden hatte. Mit vielen stand er jetzt noch in eifrigem Briefwechsel, besonders mit seinem alten Freund Pietro Donizetti, mit dem er sooft nach Celana gewandert war. Nun war der einstige Klassenkamerad ein würdiger Professor.

Niemanden auch vergaß er, den er in Trauer und Leid wußte. So rief er den Präsidenten der katholischen Männeraktion, Eugenio Bacchion, an, der wenige Wochen zuvor seine Frau verloren hatte, und sagte:

„Morgen ist Weihnachten, Ihr erstes Christfest, an dem in Ihrem Heim ein Platz leersteht. Möchten Sie nicht mit Ihren Kindern kommen und das Weihnachtsmahl mit mir einnehmen?"

Natürlich kamen sie, und Roncalli machte sich eine Freude daraus, sie bei Tisch persönlich zu bedienen.

Seine besonderen Freunde waren die Priester seiner Diözese. Immer wieder suchte er sie auf, teils erwartet zu Visitation oder

Firmung, teils völlig überraschend, so daß er manches Pfarrherrlein in Verlegenheit brachte. Aber die war stets schnell überwunden; denn der Patriarch war auch zu dem ärmsten und letzten seiner Priester voll menschlicher Güte.

„Ich komme als Ihr Freund und Bruder, nicht als Polizist", pflegte er zu sagen. Wo er ein Versagen fand, sparte er nicht an ernster Zurechtweisung, doch auch dann geschah es in väterlichem Ton, der niemals verletzte, und gleich zeigte er sich versöhnt, wenn er auch nur eine Spur von gutem Willen entdeckte. Immer empfahl er seinen Geistlichen die Grundtugend jeden priesterlichen Wirkens, die Liebe. „Ein guter Hirt ist nicht denkbar ohne die Werke der Barmherzigkeit!" Er mahnte zur Milde auch in der Predigt, wo kein Platz sei für schroffe Polemik.

„Gewiß empfahl der heilige Paulus seinem Schüler Timotheus, gelegen oder ungelegen das Gotteswort zu verkünden, zu rügen, zu mahnen und zurechtzuweisen; aber er fügte hinzu: ‚in aller Geduld und Lehrweisheit'. Mit keinem Wort ist da die Rede, daß man von der Kanzel aus die Gläubigen beschimpfen und demütigen solle."

Einen wahren Sturmangriff auf die Herzen seiner Venezianer unternahm er bei der großen Volksmission. Einen Hirtenbrief schickte er voran, in dem er zu geistiger Erneuerung aufforderte. Acht Tage lang sprach er durch die Lautsprecher von Radio Venedig persönlich zu den Gläubigen, am Ende war seine sonst voll und kräftig tönende Stimme schwach und heiser, dennoch hielt er am letzten Tag auf dem überfüllten Markusplatz eine Ansprache, in der er die Venezianer ihres Eifers wegen von Herzen lobte und Gott für das Gelingen der Mission dankte.

Im Oktober 1958 verbreitete sich in Venedig die Nachricht von der schweren Erkrankung des Papstes Pius XII. Mit schmerzlicher Spannung folgte Roncalli den Berichten, die Radio und Fernsehen täglich ausstrahlten, unablässig betete er für ihn, den er seit seinen Studententagen in Rom glühend verehrte. Die Nachricht von seinem Tod schmetterte ihn völlig nieder.

„Er war groß im Leben, im Sterben aber ein Heiliger", sagte er zu seinem Sekretär. Die letzte Ehre erwies er dem großen Toten durch ein feierliches Pontifikalrequiem, das trotz aller Trauer mit einem jubelnden Tedeum schloß.

Wenige Tage später reiste er zum Konklave ab.

„Hast du auch nichts vergessen, Don Loris?" wandte er sich an seinen Sekretär. „Du weißt ja, was notwendig ist, der violette Talar, das Chorhemd mit der schmalen Spitze für das Konklave, die rote Cappa zur Huldigung für den neuen Papst, der scharlachfarbige Mantel für die unvermeidlichen Empfänge."

„Es ist alles eingepackt", beruhigte ihn der Sekretär.

„Nun denn, in Gottes Namen! Gott gebe, daß der neue Papst ein Mann von mildem Regiment ist, ein Heiliger und ein Heiligmacher!"

Tausende von Venezianern standen an den Ufern, als der Kardinal die Motorbarkasse bestieg, selbst am Bahnhof hatte sich eine riesige Menschenmenge eingefunden, die ihm zurief: „Gute Fahrt, Eminenz! Kommen Sie bald wieder!"

„Keine Angst, Kinder", antwortete Roncalli lächelnd. „In vierzehn Tagen bin ich wieder bei euch."

Ein letztes Winken vom Abteilfenster aus, dann setzte sich der Zug in Bewegung. Erschöpft sank der Kardinal auf seinen Sitz zurück und flüsterte inbrünstig vor sich hin: „Addio, Venezia!"

DER PAPST DER GÜTE

„ICH BIN JOSEF, EUER BRUDER"

In den Nachmittagsstunden des 25. Oktober, dem Tag vor dem Christkönigsfest, drängten sich zwanzigtausend Menschen auf dem Petersplatz, den Einzug der Kardinäle ins Konklave zu sehen. In langer Reihe schritten die Kirchenfürsten zum Vatikan, einundfünfzig an der Zahl, diesmal nicht in Purpur, sondern in violettem Gewand zum Zeichen der Trauer um den verstorbenen Papst. Alle waren sie gekommen, selbst der Senior des Heiligen Kollegiums, der zweiundneunzigjährige Kardinal Rodriguez aus Chile, der sich schwer auf den Arm eines jungen Priesters stützte. Zwei Kardinäle, Celso Constantini und Edward Mooney, den Oberhirten aus Detroit, hatte der Tod kurz vor Beginn des Konklaves hinweggerafft, sonst fehlten nur Mindszenty, der sein Asyl in der amerikanischen Botschaft in Budapest nicht verlassen konnte, und der nach langer Kerkerhaft schwererkrankte Erzbischof von Zagreb, Stepinac.

Einige der Kardinäle wurden mit besonderem Beifall begrüßt, so der Primas von Polen, Stefan Wyszynski, der einzige, der aus dem Gebiet hinter dem Eisernen Vorhang hatte kommen können, Erzbischof Gracias aus Indien und der chinesische Kardinal Tien, der in einem Rollstuhl gefahren wurde. Die Germaniker, ihrer roten Talare wegen die Krebse von Rom genannt, applaudierten den deutschen Kardinälen Frings und Wendel stürmisch zu.

„Wer wird der neue Papst?" Das war die Frage, die allen auf der Seele brannte. Ein Italiener oder ein Ausländer; ein Seelsorger oder ein Politiker; ein Konservativer oder ein Fortschrittler?

Immer noch dauerten auf dem Petersplatz die Debatten an, als sich die Tore des Vatikans längst schon geschlossen hatten. Namen gingen von Mund zu Mund: Ottaviani, Siri, Lercaro, Ruffini, Aloisi Masella. Man rätselte an den Weissagungen des Malachias herum, die den kommenden Papst als „Pontifex et Nauta – Bischof und Seemann" bezeichneten.

„Ein Matrose oder Fischer wird wohl nicht darunter sein", lachte ein Flickschuster aus einer der angrenzenden Gassen.

„Vielleicht ist einer aus Übersee gemeint", vermutete ein anderer. „Kardinal Spellman aus New York zum Beispiel."

„Ein Amerikaner? Ah bah! Seit vierhundert Jahren haben wir keinen Ausländer gehabt."

Ein ganz besonders Schlauer wußte es besser, wer Papst werden würde. „Ein Dicker mit einem R im Namen. Wieso? Seit hundert Jahren kam immer nach einem Dünnen ohne R ein Dicker mit R. Seit Pius IX. ist das so. Der verstorbene Papst Eugenio Pacelli war schlank und hatte kein R, also ist der nächste wieder dick und hat eines. So einfach ist das."

„Da hat er recht!" nickten die Umstehenden. „Aber ein Dicker mit R, wer kann das sein?" Aufgeregt suchte man in Illustrierten nach den Bildern der Kardinäle. „Ein Dicker mit einem R? Micara vielleicht?"

„Unsinn! Der ist schon fast achtzig."

„Lercaro? Nein, er ist zu schlank."

„Arriba? Der hat sogar zwei R hintereinander."

„Ein Spanier? Niemals!"

„Ruffini!"

„Ist wieder zu dünn."

„Ich hab ihn!" schrie ein Fischhändler aus Trastevere. „Da schaut ihn euch an! Der hat ein R und die nötige Fülle auch, der Patriarch von Venedig, Angelo Giuseppe Roncalli!"

„Roncalli? Das war doch der mit dem schäbigsten Talar. War reichlich abgeschabt, das violette Tuch." Ein Theologiestudent von San Apollinare erklärte:

„Die Soutane stammt noch vom Bischof Radini aus Bergamo, dem Roncalli viele Jahre als Sekretär gedient hat. Er trägt sie aus besonderer Verehrung für seinen ehemaligen Oberhirten."

„Na, vielleicht wählen ihn die Kardinäle, damit er einen neuen Talar bekommt, einen weißen."

„Roncalli?" rief ein anderer und blätterte in einer Zeitung herum, bis er den Namen fand. „Armer Leute Kind, Sohn eines Pächters aus Sotto il Monte! Der Himmel mag wissen, wo das Nest liegt. Der soll Papst werden? Nimmermehr! Nicht eine Zeitung nennt ihn unter den Papabili, will sagen unter den aussichtsreichen Kandidaten."

„Irrtum, Herr Nachbar!" Der Theologe aus Bergamo zog eine Zeitung aus der Tasche und las in triumphierendem Ton: „Die meisten Aussichten hat Roncalli, weil er niemals eine Vorliebe für eine bestimmte Richtung zeigte. Auch ist er mit den Problemen der internationalen Politik wohlvertraut und hat mit 77 Jahren das rechte Alter. – So steht es im ‚Messagero'."

„Der Roncalli wird's", versicherte noch einmal der Fischhändler. „Er hat die Fülle und hat ein R."

„Ich bezweifle, daß sich die Kardinäle danach richten werden", lächelte der Student. „Aber es wäre eine gute Wahl. Der Patriarch ist ein liebenswürdiger und geistvoller Mann. In Venedig nennt man ihn den ‚Santo', und gerade weil er aus bescheidenen Verhältnissen stammt, hat er ein Herz für die Armen. Immerhin haben wir hier draußen das nicht zu entscheiden, wer Papst wird, das machen die drinnen im Konklave."

Während man auf dem Petersplatz immer noch heftig diskutierte, bezogen die Kardinäle die ihnen zugewiesenen Zellen. Der Patriarch von Venedig erhielt einen Raum in einem wenig wohnlichen Trakt, in dem die Nobelgarde ihre Diensträume hatte. Über der Tür stand zu lesen „il comandante – der Befehlshaber". Der Kardinal achtete nicht darauf und schritt in das bescheiden eingerichtete Gemach, dessen Fenster wie alle anderen mit blauer Farbe bestrichen war. Sein Kammerdiener aber, Guido Gusso, der ihm mit dem Sekretär Monsignore Capovilla ins Konklave folgte, zupfte den Priester am Ärmel und raunte ihm zu:

„Wenn das nur keine Vorbedeutung hat! Il comandante! Vielleicht wird er wirklich der Kommandant."

„Dummes Zeug! Das bedeutet nur, daß hier der Befehlshaber der Nobelgarde sein Büro hat."

Drei Tage später gegen halb sechs nachmittags! Die drei Roncallibrüder kehrten müde von der Arbeit im Weinberg zurück, durchnäßt von dem Nieselregen, der den ganzen Tag niedergegangen war.

„Noch nichts?" fragte Zaverio seine Schwester Assunta.

„Nein, nichts!" antwortete Signora Marchesi. „Ich hatte den ganzen Tag das Radio eingeschaltet. Immer hieß es, ‚die Rauchwolke ist schwarz'. Einmal glaubte der Ansager eine weiße zu sehen, aber das stellte sich als Irrtum heraus. Das geht nun schon seit Tagen so. Anscheinend können sie sich in Rom nicht einigen. Ich hab' schließlich den Apparat abgedreht."

„So stell ihn wieder an!" sagte Giuseppe, seinen nassen Arbeitskittel ausziehend.

Zuerst hörte man nichts als ein lärmendes Getöse, das Geschrei der Menge auf dem Petersplatz. Nach einer Weile aber kam die aufgeregte Stimme des Ansagers: „Ja, meine lieben Zuhörer in aller Welt, die Wolke ist weiß. Diesmal ist kein Zweifel möglich. Der neue Papst ist gewählt."

„Na, endlich!" sagte Zaverio.

„Gott sei Dank!" seufzte Assunta. „Nun wird unser Bruder ja bald heimkommen. Vom dritten Tag an setzen sie die Kardinäle im Konklave auf halbe Ration."

„Verhungern werden sie trotzdem nicht", lachte Alfredo.

„Wer mag's nur sein, den sie gewählt haben?" fragte die Nichte Enrica aufgeregt. „Ob's vielleicht der Onkel ist?"

„Was du auch schwätzt!" brummte Zaverio. „Unser Bruder – Papst? Nicht daran zu denken! Ausgeschlossen! Ich geh und ziehe mir Pantoffeln an. Meine Stiefel sind ganz naß."

„Warte, Onkel, ich hole sie dir!" erbot sich die Nichte. „Ich mach ganz schnell, ich muß doch wissen..."

In der Sixtinischen Kapelle waren die Baldachine heruntergeklappt bis auf den des Erwählten. Aller Augen richteten sich auf den Patriarchen von Venedig, dessen Antlitz bleicher war als die Kerzen am Altar.

Der Dekan des Heiligen Kollegiums, Kardinal Tisserant, trat vor ihn hin und fragte: „Nimmst du deine rechtmäßig erfolgte Wahl zum Papst an?"

Einen Augenblick noch schwieg Roncalli, dann sagte er mit bebender Stimme:

„Bei deiner Frage befiel mich Zittern und Furcht. Was ich von meiner Armseligkeit weiß, stürzt mich in Verwirrung. Da ich jedoch in den Stimmen meiner Brüder, der Kardinäle der heiligen römischen Kirche, das Zeichen des göttlichen Willens erblicke, nehme ich die von ihnen getroffene Wahl an, beuge mein Haupt zum bittern Kelch und meine Schulter dem Joch des Kreuzes."

Von neuem fragte Tisserant:

„Wie willst du genannt werden?" Ohne Zögern erwiderte der neue Papst:

„Ich will Johannes heißen. Dieser Name ist Uns lieb; denn es war der Name Unseres Vaters und der Titel der bescheidenen Kirche in Unserem Heimatdorf. Es ist der Name zweier Heiliger, die Christus zunächst standen, Johannes des Täufers und seines Lieblingsjüngers. Mögen sie Uns helfen, dem Herrn ein vollkommenes Volk zu bereiten, auf daß alle Welt das Heil Gottes schaue!"

Man führte den Statthalter Christi in die angrenzende Sakristei und legte ihm die päpstlichen Gewänder an. Dann bestieg

Johannes XXIII. den Thron und nahm die erste Huldigung der Kardinäle entgegen. Immer noch war sein Antlitz bleich und doch ruhig und voller Güte. Er hatte sich dem Willen Gottes gebeugt, gemäß seinem bischöflichen Wahlspruch „Oboedientia et Pax – Gehorsam und Friede!"

Derweilen war man in Sotto il Monte immer noch um den Lautsprecher versammelt und wartete in fieberhafter Spannung. Endlich, endlich hörte man wieder die Stimme des Ansagers:
„Soeben tritt der Kardinaldiakon Nicolo Canali ans Mikrophon. In wenigen Augenblicken werden wir wissen, wer der neue Papst ist."
In der Wohnküche zu Sotto wagte man kaum zu atmen, dann erscholl aus dem Lautsprecher eine Stimme, die, bebend vor Erregung, rief:
„Annuntio vobis ... gaudium magnum."
Das brauchte den Bauersleuten niemand zu übersetzen.
„Habemus ... Papam."
„Wer? Wer?" stammelte Enrica, zitternd vor Ungeduld. Mit der Schürze erstickte sie den Schrei.
„Emminentissimum ... Sac Reverendissimum Dominum ... Sanctae Romanae Ecclesiae ... Cardinalem ..."
Die Stimme brach ab, als vermöchte sie nicht weiterzusprechen.
„Cardinalem Ange ..."
Wieder ein Stocken. Assunta griff nach ihrem Herzen. Zaverio sprang von seinem Stuhl auf. Dann endlich der Name:
„Cardinalem Angelo Josephum ..."
„Roncalli! Roncalli!" dröhnte es von vieltausend Stimmen über den Petersplatz. Und dann die Bestätigung durch den Kardinal.
„Angelum Josephum Roncalli."
„Roncalli!" jubelten die Venezianer und Bergamasker. „Roncalli!" schrien zwanzigtausend Stimmen nach.
„Der Bruder, der Bruder!" schluchzte Assunta.

„Der Onkel ist Papst!" riefen die Nichten und Neffen, die sich inzwischen alle in der Küche eingefunden hatten.

„Wie ist das möglich?" keuchte Zaverio. „Angelo – Papst?" Der alte Mann vermochte sich nicht mehr auf den Füßen zu halten. Schwer sank er auf einem Stuhl nieder. „Mein Gott! Die Wege der Vorsehung sind wunderbar!" fügte er lallend hinzu, die Hände faltend wie zum Gebet.

„Wenn das unsere Eltern noch erlebt hätten!" stammelte Giuseppe. „O babbo, o mamma! Unser Bruder ist Papst!"

Assunta fuhr sich mit der Hand über die Augen.

„Nun wird er nie mehr in die Colombera zurückkommen."

Mit der Ruhe war es nun vorbei. Schon stürzten die Nachbarn ins Haus, der Pfarrer stürmte hinein mit wehender Soutane und fliegendem Zingulum.

„Die Freude, die Freude!" keuchte er atemlos. „O die große Gnade! Ein Sohn meiner Gemeinde ist Papst!"

In dieser Nacht fand niemand im Hause Schlaf. Zeitungsreporter, Leute von Film und Fernsehen kamen, mehr, immer mehr, je weiter der Uhrzeiger vorrückte. Scheinwerfer flammten auf, Kameras surrten. Nicht nur von der Colombera wollte man Bilder haben, auch von dem alten Haus, dem Geburtszimmer, von der Schule, in der der Papst als Schüler gehockt hatte, von der kleinen Marienkirche, von San Giovanni auf dem Hügel droben. Und immer wieder Fragen, tausend Fragen von allen Seiten auf einmal!

„Was empfinden Sie in dieser Stunde, Signore Roncalli?" bedrängten die Reporter Zaverio, den ältesten der Brüder.

„Daß wir für den neuen Papst beten müssen!"

„Und Sie?" setzte man Giuseppe zu.

„Wenn das die Eltern nocht erlebt hätten!"

„Und Sie?" Der halbblinde Alfredo seufzte:

„Das Licht tut meinen Augen weh. Ich wollte, es wäre endlich Ruhe in der Colombera." Aber die Zeitungs- und Filmleute kannten kein Erbarmen. Sie hielten Assunta das Mikrophon vor die Lippen. Die alte Frau brachte kaum ein Wort heraus.

„Nun kommt er nie mehr nach Sotto", stammelte sie

„Eine Aufnahme von den Geschwistern!" schrie ein Kameramann. „Signore Marchesi in die Mitte, die drei Brüder daneben. Ja, so ist's gut. Nehmen Sie das Bild Ihres Bruders auf den Schoß, Signora!" Er riß ein Photo von der Wand, das den Papst als Patriarchen zeigte. „So ist's recht! Und nun die ganze Familie mit Kindern und Kindeskindern! Schaut nicht so ernst drein, man muß eure Freude sehen können!"

In das Gelärm tönten die Glocken, die kleine von der Marienkirche, die große von San Giovanni, das Geläute der neuen Pfarrkirche, die Glocke vom Franziskanerkloster.

„Ich wollte, die Nacht wäre erst überstanden!" stöhnte Alfredo. Aber der neue Tag brachte neue Plage. Aus aller Welt pilgerten die Reporter in die Colombera, wochenlang, monatelang.

In der Nacht nach seiner Wahl fand der Papst nur wenig Ruhe. „Ich war mit meinen Gedanken in Sotto", sagte er, als Monsignore Capovilla am anderen Morgen fragte, wie er die Nacht verbracht habe. „Ich dachte an meinen Vater, an meine Mutter."

Bei dem feierlichen Segen, den er von der Loggia des Petersdomes Urbi et Orbi – der Stadt und dem ganzen Erdkreis – spendete, strahlte sein Antlitz vor väterlicher Güte. Weit breitete er die Arme aus, als wollte er all seine Kinder, die ganze Welt an sein Herz ziehen. Ein unbeschreibliches Lächeln lag auf seinen Zügen.

„Pius X. ist wiedergekehrt!" rief ein alter Mann über den Petersplatz und weinte vor Freude.

„Schön ist er nicht, nicht so wie der Pacellipapst, aber er ist gut, das kann man sehen", meinte eine Frau. Irgendwo hob ein Mann seinen kleinen Buben hoch, damit er den Papst sehen konnte.

„O babbo!" jubelte das Kind. „Sieh doch nur, babbo! Er sieht aus wie unser nonino – unser liebes Großväterchen!" Und abermals lächelte der Papst.

„Dieses Lächeln wird einmal legendär werden", schrieb eine römische Zeitung. Der Reporter konnte kaum ahnen, wie recht er hatte.

Am 4. November, dem Fest des heiligen Karl Borromäus, fand im Petersdom die feierliche Krönung statt. Nur mit Unbehagen bestieg Johannes XXIII. den Tragsessel.

„Kann man nicht darauf verzichten?" fragte er seine Umgebung. „Ich fürchte, mir wird schwindlig in solcher Höhe. Kann ich nicht zu Fuß gehen wie jeder andere Sterbliche?"

„Unmöglich, Heiliger Vater!" ward ihm geantwortet. „Die Menschen wollen Sie sehen und Ihren Segen empfangen."

„In Gottes Namen denn", seufzte der Papst. „Ich muß mich halt an die Höhe gewöhnen, zu der ich trotz meiner Erbärmlichkeit aufgestiegen bin."

Die Glocken von ganz Rom läuteten, als er seinen Einzug in die überfüllte Basilika hielt. „Tu es Petrus!" schallte es von den silbernen Trompeten. Die Kameras der Wochenschauen und des Fernsehens surrten wie Bienenschwärme. Irgendwo zersprang mit mächtigem Knall eine Scheinwerferlampe. Johannes zuckte zusammen, aber dann leuchtete wieder das friedvolle Lächeln von seinem Angesicht.

Dreimal flammte aus silbernem Weihrauchfaß ein Büschel Werg auf, dreimal sang ein Priester: „Sancte pater, sic transit gloria mundi." Still neigte der Papst sein Haupt. Es hätte der herkömmlichen Mahnung nicht bedurft. Der neue Statthalter Christi wußte wohl, wie schnell der Ruhm der Welt vergeht. Nie in seinem Leben hatte er ihn gesucht; er, der sich so gern mit einer bescheidenen Dorfpfarrei begnügt hätte, fühlte sich ganz und gar unwert der heiligen Würde, zu der ihn Gottes Vorsehung berufen hatte. Mit seinen siebenundsiebzig Jahren wußte er sich dem Tod näher als dem Leben.

Einen „Übergangspapst" hatten ihn viele Zeitungen genannt. Johannes XXIII. hatte dazu gelächelt und geschwiegen. Das alles lag in Gottes Händen, er nahm in Demut und Gehorsam, was sie ihm gaben, ein kurzes Leben oder ein langes! Was liegt daran? „Fiat voluntas tua!"

Auf einer Tribüne sah der Papst seine Verwandten, seine Geschwister, seinen Neffen, den jungen Priester Gian Battista Roncalli, seine Nichten Anna und Angela im Schleier der Gottesbräute. Einen Blick voll warmer Zärtlichkeit richtete er zu ihnen empor, dann hob er segnend die Hand.

Während des nun folgenden Pontifikalamtes hielt er eine Ansprache in lateinischer Sprache, die aber jeder zu verstehen glaubte.

„Ihr erwartet vom Papst", tönte es durch die weiten Hallen, „daß er ein Staatsmann sei, ein Diplomat, ein Mann der Wissenschaft, ein Organisator, offen für den Fortschritt in jeglicher Form. Doch trifft das alles nicht das Ideal, das Wir im Herzen tragen. Der neue Papst möchte sich vielmehr trotz seiner menschlichen Unzulänglichkeit mit dem Sohn des Patriarchen Jakob vergleichen, der seinen notleidenden, geängstigten Brüdern mit einer vor zärtlicher Liebe erfüllten Stimme unter Tränen zurief: ‚Ich bin Josef, euer Bruder!'"

Stürmischer Beifall folgte der Erklärung. Der Papst hob die Hand, bat, um der Heiligkeit des Ortes willen, auf jede laute Kundgebung zu verzichten, dann fuhr er fort:

„Was Uns am Herzen liegt ist einzig der Wunsch, Uns als Hirt der ganzen Herde zu erweisen. Alle anderen menschlichen Vorzüge, Wissenschaft, Geschicklichkeit, diplomatischer Takt, Organisationstalent, sind von wenig Bedeutung. Sie treten zurück hinter den Eifer des guten Hirten, der bereit ist, auch das größte Opfer zu bringen, gemäß dem Wort unseres Herrn: ‚Der gute

Hirt gibt sein Leben für seine Schafe.' – Wir möchten mit dem göttlichen Lehrmeister sprechen können: ‚Lernet von mir; denn ich bin sanft und demütig von Herzen!'" Zum Abschluß sagte er:

„Inständig bitten Wir euch, betet für euren Oberhirten, damit er von Tag zu Tag fortschreite in der Erfüllung der evangelischen Tugenden!"

Endlich kam der große Augenblick, auf den alle warteten. Aus der Hand des Kardinals Canali empfing der Papst die goldene Tiara. Durch den Petersdom hallte unter dem atemlosen Schweigen der Versammelten der feierliche Ruf:

„Nimm hin die dreifache Krone und bedenke, daß du der Vater der Fürsten und Könige bist, der Bischof der ganzen Welt, der Statthalter unseres Erlösers auf Erden, dem allein sei Ehre und Preis von Ewigkeit zu Ewigkeit! Amen."

Da bricht trotz der Bitte des Papstes, Schweigen zu bewahren, der Jubel los. „Viva il Papa! Viva Giovanni Ventitresimo! – Es lebe der Papst! Es lebe Johannes XXIII."

Erst als der Heilige Vater vom Thron steigt und ans Mikrophon tritt, wird es still in Sankt Peter. Einen Augenblick lang umfaßt der Papst die ungeheure Menschenmenge mit väterlichem Blick, dann hebt er die Hand zum Segen.

Ein Segen allen! Ein Segen der ganzen Welt, den Katholiken wie den getrennten Christen, dem Osten wie dem Westen, den Menschen aller Hautfarben und Rassen, aller Religionen und Konfessionen. Es erfüllt sich in dieser Stunde das Wort, das er einst als Patriarch von Venedig sprach: „Mein Herz ist weit, es umfaßt die ganze Menschheit."

An diesem Tag lud der Papst seine Verwandten an seinen Tisch.

„Nach dem Protokoll soll der Papst ja allein essen", sagte er, „aber wißt ihr, ich habe das ganze Alte und Neue Testament durchgesehen und keine Stelle gefunden, die es dem Papst verbietet, in Gesellschaft zu speisen."

Vor Befangenheit wagte kaum einer der Angehörigen ein Wort zu sagen, aber der Papst half ihnen durch fröhliches Geplauder über die Verlegenheit hinweg.

Assunta kramte verlegen in einer Handtasche, die sie auf dem Schoß hielt. Sie wollte dem Papst ein Geschenk überreichen, wußte aber durchaus nicht, wie sie ihn anreden sollte. Seitdem der Bruder das geistliche Gewand trug, hatten die Geschwister ihn „Ihr" genannt; das ist respektvoller als das „Du", aber doch nicht so förmlich wie das „Sie". Aber jetzt –? Schließlich nahm sie all ihren Mut zusammen und stammelte:

„Ich hätte da eine Kleinigkeit, etwas von daheim ..."

„Was ist es denn?"

„Eine Salami, Heiliger Vater!" Damit zog sie eine lange Wurst hervor.

„Oh, das ist fein!" rief der Papst erfreut. „Aber für meine Geschwister bin ich immer noch euer Bruder Angelo, Angelino oder Angelì, wie mich die Mutter rief, und für euch, meine Neffen und Nichten, der Onkel Angelo. Da bleibt alles beim alten." Assunta atmete hörbar auf.

„Eine Salami aus eigener Schlachtung, Angelo!" sagte sie. „Ich hab' mir halt gedacht, wer weiß, was Ihr im Vatikan alles hinunterschlucken müßt."

„Darüber mach dir keine Sorge, gute Seele! Ich habe drei Ordensschwestern, die die Küche versorgen. Sie stammen aus dem Bergamaskischen, und manchmal machen sie mir sogar eine Polenta."

Zaverio zog die Stirn in nachdenkliche Falten, schüttelte den Kopf und sagte:

„Aber nun, da Ihr Papst seid, können wir Euch doch nicht so einfach Angelo nennen, als spielten wir noch gemeinsam auf dem Hof der Colombera."

„Natürlich könnt ihr, oder wollt ihr mich aus der Familiengemeinschaft ausschließen? Wißt ihr, ich mag das übertriebene Getue ohnehin nicht. Das habe ich erst vor ein paar Tagen dem Redakteur vom ‚Osservatore Romano' gesagt. Es gefällt mir nicht, daß er bei jeder Gelegenheit schreibt: Seine Heiligkeit, der Allerheiligste Vater, ließ von seinen erhabenen Lippen verlautbaren... Der höchste Pontifex geruhte in seiner allerhöchsten Gnade, dies und das zu tun. Ich hab' ihm gesagt, er solle künftig schreiben: Der Papst hat gesagt, der Papst hat dies und jenes getan. Ich mag nun einmal keine Häkelspitzen, wie du wohl weißt, liebe Assunta."

„Wie viele Leute arbeiten eigentlich im Vatikan, Onkel Angelo?" wollte des Papstes Lieblingsnichte Enrica wissen.

„Die Hälfte, hoffe ich", schmunzelte der Papst.

„Ich würde die andere Hälfte entlassen, damit sie etwas Vernünftiges schafft."

„Wer weiß? Vielleicht tue ich es wirklich!"

„Jetzt kommt Ihr wohl nie mehr nach Sotto?" fragte Giuseppe. „Nun seid Ihr im Vatikan eingesperrt wie in einem goldenen Käfig."

„Ja, und meine Kerkermeister habt ihr ja wohl gesehen", lachte Johannes. „All die Monsignori und Gardisten geben höllisch acht, daß ich ihnen nicht entwische. Einmal freilich ist es mir doch gelungen. Mein Chauffeur Angelo Stoppa, den ich von Pius XII. übernommen habe, war mit im Komplott. Er erwartete mich an einem Pförtchen der Vatikanischen Gärten, und ich bin heimlich mit ihm losgebraust und habe einen alten kranken Priester besucht, draußen in Trastevere."

„Das hat aber bestimmt Ärger gegeben, zio Angelo?" vermutete einer der Großneffen, ein frischer pausbackiger Bub von zwölf Jahren.

„Und wie!" seufzte der Papst. „Der ganze Vatikan kam in Unruhe wie ein Bienenschwarm. Überall hat man mich gesucht, in jedem Winkel, und als ich schließlich heimkam, hat mich der Kommandant der Schweizergarde händeringend beschworen, nie mehr unbemerkt fortzugehen. Wenn ich ausfahren wolle, würde mir die römische Polizei eine motorisierte Eskorte mitgeben. Eigentlich war es zu schön, allen einmal ein Schnippchen zu schlagen. Wenn ich allerdings an einer Straßenkreuzung halten mußte, lief gleich das ganze Volk zusammen und die Taxichauffeure machten mit ihren Hupen zu meiner Begrüßung einen Höllenlärm. Aber eine Bombe hat niemand geworfen."

„Aber reisen könnt Ihr doch?" fragte Zaverio.

„Natürlich, wohin ich will. Das Recht kann mir keiner nehmen, und ich denke auch Gebrauch davon zu machen; war ja schließlich fast mein ganzes Leben lang der Reisende Gottes. Ob ich freilich mein liebes Heimatdorf noch einmal wiedersehe, das weiß ich nicht. Bin ja nun der Vater einer großen Familie. Die ist wie die Welt. Aber wie es auch sei, euch, meine Geschwister und die andern Verwandten, werde ich nie vergessen und mein liebes Sotto auch nicht."

Einen Augenblick lang war Schweigen. Wehmütig schauten die braven Bauersleute vor sich hin, aber schon wartete der Papst mit einer neuen Geschichte auf.

„Ja, das muß ich euch noch erzählen. Dieser Tage hörte ich über meinem Arbeitszimmer ein Klopfen und Lärmen, und da ein guter Hausvater schließlich wissen muß, was um ihn her geschieht, ging ich in das Zimmer, aus dem das Gepolter kam. Es waren die Räume von Monsignore Capovilla, die gerade hergerichtet wurden. Als ich eintrat, steckte einer der Arbeiter hinter einem hohen Büchergestell, das er an seinen Platz setzen wollte. ‚Hoffentlich störe ich nicht. Ich bin der Papst und wollte nur einmal nachsehen, was ihr macht', sagte ich."

„Und dann?" unterbrach der Großneffe.

„Der Mann, der mich für einen seiner Kameraden hielt, knurrte hinter seinem Regal: ‚Laß den Unsinn, Peppo! Hilf mir lieber das Möbel schleppen!' – ‚Gern', sagte ich, ‚aber ich glaube, das ist doch ein bißchen zu schwer für mich alten Mann.' Schließlich kam er aus seinem Versteck, sah mich und wäre vor Schreck fast umgefallen."

„Kann ich mir vorstellen!"

„Na, paß nur auf, es geht noch weiter! Aus dem Nebenzimmer rief einer der Arbeiter: ‚Mit wem sprichst du da, Giulio?' – ‚Mit dem Heiligen Vater', brachte der mit Mühe heraus. – ‚Bist du sicher, daß es nicht Sophia Loren ist?' lachte der von drüben. Schließlich kam er neugierig herzu, starrte mich mit offenem Mund an und fiel in die Knie. Na, ich habe den Leuten über den Schreck hinweggeholfen, habe eine Flasche Wein geholt und jedem ein Gläschen eingeschenkt. Dann fragte ich sie, ob sie Italiener seien. ‚Natürlich, Heiliger Vater!' versicherten sie. ‚Na dann singt doch, Kinder!' forderte ich sie auf. ‚Ein Italiener muß doch bei der Arbeit singen.' – Ja, und da haben sie fröhlich losgeschmettert."

Monsignore Capovilla, der auch an der Tafelrunde teilnahm, lächelte still vor sich hin. Er wußte, welch ein Aufsehen es bei den Prälaten gegeben hatte, als sie von der Geschichte hörten. Der Papst aber sagte mit lustigem Augenzwinkern:

„Laß es gut sein, Don Loris. Ich weiß ja, daß viele meiner Monsignori nicht ganz mit mir einverstanden sind. Aber ich gönne halt jedem gern ein freundliches Wort, auch dem letzten Handwerker und Gärtner, und so einen alten Mann wie mich krempelt man nicht mehr um. Warum soll denn der Papst nicht mit seinen Kindern sprechen? In der ganzen Heiligen Schrift steht nichts davon, daß das verboten ist."

Im Verlauf der Mahlzeit bemerkte er, jemand habe ihm nahegelegt, seine Geschwister in den Adelsstand zu erheben. „Stellt euch das vor!"

„Um Gottes willen!" rief Zaverio entsetzt. „Wir sind Bauern und bleiben es."

„Seht ihr! Dasselbe habe ich in Venedig einmal einem Grafen Roncalli gesagt, der mich aufsuchte und die Vermutung äußerte, wir könnten vom gleichen Stamm sein. Ich habe ihm geantwortet: Das kann wohl nicht sein, Herr Graf. Sie stammen von den Conti (Grafen) Roncalli ab, ich aber von den Contadini (Bauern) Roncalli. Aber auch das ist ein altes und ehrenwertes Geschlecht."

„So ist's recht!" Alfredo wischte über seine Brillengläser. „Was sollten wir wohl unter den Blaublütigen!"

Johannes wandte sich an seinen Sekretär. „Denk dir nur, mein lieber Monsignore! Ich hatte heute nacht einen Traum. Ich dachte über ein schwieriges Problem nach und nahm mir vor, es einmal mit dem Heiligen Vater zu besprechen. Schließlich bin ich aufgewacht, und mir fiel ein, daß ich selbst der Papst bin. Nun, dachte ich mir, dann werde ich eben mit dem lieben Gott darüber sprechen. Eigentlich bin ich ja noch ein Papstlehrling; denn ich habe noch vieles zu lernen. Mache eben mein Noviziat durch."

So fröhlich und unbefangen plauderte der Papst im Kreis seiner Familie, und so herzlich lachte man dazu, daß einer der Schweizergardisten, der vor der Tür Wache hielt, zu seinem Kameraden sagte:

„Häsch du scho gehört, daß e Papscht lacht?"

„Bi Pius XII. sicher nit. Aber weischt, Walti, mir gfallt's, daß die do inne so luschtig sind; är isch halt en Mänsch, dr Roncallipapscht." Und einen Jodler schickte der Gardist hinterher, als wäre er noch in seinen Schweizer Bergen.

Anderen Tages empfing Johannes XXIII. seine Landsleute aus Sotto il Monte in einer Sonderaudienz. Fast das ganze Dorf hatte sich auf den Weg gemacht, der Krönungsfeier beizuwohnen.

„Viele von euch", sagte der Papst, „haben meinen Vater noch gekannt. Seht, und da fällt mir ein Erlebnis ein. Ich war noch ein ganz kleiner Bub und wanderte mit meinem Vater nach Ponte San Pietro, wo gerade ein großes Kirchenfest gefeiert wurde. Nun, der Weg war weit und ich wurde müde. Da sagte der Vater: ‚Hock auf, Bub!', nahm mich auf seine starken Schultern, trug mich, bis wir am Ziel waren, und von der Höhe aus konnte ich die Prozession wunderbar sehen. Wenn es mir nun manchmal schwer ums Herz ist und ich glaube, es gehe nicht mehr weiter, dann ist es mir, als hörte ich Gottes Stimme, die mir zuruft: ‚Hock auf, Bub!' Ja, und dann laß ich mich halt vom lieben Gott tragen, und mir wird ganz wohl ums Herz. Bin nun aber auch selbst ein Vater, der seine Kinder auf die Schultern nehmen möchte, um sie zum lieben Gott zu tragen."

Jedem einzelnen schüttelte der Papst die Hand, für jeden hatte er ein freundliches Wort, jeden kannte er noch beim Namen, nur einen nicht. Darum fragte er ihn, wie er heiße,

„Varrani, Heiliger Vater!"

„Oh, dann bist du der Sohn meines Jugendfreundes Marcello!" rief der Papst erfreut. „Und welchen Beruf hast du?"

„Ich habe ein kleines Lebensmittelgeschäft in Mailand."

„Ein schöner Beruf! Alle Berufe sind schön, wenn man sie liebt." Der Papst ging zum nächsten, seinem Vetter Giovanni Mazzola, aber er kehrte noch einmal zu dem Händler zurück und sagte lachend: „Aber beim Abwiegen nicht schummeln, hörst du?"

Als ein paar Frauen in ihrer Erregung zu weinen begannen, sagte er: „Nun, meine Schwestern, ich hoffe, daß es Freudentränen sind, mit denen ihr mein Parkett überschwemmt."

„Nun grüßt mir mein Heimatdorf, mein liebes Sotto!" bat er zum Schluß, dann erteilte er allen den Segen.

DAS WEIHNACHTSFEST DES PAPSTES

Das feierliche Pontifikalamt in Sankt Peter war verklungen, der Papst hatte von der Loggia der Basilika der ganzen Welt den Frieden des Christkinds gewünscht, Frieden den Nationen, Frieden den Familien, Frieden den Herzen, einen Frieden, der gegründet ist auf Liebe und Vertrauen. „Denn wo die Liebe fehlt, da ist die Welt in Todesangst. Liebe und Vertrauen aber bannen alle Schrecken. Der demütige Nachfolger des heiligen Petrus weiß sich fern von allem Kleinmut. In der Kraft des Glaubens wagt er es, an der Seite Christi nicht nur über den See Genesareth zu schreiten, sondern über alle Meere der Welt."

Nun war er wieder daheim, im Eckzimmer des obersten Stockwerkes im Vatikan. Als Monsignore Capovilla eintrat, fand er ihn vor dem vergoldeten Bauer mit den beiden Kanarienvögeln, dem teuren Vermächtnis seines Vorgängers.

„Tanti auguri! Buona Natale, uccellini!" Mit seinem Ring strich er über die Gitterstäbe und wiederholte noch einmal in liebevollstem Ton seine Glückwünsche. Dann, als er seinen Sekretär gewahrte, sagte er traurig:

„Sie verstehen mich nicht, die kleinen Vögelchen. Den heiligen Franziskus haben sie verstanden, mich nicht, und ich möchte doch wie er aller Kreatur die Frohbotschaft bringen. Wahrscheinlich verstehen sie nur deutsch. Pius XII. hat immer deutsch mit ihnen geredet. Ich muß es halt noch lernen. Du machst ein erstauntes Gesicht, mein guter Don Loris, aber es ist so wichtig, daß der Papst zu allen reden kann und daß ihn alle verstehen, auch diese beiden canarini."

„Heiliger Vater, das Auto ist vorgefahren, die Eskorte wartet. Es ist Zeit." Johannes warf einen Blick auf die Uhr.

„O ja, wir dürfen sie nicht warten lassen, die armen Kinder. Aber geht es wirklich nicht ohne die Motorradfahrer?"

„Die römische Polizei besteht darauf, Heiliger Vater."

„Nun denn! Fügen wir uns ihren weisen Vorschriften!"

Wenig später trat er, nur von seinem Sekretär begleitet, ins Kinderspital „Bambino Gesù". Wie leuchteten die Augen der Kinder, als er im roten Mantel über seinem weißen Gewand an jedes Bettchen kam! Zu jedem einzelnen beugte er sich nieder, strich mit der Hand über die fieberheiße Stirn, das Herz überströmend von Mitleid und Güte.

„Daß Eure Heiligkeit selbst gekommen sind, heute am Christfest, o mein Gott, das Glück, die Freude!" brachte die Oberin mit Mühe hervor.

„Ach, gute Schwester, wo sollte ein Vater am heutigen Tag wohl anders sein als bei seinen leidenden Kindern?" erwiderte Johannes lächelnd.

In allen Betten richteten sich die Kleinen auf, von allen Seiten riefen sie: „Giovanni, Giovanni! – Kommst du auch zu mir?"

„Ja, gleich, meine Kerlchen, nur nicht so ungestüm!"

„Wie heißt du?" fragte ein Dreikäsehoch neugierig, als der Papst vor ihm stand.

„Als ich ein Bub war, nannte man mich Angelino, dann Angelo; als ich Soldat war, rief man mich Giuseppe, und nun heiße ich Johannes."

„Ich heiße auch Angelo!" krähte es aus einem anderen Bettchen.

„O wie schön, da sind wir ja Namensvettern. Wie geht es dir, Angelino?"

„Schon besser, Angelo", antwortete der Kleine. „Ich hab heute morgen den ganzen Teller leergegessen. Schwester Beata hat gesagt, ich bin lieb."

„Das ist schön, da wirst du ganz schnell wieder gesund."

Im Nachbarbett hob sich ein Achtjähriger aus den Kissen und

sagte: „Ich weiß, daß du da bist, Papst, aber ich kann dich nicht sehen."

„Der kleine Carmine Lemma ist blind", flüsterte eine Schwester dem Heiligen Vater zu.

Erschüttert fuhr der Papst dem armen Jungen über das schwarze Kraushaar. Er mühte sich, etwas zu sagen und brachte doch kein Wort heraus.

„Hast du deinen Hut bei dir?" fragte der Blinde. „Darf ich darüberstreichen? Ich tu's ganz vorsichtig."

„Aber gewiß, kleiner Carmine!"

„Oh, der fühlt sich aber fein an, wie Seide. Ich glaube, es ist rote Seide."

„Erraten!"

„Es stimmt, es stimmt!" jubelte der Kleine. „Ich konnte es ja nicht sehn, aber ich hab's gefühlt. Nicht wahr, du hast noch ein Käppchen auf dem Kopf? Darf ich das auch einmal anfassen?"

Der Papst nahm das weiße Käppchen und setzte es dem Knaben auf den Lockenkopf. „Nun bist du für eine Weile der Papst."

„Nein, nein, ich bin nur ein armer kleiner Bub. Aber eins mußt du mir noch sagen, Giovanni! Mamma sagt immer, wenn ich brav bin, komme ich in den Himmel. Was meinst du, Papst, kann ich den lieben Gott dann sehen?"

„Ganz gewiß, mein lieber Carmine."

„Den ganzen Himmel mit allen Bewohnern! Jetzt ist nur ein bißchen Nacht für dich, aber dann wird immer Morgen sein, und du wirst den lieben Gott anschauen, und es gibt für dich nie mehr eine dunkle Nacht."

Der Knabe stammelte vor Glück und Freude ein paar unverständliche Worte, über sein erloschenes Gesicht glitt ein Schein, der nicht von dieser Erde schien.

„Heiliger Vater", rief es aus einer andern Ecke. „Sag mir doch, was ich werden soll!"

„Nun, was möchtest du denn werden, mein Kleiner?"

„Polizist oder Papst!" kam die Antwort wie aus der Pistole geschossen. „Aber beides zusammen geht wohl nicht."

„Nein, beides kannst du nicht werden."

Der Bub griff nach der Hand des Papstes und zog ihn näher zu sich heran.

„Polizist wäre fein, da hat man viel zu sagen, und alle Leute müssen gehorchen, sonst kriegen sie ein Porto... wie heißt das noch?"

„Ein Protokoll."

„Aber ich glaube, ein Papst hat noch mehr zu sagen als ein Polizist."

„Nicht immer, Bub! Ich selbst muß zum Beispiel der Polizei auch gehorchen. Die hat es mir verboten, ohne sie auszufahren."

„Ich glaube, ich will trotzdem Papst werden!" entschloß sich das Kind.

„Natürlich, jeder kann Papst werden, das siehst du an mir. Am besten überlegst du es dir noch einmal, und wenn du wieder gesund bist, dann besuchst du mich, und wir sprechen weiter darüber."

„Ich komme bestimmt, du kannst dich darauf verlassen."

Die Mutter Oberin glaubte, den Papst von den kleinen Quälgeistern befreien zu müssen, aber Johannes wehrte lachend ab.

„Sie ahnen ja nicht, welche Freude es mir macht, unter Kindern zu sein. Ach, gute Schwester, wie gern möchte ich wie in Venedig mein Haus weit aufmachen für jeden, der zu mir kommen will, aber meine Monsignori erlauben es mir nicht."

Weiter ging er von Bett zu Bett, tröstete, fragte, erzählte und war glücklich, wenn er eines dieser armen Wesen zum Lachen brachte.

„Du hast einen schönen Ring", sagte einer der Buben. „Aber auch ohne den Ring hast du eine schöne, gute Hand. Wie mein Großvater! Der hat auch so eine gute Hand."

Ach, das nahm gar kein Ende. Schließlich mußte ihn Monsignore Capovilla fast mit Gewalt losreißen, da sonst der ganze Zeitplan durcheinander gekommen wäre.

„Sehen Sie, Schwester", seufzte Johannes, „immer muß ich tun, was meine Monsignori mir befehlen."

Als er schließlich Abschied nahm, versprach er den Kindern, recht bald wiederzukommen.

„Arrivederci, papa!" krähte es aus allen Betten.

Die zweite Station an diesem Morgen war das Krankenhaus zum Heiligen Geist. Die Schwester an der Pforte erstarrte sichtlich vor Ehrfurcht, als sie ihm öffnete, aber Johannes sagte lachend:

„Sie brauchen nicht zu erschrecken, Schwesterchen. Ich bin ja nur der Papst." Eine andere Nonne eilte mit wehendem Schleier herzu:

„Ich bin die Oberin vom Heiligen Geist", stellte sie sich vor.

„Oh, da haben Sie es weit gebracht! Ich bin nur der Stellvertreter Christi", scherzte der Papst. „Aber nun führen Sie mich bitte zu den Schwerkranken!"

Auch hier ging er von Bett zu Bett, brachte jedem den Gruß des Christkindes aus der Krippe, fragte, hörte zu, tröstete und leistete einigen der Kranken persönlich kleine Dienste.

„Heiliger Vater", drängte schließlich wieder der Sekretär, „wir müssen umkehren. Es ist längst Tischzeit. Die guten Schwestern im Vatikan werden verzweifeln."

„So schnell verzweifeln die Bergamasker nicht", schmunzelte der Papst. „Die Schwestern sind daran gewöhnt, daß ihnen das Essen verbrutzelt. Das hier geht vor."

Es war fast drei Uhr, als er endlich im Vatikan anlangte. Viel Zeit zum Mittagsmahl blieb nicht; denn schon eine halbe Stunde später öffneten sich die Tore für die große Schar armer, verkrüppelter Kinder aus dem Spital, das der edle Priester Don Gnocchi gegründet hatte.

Erschüttert sah er sie vor sich, all die armen kleinen Wesen, die sich auf ihren Krücken, mit ihren Prothesen, auf Rollstühlen hockend, um ihn scharten, aus deren Augen dennoch die große Freude leuchtete, am Weihnachtstag bei ihrem Vater zu sein. So gut es ihnen gelang, drängten sie sich herzu bis auf die Stufen des Thronsitzes, bis auf die Armlehnen, bis auf seine Knie. Vergeblich mühten sich die begleitenden Priester, die Zudringlichen zurückzuhalten.

„Lassen Sie sie doch, ach, lassen Sie sie doch!" wehrte der Papst ihrem Eifer. „Lasset die Kinder zu mir kommen! Ihrer ist das Himmelreich." Jedes fragte er nach seinem Namen, den er wiederholte, um ja keinen zu vergessen.

„Also du bist der Peppo und du der Carlo und du der Pierino. Und wie heißt du?"

„Arcangelo, Heiliger Vater!"

„Oh, ich heiße nur Angelo, Engel, und du bist Erzengel. Da bist du mehr als ich." Einer der Jungen rief:

„Ich sehe dich, Papst! Ich sehe dich mit den Augen von Don Gnocchi." Verwundert schaute Johannes den Buben an. Ein Priester erklärte ihm:

„Don Gnocchi hat vor seinem Tod bestimmt, daß die Hornhaut seiner Augen auf die des armen blinden Jungen übertragen werde. Es geschah nach seinem Willen, nun sieht der Kleine wieder."

Ein anderer drängte sich vor.

„Ich kann nichts sehen, gar nichts, Heiliger Vater. Beim Spielen bekam ich ungelöschten Kalk in die Augen, seitdem bin ich blind. Meinst du, daß auch mir jemand seine Augen schenkt?"

„Oh, gewiß, mein Kleiner!" Johannes zog ihn zu sich heran, schloß ihn in die Arme. „Wie gern möchte ich dir meine Augen geben, aber ich brauche sie noch eine Weile. Sicher wird sich auch einer für dich finden. Gott ist gut, und die Menschen sind es auch."

„Ihr wollt sicher gern einmal meine Krippe sehen", sagte er endlich. „Ich geh euch voran."

Hinter ihm her humpelten, jubelnd vor Freude, all die verkrüppelten Knaben in den Konsistoriensaal, schauten mit leuchtenden Augen das Wunder der Heiligen Nacht.

„Wenn ich es doch auch sehen könnte!" seufzte der kleine Blinde. „Darf ich das Christkind einmal anfassen."

„Gewiß, mein Lieber!" Der Papst selbst hob ihn hoch und ließ ihn mit der Hand über das Kind in der Krippe streichen, über Maria und Josef, die Hirten, die Schafe und den Gloriaengel.

„Jetzt weiß ich genau, wie alles aussieht!" jubelte der Bub. „Mein Gott, wie schön, wie schön!"

Wieder einmal erinnerte Monsignore Capovilla, die vorgesehene Zeit sei längst überschritten, der römische Adel wolle seine Aufwartung machen. Ja, und dann sei da noch ein Amerikaner mit seinem Töchterchen, das an Leukämie leide und wohl bald sterben werde. Ihr einziger Wunsch sei es, den Papst zu sehen, darum habe der Vater die weite Reise gemacht und sie hergebracht.

„Aber zuerst müssen Eure Heiligkeit wohl den Adel empfangen."

„So, muß ich?" antwortete der Papst. „Don Loris, du bist nun schon so lange bei mir, du müßtest mich doch besser kennen. Zuerst natürlich das Kind, die adeligen Herren können warten! Bring es in mein Arbeitszimmer!"

Lange noch mußte sich der Adel gedulden. Der Papst unterhielt sich dreiviertel Stunden mit dem todgeweihten Mädchen, das in seinem weißen Erstkommunionkleid vor ihm stand. Mit der Verständigung in englischer Sprache haperte es ein wenig, aber die kleine Katharine Hudson begriff doch, mit welcher Liebe und Güte der Papst zu ihr sprach.

„Hab keine Angst, liebes Kind", sagte Johannes, ihre Hände

umfassend. „Gott hat dich sehr lieb. Er weiß, was gut für dich ist."

„Ja, ich weiß", nickte das Mädchen eifrig, „er wird mich bald in den Himmel holen. Jesus hat mich lieb und ich ihn."

„Nicht wahr, und du fürchtest dich nicht?"

„Nein, jetzt nicht mehr, Holy Father!"

„Ich werde jeden Tag für dich beten, kleine Katharine." Zum Schluß schenkte er dem Kind einen goldenen Rosenkranz mit einem Elfenbeinkreuz und sein Bild, das er selbst unterzeichnete.

Als Johannes endlich die Adeligen empfing, bat er mit kindlichem Lächeln um Entschuldigung für seine Verspätung.

„Sie werden Uns gewiß verzeihen, wenn Sie hören, daß Wir ein Kind auf seinen nahen Tod vorbereiten mußten. Nun geht es ohne Angst zu Gott."

Noch einmal wiederholte er das Wort, das er von der Loggia der Petersbasilika gesprochen hatte: „Wo die Liebe fehlt, da ist die Welt in Todesangst, wo aber die Liebe ist, da gibt es keine Furcht."

Bevor er zur Ruhe ging, müde und erschöpft von dem langen Tagewerk, das von Mitternacht bis in die späte Abendstunde gedauert hatte, sagte er zu seinem Sekretär:

„Das war ein gesegneter Tag, lieber Monsignore. Aber auch der kommende Tag ist schön. Morgen fahren wir in das Gefängnis ‚Regina Coeli'. Ich will auch meinen unglücklichen Söhnen den Weihnachtsgruß bringen."

„Bestehen Sie wirklich darauf, Heiliger Vater? Im Vatikan herrscht geradezu Entsetzen über Ihr Vorhaben."

„Mögen die Prälaten die Köpfe schütteln!" lächelte Johannes. „Ich weiß, daß mein Heiland von mir alle Werke der Barmherzigkeit verlangt. Die Gefangenen besuchen gehört dazu. Das wirst du wohl noch aus dem Katechismus wissen. Und nun gute Nacht, mein lieber Loris. Ich falle um vor Müdigkeit."

Der Direktor des großen Staatsgefängnisses „Regina Coeli" empfing den Heiligen Vater mit sichtlicher Verlegenheit. Stokkend begann er mit der einstudierten Begrüßungsansprache.

„Wir danken Euer Heiligkeit aufrichtig für Ihren so überraschenden Besuch, für die großartige Geste Ihres väterlichen Wohlwollens ..."

„Sagten Sie ‚Geste', Herr Direktor?" unterbrach ihn der Papst. „Mein lieber Freund, das ist mehr als eine Geste. Es ist mir ein Herzensbedürfnis, auch meinen ärmsten Söhnen den Gruß des Christkinds zu bringen. Aber lassen wir es gut sein. Führen Sie mich zu den Gefangenen!"

„Gewiß, Euer Heiligkeit, gewiß!" dienerte der Direktor, vor Aufregung schwitzend. Schlüssel rasselten in Eisentoren, Riegel klirrten. Die Korridore füllten sich mit Gefangenen, die in ihren gestreiften Häftlingskleidern zögernd herzutraten. Sie konnten es nicht fassen, daß der Herr der Kirche zu ihnen kam.

„Nur näher, meine lieben Kinder, nur näher!" rief Johannes. „Fürchtet euch nicht! Ich bin euer Vater, der zu euch kommt, weil ihr nicht zu ihm kommen konntet." Und sie kamen wie Kinder zu ihrem Vater, knieten vor ihm nieder, küßten seinen Ring, fühlten die segnende Hand auf ihrer Stirn, weinten vor Erschütterung und Freude.

Für jeden einzelnen hatte der Papst ein freundliches, liebevolles Wort. Er fühlte das Glück des Vaters, der den verlorenen Sohn in seine Arme schließt.

Er erkundigte sich nach den Familienverhältnissen der Sträflinge, fragte nach der Dauer der Haft, und immer war es fast die gleiche Antwort, die er erhielt: „Einen Monat, zwei, drei Monate, dann bin ich frei." Es waren die kleinen Spitzbuben, die der Direktor vorführte, wie der Papst unschwer erriet.

„Und wohin geht es hier?" fragte er, als er an eine verschlossene Eisentür kam.

„Zu den Schwerverbrechern, Heiliger Vater."

„Gut, öffnen Sie! Gerade sie möchte ich sehen."

„Aber es sind Räuber, Mörder, Revolutionäre!" stammelte der Direktor entsetzt. „Rabiate Gesellen, die vor nichts zurückschrecken. Ich kann die Verantwortung nicht übernehmen."

„Unser Heiland starb am Kreuz zwischen zwei Missetätern, und ich sollte mich vor ihnen fürchten? Öffnen Sie!"

„Ich will zuerst noch einige Beamte zuziehen!"

„Nicht einen einzigen!" erwiderte der Papst energisch. „Ich will nicht einen von ihnen sehen."

„Aber das ist zu gefährlich!" Der Leiter der Anstalt stotterte vor Erregung.

„Öffnen Sie endlich das Tor! Schließen sie alle Zellen auf, alle, hören Sie? Ich will alle sehen!"

Mit hörbarem Seufzer fügte sich der Direktor, dann quollen sie hervor aus ihren Verliesen, bleich, abgezehrt, mit düsteren Gesichtern; sie tappten herzu, wie geblendet, als kämen sie aus tiefer Finsternis ans Licht. Aber wie von einer geheimnisvollen, ganz und gar übernatürlichen Gewalt bezwungen, fielen auch sie in die Knie, küßten die Hand, die sie segnete.

„Der Heiland, der heute im Elend geboren ward, ruft auch euch zu seiner Krippe, meine lieben Kinder!" Vor tiefer Bewegung war der Papst seiner Stimme kaum mächtig. „Er hat euch lieb, gerade euch, die ihr im Elend seid."

Einer der Gefangenen, der eben vor ihm niederkniete, fragte, bebend vor Erregung:

„Gilt das auch für mich? Ich bin ein großer Sünder." Der Papst beugte sich nieder, hob ihn auf, schloß ihn in seine Arme.

„Auch mit dir ist Friede, mein Sohn!" sagte er erschüttert.

Schließlich, am Ende der leidvollen Straße, bat Johannes, man möge alle Gefangenen in die Kapelle führen, da er zu ihnen sprechen wolle.

Als er sie vor sich sah, all die jammervollen Gestalten, nahm er sein weißes Käppchen ab wie vor dem Sanktissimum. Lange schaute er sie schweigend, voll innigen Mitleides an, dann sagte er, absichtlich auf das majestätische „Wir" verzichtend:

„Ich bin zu euch gekommen, meine lieben Söhne, um euch den Gruß und Frieden des neugeborenen Erlösers zu bringen. Ihr wißt, wie sehr er gerade jene Menschen liebte, die in tiefe Schuld geraten waren, wie wenig er sich um die selbstgerechten Pharisäer kümmerte, die ihm vorwarfen, daß es die Sünder waren, denen seine besondere Liebe galt. So bin ich zu euch gekommen, ich, euer Vater, zu euch, meine lieben Söhne! Eure Augen waren in meinen Augen, euer Herz schlug neben dem meinen. Wir sind uns begegnet und haben uns verstanden. Mit euch allen ist Gottes Friede. Das Tor zur Krippe des göttlichen Kindes ist weit geöffnet für jeden einzelnen von euch. Ich bin nicht gekommen, euch zu richten. Ich frage nicht nach eurer Schuld; denn ich kenne das dunkle Geschick nicht, das euch darin verstrickte. Ihr sühnt für das, was ihr gefehlt habt. Damit ist die Rechnung ausgeglichen vor Gott und den Menschen. Und eines will ich euch in dieser Stunde freimütig gestehen. Gott weiß, wohin ich gekommen wäre, hätte ich nicht das unverdiente Glück gehabt, in einem guten, frommen, wenn auch armen Elternhaus geboren zu werden."

Ohne Scheu erzählte er ihnen, er sei in seiner Jugend durchaus kein Musterknabe gewesen. Auch in ihm sei zuweilen der blanke Zorn aufgestiegen, der viele so unglücklich gemacht habe. Auch er habe als Kind mit der Schleuder geschossen, wenn ihn die Wut gepackt habe.

„Wer weiß, ob aus der Bubenschleuder nicht eines Tages eine Pistole geworden wäre, hätten mich meine guten Eltern nicht gelehrt, den Zorn zu bezwingen. Auch ich habe in Nachbars Garten Äpfel gestohlen, nur", fügte er mit einem Augenzwinkern hinzu, „ich hatte mehr Glück als ihr, die Polizei hat mich nicht erwischt." Die Sträflinge lachten, klatschten in die Hände, nickten verständnisinnig vor sich hin.

„Ich will euch noch eines sagen", fuhr der Heilige Vater fort, „etwas, das ich noch nie jemandem offenbarte, aber euch, euch will ich es nicht verheimlichen. Ich hatte einen nahen Verwandten, einen Vetter, der kam als Wilddieb ins Gefängnis und schmachtete vier Wochen lang im Turm von Ponte Pietro. Auf dem Schulweg kam ich jeden Morgen an dem düsteren Gebäude vorbei. Nun, er hat für seine Schuld gebüßt, und ich hatte ihn nachher noch genauso gern wie vordem und denke noch heute an ihn als an einen ehrenwerten Mann. Ach ja, ich habe selbst von dem gestroppten Hasenbraten gegessen."

Wiederum hallte frohes Lachen durch den sonst so ernsten Raum. Johannes seufzte und schloß:

„Warum ich euch das alles erzähle? Damit ihr nicht mutlos werdet, meine lieben Freunde. Auch mit mir hätte alles ganz anders kommen können. Ohne meine guten Eltern wäre ich vielleicht in der ‚Regina Coeli' gelandet und nicht im Vatikan. Das menschliche Herz ist ein geheimnisvolles Ding, dessen Abgründe niemand erforscht. Es ist nichts als Gnade, wenn ein Mensch auf dem rechten Weg bleibt. Ihr aber, die ihr in Schuld verstrickt waret, sollt wissen, daß euch der Herr ebenso, ja noch mehr liebt als jene, die niemals strauchelten, daß Reue und Sühne weit aufstoßen das Tor zur Barmherzigkeit des himmlischen Vaters."

Zum Schluß spendete der Papst all seinen unglücklichen Kindern den sakramentalen Segen.

Der Besuch im Gefängnis fand ein Echo in der ganzen Welt. Alle Zeitungen berichteten darüber mit größter Hochachtung, selbst die kommunistische Presse.

„Was machen sie nur für ein Spektakel über eine Sache, die doch so selbstverständlich ist", seufzte Johannes, dem man die Artikel vorlegte. „Was ist denn schon Besonderes an dem, was ich tat?"

Lächelnd schob er den Papierberg beiseite. Nur ein Bericht verdroß ihn, und der stand ausgerechnet im „Osservatore Romano", dem Organ des Vatikans. Offensichtlich verärgert, las er:

„Bei dieser Gelegenheit erinnerte sich Seine Heiligkeit an den äußerst häßlichen Eindruck, den ihm ein Jugenderlebnis hinterlassen hatte, als eine ihm nahestehende Person die Schranken des Gesetzes überschritten hatte."

„Von einem äußerst häßlichen Eindruck habe ich keine Silbe gesagt", fuhr er auf. „Den macht mir einzig und allein dieses Geschreibsel. Es wird Zeit, daß ich dem Redakteur einmal wieder gründlich den Kopf wasche."

„Gewiß war es nicht böse gemeint", suchte ihn der Sekretär zu beruhigen. Er legte die Hand auf den Turm der übrigen Zeitungen. „Die hier, auch die allerrotesten, beweisen, daß die Welt Eure Heiligkeit verstanden hat."

Allein der päpstliche Hof zeigte sich schockiert. Viele der hohen geistlichen und weltlichen Beamten vermochten es nicht zu fassen, daß sich der Heilige Vater so tief herabließ. Es sollte aber bald noch mehr des staunenden Unverständnisses geben.

In der Weihnachtsoktav empfing der Papst in den Räumen des Vatikans ganz absonderliche Besucher, nämlich die Schausteller und Artisten des italienischen Zirkus Orfei. Ausgerechnet im Konsistoriensaal, der sonst den ernsten Beratungen mit den Kardinälen dient, scharte sich das bunte Völklein um ihn mitsamt einer Menge exotischer Tiere.

Einer hatte sogar einen jungen Löwen mitgebracht und bot ihn dem Papst zum Geschenk an. Johannes kraulte dem Wüstenkönig liebevoll die Mähne und sagte, auf sein Wappen deutend, das der Löwe von Sankt Markus, das Bannerzeichen seiner lieben Stadt Venedig, krönte:

„Ich habe, wie ihr seht, schon einen Löwen, im Vatikan kann ich dich nicht gut behalten, mein gutes Löwenbaby. Die Monsignori könnten sich fürchten. Vielleicht schaffe ich mir einmal einen Hund an; denn in meiner Jugend hatte ich stets einen Hund, und immer habe ich ihn sehr geliebt. Aber einen Löwen ..., nein, das geht wirklich nicht."

Der Zirkusdirektor bot dem Papst eine Sondervorstellung an, aber Johannes wehrte freundlich ab.

„Ich habe in meinem Leben immer gern gelacht, und als Junge bin ich meilenweit gelaufen, einen Zirkus zu sehen. Vor allem die Spaßmacher hatten es mir angetan. Aber leider geht das hier nicht. Wenn ihr mir aber eine besondere Freude machen wollt, dann gebt im Krankenhaus ‚Bambino Gesù' eine Sondervorstellung. Ich bin sicher, daß ihr nie ein dankbareres Publikum hattet, als ihr dort finden werdet. Nur platscht nicht zuviel mit Wasser und Seifenschaum herum! Die armen Schwestern könnten es euch übelnehmen."

Zum Schluß versicherte er ihnen, er halte gerade ihren Beruf für besonders schön, denn was könne es Schöneres geben, als den Kindern Freude zu schenken. Von Herzen gern sagten die Schausteller zu, und der Papst entließ sie mit seinem Segen.

In einem Winkel des Saales flüsterte ein hoher Würdenträger einem andern zu: „Wenn's so weitergeht, macht er aus dem Vatikan noch eine Menagerie." Der Papst, der trotz seines Alters noch ein vorzügliches Gehör hatte, wandte sich ihm zu und sagte lächelnd:

„Ach, mein guter Monsignore, im Grunde ist doch die ganze Welt eine große Menagerie mit allerlei absonderlichen Geschöpfen. Der liebe Gott hat Geduld mit ihnen, warum sollten wir es nicht auch tun?"

Der Prälat soll ein reichlich verdutztes Gesicht gemacht haben.

DIE HOFFNUNG DER WELT

Johannes XXIII. strich mit der Hand über den hohen Standglobus, dessen Innenbeleuchtung die Grenzen der Diözesen in aller Welt zeigte.

„Mein Gott, welche Probleme, welche Sorgen umfaßt doch diese Kugel", wandte er sich an seinen Staatssekretär Tardini, den er kurz zuvor zum Kardinal erhoben hatte. „Wieviel Finsternis wartet auf das Licht des Evangeliums, wieviel Not auf tätige Hilfe, wieviel Hunger auf Brot! Zwei Drittel der Menschheit vermag sich nicht genügend zu ernähren, Millionen verhungern, weil ihnen das Schüsselchen Reis fehlt, das auch der Ärmste zum Leben braucht. O Eminenz, ich sehe sie wieder vor mir, die griechischen Kinder mit ihren hohlen Augen, ihren dürren Ärmchen, sehe sie die Hände heben nach einem Stücklein Brot."

Stöhnend verkrampfte der Papst die Hände ineinander.

„Damals verhungerten in Athen täglich mehr als hundert Kinder. Ich sah sie im Rinnstein zusammenbrechen, sah sie sterben in den Armen ihrer verzweifelten Mütter. Nun sind es Milliarden in aller Welt, in Asien, in Afrika und Südamerika. Sie alle schauen mich an aus halberloschenen Augen und heben die abgezehrten Hände, und ich, der Vater, habe kein Brot für meine armen Kinder."

„Die Probleme der Welt sind fürchterlich", nickte der Staatssekretär, „und gewiß bedarf es der Anstrengungen aller Völker und Regenten, sie zu lösen."

„Aber was geschieht in Wirklichkeit? Überall redet man vom Frieden, aber es ist kein Friede. Milliarden von Rubel und Dollar verschlingt die Rüstungsindustrie für Bombenflugzeuge und Raketen, die schon in wenigen Jahren wieder wertlos werden, und meine Kinder hungern. Man schießt Satelliten ins All, und meine Kinder hungern. Immer neue Wunder ersinnt unsere Zeit, Wunder, so staunenswert, daß einem der Herzschlag stockt, aber das wichtigste Problem bleibt ungelöst, das Problem, die Welt vor dem Hungertod zu retten. Und mit dem Jammer wächst die Angst, die große Angst vor dem, was kommt. Wer soll da helfen, sagen Sie mir, Eminenz, wer soll da helfen? Wer trägt das Licht in die Finsternis? Wer zeigt der verirrten Welt den rechten Weg? Wer gibt Brot und Speise den Hungernden?"

„Die Kirche tut, was sie vermag. Sie leistet Großartiges auf dem ganzen Erdkreis." Der Papst schaute den Kardinal mit einem langen, forschenden Blick an.

„Tut sie das wirklich, Eminenz? Ist sie ihrer Aufgabe noch gewachsen, heute, in einer völlig verwandelten Zeit? Ist sie noch der Leuchtturm in der Brandung, die rettende Arche, oder ward das Schifflein Petri nicht zum hilflosen Spielzeug der Fluten und Wellen?" Immer mehr steigerte sich die Erregung des Papstes. Seine Worte kamen hastig, sich überstürzend.

„Bei uns geht alles noch im alten Trott, fährt auf den uralten Geleisen, als wäre die Zeit stehengeblieben, als hätte sich nichts, gar nichts geändert. Es mag hart klingen, Eminenz, aber die Luft, in der wir atmen, ist verbraucht und stickig. Es wird Zeit, endlich einmal das Fenster aufzureißen, damit frische Luft hereinwehe und den Staub der Jahrhunderte von Sankt Petri Stuhl fortfegt."

Johannes ließ sich in seinen Sessel sinken.

„Warum so wenig Fortschritt im Gottesreich?" sagte er bitter. „Warum kein neues Blühen und Wachsen, keine neue Frucht? Warum geht unsere Saat so spärlich auf? Dürfen wir uns darüber hinwegtäuschen, daß die Kirche den Kontakt verloren hat zum wirklichen Leben, zum neuen Forschen, Denken und Empfinden, den Kontakt zu den Massen, die uns immer mehr entgleiten? Ein solcher Selbstbetrug wäre gefährlich, tödlich."

„Es fehlt in fast allen Ländern an geistlichen Berufen, an genügend Nachwuchs im Priester- und Ordensstand", seufzte der Kardinal.

„So muß man die Laien alarmieren; denn auch sie sind zur Arbeit im Gottesreich berufen, nicht nur wir Priester. Überall stößt die Wissenschaft und Technik in neue Bereiche vor, und was tun wir? Wir treten selbstzufrieden auf der Stelle, wenn wir nicht gar von einer Linie zur anderen zurückweichen. Es fehlt der Schwung, der heilige Elan, mit dem einst die Apostel die Welt verwandelten. Wir brauchen apostolische Begeisterung, neue Einsichten, neue Ziele und Wege, den Pfingststurm des Heiligen Geistes. Mit Lamentationen über die neue Zeit kommen wir nicht einen einzigen Schritt vorwärts. Wir müssen aber voran, wenn wir der Welt ein neues Gesicht geben und den Auftrag Christi erfüllen wollen, den Erdkreis zu erobern für sein Reich."

In tiefer Herzensnot umfaßte der Papst sein Brustkreuz.

„Wir müssen endlich vorstoßen in neue Bezirke, müssen uns ehrlich und ohne die seit Generationen hergeleiteten Phrasen mit dem Geist unserer Zeit auseinandersetzen, müssen mit jedem Menschen guten Willens zusammenstehn, mit ihm arbeiten, Hand in Hand, auch mit unseren getrennten Brüdern, die den gleichen Christennamen tragen wie wir. Die Spaltung der Christenheit ist die große Wunde in unserem Herzen, eine Wunde, an der wir verbluten. Warum schließt sie sich immer noch nicht nach einem Jahrtausend, nach so vielen Jahrhunderten? Wie schwer muß in der Vergangenheit gefehlt worden sein, daß sich Christi Herzenswunsch von der einen Herde und dem einen Hirten immer noch nicht erfüllt hat? Ist es nicht Zeit, endlich zu erkennen und offen zu gestehen, daß da von beiden Seiten gesündigt worden ist, auch von der unseren, gesündigt durch Hochmut, Rechthaberei, Verketzerung, Lieblosigkeit? Können sich Brüder so wiederfinden, die sich zerstritten haben und doch aus dem einen Vaterhaus stammen?"

„Rom hat durch Jahrhunderte immer wieder versucht, die Spaltung zu überwinden", erinnerte der Kardinal.

„Gewiß, aber geschah es wirklich immer im Geist aufrichtiger Bruderliebe? Man hat verdammt, wo man sich um ein wahres Verständnis hätte mühen sollen, man hat Scheiterhaufen errichtet, wo man hätte das Feuer der Liebe entzünden müssen. Wir haben dem Bruder den Rücken gekehrt, wo wir ihm hätten entgegengehen sollen mit offenen Armen und ungeheuchelter Liebe. Wir müssen Mittel und Wege finden, die Kluft zu überwinden, die das Gewand Christi zerreißt, Mittel und Wege, die Menschheit näher zu Gott zu bringen, Mittel und Wege, den Geist der Kirche zu erneuern; denn eines ist gewiß, wir werden die Welt nicht erneuern, wenn wir uns selbst nicht erneuern. Wir müssen endlich aus unserer Verschlafenheit erwachen und die Fenster weit aufreißen dem Sturm des Spiritus Sanctus."

Der Kardinal machte eine verzagte Bewegung.

„Eure Heiligkeit dürfen glauben, daß ich oft über die gleichen Probleme, die Sie bewegen, nachgesonnen habe. Aber wo sind die Mittel und Wege, von denen Sie sprechen? Ich finde sie nicht."

Der Papst erhob sich von seinem Sitz, eine Weile stand er schweigend, es war, als lauschte er einer fernen Stimme, einem geheimnisvollen Ruf, als horchte er auf eine ganz und gar übernatürliche Eingebung. Wie im Feuer eines Blitzes, der die Nacht erhellt, sah er den Weg, den auch er so lange gesucht hatte.

„Ein Konzil!" kam es kaum hörbar von seinen Lippen, und dann noch einmal mit Festigkeit und Klarheit: „Ein Konzil, ein allgemeines, den ganzen Erdkreis umspannendes Konzil, die Fortsetzung des Vatikanum, das vor fast einem Jahrhundert in den Schrecken der Besetzung Roms zu Ende ging."

Der Papst schaute seinen Staatssekretär an, in höchster Spannung das erste Echo auf seinen Vorschlag erwartend, den er nicht dem eigenen Nachsinnen, sondern der Eingebung Gottes verdankte. Der Gedanke an das Konzil war ihm blitzartig und für ihn selbst überraschend gekommen, in einem einzigen Augenblick; mehr Zeit braucht ein Blatt nicht, das vom Baume zur Erde fällt.

Was wird der Staatssekretär antworten? Natürlich wird er auf die ungeheuren Schwierigkeiten hinweisen, die einem solch gigantischen Plan entgegenstehen, auf die lange Zeitdauer, die die Vorbereitungen erfordern werden. Aber nichts von alledem. Nur einen Augenblick schien der Kardinal überrascht, dann kam die Antwort, voll Begeisterung und ohne jedes Zögern:

„Heiliger Vater, das hat Gott Ihnen eingegeben, das Konzil ist der rechte Weg, die Probleme zu lösen, die uns das Herz so schwer machen."

„Und Ihre Meinung, Monsignore?" wandte sich der Papst an den Erzbischof Dell'Acqua, der ihm einst in Istanbul als Auditor zur Seite gestanden hatte. Der antwortete nach einigem Überlegen:

„Ein Konzil, das ist ein wahrhaft großer Gedanke, aber vielleicht sollten wir uns zunächst mit einer römischen Diözesansynode begnügen. Auch die Ewige Stadt, deren Einwohnerzahl sich in einem halben Jahrhundert auf das Fünffache vermehrte, hat gewaltige Probleme, die der Lösung harren."

„So werden wir beides tun", erwiderte der Papst, glühend vor heiligem Eifer. „Rom wird seine Synode haben und die Welt das Konzil."

„Das alles zu organisieren wird viele Jahre erfordern", gab der Erzbischof zu bedenken. „Fünf, sechs zum mindesten."

„Nein, nein, Monsignore! Zwei bis drei müssen genügen. Wir haben keine Zeit zu verlieren."

Wenige Tage später, am 25. Januar 1959, offenbarte der Papst im Kapitelsaal des Benediktinerklosters bei der Paulsbasilika vor den Mauern einer großen Anzahl von Kardinälen, Italienern, Franzosen, Deutschen und Amerikanern, seinen gigantischen

Plan. Es war das Fest der Bekehrung des Völkerapostels. Wie ihn vor den Toren von Damaskus hatte auch den Papst die göttliche Erleuchtung wie ein Blitzstrahl getroffen. Mit fester, ruhiger Stimme sprach er von der Notwendigkeit einer Synodalsynode für Rom.

„Gottes Feld ist weit in unserer Stadt, aber der Arbeiter sind wenige. Die Massen sind von Gott gerufen, ihm zu folgen, und doch finden sie die nährende Speise der Gnade nicht. Das greift an das Herz des sorgenbeladenen Hirten. Wenige Brote, wenige Fische, was ist das für so viele! Wir müssen die Maßnahmen finden, das geistliche Leben in unserer Diözese zu erneuern, zu festigen und zu stärken, damit sich die Vaterunserbitte erfülle: Zu uns komme dein Reich!"

Dann aber wurde sein Ton erregter, bebend vor heiliger Leidenschaft.

„Schauen wir über die Mauern dieser Stadt hinaus in die weite Welt, welches Schauspiel bietet sich uns dar? Mißbrauch der Freiheit, Versinken im Wohlstandsdenken, Jagd nach irdischen Gütern, Zerrissenheit und Spaltung unter den Christen, geistiger und sittlicher Verfall, Elend, Hunger und Not und ein Erlahmen der Widerstandskraft selbst in der Kirche.

Ehrwürdige Brüder und geliebte Söhne! Zitternd vor Bewegung, aber zugleich mit demütiger Entschlossenheit, sprechen Wir zu euch von dem, was Wir beabsichtigen, von der römischen Diözesansynode und einem Ökumenischen Konzil für die Gesamtkirche. Für jedes Wort, für jede Anregung werden Wir dankbar sein. Wir vertrauen auf eure gütige Hilfe, vor allem aber auf den Beistand Gottes, der Mutter Jesu, die auch unsere Mutter ist, auf den Schutz der Apostelfürsten, des ganzen himmlischen Hofes. Unser Gruß gilt am heutigen Tage besonders dem Bekehrten von Damaskus, aber auch euch, geliebte Brüder. Wir grüßen euch mit dem Wort des heiligen Papstes Leo: ‚Meine Krone und meine Freude seid ihr, wenn euer Glaube, der vom Anfang an auf der ganzen Welt verkündet ward, in Liebe und Heiligkeit besteht.'

Das ist der Gruß, würdig unserer geistigen Familie: ‚Liebe und Heiligkeit!' – Ein Gruß und ein Wunsch, das tiefe Sehnen eures Vaters."

Nachdem er den Versammelten den Segen gespendet hatte, kehrte Johannes auf seinen Sitz zurück. Er erwartet, daß die Kardinäle nun aufspringen, sich um ihn scharen würden, dem Plan zuzustimmen, vielleicht auch Bedenken geltend zu machen, ihn mit Fragen zu bestürmen. Nichts dergleichen geschah. Alle verharrten in einem reglosen Schweigen, das der Papst zunächst nicht zu deuten vermochte, bald jedoch als das Zeichen tiefster Ergriffenheit erkannte.

Einer der Kardinäle machte sich schließlich zum Sprecher seiner Mitbrüder.

„Unsere Bewegung war so gewaltig, so tief unsere Freude, daß wir keine Worte fanden, nun aber versichern wir Eure Heiligkeit, daß wir in tiefer Dankbarkeit und kindlichem Gehorsam dem Plan eines Ökumenischen Konzils zustimmen. Wir sind zur Arbeit bereit."

Der Erklärung des Heiligen Kollegiums folgte das Echo aus aller Welt, von allen Bischöfen und Kardinälen, ein einziger gewaltiger Chor des Jubels und stürmischer Begeisterung.

Den schönsten Widerhall fand der Konzilsgedanke bei der von Rom getrennten Kirche des Ostens, als Athenagoras, der ökumenische Patriarch von Konstantinopel, in tiefer Bewegung ausrief: „Es ward ein Mann von Gott gesandt, sein Name war Johannes."

In einem erschütternden Wettlauf mit dem Tod, den er nahe fühlte, betrieb der Papst die Vorbereitungen zum Konzil. Immer wieder mahnte er die Kommissionen und Sekretariate zu neuem Eifer, eingehend studierte er die Vorschläge und Anregungen, die zu Tausenden aus aller Welt einliefen, prüfte genau die „Schemata", die Grundlagen für die späteren Diskussionen, versah sie mit Randglossen und Anmerkungen. „Zu langatmig!" ward mit Rotstift notiert, „kürzer fassen! – klarer! – straffer!"

Eines Tages fand ihn sein Sekretär, mit einem Maßstab über ein Schriftstück gebeugt.

„Schau her, mein lieber Monsignore!" sagte er, „genau dreißig Zentimeter Verurteilungen, lauter Verurteilungen! Ich will das nicht! Ich will bei diesem Konzil nicht ein einziges Anathem, nicht eine Verdammung. Was ich will, ist Licht, Güte, Gnade! Keine Scheiterhaufen, sondern Leuchtfeuer! Das alles muß neu geschrieben werden."

Schon während der vorbereitenden Verhandlungen stießen die Meinungen oft hart aufeinander, „Traditionalisten" standen gegen „Fortschrittler", und beide Seiten verfochten erbittert ihre Auffassungen. Johannes hörte alle an, verbat sich aber, daß die Gegner einander verdächtigten.

Beide Parteien waren ihm recht, die vorwärtstrieben und die dem Rad in die Speichen griffen. „Zu jedem Auto", sagte er, „gehören Gashebel und Bremse, fehlt eines von ihnen, geht es nicht weiter, oder es gibt ein Unglück. Sie sind gleich wichtig, Gashebel und Bremse. Ich selbst fahre gern schnell, aber ich weiß aus meiner Kindheit auch, wie wichtig die Bremse ist. Ohne sie landet ein Heuwagen allzu leicht im Graben."

Der Führer der Konservativen, die am Althergebrachten unbedingt festhalten wollten und jeder Neuerung skeptisch gegenüberstanden, war Kardinal Alfredo Ottaviani, zweiundsiebzig Jahre alt, seit 1935 Sekretär des „Heiligen Officium"; so war es nicht zu verwundern, daß er sich oft den Unwillen der Fortschrittler zuzog. Aber auch vor ihn stellte sich der Papst; er wollte eine freimütige, ungehemmte Aussprache, und wenn man den Kardinal allzu erregt angriff, sagte er:

„Verteufelt mir den Ottaviani nicht! Er ist der gute und zuverlässige Bremser an meinem Erntewagen, er achtet darauf, daß er nicht mitsamt der Ernte bei einer scharfen Kurve umkippt."

Aber auch die Neuerer nahm er in Schutz und verwahrte sich entschieden dagegen, daß man ihnen den guten Willen absprach oder sie irgendwie verketzerte.

Nicht die Jasager schätzte er, nicht die bequemen Mitarbeiter, die schwierigsten waren ihm die liebsten, war es doch gerade die Auseinandersetzung mit ihnen, die am leichtesten zur Klarheit führte.

In der ungeheuren Fülle der Arbeit aber bewahrte er in seiner tiefen Frömmigkeit die Ruhe des Herzens. Das Vertrauen auf Gottes Beistand machte ihn zu einem unbeirrbaren Optimisten, der zuversichtlich an das Gelingen seines großen Planes glaubte, an den neuen Frühling der Kirche, an den Brückenschlag der Liebe, der alle Spaltung überwindet, an die Rettung der Welt durch das Konzil.

In seiner Demut erwartet er nichts von sich selbst, aber alles erhofft er von der Gnade des Himmels und dem Wehen des Heiligen Geistes. So blieb ihm der Friede seiner Seele. Quälten ihn aber wirklich einmal allzu große Sorgen, raubte ihm die überschwere Last, die er trug, den Schlaf, flüsterte er sich selber mahnend zu: „Nimm dich nicht zu wichtig, Giovanni! Der Herr ist da, auch für dich gilt das Wort, das er zum geängstigten und verzagenden Apostelfürsten sprach: ‚Petrus, ich habe für dich gebetet!'"

In sein Tagebuch schrieb er während der Vorbereitungen auf das Konzil:

„Nach meiner ersten Messe am Grab des heiligen Petrus legte der Heilige Vater Pius X. seine Hände auf mein Haupt, um mein beginnendes Priesterleben zu segnen. Jetzt, mehr als ein halbes Jahrhundert später, hebe ich meine Hände über die Katholiken der ganzen Welt – und nicht nur über sie; denn ich bin aller Vater."

In jenen Jahren blickte der ganze Erdkreis auf Johannes XXIII. voll Zuversicht und Vertrauen. Der Vater der Christenheit ward immer mehr die Hoffnung der Welt.

VOR STRASSENKEHRERN UND KÖNIGEN

Es war ein seltsamer Zug, der am Sankt-Josefs-Tag 1959 durch die Tore des Vatikans drängte. Die Arbeiter der städtischen Reinigung waren der Einladung des Heiligen Vaters gefolgt, Straßenkehrer und Müllkutscher, alle in ihren blauen Werkblusen mit den Abzeichen der Stadt SPQR, Senatus Populusque Romanus – Senat und Volk von Rom. Wie Fürsten wurden sie empfangen, von hohen Prälaten in die weite Segens-Aula geleitet, wo der Papst selbst das heilige Meßopfer feierte, vor ihnen, die er als die Vertreter des Werkvolkes am Tag des Zimmermanns Josef, seines Namenspatrons, ehren wollte.

Nie zuvor in der zweitausendjährigen Geschichte der Kirche ward solch ein Schauspiel gesehen. Bis in den letzten Winkel füllten die Armen, die Geringen, die Mißachteten die gewaltigen Hallen, stolz und demütig zugleich, mit Gesichtern, die leuchteten vor Freude und heiligem Staunen. Niemand fragte, welcher Partei sie angehörten, da standen Christdemokraten neben Sozialisten und Kommunisten, Fromme neben Sündern, geschart um den, der aller Vater war, den sie liebten und verehrten ohne jeden Unterschied und der auch sie liebte als der gute Hirt seiner vielgestaltigen Herde.

Nicht als der Herr der Kirche sprach Johannes zu ihnen, sondern als gütiger Vater, der sich innig freut, seine Söhne zu sehen, ihnen die Frohbotschaft zu verkünden und das Brot des Lebens zu reichen. Er verzichtete wie so oft auf das majestätische „Wir", für sie war er nichts als „Ich, Papa Roncalli", der Papst der Güte und Barmherzigkeit.

„Das ist ein froher Tag für mich, euren Vater", begann er seine Ansprache, die dem Evangelium folgte. „Der Papst, der selbst einem armen, schwer arbeitenden Elternhaus entstammt, freut sich, seine Kinder zu sehen, die die gleichen Schwielen an ihren Händen tragen, wie sein Vater daheim sie einst trug und heute noch seine betagten Brüder. Ihr versteht, daß ich euch eine besondere Auszeichnung zukommen lassen wollte, als ich euch einlud, mit mir das Opfer des Neuen Bundes zu feiern. Ich wollte euch ehren und euch danken zugleich: denn euer Verdienst ist es, daß unser Staat nicht in Schmutz versinkt. Eure Arbeit ist wertvoll in Gottes Augen, und das eine sage ich euch an diesem feierlichen Morgen, am Fest des Werkmanns Josef, man kann mit einem Hirtenstab in der Hand heilig werden, aber ebensogut auch mit einem Besen. Gerade als Werkleute Gottes seid ihr dem Herzen unseres Heilandes nahe, der es nicht für unter seiner Würde hielt, mit Hammer und Säge den Lebensunterhalt zu erwerben, der allen diente und mit Vorliebe die Armen und Niedrigen um sich scharte."

Mit herzlicher Wärme und rührender Verehrung stellte er seinen Söhnen das Bild des Zimmermanns von Nazareth vor Augen.

„Ich habe ihn immer geliebt, den Heiligen im Arbeitskittel, und stets auf ihn mein ganz besonderes Vertrauen gesetzt, und niemals enttäuschte er mich. Auch jetzt, wenn mich als Oberhaupt der Christenheit schwere Sorgen drücken, wende ich mich an ihn, den stillen Heiligen an der Hobelbank, der doch zugleich der Schutzherr der Kirche ist, wie er sich einst schützend stellte vor Maria und ihr göttliches Kind. Als man mich ohne all mein Verdienst zum Papst wählte, mich, den Sohn eines armen Pächters, habe ich daran gedacht, mich Josef zu nennen. Glaubt mir, ich hätte es gern getan, aber dieser Name ist für einen Papst nicht üblich, darum mußte ich darauf verzichten. Umso glücklicher bin ich, daß Giuseppe einer meiner Vornamen ist, und ich bin sicher, daß der Nährvater Jesu nicht nur mir an seinem Ehrentag Gottes Segen erflehen wird, sondern allen, die auf seinen Namen getauft sind. Ich bin sicher, daß viele von euch Josef heißen, aber gern möchte ich es genauer wissen. Also die Hände hoch, die Giuseppe heißen!"

Da hoben sich viele Hände mit freudigem Stolz, und mit strahlendem Antlitz beglückwünschte sie der Heilige Vater zum Fest ihres Schutzpatrons.

„Wie ihr wohl wißt, gab man mir bei der Taufe noch einen anderen Namen. Ich heiße Angelo, obschon ich gestehe, daß ich nie ein Engel war. Zu meinem Schutzengel aber habe ich seit frühester Kindheit gebetet. Auch in eurem Haus gibt es gewiß einen Angelo oder gar mehrere, ich meine eure unschuldigen Kinder daheim. Sie sind eure Freude, euer Glück, euer Stolz. Behütet sie, wie einst der Schutzengel seinen kleinen Angelo von Sotto il Monte behütet und vor allem Bösen bewahrt hat, der Schutzengel und jene, die seine treuesten Diener waren, meine guten Eltern, die meine Schritte lenkten und mich lehrten, Gott zu fürchten und ihm zu dienen."

Vieler Augen leuchteten auf, als Johannes dann fortfuhr:

„Eure Kinder sind eure größten Schätze, euer Reichtum. Fürchtet euch nicht, viele Kinder zu haben! Meine Mutter schenkte zwölf Kindern das Leben. Sie nahm sie freudig aus Gottes Hand als Zeichen seines besonderen Segens, sie liebte jedes einzelne mit der gleichen Zärtlichkeit und Güte, und wenn sie eines von ihnen hergeben mußte, ging gleich ein Stück ihres Herzens mit. Oh, war das eine Mühe, eine Plage mit so vielen Kindern, aber sie tat ihre Arbeit tagein, tagaus mit der gleichen fröhlichen Bereitschaft. Ein Wort von ihr habe ich niemals vergessen, und seine Wahrheit hat sich mir tausendfach bestätigt. Ich will es euch mitgeben, euch, meinen lieben arbeitenden Söhnen, die ihr vielleicht zuweilen seufzt über den großen Segen, der euch zuteil wurde. Meine Mutter, die arme, bis zur Erschöpfung schaffende Bauersfrau, pflegte zu sagen: ‚Gott liebt die vollen Wiegen und die großen Suppentöpfe. Darauf ruht seine ganz besondere Gnade und Barmherzigkeit.'"

Er selbst reichte den Straßenkehrern und Müllkutschern von Rom mit fünfzehn Priestern das Himmelsbrot und wurde auch nicht ungeduldig, als er sah, wie sich viele zu ihm drängten, um aus seiner Hand die heilige Speise zu empfangen. An diesem Tag versöhnten sich viele dieser armen Leute mit Gott, weil sie seine Liebe durch seinen Stellvertreter erfahren hatten.

Noch größer war einen Monat später der Andrang in der Peterskirche. Zehntausend Dienstmädchen, Köchinnen, Putzfrauen, Garderobefrauen, Toilettenwärterinnen drängten sich um den Altar, an dem der Papst mit ihnen das heilige Meßopfer feierte, um die Kanzel, von der er zu ihnen sprach. Da kamen nach den Besen der Straßenfeger auch die Schrubber und Wischtücher zu hohen Ehren.

Zwei Tage darauf empfing Johannes die Carabinieri, die Schutzleute der Stadt. Den Hütern der Ordnung rief er zu, sie könnten ihr Amt niemals recht versehen, wenn sie nicht selbst in einer Ordnung lebten, die nach dem Befehl des Gewissens richtet, nach der Stimme des „Schutzmanns" im eigenen Innern.

Allen öffnete er sein Herz und sein Haus, dem letzten Schuhputzer wie dem König, den Armen wie den Mächtigen, dem Missionar wie dem Erzbischof und Kardinal, und stets war er der liebende Vater. Immer wieder schärfte er seinem Sekretär ein, ihm alle Briefe von einiger Bedeutung vorzulegen, ganz gleich, ob es sich um ein Schreiben eines Regierenden handelte, um den Notruf einer bedrängten Witwe oder um das Gekritzel eines Kindes.

„Hast du mir auch nichts unterschlagen?" pflegte er Monsignore Capovilla zu fragen, wenn sie gemeinsam die Post erledigten.

„Oh, nichts mehr von Belang!" war dann die Antwort. „Ja, da ist noch der Brief eines Buben!" Orlando Cotugno heißt er. Er bittet den Heiligen Vater, zum Jesuskind zu beten, damit er von einem schweren Blasenleiden geheilt werde."

„Und du sagst, das sei ohne Belang? Mein guter Loris, du solltest mich allmählich doch besser kennen!"

„Aber Sie beten doch ohnehin täglich für alle kranken Kinder der Welt."

„Gewiß, aber in diesem Fall muß etwas Besonderes geschehen. Wir müssen uns um Orlandos kranke Blase kümmern. Woher stammt der Junge?"

„Aus Baranello in den Abruzzen."

„Gut, dann schreiben wir dem Bischof von Campobasso, er soll dem Kind den besten Arzt besorgen, der zu finden ist. Die Kosten mag er vom Peterspfennig abziehen." Wirklich wurde der Bub völlig geheilt.

„Und sonst ist nichts mehr?" Capovilla seufzte:

„Ein Bub aus Israel bittet Eure Heiligkeit um ein Autogramm. Ist das nun auch wichtig?"

„Immerhin eine Bitte, die leicht zu erfüllen ist! Gib her!" Mit heimlichem Schmunzeln las der Papst den englisch geschriebenen Brief:

„Dear pope! Ich habe viele Namenszüge von berühmten Leuten, aber meine Sammlung ist nicht viel wert, solange der deine fehlt. Du schickst mir doch ein Autogramm?"

Der Papst zog ein Photo aus der Schublade und schrieb auf die Rückseite:

„Jetzt ist deine Sammlung ein bißchen mehr wert. Gott segne dich! Johannes XXIII., Papst."

Die Menschen aller Rassen waren ihm willkommen. Als ihm der Häuptling eines Indianerstammes mit seinen Rothäuten einen prächtigen Federschmuck überreichte, zeigte er sich hocherfreut, und mit spitzbübischem Blick auf die anwesenden Prälaten sagte er: „Schade, daß ich den schönen Schmuck nicht tragen darf. Ich werde ihn aber stets in Ehren halten als das liebe Geschenk meiner Kinder aus dem fernen Amerika."

In den Senat der Kirche zogen Männer aller Hautfarben ein.

In seinem dritten Konsistorium berief der Papst ins Heilige Kollegium den ersten Filippino, Rufino Santos, Erzbischof von Manila, den Erzbischof von Tokio, Tatsuo Doi, und den ersten Neger, Laurin Rugambwa, Bischof von Rutabo in Tanganjika. Den ganzen Erdkreis wollte er in seinen Kardinälen vertreten wissen, ohne sich darum zu kümmern, daß die übliche Zahl längst überschritten war.

Brausender Beifall dröhnte durch die Peterskirche, als der erste Neger aus der Hand des Heiligen Vaters den Roten Hut entgegennahm und mit ihm den Bruderkuß tauschte. In seiner Heimat aber verkündeten die Trommeln von Busch zu Busch das große Ereignis, daß einer der ihren unter die Fürsten der Kirche aufgenommen ward. Der Negerjournalist O. L. Tandy aus Indianapolis schrieb an den Papst im Überschwang der Begeisterung: „Die Erhebung Rugambwas macht die Welt der Neger unendlich stolz und beschämt."

Der neue Purpurträger aber bleibt der schlichte, bescheidene Priester, dessen natürliche Liebenswürdigkeit jeden Besucher gefangennimmt. Nach wie vor ist sein „Palais" ein einstöckiges Wohnhaus, versteckt hinter Bananenstauden und Tamarisken.

Nicht nur den Söhnen seiner Herde öffnete Johannes XXIII. sein Haus, auch die getrennten Brüder empfängt er mit der gleichen Huld und Liebe. Dem Leiter der amerikanischen Episkopalkirche, Dr. Arthur Lichtenberger, der sich ihm zögernd naht, ungewiß, ob er die durch das Protokoll vorgeschriebenen Kniebeugen machen solle, geht er mit offenen Armen entgegen, so daß dem Besucher nichts anderes übrig bleibt, als auch die seinen zu öffnen.

Mit der gleichen Herzlichkeit empfängt er das Oberhaupt der anglikanischen Kirche, Geoffrey Francis Fisher, Erzbischof von Canterbury. Auch ihn zieht er an sein Herz und versichert ihm: „Es ist mir eine Freude und ein Glück, Sie zu sehen." Über eine halbe Stunde widmet er dem Präsidenten der Methodisten, Leslie Davidson, in freundlichem Gespräch.

Selbst den Vertretern nichtchristlicher Religionen gewährt er Audienzen, dem Hohenpriester der Shintoisten, Shizuka mat Lubars, tibetanischen Lamas, ostasiatischen Buddhisten, Konfuzianern und Moslems. Jüdischen Oberrabbinern kommt er mit dem Bibelwort entgegen: „Ich bin Josef, euer Bruder."

In ihnen allen sieht er Diener Gottes, Bundesgenossen im Kampf gegen den Atheismus; darum sind auch sie ihm willkommen.

Mit der gleichen väterlichen Güte, mit der er Pilger aus aller Welt empfängt, begegnet er den Großen und Mächtigen dieser Erde. Dem Schah von Persien hält er segnend die Hände über das Haupt. Vom Zauber seiner Persönlichkeit sind gleichermaßen gefangen die Präsidenten von Peru und Argentinien, das Königspaar von Belgien wie das von Thailand, der englische Premierminister Harold McMillan und der deutsche Bundeskanzler Konrad Adenauer, der ihm seinen geistlichen Sohn vorstellt.

Am 22. Mai 1959 besucht ihn zu seiner großen Freude das griechische Königspaar. In einer kurzen Ansprache erinnert er an seine humanistischen Studienjahre, in denen Plato und Aristoteles, Äschylos, Sophokles und Eurypides, Xenophon und Demosthenes seinen Geist nährten und beglückten, ihre Werke hätten auch heute noch einen Ehrenplatz in seiner Bibliothek.

Der glücklichen und zugleich schweren Jahre gedenkt er, da er als Vertreter des Heiligen Vaters in Griechenland weilte.

„Die Geißel des Krieges hatte Ihr unglückliches Vaterland in einen höllischen Schraubstock gespannt, doch wurde es Uns zu inniger Tröstung, für einen großen Teil der Opfer Übermittler der unerschöpflichen Liebestätigkeit Unseres Vorgängers Pius XII. werden zu können, dessen großes Herz so weit geöffnet war für alle Unglücklichen. – Das griechische Volk besitzt auch heute noch Unsere ganze Hochachtung und Sympathie. Wir sind glücklich, das Euren Majestäten versichern zu können und Sie in Unserem Hause willkommen zu heißen." Den Schluß seiner französischen Rede wiederholte er in neugriechischer Sprache.

Wenige Wochen später empfängt Johannes den Präsidenten der Türkei, Celâl Bayar, den er von Istanbul kennt. Seine Ansprache schließt er mit den Worten:

„Wir haben bei Unserem Aufenthalt in der Türkei eine schöne Grußformel gelernt: ,Gott schütze dich und Rosen mögen auf deinem Wege blühen.'" Auf türkisch fügt er hinzu: „Erlauben Sie Uns auch, die Anrufungen, die Wir dort lernten, zu wiederholen ,Gott sei gepriesen! Gesegnet sei sein heiliger Name!' Wir bitten Gott, das türkische Volk zu beschützen, und aus vollem Herzen rufen Wir auf Volk und Regierung die Fülle der göttlichen Gnade herab."

Recht eigentümlich gestaltete sich der Besuch des amerikanischen Präsident Eisenhower. Während die italienischen Fotografen und Filmleute, in feierliches Schwarz gekleidet, so geräuschlos wie möglich ihre Arbeit taten, lärmten ihre amerikanischen Kollegen ohne jede Rücksicht auf die Gegenwart des Heiligen Vaters in Hemdsärmeln herum, schüttelten ihm mit einem lauten „Hallo, Pope!" die Hand, spektakelten, fluchten und verabschiedeten sich mit einem herzhaften „Good bye, Pope!" Selbst der Präsident traf nicht ganz den durch das Protokoll vorgeschriebenen Ton und redete den Papst mit „Sire" an.

Die Hofbeamten erstarrten vor Entsetzen, aber Johannes schien so viel Formlosigkeit nicht im mindesten zu stören. Er ging fröhlich auf den durchaus unkonventionellen Ton ein, und als er während der englisch geführten Unterhaltung hie und da ins Stocken geriet, weil ihm das rechte Wort nicht einfiel, sagte er lachend:

„Entschuldigen Sie bitte mein schlechtes Englisch, Herr Präsident, ich lerne es erst noch in der Abendschule und muß gestehen, daß ich der schwächste Schüler meiner Klasse bin." Eine Bemerkung, die Eisenhower mit einem schallenden Gelächter quittierte.

Als der hohe Gast mit seinen Kameramännern verschwunden war, stöhnte der Protokollchef, immer noch bleich von dem ausgestandenen Schrecken: „Das war ja wie ein Weltuntergang."

„Nein, nein", lächelte Johannes, „man muß diese Amerikaner nehmen, wie sie sind, sie bleiben ihr Leben lang Boys."

Förmlicher freilich ging es zu, als die Königin Elisabeth II. von Großbritannien mit Prinz Philip im Vatikan ihre Aufwartung machte. Bei dieser Gelegenheit überreichte ihm die hohe Frau, zugleich das Oberhaupt der anglikanischen Kirche, einen kostbaren Handstock. Der Papst versprach, sich seiner bei den Spaziergängen in den Vatikanischen Gärten zu bedienen und schenkte seinerseits der Königin zwanzig römische Münzen.

An den ein wenig frostigen Empfang, den ihm der Präsident der Französischen Republik einst im Elysée-Palast bereitet hatte, mochte der Papst denken, als er im Juni 1959 Charles de Gaulle eine Sonderaudienz gewährte. Vielleicht erinnerte sich auch der General der unerquicklichen Szene; als aber sein Blick auf einen prächtigen Rosenstrauß aus den Vatikanischen Gärten fiel, ging ein verständnisvolles Lächeln über sein Gesicht.

„Welch herrliche Rosen!" sagte er.

„Ja, ich liebe sie auch sehr", antwortete schmunzelnd der Papst.

Einen besonders herzlichen Empfang bereitete er dem Schwiegersohn Chruschtschows, Alexej Adschubej, dem Direktor der Moskauer Zeitung „Iswestija", und seiner Frau Rada. Viele hatten ihn davor gewarnt, weil die Kommunisten aus dem Besuch bei den bevorstehenden Wahlen gewiß Kapital schlagen würden.

„Sie sind doch die Feinde der Kirche", glaubten die besorgten Prälaten erinnern zu müssen.

„Ach, die Kommunisten", antwortete der Papst. „Es wäre besser, für sie zu beten als gegen sie zu polemisieren. Dürfen wir sie, nur weil sie einer falschen Ideologie anhängen, weniger lieben?"

Johannes hieß seine russischen Gäste mit der gleichen Liebenswürdigkeit willkommen wie jedermann. Voll herzlicher Güte erkundigte er sich nach ihrer Familie und bat Frau Rada in französischer Sprache:

„Würden Sie die Freundlichkeit haben, Madame, mir die Namen Ihrer Kinder zu sagen? Ich kenne sie zwar, doch möchte ich sie gern von Ihren Lippen hören, da sie niemand mit solcher Zärtlichkeit auszusprechen vermag als die Mutter."

„Wir haben drei Söhne, Heiliger Vater", antwortete sie, vor Freude errötend, „Nikita, Alexei und Ivan."

„Drei schöne Namen!" nickte der Papst. „Der Leib des heiligen Nikita liegt in Venedig, und oft betete ich vor seinem Schrein, als ich noch Patriarch war. Alexei! Wie viele Kirchen im Orient sind ihm geweiht! Ivan, Johannes, ist auch mein Name und der meines Vaters. Wenn Sie heimkommen, Madame, grüßen Sie Ihre Kinder, drücken Sie sie an Ihr Herz und sagen Sie, es sei der Papst, der sie umarmt!"

Zu Adschubej, den solche Herzlichkeit verwirrte, sagte er:

„Sie wissen, daß der biblische Schöpfungsbericht mit den Worten ‚Es werde Licht!' beginnt. Wir sind wiederum in dieser ersten Epoche, der Zeit des Lichtes. Das Licht meiner Augen ist dem Licht Ihrer Augen begegnet. Gott führe uns weiter auf dem Weg des Lichtes und der Güte!"

Zum Schluß überreichte er der Tochter Chruschtschows einen Rosenkranz.

„Meine Mitarbeiter haben mir empfohlen, nichtkatholischen Persönlichkeiten Medaillen oder Münzen zu geben, aber ich gebe Ihnen diesen Rosenkranz; denn Sie sollen wissen, daß der Papst dieses schöne Gebet liebt und schätzt, seit er es in seinem armen Elternhaus erlernte, und daß er es heute noch betet für alle Kinder, die zur Welt kommen, für jeden, sei er Katholik oder nicht, damit ihm Heil und Segen zuteil werde."

So herzlich, wie er sie empfangen hatte, verabschiedete er seine russischen Gäste. Als sie den Vatikan verließen, sagte Frau Rada: „Der Papst hat schöne Hände, gute Bauernhände, genau wie mein Vater."

Adschubej nickte stumm vor sich hin, er überlegte wohl, was er in der „Iswestija" über den Besuch im Vatikan berichten solle. Dem Charakter seiner Zeitung entsprechend, fiel dieser Bericht trotz des tiefen Eindruckes, den Johannes XXIII. auch auf ihn gemacht hatte, so unfreundlich aus, daß die römischen Prälaten über solche Undankbarkeit geradezu bestürzt waren. Der Papst aber legte den Artikel, den man ihm zur Kenntnis gab, ruhig beiseite und sagte:

„Nun, er muß wohl so schreiben. Verzeihen wir ihm! Vielleicht geht doch eines der Samenkörner auf, die wir in sein Herz gelegt haben."

Seine Liebe erwartet weder Lohn noch Dank.

MUTTER UND LEHRMEISTERIN

An einem Vorfrühlingsmorgen des Jahres 1961 sprach der Papst mit Kardinal Testa, seinem ehemaligen Mitarbeiter in Istanbul, über die große Sehnsucht seines Herzens, die Wiedervereinigung mit den getrennten Brüdern im Orient. Immer wieder trat er während der Unterredung ans Fenster, das einen Blick in die Vatikanischen Gärten gewährte. Schließlich wandte er sich um und sagte:

„Ich beobachte nun schon seit Stunden die Leute, die drunten mit Hacke und Spaten arbeiten. Bis jetzt haben sie ohne Pause geschafft. Meinen Sie nicht auch, Eminenz, sie sollten allmählich Brotzeit machen?"

Der Kardinal schaute verwundert auf. Mitten in den ernsten Beratungen über die Beziehungen zur Ostkirche dachte der Papst an das Frühstück der Gärtnerburschen.

„Aber wir sollten doch noch über den Bericht des Legaten aus Athen sprechen", erinnerte der Kardinal. „Es erscheint mir dringlich, dies höchst wichtige Schreiben bald zu beantworten, Heiliger Vater."

„Ja, ja, gewiß!" lächelte der Papst, „aber noch dringlicher ist es, daß die armen Leute ihre Brotzeit bekommen. Den Bericht aus Athen werden wir nachher vornehmen."

Ohne auf weitere Einwände zu achten, holte er, flink wie ein Junger, zwei Flaschen Roncalli-Wein aus einem Schrank, steckte eine Salami, ein Geschenk der besorgten Schwester Assunta, ein, und drückte der Eminenz Gläser in die Hand.

Die Gärtner wußten sich vor Staunen kaum zu fassen, als der Papst auf sie zueilte und fröhlich rief:

„Hat einer von euch einen Korkenzieher? Aber so steht doch

auf! Auf den Knien kann man weder schaffen noch frühstücken. Habe euch lange zugesehen, ihr habt eine Pause verdient. Also, wo ist der Korkenzieher?"

„Ein Italiener hat immer so ein Ding bei sich", lächelte der Obergärtner, nur schwer seine Befangenheit überwindend. „Aber, Heiliger Vater, Sie wollen doch nicht wirklich ... ?"

„Natürlich! Ich will mit euch Brotzeit machen. Hab' als Studentlein oft genug dem Vater und den Brüdern das Frühstück aufs Feld gebracht; warum sollte ich das jetzt nicht auch tun? Steht nirgendwo geschrieben, daß das dem Papst verboten ist. Na, mach schon auf, Peppo!" wandte er sich an einen jungen Burschen. „Die Gläser, Eminenz – so, und nun Salute, meine Freunde!"

„Salute, Heiliger Vater! Salute, Eminenz!" Die Gläser klirrten zusammen. Der Obergärtner schnalzte mit der Zunge. „Ein guter Tropfen!"

„Ein 59er von daheim! Nicht zu süß und nicht zu herb, gerade das Richtige für eine Arbeitspause. Er macht keinen schweren Kopf, besonders wenn man einen Happen dazu ißt!" Ohne Umstände zog Johannes die Salami aus der Tasche, schnitt jedem ein ordentliches Stück ab, auch dem Kardinal und sich selbst, und gemeinsam mit den Männern im Arbeitskittel setzte er sich auf die Bank und schmauste vergnügt. Zwischendurch erkundigte er sich nach ihrem häuslichen Ergehen, nach Kochtopf und Wirtschaft, nach ihren Kindern.

„Oh, das ist alles soweit ganz gut", antwortete der Obergärtner. „Nur mein kleiner Giovanni hat sich erkältet, er hat einen bösen Husten und atmet schwer."

„In unserer Apotheke wird man die nötigen Mittel haben. Besorg sie dir! Ihr wißt doch, daß ihr alle Medikamente kostenlos erhaltet, ebenso die ärztliche Betreuung. Also laß getrost den Doktor kommen und sage ihm, er soll mir berichten, ob sich Giovannis Husten gebessert hat!"

„Sie sind die Güte selbst, Heiliger Vater!" brachte der Mann mit Mühe hervor.

„Ach was, ich mache mir nur Sorge um deinen Giovanni, das ist alles. Halte also keine langen Reden, trink lieber noch einen Schluck! Und der Peppo kriegt noch ein Stück Wurst."

Angelegentlich erkundigte sich der Papst, ob sie mit ihrem Lohn auskämen.

„Ja, das geht so, Heiliger Vater", antwortete einer der Männer. „Früher war zuweilen Schmalhans Küchenmeister, aber seit der Gehaltsaufbesserung, die Sie uns gewährten, kommen wir schon zurecht. Nur..."

„Nur...?"

„Die Preise laufen uns fort. Alles wird jeden Tag teurer, und wenn wir auch in den Vatikanischen Läden billiger einkaufen als in der Stadt, teurer wird's dort auch immer."

„Ja, die Lohn-Preis-Spirale! Das ist schon ein Jammer!" seufzte der Papst. „Nun, verlaßt euch darauf, in unseren Läden werden die Preise künftig nicht mehr steigen! Ich werde dafür sorgen. Was zahlt ihr beispielsweise für ein Kilo Zucker?"

„Im Spaccio, dem Supermarkt des Vatikanstaates, 140 Lire, in der Stadt fast das Doppelte."

„Und für Makkaroni?"

„Ebenfalls 140 Lire."

„Und was kostet ein Kilo Butter?"

„Im Spaccio 900 Lire, die beste Qualität."

„So viel! Das ist ja entsetzlich. In meiner Jugend konnte man für den gleichen Betrag eine ganze Kuh kaufen. Aber ich versichere euch nochmals, im Spaccio bleiben die Preise von nun an stabil."

Das wäre eine große Erleichterung, Heiliger Vater. Da könnte man doch endlich wieder vernünftig rechnen. Meine Alte wird staunen, wenn ich es ihr erzähle. – Ich meine, meine Frau wird sich freuen, Heiliger Vater."

„Schon gut! Redet ruhig, wie euch der Schnabel gewachsen ist! Salute, Freunde!"

„Salute, Heiliger Vater!"

„Wir sollten uns viel mehr um all diese Dinge kümmern", sagte Johannes, als er mit dem Kardinal in die Bibliothek zurückkehrte. „Ein Papst muß wissen, wo seine Kinder der Schuh drückt, und auch, was die Butter kostet. 900 Lire, lieber Himmel, haben Sie das geahnt, Eminenz?"

„Ich muß gestehen, daß ich mich um die Butterpreise eigentlich noch nie gekümmert habe."

„Das sollten Sie aber tun. All diese Fragen müssen uns viel mehr beschäftigen. Nicht nur die Theologie ist wichtig; was eine arme Frau zahlen muß, ihre Kinder satt zu kriegen, ist mindestens genauso wichtig."

„Die italienische Volkswirtschaft hat einen mächtigen Aufschwung genommen, Heiliger Vater", sagte der Kardinal. „Auch der Arbeiter lebt heute besser als je zuvor."

Der Papst sah den Kardinal scharf an.

„Glauben Sie das wirklich? Für den Norden mag das zutreffen, aber wie sieht es im Süden aus? In Kalabrien und Sizilien, in Neapel? Die Verhältnisse schreien zum Himmel. Dieser Unterschied zwischen arm und reich ist unerträglich. Im übrigen denke ich nicht nur an Italien, in der ganzen Welt ist das so. Es gibt Nationen, die im Wohlstand leben, und andere vegetieren im tiefsten Elend dahin. In jedem Jahr verhungern vierzig Millionen Menschen. Das erweisen die Unterlagen des Misereor-Werkes. Da praßt einer bedenkenlos, und vor seiner Tür liegt Lazarus und wartet sehnsüchtig auf die Brosamen von seinem Tisch. Das ist es, was mir so oft den Schlaf raubt."

Oft durchdachte der Papst in den folgenden Wochen die ungeheuren Probleme, die die veränderte Weltlage mit sich brachte.

Wie viele neue brennende Fragen erschütterten die Welt seit den großen Sozialenzykliken Leos XIII. und Pius' XI., seit „Rerum novarum" und „Quadragesimo anno"! So viel Elend offenbarte sich dem Papst in schlaflosen Nächten; die Heere der Arbeitslosen schauten ihn an mit verzweifelten Blicken, die Millionen hungernder Kinder in allen Kontinenten starrten aus ihren hohlen Augen. Das Mißverhältnis zwischen Luxus auf der einen und tiefstem Jammer auf der anderen Seite ließ ihn nicht zur Ruhe kommen. Man mußte Wege finden, die Welt vor dem Chaos zu retten.

Immer wieder tauchte in jenen Nächten das Antlitz seiner guten Mutter vor ihm auf, jener armen, vielgeplagten Frau, der es so schwerfiel, die wachsende Kinderschar zu nähren und zu kleiden. Ihre Augen sah er, bittend und beschwörend, ihre Stimme vermeinte er zu hören, die ihm zurief: „Hilf ihnen, Angelo! Hilf den Müttern und Kindern der Welt!" Trotz ihrer Armut hatte sie nie einen Bettler abgewiesen, sondern ihm den Ehrenplatz an ihrem Tisch gegeben. „Willst du es anders halten, Angelì?"

Oft besprach er mit seinen Vertrauten seine Sorgen, seine Hilflosigkeit angesichts des endlosen Jammers in der Welt. Man wies darauf hin, daß die Bevölkerungsvermehrung die Hauptschuld trage, sprach von der von vielen propagierten Geburtenkontrolle. Johannes schüttelte den Kopf und sagte voll tiefer Bitterkeit:

„Geburtenkontrolle! Das wäre nichts anderes als die Bankrotterklärung des menschlichen Geistes vor der göttlichen Vorsehung. Wie kann es der Welt zum Segen gereichen, wenn man diesen Segen schon an den Wiegen abweist? Es schaudert mich geradezu, wenn ich lese, daß allein in Ungarn die Zahl der Abtreibungen die der Geburten um fünfundzwanzig Prozent übersteigt."

„Gewiß, das ist erschütternd!" stimmten ihm seine Gesprächspartner zu. „Aber wie soll man die Probleme der Bevölkerungsexplosion in Asien, Afrika und Südamerika lösen?" Der Papst machte eine ungeduldige Handbewegung.

„Die Erde ist reich genug, alle zu nähren. Welche Wunder vollbringen in unseren Tagen Wissenschaft und Technik! Die Astronauten stoßen vor ins All, Raketen überqueren ganze Erdteile, bald werden wir auch den Mond erobert haben, und die Frage nach einer ausreichenden Ernährung der Menschheit sollte sich nicht lösen lassen? Man sollte kein Mittel finden, Wüsten und Steppen in fruchtbaren Boden umzuwandeln, die ungeheuren Schätze der Meere nutzbar zu machen? Was aber geschieht? Millionen von Tonnen wertvoller Lebensmittel werden verbrannt, vernichtet, nur um die Preise zu halten."

„Es wäre Sache der Vereinten Nationen, Abhilfe zu schaffen", gab man zu bedenken. „Die Kirche vermag da wenig auszurichten!"

In den Augen des Papstes blitzte es auf.

„Solche Worte will ich nicht hören", sagte er mit Schärfe. „Die Kirche wird tun, was sie vermag. Aber auch wenn ihre Hände leer wären wie die eines Bettlers, so hat sie doch eine Stimme, die sie erheben kann. Ich habe mich entschlossen, in einem Rundschreiben das Gewissen der Welt wachzurütteln und sie daran zu erinnern, daß sie ohne Liebe, ohne wahrhaft christliche Solidarität zugrunde gehen muß. Die wohlhabenden Völker müssen den armen die Bruderhand reichen zum gemeinsamen Kampf gegen Elend und Hunger. Die Besitzenden müssen ihre Pflicht wieder erkennen, sich um die Notleidenden zu kümmern, die Unternehmer um die Sorgen ihrer Arbeiter. Die Mächtigen dieser Welt sollen wissen, daß sich kein einziges Problem löst, wenn sie nur an das eigene Wohlergehen, an die eigene Sicherheit denken und das Elend der anderen vergessen. Da mögen sie rüsten, soviel sie wollen, es wird keine Waffe geben, sich gegen eine verhungernde Menschheit zu wehren, die sie eines Tages wie Wolfsrudel anspringen wird, wenn sie nicht endlich einsehen, was unsere Zeit verlangt. Mit Atombomben ist da nichts auszurichten, die einzige wirksame Waffe gegen den allgemeinen Untergang ist Nächstenliebe und Barmherzigkeit, die Hilfsbereitschaft, die uns das Evangelium lehrt."

Und Johannes XXIII. ließ seinen Weckruf über den ganzen Erdkreis hallen. Im Mai des gleichen Jahres erschien seine Enzyklika „Mater et Magistra – Kirche, Mutter und Lehrmeisterin", mit der er an die großen sozialen Rundschreiben seiner Vorgänger anknüpfte.

Es ging nicht nur um die Versöhnung der Stände, um gerechten Lohn, um Arbeitsbeschaffung, um Eigentumsbildung, um die Lösung der sozialen Probleme in Stadt und Land, sondern um die Hilfe, die zu leisten ist von Kontinent zu Kontinent, um eine Entwicklungshilfe, die nicht Brosamen verteilt, sondern die zurückgebliebenen Nationen befähigt, sich selbst zu helfen.

Die Enzyklika fand auf der ganzen Welt ein gewaltiges Echo. Selbst der griechisch-orthodoxe Erzbischof von Amerika in New York, Eminenz Jacobus, begrüßte sie als die „christliche Magna Charta, das Grundgesetz der Menschenrechte."

Am 25. November 1961 vollendete der Papst sein achtzigstes Lebensjahr. In seiner Sommerresidenz Castelgandolfo hatte er sich in aller Stille auf diesen Tag vorbereitet und vor Gott und seinem Gewissen Rechenschaft gegeben über die acht Jahrzehnte seines Lebens. Noch immer fühlte er sich voller Schaffenskraft, Zuversicht und Energie, und doch ahnte er, daß das Ende nicht mehr fern sein konnte. All sein Sinnen und Streben galt dem großen Plan seines Pontifikats, und innig flehte er zu Gott, er möge ihn wenigstens noch den Beginn des Konzils erleben lassen. Ein anderer mochte es dann zu einem guten Ende führen.

An seinem Ehrentag sagte er im Anschluß an das Pontifikalamt, das der Erzbischof von Mailand, Kardinal Montini, feierte, der erste, den er mit dem Purpur bekleidet hatte:

„Ich verweigere auch jetzt die Arbeit nicht, allerdings unter der zweifachen Bedingung, daß mit dem Alter die Frömmigkeit wächst und daß in allem der Wille Gottes geschieht. Wie der heilige Martin fürchte ich mich nicht zu sterben, bin aber auch bereit zu leben und zu leiden. Ich muß der Welt den Kreuzweg vorangehen in den Spuren unseres Herrn, des ewigen Hohenpriesters. Ich bin bereit, zu leben und zu sterben wie der heilige Petrus, wie der heilige Paulus, alles aus Gottes Hand anzunehmen, Ketten, Leiden und Martyrium für die heilige Kirche und die durch Christi Blut erkauften Seelen. Ich bewahre mein Herz in Stille und Frieden, wie ein Kind, das in den Armen seiner Mutter ruht."

Die ganze Welt beglückwünschte den Papst zu seinem hohen Alter, selbst Nikita Chruschtschow gratulierte, wofür Johannes telegraphisch dankte „mit herzlichen Wünschen für das gesamte russische Volk und für die Mehrung und Festigung des Weltfriedens durch ein glückliches Einvernehmen in menschlicher Brüderlichkeit".

In den wenigen Stunden der Stille, die ihm vergönnt waren, gingen seine Gedanken zurück in sein Heimatdorf, in dem er seine glücklichen Kinderjahre verlebt hatte. An seinen Bruder Zaverio schrieb er:

„Dieser Brief soll dir und all unseren Angehörigen ein Zeichen sein, daß ich dich, lieber Severo, und alle Verwandten, für die ich Tag um Tag bete, nie vergessen werde.

Die großen Kundgebungen der Ehrerbietung und Zuneigung aus Anlaß meines achtzigsten Geburtstages gehen nun zu Ende, und ich bin froh darüber, weil ich dem Lob der Menschen die Barmherzigkeit des Herrn vorziehe. Meine persönliche Ruhe, die in der Welt so viel Eindruck macht, liegt nur in diesem Vertrauen. Immer will ich bereit sein zu gehorchen und nicht wünschen oder bitten, länger zu leben, auch nicht einen Tag länger, als bis der Todesengel kommen wird, mich zu rufen und – wie ich hoffe – in das Paradies heimzuholen.

Seid gut zueinander, Ihr alle aus den neuen Familien Roncalli, und versucht zu verstehen, daß ich nicht allen einzeln schreiben kann!

Bei meinem Tod wird man von mir sagen können: arm geboren und arm gestorben. Ich habe nahe meinem Bett die Fotografie der Marmortafel mit den Namen all unserer Toten: Großvater Angelo, Barba Zaverio, unsere verehrten Eltern, den Bruder Giovanni, die Schwestern Teresa, Ancilla, Maria und Enrica. Welch schöner Chor von Seelen, die auf uns warten und für uns beten!

Ich segne Euch alle und denke dabei auch an die jungen Frauen, die zur Freude der Familie Roncalli hinzugekommen sind. Und die Kinder alle: welcher Reichtum und welcher Segen!

          Johannes XXIII., Papst"

Noch einmal ging der Heilige Vater in die Stille heiliger Einkehr. In sein geistliches Tagebuch schrieb er die Gedanken und Empfindungen, die ihn in seinem hohen Alter beseelten. Sie sind ein einziges großes „Fiat voluntas tua – Dein Wille geschehe!"

„Das achtzigste Lebensjahr vollendet zu haben, beunruhigt mich in keiner Weise, schenkt mir im Gegenteil Ruhe und Vertrauen. Ich wünsche mir nicht mehr und nicht weniger, als mir der Herr immerfort gibt. Ich danke ihm und preise ihn alle Tage. In meinem Körper bemerke ich den Anfang irgendeiner Störung. Das ist in meinem Alter wohl ganz natürlich. Ich ertrage sie in Frieden. Es ist nicht gut, darüber zu viel nachzudenken. Ich bin zu allem bereit."

Der greise Papst legte die Feder hin, faltete die Hände und sprach mit einem innigen Blick auf das Kruzifix noch einmal das Opferwort der Priesterweihe: „Adsum! – Da bin ich."

FRIEDE AUF ERDEN!

In der Stille des Johannesturmes in den Vatikanischen Gärten bereitete sich der Papst auf das Konzil vor, dem er sich mit der ganzen Inbrunst seines Herzens entgegensehnte.

Niemandem gewährte er Zutritt als Kardinal Cicognani, der dem verstorbenen Staatssekretär Tardini im Amt gefolgt war, Pater Ciappi, mit dem er sich in lateinischer Konversation übte, seinem Beichtvater Monsignore Cavagna und Loris Capovilla. Alle Audienzen waren abgesagt, er wollte allein sein mit Gott, sich im Gebet zu sammeln für das große Ereignis seines Pontifikates.

Als er seine Einsiedelei verließ, überraschte er seine Umgebung mit einer Ankündigung, die nicht wenig Aufsehen und Verwirrung verursachte.

„Ich brauche die Hilfe des Himmels", erklärte er seinem Kaplan, „und werde daher eine Pilgerfahrt antreten, vielleicht die letzte meines Lebens."

„Eine Pilgerfahrt?" stammelte Monsignore Capovilla. „In wenigen Tagen beginnt das Konzil, Heiliger Vater."

„Eben darum! Ich will alles, was dort zum Heil der Christenheit und der ganzen Welt beraten werden soll, der Gottesmutter und dem heiligen Franziskus anvertrauen. Darum gehe ich zu den Stätten ihrer Gnade, nach Loreto und Assisi."

In der Morgenfrühe des 4. Oktober dampfte aus dem Vatikanischen Bahnhof der Sonderzug, den Segni, der Präsident der italienischen Republik, zur Verfügung gestellt hatte. Mit nur wenigen Begleitern machte sich der Papst auf die Reise. Auf allen Stationen drängte sich das Volk, begrüßte ihn jubelnd und empfing auf den Knien seinen Segen.

Um die Mittagsstunde traf er in Loreto ein, jener geweihten

Stätte, wohin der Überlieferung nach Engel das Haus von Nazareth getragen hatten. Ehrfürchtig beugte er sein Knie vor dem Gnadenbild der Madonna in der Basilika. In einer ergreifenden Ansprache sagte er:

„Maria, Mutter Jesu und unsere Mutter! Wir sind gekommen, dich anzurufen als den Morgenstern des Konzils, das die ganze Welt erwartet. Wir wollen in die Peterskirche einziehen mit den gleichen Empfindungen, mit denen die Apostel in den Abendmahlsaal traten."

Bebend vor Freude, schmückte er das Haupt der Schwarzen Madonna und das ihres göttlichen Sohnes mit goldenen Kronen.

Wenige Stunden später erwartete ihn in Assisi am Fest des heiligen Bettlers eine ungeheure Menschenmenge. Zu Tausenden stauten sich die Pilger in der Straße, die vom Bahnhof zur Basilika führt. Glockengeläute verkündete seine Ankunft.

„Er ist da! Der Heilige Vater kommt!" schrie man sich zu im Übermaß der Freude. „Der Papst in Assisi, Johannes XXIII. mitten unter uns!"

Immer näher kam der Jubelsturm.

Vergeblich mühte sich die Polizei, dem hohen Pilger und seinem Gefolge Raum zu schaffen. Lächelnd wie immer zwängte sich der Papst durch das Gewühl. Man drängte sich an ihn heran, griff nach seinem roten Mantel, nach dem Saum seines weißen Gewandes, jauchzte ihm zu in einem tausendfachen „Evviva!", kniete nieder vor seiner segnenden Hand, folgte ihm ins Heiligtum des Poverello.

Lange verweilte der Papst in tiefer Versunkenheit vor dem Grab des Heiligen, den einst Papst Honorius III. im Traum als den Retter der Kirche gesehen hatte, und in feurigem Gebet flehte er ihn an, er möge wieder wie einst das Gewölbe des Petersdomes mit seinen Händen und Schultern stützen und die unter ihm versammelten Konzilsväter erleuchten und führen.

Immer hatte Johannes den Liebhaber der Armut besonders innig verehrt. Als Vierzehnjähriger schon war er dem Dritten Orden beigetreten, und auch jetzt fühlte er sich dem heiligen Franziskus so nahe wie in den Tagen seiner glücklichen Kindheit. Nie hatte er sich seiner bescheidenen Herkunft geschämt, nie hatte er verleugnet, daß er aus einer armen Pächtersfamilie stammte, aus der Bauernhütte in Sotto il Monte, und selbst im Glanz der Tiara war er persönlich so arm, daß er in seinem Testament jedem seiner Angehörigen nicht mehr als zehntausend Lire – fünfundsechzig deutsche Mark – hinterlassen konnte.

„Ich danke dir, daß ich arm sein durfte", flüsterte er vor sich hin, „ich danke dir für das Geschenk der Armut. Sie gehört zu den höchsten Gnaden, die mir zuteil wurden."

Am Grab des Heiligen faßte er neuen Mut zu leben und zu sterben, Mut auch, das Konzil mit Zuversicht und Vertrauen zu beginnen. Es war ihm, als hörte er die Stimme des Herrn, die einst dem Kaufmannssohn von Assisi zugerufen hatte: „Bau meine Kirche wieder auf!"

Stets hatte er in seiner kindlichen Frömmigkeit jedes Werk mit unerschütterlichem Optimismus begonnen; wenn ihn aber angesichts des großen Wagnisses eines allgemeinen Konzils Furcht und Zagen befallen hatten, der Bruder Immerfroh wischte auch seine letzten Bedenken hinweg und wandelte seine Sorgen in Freude.

Er wußte, daß ihm nicht mehr viel Zeit vergönnt war, und auch jetzt mahnten ihn die Schmerzen, daß er, vielleicht nach einem schweren Martyrium, dem Ende entgegenging. Doch der Gedanke hatte für ihn keine Schrecken; seit Jahrzehnten schon hatte er sich auf den Tod vorbereitet, er erwartete ihn ohne Furcht in heiliger Bereitschaft.

Sein Herz war still und voller Frieden, und jetzt, da er in der Basilika des seraphischen Heiligen kniete, tönte in ihm der Schlußakkord des Sonnengesanges:

„Gelobt seist du, Herr, für unseren Bruder,
den leiblichen Tod, kein Mensch kann ihm entrinnen.
Selig, die deinen allerheiligsten Willen erfüllen.
Der zweite Tod kann ihnen nicht schaden."

„Nun kehre ich ohne Furcht nach Rom zurück", erklärte er auf der Heimfahrt den begleitenden Kardinälen. „In mir ist nichts als Freude und Vertrauen. Der 4. Oktober 1962 soll mit goldenen Lettern in die Chronik meines Lebens geschrieben werden. Dieser Tag gehört zu den heiligsten und glücklichsten meines demütigen Pontifikats."

Genau eine Woche später, am 11. Oktober 1962, wurde das Zweite Vatikanische Konzil eröffnet. Seit Tagen hatte es in Strömen gegossen, und auch an diesem Morgen ging der Regen vom grauen Himmel nieder. Die Enttäuschung war groß. Es schien unmöglich, daß die Konzilsväter in feierlicher Prozession in den Petersdom einziehen konnten. Plötzlich aber, kaum eine halbe Stunde vor der Eröffnung, brach der Himmel auf, die Wolken verflogen, und eine strahlende Herbstsonne überschüttete den Petersplatz mit ihrem Glanz.

„Ein Wunder!" riefen die Pilger und schlossen ihre Schirme. „Das Sonnenwunder der Madonna, das Wunder von Fatima!"

Um halb neun in der Frühe durchschritten die Konzilsväter das Bronzetor des Vatikans, überquerten inmitten einer jubelnden Menge den Petersplatz und zogen in die Basilika ein, Ordensgeneräle, Bischöfe, Patriarchen, Kardinäle, zum Schluß der Heilige Vater auf der Sedia Gestatoria.

In den Chor der Glocken schmetterten die silbernen Trompeten von Sankt Peter die Hymne des Vatikans.

Vor dem lichterflammenden Hochaltar stimmte Papst Johannes XXIII. das „Veni Creator" an, die zweitausendfünfhundert Konzilsväter fielen ein in den Flehruf zum Heiligen Geist. Der greise Kardinal Tisserant feierte das heilige Opfer, dann eröffnete der Papst mit einer lateinischen Rede das Konzil.

„Unsere heilige Mutter, die Kirche, ist voller Freude. Der Tag ist da, den Wir so sehnlich erwarteten, der Tag, an dem Wir unter dem Schutz der Gottesmutter beim Grab des heiligen Petrus das Zweite Vatikanische Konzil eröffnen. Es wird den Weg bereiten zur neuen Einswerdung des Menschengeschlechtes. Es wird aufgehen wie ein strahlender Morgen. Erleuchtet von seinem Licht wird die Kirche wachsen an geistlichem Reichtum, wird neue Kraft schöpfen und mutig der Zukunft entgegenschreiten. Es wird die Menschheit, die Familien, die Völker zu einem neuen Geist entflammen, der das Himmlische sucht."

Die ganze Welt schien im Hauptschiff der Peterskirche, das man in eine mächtige Konzilsaula verwandelt hatte, vereint. Neben den Bischöfen und Kardinälen aus allen Kontinenten, neben dem Diplomatischen Korps hatten hier zum erstenmal bei einem Konzil auch Vertreter der getrennten Kirchen als Beobachter ihren Platz, unter ihnen die russischen Metropoliten Wladimir Kotliarow und Vitali Borovoy.

Der ganze Erdkreis nahm vor den Fernsehschirmen und den Lautsprechern des Radio an der erhabenen Feier teil.

Am Abend flammte der Petersplatz vom Fackelglanz der Lichterprozession. Mehr als zwanzigtausend Pilger jubelten dem Papst zu, der auf der Loggia erschien und mit tiefer Bewegung rief:

„Meine lieben Söhne, ich höre eure Stimmen, die meine ist schwach, aber sie ist das Echo auf die Stimme der Welt; denn hier ist die ganze Welt versammelt. Wir stehen am Abschluß eines großen Tages des Friedens, ja, des Friedens: Ehre sei Gott in der Höhe und Frieden den Menschen, die guten Willens sind!

Das große Schauspiel des heutigen Morgens wird meiner und euren Seelen unvergeßlich sein. Die Empfindungen, die uns alle zu dieser Stunde erfüllen, sollen für immer fortdauern; wir bekennen sie im Angesicht des Himmels und der Erde: Glaube, Hoffnung, Liebe – Liebe zu Gott und unseren Brüdern. Im Schutz des göttlichen Friedens wollen wir gemeinsam das segensreiche Werk beginnen!"

Das sonnige Roncallilächeln huschte über das Antlitz des greisen Schlüsselträgers, als er mit ausgespannten Armen schloß:

„Wenn ihr nun nach Hause zurückkehrt, umarmt eure Kinder und sagt ihnen: Es ist der Papst, der euch an sein Herz drückt!"

Das Konzil nahm seine Arbeit auf. Mit heiligem Eifer widmeten sich die Väter der großen Aufgabe, die der Papst ihnen gestellt hatte, die zweitausendjährige Stiftung des Herrn wieder in Einklang zu bringen mit der veränderten Weltlage, nicht durch ein schwächliches Sichabfinden, sondern durch eine ehrliche und mutige Auseinandersetzung mit dem Geist einer neuen Zeit. Was der Papst beabsichtigte, erklärte er seinem alten Freund, dem Erzbischof von Paris, Kardinal Feltin, der ihn zu Beginn des Konzils fragte, ob er neue Dogmen verkünden wolle. Der Papst riß das Fenster seines Zimmers weit auf und antwortete:

„Schauen Sie, Eminenz! Das will ich: frische Luft, den Geist unserer Zeit in diese altehrwürdigen Mauern einströmen lassen!"

Die Auseinandersetzungen in der Konzilsaula waren durchaus nicht immer friedlich; oft stießen die Meinungen hart aufeinander, oft rang man leidenschaftlich um die eine oder andere Frage, Konservative und Fortschrittler lieferten sich manch hitziges Gefecht, und doch war der Geist wahrhaft brüderlicher Liebe stärker als alle Meinungsverschiedenheiten.

Das Konzil war erst wenige Tage alt, als dunkle Wolken den internationalen Horizont verdüsterten und die Welt in neue Schrecken jagte. Die „Kubakrise" bedrohte den so mühsam bewahrten Frieden. Schon schien die Lunte zu brennen, die einen neuen Krieg entzünden sollte. Zwischen Furcht und Hoffnung folgte die Menschheit dem Wettersturm, der sich über dem Atlantischen Ozean zusammenballte. Der Papst selbst sah auf dem Fernsehschirm die sowjetischen Schiffe heranrauschen, mit Raketen für Castros Inselstaat beladen, hörte das Ultimatum aus Washington, das mit der Versenkung der Flotte drohte. Der dritte Weltkrieg schien unvermeidlich.

Da erhob der Papst seine mahnende Stimme. Am Morgen des 25. Oktober beschwor er die Mächtigen dieser Welt, „den Angstschrei zu hören, der von allen Enden der Erdkreise zum Himmel hallt: ‚Friede! Friede!' Bleibt nicht taub für den Schrei der ganzen Menschheit!"

Und das Wunder, an das kaum jemand mehr zu glauben wagte, geschah; die russischen Schiffe drehten ab, kehrten in ihre Häfen zurück. Der Friede war gerettet.

In jenen angstvollen, von höchster Gefahr erfüllten Stunden faßte Johannes XXIII. den Entschluß, der Welt eine letzte Botschaft zu hinterlassen, den gewaltigen, den ganzen Erdkreis durchhallenden Ruf zum Frieden.

Von schwerer Krankheit gezeichnet, gequält vom Martyrium seiner Schmerzen, schrieb er zu Beginn des folgenden Jahres im Johannesturm auf fünfzig Bogen Papier die Enzyklika „Pacem in terris".

Die Anschrift ließ erkennen, daß er sich nicht nur an die katholischen Christen wandte, sondern auch an die getrennten Brüder, ja an die gesamte Menschheit:

„An die ehrwürdigen Brüder, Patriarchen, Primaten, Erzbischöfe, Bischöfe und die anderen Oberhirten, die in Frieden und Gemeinschaft mit dem Apostolischen Stuhle leben, an den Klerus und die Christgläubigen des ganzen Erdkreises sowie an alle Menschen guten Willens."

Schon der erste Satz seines Rundschreibens enthüllte das ganze Programm: „Der Friede auf Erden, nach dem die Menschheit sehnlichst verlangt, kann nur gesichert werden, wenn die von Gott gesetzte Ordnung gewissenhaft beobachtet wird."

Diese Ordnung muß sich gründen auf Gerechtigkeit und Liebe, auf die Anerkennung der Menschenrechte, des Rechtes auf Religionsfreiheit, Gewissensfreiheit, Freizügigkeit, freie Meinungsäußerung, des Rechtes auf Arbeit, ausreichende Entlohnung, Eigentumsbildung. Die Regenten der Völker mahnt er zu vertrauensvoller Zusammenarbeit zum Wohle aller, beschwört sie, Ernst zu machen mit der Abrüstung, mit der Ächtung der Atombombe, in einer Zeit, da täglich mehr als eine Milliarde Mark in die Waffenschmiede gehe. Er will weder den kalten Krieg noch seine Unterbrechung durch den kalten Frieden, sondern eine aufrichtige Verständigung und Versöhnung.

Seinen Mahnruf zum Frieden schließt der Papst mit den Worten:

„Die Kraft aus der Höhe tut not, wenn die menschliche Gesellschaft das möglichst getreue Abbild des Gottesreiches werden soll. Darum richten Wir in diesen heiligen Tagen Unser Flehen an den, der durch seine schmerzhafte Passion und sein Sterben die Sünde überwand und das Menschengeschlecht durch sein Blut mit dem himmlischen Vater versöhnte.

Er schenkt uns den Frieden gemäß seinem Wort: ‚Den Frieden hinterlasse ich euch, meinen Frieden gebe ich euch.' Das ist der Friede, den Wir von ihm in Unseren heißen Gebeten erflehen. Er entferne aus den Herzen der Menschen alles, was diesen Frieden gefährden kann, und wandle sie zu Zeugen der Wahrheit, Gerechtigkeit und Bruderliebe! Er erleuchte die verantwortlichen Lenker der Völker, damit sie das Gemeinwohl ihrer Bürger fördern und das große Geschenk des Friedens festigen und schützen! Er entflamme den Willen aller, auf daß sie die trennenden Mauern niederreißen, enger schlingen die Bande gegenseitiger Liebe, einander verstehen und verzeihen. In der Kraft Christi mögen alle Völker der Erde zu Brüdern werden, und für alle Zeit blühe und herrsche in ihnen der so innigst ersehnte Friede!"

Am Gründonnerstag 1963 übergibt Johannes XXIII. seine Friedensbotschaft der Öffentlichkeit. Es ist sein letztes Ostergeschenk an die von Ängsten und Sorgen gequälte Welt. Seine Ansprache am Auferstehungsmorgen beginnt er mit den Worten „Pax vobis! – Der Friede sei mit euch! Christ ist erstanden! Alleluja! Alles soll widerstrahlen in seinem Licht! Ostern ist der Tag des Segens, den Wir euch geben wollen, erfüllt von einer großen Liebe. Auf alles und über alle komme die heiße, grenzenlose Liebe Unseres Herzens, der Segen und der Friedenswunsch, die Wir allen wiederholen wollen in ihrer vertrauten Muttersprache."

Glühend vor Freude und heiliger Begeisterung hören die dreihunderttausend auf dem Petersplatz und den angrenzenden Straßen, hören Millionen Menschen in der ganzen Welt den Glückwunsch ihres Vaters. In siebenundzwanzig Sprachen tönt sein Ostergruß über den Erdkreis. „Christ ist erstanden, alleluja!"

Dann kehrt Johannes XXIII., von Schmerzen gequält und aufs äußerste erschöpft, in den Vatikan zurück.

ITE MISSA EST

Der 10. Mai 1963 ist ein Ehrentag im Pontifikat Johannes' XXIII. In Gegenwart der höchsten Vertreter von Staat und Kirche, Kardinälen, Ministern, Diplomaten, empfängt er aus der Hand des Präsidenten Gronchi im Petersdom den Friedenspreis aus der Stiftung des Eugenio Balzan, des ehemaligen Verwaltungsdirektors der großen Mailänder Zeitung „Corriera della Sera". Nachdem ihm der Präsident die äußeren Zeichen der hohen Ehrung überreicht hat, Halskette und Goldmedaille, dankte Johannes XXIII. für die Auszeichnung und erklärt noch einmal die Arbeit für den Frieden und die Versöhnung der Welt als eines der Hauptziele seines Pontifikats. Er sagt:

„Der Friede ist ein Haus, ein Haus für alle, er ist der Bogen, der den Himmel mit der Erde vereint. Der Friede aber muß, gleich der herrlichen Kuppel Michelangelos, unter der wir uns versammelt haben, auf vier starken Pfeilern ruhen, auf Wahrheit, Gerechtigkeit, Liebe und Freiheit. Das Evangelium des Gehorsams gegen Gott, der Barmherzigkeit und der Vergebung, das ist das Programm, das der demütige Diener der Diener Gottes heute allen Menschen guten Willens vorschlägt. Wir zweifeln nicht daran, daß die leuchtende Fackel des Friedens ihren Weg fortsetzen, die Freude entzünden, Licht und Gnade in die Herzen auf dem ganzen Erdkreis senken wird. Das ist Unser Wunsch, wie er der Ihre ist."

Nur mit Mühe übersteht der Papst die langwierige feierliche Zeremonie, und doch verrät nicht das leiseste Schwanken der Stimme die ungeheure Anstrengung. Er weiß, daß er nun selbst an der Schwelle zum Haus des ewigen Friedens steht. Die Auszeichnung, die ihm verliehen ward, betrachtet er als eine Ehre für die heilige Kirche; ihm selbst, für den die irdischen Dinge längst ihren Glanz verloren haben, bedeutet sie nichts. Er ist schon auf dem Weg nach Golgatha, zur Höhe seiner letzten schweren Leiden.

Schon eine Woche später ist er so geschwächt, daß er nicht mehr zelebrieren kann und sich damit begnügen muß, die heilige Kommunion auf seinem Krankenlager zu empfangen. Aber noch einmal ringt sein eiserner Wille seine Hinfälligkeit nieder.

Am 20. Mai steht er gegen den Rat seiner Ärzte auf, den Primas von Polen, Kardinal Wyszynski, der in seine Heimat zurückkehren will, zu empfangen. Aufrecht geht er dem Besucher entgegen, schließt ihn, den vielgeprüften Oberhirten, in seine Arme, spricht mit ihm über seine Sorgen um die Kirche hinter dem Eisernen Vorhang und ermutigt ihn zu apostolischer Standhaftigkeit.

„Heiliger Vater, auf Wiedersehen bei der zweiten Sitzung des Konzils im September", sagt der Kardinal zum Abschied. Mit wehmütigem Lächeln schaut ihn der Papst an und antwortet:

„Wenn Sie mich im September nicht mehr finden, wird Sie der neue Papst empfangen."

„Wir beten Tag und Nacht, Heiliger Vater, Gott möge Ihnen das Leben erhalten", bringt der Primas mit Mühe hervor.

„Beten Sie, daß Gottes Wille geschehe, Eminenz! Ich tue es auch." Bis zur Tür begleitet ihn der Papst. „Ich würde Sie gern noch bis zum Bronzetor bringen", lächelt er, „aber Sie wissen ja, das Protokoll duldet es nicht."

Er ist krank bis auf den Tod, ein heftiges Magenleiden bereitet ihm schier unerträgliche Schmerzen, und doch hört sein von Liebe erfülltes Herz nicht auf zu schlagen.

In der Nacht zum 22. Mai scheint ein Blutsturz ihm die letzte Kraft zu rauben. Wachsbleich liegt er am andern Morgen in seinen Kissen. Gegen halb elf richtet er sich auf, fragt nach der Uhrzeit.

„Für zwölf Uhr ist eine Generalaudienz im Petersdom angesetzt", erinnert er Monsignore Capovilla. „Ich darf meine guten Kinder nicht warten lassen."

„Aber, Heiliger Vater!" ruft der Sekretär erschreckt.

„Ja, ja, mein guter Loris, ich weiß selbst, daß es unmöglich ist", antwortet der Papst. „Ich muß mich damit begnügen, die Pilger von hier aus zu segnen. Schnell, hilf mir in die Soutane!"

Wenig später heben die Fünfzehntausend, die sich auf dem Petersplatz drängen, den Blick zum Fenster, an dem Johannes XXIII. erscheint. Ein Jubelsturm braust zu ihm empor, verebbt aber zu atemloser Stille, als der Papst die Hand erhebt.

„Ich erwartete euch, meine lieben Kinder, um Mittag", ruft er mit immer noch kräftiger Stimme. „Nun begegnen wir uns eine Stunde früher. Ob aber in Sankt Peter oder hier draußen, es ist alles gut; denn der Herr ist mit uns!"

Dann stimmt er den österlichen Gruß an die Gottesmutter an. „Regina coeli laetare, alleluja!" Nach dem Gebet segnet er alle und ruft:

„Ich wünsche euch ein gnadenvolles Himmelfahrtsfest. Wer möchte dem Herrn nicht gern in seine Herrlichkeit folgen, aber noch müssen wir uns hienieden durch Opfer und Leiden bewähren! Folgen wir also den Aposteln in den Abendmahlsaal und erwarten wir, um Maria geschart, den Heiligen Geist. So Gott will, sehen wir uns morgen wieder."

Am anderen Tag öffnet sich abermals das Fenster. Obwohl zu Tode erschöpft, zeigt sich der Papst der wartenden Menge. Diesmal ertönt kein Jubelruf, erschüttert sehen die Pilger das Antlitz ihres Vaters, das so weiß ist wie seine Soutane. Dennoch klingt seine Stimme fest, als er das „Regina coeli" anstimmt. Nach dem Amen hebt er segnend die Hand und tritt ohne ein weiteres Wort in sein Zimmer zurück. Die Fensterflügel schließen sich, der Papst hat für immer Abschied genommen von seinen Kindern.

Am folgenden Sonntag wartet das Volk vergebens auf ihn, doch wird der Petersplatz nicht leer von Menschen, die für ihn beten, mit ihm leiden, traurig und still auf eine Nachricht harrend.

„Wenn ich nur noch einmal das heilige Opfer feiern könnte!" wendet sich der Papst an seinen Krankenpfleger, den Augustiner Frederico Belotti.

„Oh, Heiliger Vater", antwortete der Bruder, „Sie zelebrieren die Messe ohne Unterbrechung auf Ihrem Schmerzenslager wie Christus am Kreuz."

„Du hast recht!" seufzt der Papst, „dies Bett ist mein Altar. Ein Altar verlangt Opfer. Ich bin bereit."

Am Montag, dem 27. Mai, trifft Monsignore Battista Roncalli, der Neffe des Papstes, in Rom ein. Die Augen des Kranken leuchten auf, als er über die Schwelle tritt.

„Gut, daß du hier bist!" begrüßt ihn der Papst. „Du wirst mir berichten, wie es daheim steht. Was macht die Colombera, wie geht es den Verwandten, meinen Geschwistern, den Neffen und Nichten, den Kindern? Schau, ich habe sie alle bei mir, die Lebenden und die Toten." Damit deutet er auf die Bilder an der Wand, die Fotos auf der Kommode.

Bald aber richtet er wieder den Blick auf das elfenbeinerne Kruzifix, und immer wieder hört ihn der Neffe seufzen:

„Ut unum sint! – Herr, mach, daß sie eins sind, daß alle eins sind!"

Am folgenden Tag besucht ihn der Kardinalstaatssekretär Cicognani. Lange steht er erschüttert am Krankenbett, dann sagt er, den Schwerleidenden zu trösten:

„Heiligster Vater, die ganze Welt betet für Sie." Nach kurzem Schweigen erwidert der Papst:

„Dann ist es angebracht, diesem Gebet eine besondere Meinung zu geben."

„Gewiß, Heiligster Vater, Ihre Genesung!"

„Nein, nein, Eminenz! Das Konzil, der Friede für die Welt!"

„Von überall her kommen die Wünsche für Ihre Gesundung, Heiliger Vater, von Bischöfen und Kardinälen, von den Regierungen der Völker, selbst aus dem Kreml. Hier ist die Depesche von Nikita Chruschtschow: ‚Mit tiefem Bedauern haben wir von Ihrer Krankheit gehört. Diese Nachricht hat uns tief bewegt. Aus ganzem Herzen wünschen wir Ihnen baldige Genesung, damit Sie Ihre hochherzige Tätigkeit zugunsten der Festigung des Friedens und der friedlichen Zusammenarbeit der Völker wieder aufnehmen können.' – Ähnliche Botschaften und Wünsche kommen aus fast allen Ländern der Erde."

Der Papst richtet sich ein wenig auf und sagt:

„Ich möchte, daß allen geantwortet wird, wie sehr mich ihre Teilnahme rührt und wie sehr ich dafür danke. Die Verehrung, die sie dem Vater bezeugen, möge sie dazu bringen, einander brüderlich zu lieben. Ich segne und ermutige sie."

Aber nicht nur die Mächtigen dieser Erde schreiben, aus der ganzen Welt kommen die innigsten Wünsche, selbst von Andersgläubigen und Nichtchristen.

Einige der Briefe und Telegramme liest Capovilla dem Papst vor.

„Ich bete für Ihre Gesundheit. Ich bin ein Buddhist."

„Gott liebt Sie."

„Soweit ein Atheist zu beten fähig ist, bete ich für die baldige Genesung Eurer Heiligkeit."

„Ich bete ständig für Sie. Sie haben mir und vielen anderen Protestanten wertvolle Anregungen gegeben. Ihre Weisheit und lebensvolle Güte hat den Lauf der Weltgeschichte beeinflußt. Gott segne Sie!"

„Wir Juden aus Texas beten unaufhörlich für Ihre Heilung."

Der orthodoxe Patriarch aus Konstantinopel versichert den Papst seiner „brüderlichen Gebete". Der Bischof von Canterbury, Dr. Ramsey, läßt ihn wissen, daß in allen anglikanischen Kirchen für ihn gebetet werde.

Kinderbriefe aus aller Welt rühren in ihrer schlichten Einfalt den Papst zu Tränen.

„Wie gut sie alle zu mir sind!" sagt er. „O Gott, wie sehr liebe ich sie alle!"

Jedem, der ihm in jenen leidvollen Tagen und Nächten Gutes tut, möchte er seine tiefe Dankbarkeit beweisen, dem Krankenpfleger, seinem Diener Guido Gusso, den Ordensschwestern aus Bergamo, seinem getreuen Sekretär, den Ärzten.

Zu Professor Mazzoni sagt er:

„Sie tun so viel für mich, und ich habe nichts, meine Dankbarkeit zu beweisen." Suchend blickt er um sich her. „Ja, doch! Diesen Füllfederhalter! Er ist noch fast neu. Nehmen Sie ihn, Professor! Sie machen mir eine Freude damit."

Der Arzt ist von solcher Güte so tief bewegt, daß er kein Wort zu antworten vermag. Der Papst winkt seinen Sekretär heran.

„Wenn alles vorüber ist, dann geh nach Hause zu deiner Mutter!"

Am Freitag, dem 31. Mai, verschlechtert sich der Zustand des Papstes so sehr, daß man stündlich mit seinem Ableben rechnet. Auf Rat des Arztes Professor Valdoni teilt ihm Monsignore Capovilla mit, daß er in Todesgefahr schwebe.

„Nun gut!" antwortete Johannes. „Gottes Wille geschehe!" Dem Kardinalstaatssekretär ruft er zu: „Eminentissime Domine! Laetatus sum in his quae dicta sunt mihi, in domum Domini ibimus. – Ich freue mich, da man mir sagte, wir werden ins Haus des Herrn gehn."

Kardinal Cicognani vermag die Tränen nicht zurückzuhalten, aber der Heilige Vater sagte lächelnd: „Nun, Eminenz, noch sind wir nicht beim Requiem."

Um viertel nach elf bringt ihm sein Beichtvater Monsignore Cavagna die heilige Wegzehrung.

„Bleiben Sie noch ein wenig hier mit dem Sanktissimum!" bittet ihn Johannes nach der heiligen Kommunion. „In Gegenwart meines Herrn möchte ich noch einige Worte sagen." Mit fester Stimme bekennt er seinen Glauben und bietet Gott sein Leben an für das Konzil, für die Einheit der Christen und den Frieden auf Erden.

„Alle, denen ich je weh getan habe, bitte ich demütig um Verzeihung", fügt er hinzu. „Allen, die mir Gutes taten, die mir so ergeben dienten, danke ich von Herzen."

Endlich wendet er sich an seinen Neffen und bittet ihn, seiner

Familie und allen Bewohnern von Sotto il Monte seinen Segensgruß zu bringen.

Monsignore Van Lierde, sein Sakristan, spendet ihm das Sakrament der Krankenölung. Am Abend beginnt der Großpönitentiar Kardinal Cento mit den Sterbegebeten. Wenig später scheint der Todeskampf zu beginnen.

Die Geschwister, die mit dem Flugzeug in Rom eintreffen, finden ihn in tiefer Bewußtlosigkeit. Zitternd vor Erregung, treten sie an sein Lager, betrachten ihn mit stummem Schmerz. Professor Mazzoni setzt dem nach Atem Ringenden die Sauerstoffmaske auf. Es scheint alles vorüber, und doch hört sein Herz nicht auf zu schlagen.

Um Mitternacht beginnt Monsignore Capovilla im angrenzenden Zimmer mit dem heiligen Meßopfer.

Zuweilen dringt aus den Transistorgeräten auf dem Petersplatz eine Nachricht des Vatikanischen Rundfunks in die Stille. Den vielen Tausenden, die auch während der Nacht ausharren, verkündet der Sprecher:

„Das Leben des Heiligen Vaters geht zu Ende wie eine Kerze, die erlischt." Bald darauf:

„Die Ärzte teilen mit, daß der Tod langsam herannaht." Um ein Uhr nachts:

„Der Papst folgt seinem Erlöser auf den Kalvarienberg." Und dann:

„Die Ärzte erklären, sie könnten nichts mehr tun."

Drei Uhr tönt es vom Petersdom. Was niemand mehr erhofft hat, geschieht. Der Papst schlägt die Augen auf, erkennt seine Geschwister, ruft sie einzeln beim Namen, schaut sie an mit einem langen Blick voll Liebe und Zärtlichkeit.

„Bleibt immer im Glauben, in der Einfachheit, in der Tradition einer wahrhaft christlichen Familie", kommt es von den schneebleichen Lippen. Jeder seiner Verwandten tritt herzu, kniet nieder unter der segnenden Hand.

„Möchten Sie etwas Kaffee, Heiliger Vater?" fragte Professor Gasbarrini.

„Ja, gern!" Der Papst nimmt die Tasse in beide Hände, trinkt ein wenig. Auf den ermutigenden Zuspruch der Ärzte antwortet er: „Ja, es geht mir gut. Ich bin bereit zu gehen, wohin der Herr mich ruft." Zu Professor Valdoni, der sich besorgt über ihn beugt, sagt er: „Mit dem Tod beginnt erst das wahre Leben, unsere Verherrlichung in Christus."

Für eine Weile schließt er die Augen, er scheint zu schlummern, dann aber spricht er mit schwacher Stimme: „Ich leide schwer, aber ich leide mit Liebe. Ich folge meinem Tod Schritt für Schritt. Jetzt gehe ich still bis zum Ende."

Der Tag der Pfingstvigil geht auf mit strahlender Frühlingssonne. Immer noch harren Tausende auf dem Petersplatz aus, die Augen unverwandt zum Fenster im dritten Stockwerk des Vatikans erhoben, Priester in schwarzen Soutanen, Ordensschwestern, Arbeiter, Pilger. Es ist, als wollten sie alle dem geliebten Papst beistehen in seinen schweren Stunden. Selbst der Straßenkehrer, der das Papier zusammenfegt, unterbricht seine Arbeit und blickt hinauf.

Die Nachricht, der Heilige Vater habe das Bewußtsein wiedererlangt, erfüllte alle mit neuer Hoffnung. „Will der gute Papst uns doch noch nicht allein lassen?" murmelt eine alte Frau und sinkt in die Knie. Aber da kommt eine neue Meldung:

„Der Zustand des Heiligen Vaters ist nach wie vor ernst." Lauter wird das Beten auf dem Petersplatz, wie ein wogendes Meer tönt das vielfältige Ave des Rosenkranzes. Immer dichter füllt sich das weite Rund zwischen Berninis Kolonnaden. In wahren Prozessionen kommen Gemeinden vom Land, der Pfarrer an der Spitze, Touristen aus aller Welt gesellen sich dazu.

Erschüttert schauen sie zum Sterbezimmer empor, wo sich eben die Fenster öffnen. Andere umlagern das Bronzetor, das zum Vatikan führt. Schweizergardisten gehen mit ihren Hellebarden auf und ab. Sie werden das Tor schließen, wenn der Papst stirbt. Noch aber steht es offen, noch ist Hoffnung. Um zehn Uhr wieder eine Radionachricht, niederschmetternd, alle Zuversicht vernichtend:

„Der Zustand des Papstes ist so ernst, daß er jeden Augenblick sterben kann. Keine Hoffnung mehr, wenn nicht ein Wunder geschieht!"

Stunde um Stunde vergeht. Am Nachmittag wieder eine Durchsage: „Die Lage ist hoffnungslos. Der Heilige Vater ringt mit dem Tod."

Man betet auf dem Petersplatz, in allen Kirchen Roms, in allen Häusern der Ewigen Stadt, auf der ganzen Welt. Tausende bieten Gott ihr Leben für das des Sterbenden an.

Am Pfingstsonntag ist der Himmel mit Wolken bedeckt. Es ist, als verberge selbst die Sonne ihr Antlitz, um nicht Zeuge zu sein des erschütternden Schauspiels.

Gegen sechs Uhr erwacht der Papst nach kurzem Schlaf. Seiner Schwester Assunta, die neben seinem Lager kniet, raunt er lächelnd zu: „Siehst du! Nun habe ich doch noch eine Nacht überstanden."

Mit klaren Sinnen folgt er dem heiligen Meßopfer, das Kardinal Cicognani im Nebenzimmer zelebriert. Zu seinem großen Schmerz kann er die heilige Kommunion nicht mehr empfangen. Nach dem „Ite missa est" stimmt er selbst das Magnifikat an und hebt die Hand zum Segen.

„Ich segne die Kirche, das Heilige Kollegium, die Bischöfe und Priester, alle Christgläubigen, besonders die Kinder, die Kranken, die Arbeiter der ganzen Welt."

Zu seinem Sekretär, dem vor Schmerz die Stimme bricht, sagt er tröstend:

„Nun, nun, mein Lieber! Dies ist kein Tag für Tränen, sondern der Freude und der Herrlichkeit."

Die Schwestern aus dem Hospital „Bambino Gesù" lassen den Heiligen Vater wissen, daß alle Kinder für ihn beten. Noch tiefer rührt ihn die Nachricht aus dem Gefängnis „Regina Coeli": „Heiligster Vater, wir sind bei Ihnen, wir lieben Sie!"

„Oh, meine Kinder, meine armen Kinder!" seufzt Johannes und faltet die Hände.

Langsam rückt der Zeiger der kleinen Tischuhr weiter. Stunde um Stunde vergeht, noch hört das starke Herz nicht auf zu schlagen. In der Nacht wiederholt der Großpönitentiar die Sterbegebete. Monsignore Capovilla reicht dem Papst ein Kreuz. Johannes drückt es mit großer Inbrust an seine Lippen. „Mein Herr und mein Gott! – Ich wünsche aufgelöst zu werden und bei Christus zu sein."

Auch der zweite Pfingsttag neigt sich dem Abend zu. Noch einmal öffnet Johannes XXIII., der viele Stunden geschwiegen hat, die Lippen zu einem letzten Gebet: „Mater mea! Fiducia mea! – Mutter mein, du all meine Hoffnung!" Dann verstummen sie für immer.

Beim Lager des Sterbenden weilen Kardinal Cicognani, Monsignore Cavagna, der Sekretär Capovilla, die Geschwister, Neffen und Nichten, unter ihnen die beiden Ordensschwestern Angela und Anna, der Diener Guido Gusso, die Franziskanerinnen aus Bergamo, die seinen Haushalt führten, Bruder Frederico Belotti, der Krankenpfleger. Der Papst erkennt niemanden mehr. Die Fiebertemperatur steigt auf zweiundvierzig Grad.

Vom Petersplatz her tönt das Rosenkranzgebet in die Stille.

Noch einmal öffnet der Papst die Augen, er scheint etwas zu suchen, das er nicht zu finden vermag. Schließlich richtet er seinen Blick auf seinen Bruder Zaverio, der am Fußende seines Bettes steht, seine Hand hebt sich zu einem leichten Wink. Seine Lippen bewegen sich und vermögen doch kein Wort mehr zu formen.

„Was mag er wollen?" fragte der alte Bauer verwirrt. Monsignore Capovilla versteht. „Das Kruzifix!" raunt er ihm zu.

Zaverio Roncalli tritt zur Seite, gibt dem Bruder den Blick frei auf den gekreuzigten Erlöser. Der Papst dankte ihm durch ein schwaches Nicken.

Die Augen zum Kruzifix erhoben, die Hände über die Brust gefaltet, tut er seinen letzten Seufzer.

In diesem Augenblick schallt vom Petersplatz, wo Kardinal Traglia das heilige Opfer dargebracht hat, das „Ite missa est".

Das Herz des liebenden Vaters hat aufgehört zu schlagen. Einer der Ärzte verkündet, die Augen voller Tränen: „Die Seele Johannes' XXIII. ist in den Himmel aufgestiegen." Es ist Pfingstmontag, der 3. Juni 1963. Die Uhr auf dem Tisch zeigt Stunde und Minute an: 19.49 Uhr.

In den Katakomben von Sankt Peter findet der Papst seine letzte irdische Ruhestätte. Die Trauer der Welt begleitet ihn in die Totengruft. Seine große Liebe aber, die den ganzen Erdkreis umfaßte, hört nimmer auf.

Die gesamte Weltpresse widmet seinem Andenken ehrende Nachrufe, ohne Unterschied der Parteirichtung. Wie sehr Johannes XXIII. im Herzen des Volkes fortlebt, zeigt ein Brief, den eine Bergamasker Zeitung nach seinem Hinscheiden veröffentlicht.

„Ich war stets ein Ungläubiger, ein Kommunist. Dennoch schäme ich mich nicht zu bekennen, daß ich angesichts des Todeskampfes des Papstes gebetet habe. Ich konnte kein einziges Gebet mehr und bat darum meinen Sohn, mich beten zu lehren. Zu groß ist die Liebe, die Johannes XXIII. in die Welt brachte, als daß ich ihn vergessen könnte. Ich konnte die Tränen nicht zurückhalten; denn ich spürte, daß der heilige Greis das Böse aus den Herzen aller, der Gläubigen und Ungläubigen, reißen wollte, daß er sich als Vater aller fühlte. Ich, der ich mich sonst von niemanden rühren ließ, fühlte mich überwunden angesichts seiner Heiterkeit im Sterben.

Er schied dahin ohne Furcht! Wer gab ihm den Mut?
Ohne Zweifel der, der einfach existieren muß.

Vergib mir, Papst Roncalli, mein lieber Bergamasker Landsmann! Ich war nie Dein besonderer Freund, aber Dein Todeskampf, Dein Sterben machte mich nachdenklich, erschütterte mein Gewissen. Und so habe ich geweint, als ich die Nachricht von Deinem Hinscheiden vernahm. Ich bin Dir nie gefolgt, Papa Giovanni, habe nie auf Dein Wort gehört. Jetzt aber verspreche ich Dir, Deinem Beispiel zu folgen und wieder zu beten, wie es mich mein Sohn am Tag Deines Sterbens lehrte.

Segne meinen Buben, Heiliger Vater, und beschütze ihn immer!

Mit Tränen in den Augen bitte ich Dich, guter Papst Johannes, mach, daß er lebt wie Du!

Und wenn für mich die letzte Stunde kommt, laß mich sterben wie Du!

P. D. Bergamo"

Schon ein Jahr nach seinem Hinscheiden eröffnet sein Nachfolger, Papst Paul VI., den Seligsprechungsprozeß für Johannes XXIII. Die Christen der Welt aber flehen schon jetzt in mannigfacher Not zu ihm, dessen Herz auch hinter dem Stein seiner Gruft in Liebe zu schlagen scheint.

BENUTZTE LITERATUR

Algisi, Leone, Johannes XXIII., München 1960
Balducci, Ernesto, Papa Giovanni, Florenz 1964
Bergamo, Breve Guida Generale, Bergamo
Borella, Rosolino, Il Viaggiatore di Dio, Bologna 1965
Busch-Zantner, Richard, Bulgarien, Leipzig 1941
Capovilla, Loris, Johannes XXIII., Nürnberg 1964
Celana, Celana 1966
Cesborn Gilbert, Die Heiligen gehen in die Hölle, Frankfurt
Cugini, Davide, Papa Giovanni nei suoi primi passi, Bergamo 1965
Dahm, Paul, Johannes XXIII., Mönchen-Gladbach 1963
Diaz, Jesus Sanchez, Juan XXIII., Bilbao 1964
Diethelm, Walther, Was wird aus Angelo? Luzern 1964
Fesquet, Henri, Humor und Weisheit Johannes des Guten, Frankfurt 1965
Gallizia-Faßbinder, Humanitas und Pietas, zur geistigen Gestalt des Roncalli-Papstes, Hochland, April 1966, Freiburg
Garrett, Randall, Papst Johannes XXIII., Essen 1963
Giovannetti, Alberto, Unser Heiliger Vater Johannes XXIII., Freiburg/Schweiz 1959
Giovanni XXIII., Il Papa del Concilio, Rom 1963
Hünermann, Josef, Die soziale Gerechtigkeit (Mater et Magistra), Essen 1962
Hünermann, Josef, Kommentar zur Friedensenzyklika Pacem in terris, Essen 1963
Johannes XXIII., Das Rosenkranzgebet, Wien 1962
Johannes XXIII., Erinnerungen eines Nuntius, Freiburg 1965
Johannes XXIII., Geistliches Tagebuch, Freiburg 1966

Kerdreux de, Michel, Jean XXIII., Le Pape de la Bonté, Paris 1966
Kerdreux de, Michel, Johannes XXIII. in der Nachfolge Christi, Kevelaer 1965
Klausener, Erich, Von Pius XII. zu Johannes XXIII., Berlin 1958
Klinger, Kurt, Ein Papst lacht, Frankfurt 1966
Kumpf, Alfred, Aus dem Stegreif, Papst Johannes XXIII., Leipzig 1965
Lazarini, Andrea, Johannes XXIII., Freiburg 1958
Lorit, Sergio, La vita racontata di Papa Giovanni, Rom 1965
Lübomirow, Chr. Bulgarien, Stuttgart 1966
Mertens, Heinrich, Ich bin Josef, euer Bruder, Recklinghausen 1959
Papa Giovanni, Heft 1 bis 30, Rom 1965/66
Picker, Henry, Johannes XXIII., Hinter den Mauern des Vatikans, Kettwig 1963
Quardt, Robert, Mensch unter Menschen, Kevelaer 1959
Schäufele, H., Zum Tode des Papstes Johannes XXIII., Freiburg 1963
Schweiger, Harald, Moderne Türkei, Wien 1966
Seibel, Wolfgang, Ein Briefwechsel zum Konzil, Recklinghausen 1963
Seibel, Wolfgang, Johannes XXIII., Würzburg 1963
Seibel, Wolfgang, Zwischenbilanz zum Konzil, Recklinghausen 1963
Uboldi, Leonilda, Angelì, Mailand 1965
Vive le Pape, Tours 1959
Zsolt, Aradi, Der XXIII. Johannes, München 1960

Wilhelm Hünermann

Priester der Verbannten
Damian de Veuster, ein flämischer Held

278 Seiten, Milskin (für Österreich, Schweiz, Italien, Luxemburg; BRD: Kerle, Heidelberg)

Das Buch war schon in der Anfangszeit des Buchklubs der Jugend auf der Auswahlliste und hat viele Auflagen erlebt ... Seine besondere Stärke liegt in der wahrheitsgetreuen Schilderung der seelischen Entwicklung de Veusters. Seine Größe, die aus Liebe, Demut und Opferbereitschaft erwächst, ist kein Geschenk, das ihm vom Himmel in den Schoß fällt. Hünermann schildert vielmehr schon in der Kindheit seines Helden auch dessen allzu menschliche Züge, die es im festen Willen und aus der Kraft des Glaubens immer wieder zu überwinden gilt ...

Der bodenständige, in seinem Volkstum verwurzelte Flame findet zunächst zu seinen wallonischen Mitbürgern. Mit dem Hervortreten seiner religiösen Berufung zum Priester ist dann auch die innere Sicht zur Menschen- und Nächstenliebe frei.

Sehr empfohlen ab 14 Jahren.

Dr. Walter Jambor in „Jugend und Buch", Wien

Damian de Veuster (1840–1889) ging als Europäer in die „Dritte Welt", lange bevor das Mode war und bevor man sie so nannte ...

Eva Lubinger in „präsent"

Tyrolia-Verlag Innsbruck-Wien

WILHELM HÜNERMANN

„... versteht es wie kaum ein anderer Schriftsteller, die Gestalten lebendig in den zeitgeschichtlichen Hintergrund zu stellen, die geschichtlichen Gegebenheiten herauszugreifen und nach Art eines Romans mit Dialogen glaubhaft und sehr realistisch auszuschmücken und spannend zu machen, ohne dabei die Personen zu verfälschen. Tiefe Ergriffenheit, lebhafte Einbildungskraft und ein feiner Humor führen ihm die Feder."
Priesterkonferenzblatt, Brixen

„... bringt besonders der Jugend bedeutende Menschen der Kirche nahe. Damit lenkt er unsere Zeit, die die Wertmaßstäbe auf den Kopf gestellt hat, hin zu wahrer menschlicher Größe, hin zum echten Vorbild."
Radio Tirol

„... erfüllt mit seinen Büchern ein großes Apostolat."
Schweizerische Kirchenzeitung

„... bringt den Heiligen menschlich nahe. So kann man mit Spannung lesen. Die Freude, die dabei aufbrechen wird, weckt sicher auch die Lust, es einem solchen Heiligen nachzumachen."
Entschluß, Wien

„Seine Heiligenleben lesen sich wie eine köstliche Plauderei, und doch halten sie sich streng an die Tatsachen. Jede Gestalt ist greifbar, plastisch, jedes Ereignis nimmt gefangen, feiner Humor und tiefer Ernst gehen Hand in Hand."
Studien- und Beratungsstelle, Wien

„Wo immer Hünermann einen biographischen Stoff anpackt, wird es etwas Gutes und Spannendes wie dieses Lebensbild über Abt Franz Pfanner, den Gründer der großen Missionszentrale Mariannhill in Afrika."
An heiligen Quellen, Kevelaer